CCP's Survival Strategy

中国共産党のサバイバル戦略

法政大学法学部教授
中国基層政治研究所長
菱田 雅晴［編著］

三和書籍

目次

第一部　中国政治の中の党

第三部　社会の中の党──ミクロ調査の分析結果

序章　中国共産党のサバイバル戦略

——序に代えて——

菱田　雅晴

一、今なぜ党なのか

移行期中国のさまざまな政治社会現象をテーマに掲げ、研究作業を行った際に、制度実態面での解明がある程度進んだとしても、常に未解明の残余項として残されるのは、この中国共産党という政治権力の所在である。

例えば、豊かな階層、「中間層」の抬頭という現象を取り上げてみよう。改革開放期中国の新たな相貌を示す象徴的な事態である。中間層（middle class）問題とは、経済成長にともなう所得向上から豊かな階層として中間層が発生し、政治的意識の高まりにより、彼らが既存の政治体制を内部的に変革するというリプセット以来の命題であり、中間層は成長による権威主義体制の〝融解〟を担う社会的存在とも目される。改革期中国における人類史的にも未曾有の経済成長により、果たして、中国においては「中間層」なる存在がどこまで育っているのか、そして彼らは中国のガバナンス構造に対する変革の〝担い手〟となり得るのか？　それとも政策意図として「体制によって育てられた存在」として体制護持の〝緩衝剤〟という字義通りの保守的存在となっているのであろうか？

この問いに対する十全な答えとは、中間層自身が既存の政治体制の核としての政治勢力、中国共産党と如何なる関係にあるのかに見出されねばならない。すなわち、中間層自営業者、都市ホワイトカラー層はそもそもこの政治組織に属するメンバーなのだろうか、党員としての政治認識、政治的自覚と中間層としての階層意識とは如何なる関係にあるのか？　また、中間層が現状の中間層たるポジションを得るために、これまで党および党・国家の政策、制度とは如何なる関係にあった（ものと認識している）のか？　改革開放政策そのものを〝恩恵〟と看做し、「恩義」を感じているのか、それともビジネス環境の一環として単にこれを利用したにすぎないのであろうか？　そもそも党自身は中間層にどのような態度で臨んでいるのか……？

あるいは中国的「民主の実験」とされる村民自治という事態を取り上げても、同様である。村民自治とは、一九八〇年代初頭における家庭聯産承包責任制の浸透により、かつての集団農が個別農化することで、一九五〇年代末以来の中国の農村統治機構としての人民公社制度が一九八三年時点で解体、これにともない、旧来の郷鎮政府が復活(1)する中で、「広西などで自然発生的に生まれた」農民自治組織（民政部［1993］）を嚆矢として、一九八二年憲法が農村住民による自治組織(2)と謳い、村民委員会における〝民主〟選挙が行われてきたものである。一九八七年の「村民委員会組織法（試行）」制定から十年間の〝試行〟期間を経て、一九九八年には正式採択されたグラスルーツレベルの選挙制度であり、この「民主の実験」の歴史はすでに四半世紀にも及ぶ(3)。投票形態は、議席数を上回る候補者による競争的な「差額」選挙にして、秘密無記名投票が原則とされている。かつての「等額」選挙という予め指名された候補者への支持／不支持のみという単なる信任選挙形態と較べれば、選挙民の選択肢は大きく拡がっており、この民主の〝入口〟としての選挙制度面の改善の意味は大きい。さらには、村民自治という基層政治レベルにおける〝民主的〟な選挙は、タテ方向には、自治レベルを超え、行政首長としての郷長、鎮長そして県長の直接選挙、公選へと連なるインパクトを秘めており、また、ヨコ方向には、憲法上同様の規定がなされている居民委員会主任選挙にもインパクトを与え、これを通じて、同様にタテ方向に市長の直選、公選へと繋がることも期待される。さらにいえば、地方選挙レベルの民主改革が「中華民国の台湾化」プロセス(4)とも相俟って、一九九六年総統直接選挙へと繋がった〝台湾経験〟にも通底する可能性をも秘めている。

果たして、こうした村民自治の村長選挙の経験は、中国の民主化プロセスの起点となり得るのか？　台湾の総統直選と同様に中国国家主席の直接選出にも繋がるものであろうか？　それとも、党の支配強化に寄与するものなのだろうか？

畢竟するに、これとても、村という自治レベルにおける真の村リーダーとは一体誰であるのか、村民有権者全体を選挙母体として〝民主的〟手続きにより選出された村民委員会主任こそが「村長」なのか、それとも上級組織の指示を受けて村内の党員のみによって定められた村党支部書記こそが真の実権を握る「村長」なのか、この一点に懸かっている。この事態は、村という農村コミュニティに二つの異なる政治勢力が同時に併存していることから派生するもので、一方は全国ピラミッド型組織の最末端機構としての党系列であり、もう一方の「下からの民主」勢力としての基層自治がこれに拮抗していることになる。つまり、候補者選定過程、投開票過程などにおける実態調査分析が進んだところで、最後に残るのは、こうした〝両委関係〟、すなわち、村民委員会主任と党支部書記との関係如何となる。

そもそも党・国家サイドがこうした「下からの民主」ともいうべきインパクトを秘めた「民主の実験」に着手したのは如何なる意図によるものなのか？　農村内に蓄積される不満に対し、ある種の〝ガス抜き〟効果をこの実験に求めたのであろうか、あるいは人権批判という海外からの圧力に対する中国的民主の摸索という〝アリバイ作り〟の一環なのであろうか。それとも弛緩傾向著しい党の農村グリップ力を選挙なる制度的洗礼により、ヨリ強化せんとの意図が根底にあるのだろうか？　あるいは、当局内部における〝隠れ〟開明派の文字通り真摯な民主化努力の一環なのであろうか？

こうした簡便な検討からも明らかなように、改革開放期の新たな要素としての中間層自営業者、都市ホワイトカラー層あるいは村民委員会主任が果たして、中国共産党という政治権力と如何なる関係にあるのか、あるいは党と如何なる関係をとり結ぼうとしているのか、逆に、党自身は彼らとどのような関係をとり結ぼうとしているのか、これらこそが、現代中国のさまざまな研究課題に常に解を与える最終命題となっている。

さらには、政治社会現象のみならず、経済分野に眼を転じても、ほぼ同趣の事態が観察される。著しい市場化の進展にもかかわらず、依然として党権力による資源要素配分プロセスへの大きな関与が認められるからである。中国経済は、経済改革の直接の所産として、市場化あるいは「資本主義」化が急速に進行しつつあるのも事実ではあるが、当今の〝国進民退〟現象にも象徴されるように、中国経済のサクセス・ストーリーも、十全な各市場アクターの自律的な相互作用による経済活動の成果と評価することはできない。なぜなら、浸透する市場化、分権化改革にもかかわらず、中国共産党は、あらゆる側面において《万能の神》の座に依然君臨しているからである。

二、党を俎上に載せる

翻って、では、この中国共産党という中国政治の核を、われわれはどこまで了解しているのであろうか、中国共産党というこの大きな政治的存在に関するわれわれの知識は十全なものであろうか。実は、その回答はきわめて否定的とならざるを得ない。

確かに、地域研究としての中国研究分野にあって、一九六〇年代以来党史研究分野で、幾多の業績が蓄積されており(5)、それを継承する形での現代中国分析では、権力構造論、政策決定論あるいは中央地方関係論から党の幹部管理制度、档案(=個人ファイル)制度、全人代(=議会)との機能分担などに至るまで、多くの中国政治研究者がこの巨大な政治権力に対して、それぞれの問題関心に拠った格闘作業を進めている(6)。

だが、今日、この政治権力の所在を〝組織〟として把捉しようとした場合、例えば、この権力組織の構成メンバー規模ひとつを取り上げても、党員総数の暦年変化をフォローすることすらできない。さまざまな出典に散逸した個別資料あるいは近年では党中央組織部のアドホックな公式発表に依拠せざるを得ず、結果として、少なくとも党員数の時系列変化を統計表に埋めようにも、欠損項目「N.A.(=not available)」が大半となってしまう。

また、この政党組織の保有する資産とはどの程度のものだろうか。そもそもこの政治組織のメンバーがさまざまな活動を行う際の事業予算とは如何なる規模のものであろうか。組織にとって最も根源的なメンバーシップ・フィー=会費収入、すなわち、党員による党費納入はどの程度の規模に達しているのか？　この組織の活動予算総規模において、これらメンバーシップ・フィー収入その他自己財源はどの程度の比率となっているのだろうか？　財政部所管の中央/地方政府の国家歳出入予算とは一体如何なる関係にあるのか？　この政党組織に対し、国家予算から何らかの事業補助予算が投入されているのであろうか？　党=国家体制というこの国のガバナンス特性からすれば、党が優越的地位にあることは紛れもないところとしても、それは党の資産、経費予算面においても特殊な優越的地位へと直結するものなのだろうか？

すなわち、中国共産党という政治権力を政党組織として捉えた際には、人員規模、予算構成など組織評価の最小限の必須項目すらわれわれの手許には欠けていることが明らかである。そもそも、中国にあっては、ある集団が合法的存在として中国社会に存続するためには、社会団体として民政部門に登記を申請し、主管部門などによる認可と監督を受けることが必須条件であるが、この中国最大規模の組織は、こうした法制度規定からも超越しているのではあるまいか(7)。一つには、この組織が、一九二一年の結党以来、一九四九年の権力掌握に至るまで、革命政党、対抗勢力、地下勢力として存在したことに由来する秘密主義の伝統があり、他方、中華人民共和国建国以降、党と国家が密接不可分に癒着した「党＝国家体制（Party-State system）」がわれわれの眼前に屹立しているが故である。

畢竟、学術研究領域にあっては、上述したような個別研究の努力こそあれども、中国共産党そのものを俎上に載せた研究プロジェクトは、少なくとも近年行われていないのが日本の現実である。海外に目を転じても、ブロスガート（Kjeld Erik Brodsgaard）・鄭永年（Zheng Yongnian）が、シンガポール国立大学での国際シンポジウムの開催などを通じて、改革開放期の中国共産党の権力構造を論じているほか、ともにジョージワシントン大学に属するデイビッド・シャンボー（David L. Shambaugh）、ブルース・ディクソン（Bruce J. Dickson）がそれぞれ党を主題とする優れた著作を発表している。ジャーナリストによる作業としては、英国のリチャード・マクレガー（Richard McGregor）の『中国共産党』（*The Party: The Secret World of China's Communist Rulers*）があるが、いずれも中国関連著作の中では例外的なケースに属する。

したがって、近年著しく国際的存在感を高めている現代中国の動向を精確に把握するという実践的要請に加えて、社会主義からの移行過程裡の中国の現実的様態から新たな政治社会発展理論を構築するという学術面の要請に基づき、今や、中国共産党なる政治的存在をあらゆる側面から、従来の個別研究の枠を糾合し、総合的に再検討することが喫緊の課題となっている。これまで行なわれてきたさまざまな個別研究の成果を発展させつつ、中国共産党という政治権力の存在の〝断面図〟を描き出すことが求められている。

三、中南海研究

こうした背景から、われわれは科学研究費プロジェクトの一環として「中南海研究」と題した研究チームを進展させることとした。すなわち、二〇〇七年度以来、科研費基盤研究（A）プロジェクトとしてわれわれが進めているものであり、上述のとおりの問題意識により、現代中国政治における最重要の核としての中国共産党を俎上に載せ、この政治組織を政治社会学的な実証的分析手法により、権力構造、組織制度面の分析から、その社会的存在という側面に至るまで、総合的かつ実証的に把捉し、中国政治の原点を再検討しようとするものである。その一環として、本書執筆者を始めとする十数名のメンバーによる「中南海研究会」を設置し、二〇〇七年以来月例ペースで研究会活動を開催してきた。

贅言を要するまでもなく、中国共産党は、市場化改革措置の進展を受けて、党をめぐる外部環境の激変および党員層の変質という内外からの変貌圧力に曝されている。憲法上にも明記された「党の絶対的指導性」というレトリックこそ変化はないものの、イデオロギー環境はもとより、実質的組織基盤たる党細胞組織が急速に減退しており、高所得化、高学歴化が進む党員メンバーシップの変容からは、かつての労働者、農民が事実上排除されつつあるようにも見受けられる。これらに対し、党自身は、私営企業家、すなわち社会主義中国における〝資本家〟階級への「入党の誘い」となる〝三つの代表〟理論を採択するまでに大変貌を遂げている（菱田［2004］）。

中南海研究会は、こうした党の変貌の実態を実証的に把握することを最終的課題としている。果たして、中国共産党がかつての階級政党から「包括政党（catch-all party）」への途を歩むのか、それとも「改革開放レース」における〝勝ち組〟層の利害を代表するエリート階級政党への色彩を強めることとなるのか、その方向を明らかにした上で、それぞれのシナリオが中国政治に与えるインパクトを検討することを目指すもので、本書は、中南海研究会の検討作業の中間的な成果の一部である。

そもそも、現代中国の政治変動のシナリオのさまざまな可能性に関しては、近代化論、民主化論あるいは市民社会論、社会発展論等々文脈から、予感ないし期待を込めた将来的な変容シナリオが提示されている。それらは、中国の政治体制変容の帰着するところとして、さまざまな展望を掲げているが、①民主化移行シナリオ、②崩壊・混沌シナリオ、③適応シナリオの三者におよそ大別することができる。

①の民主化移行シナリオでは、シャオホア・フー（Shaohua Hu）の二〇一一年説（Hu [2000]）、ヘンリー・ローウェン（Henry S. Rowen）の二〇二〇年説（Rowen [1996]）、ロナルド・イングルハート（Ronald Inglehart）の二〇二五年説（Inglehart [2005]）と民主化移行時期を具体的に明示したものから、ブルース・ギリー（Bruce Gilley）、ラリー・ダイアモンド（Larry Diamond）ら「早晩（soon or later）」（Gilley [2005]、Diamond [1999]）との移行時期を特定することなく、体制移行の高い蓋然性を指摘するものまで幅広い指摘が行われている。いずれも何らかの形での「民主」体制への移行を必然的コースと見る点が共通する要素である。すべての論者には必ずしも適合しないことを承知の上であえて立言すれば、この立場とは、多義的な「民主」概念を無限定なままに追求すべき価値、普遍的理念として把捉し、これをそのまま中国に適用する形で、自らの期待感を表明したにすぎないとの譏りも免れ難い。

逆に、②の混沌・崩壊のアナーキー・シナリオは、何らかの「移行」という帰着先よりもむしろそこに至る「過程」に注目したものともいえる。アンドリュー・ウォルダー（Andrew Walder）、ミンシン・ペイ（Minxin Pei 裴敏欣）らの「政治麻痺（political paralysis）」、「国家能力の摩滅（erosion of state capacity）」（Pei［1998］）というガバナンスの〝危機〟に注目するものとゴードン・チャン（Gordon Chang）らの「衰亡と分裂（decay and disunity）」（Chang［2001］）などのガバナンスそのものの〝崩壊〟の二つの判断に分たれる。特に、後者の中国崩壊論は、先のイデオロギー的民主化期待論の旗振り役を演じるケースも多い。

そして、両者の中間に位置する③の適応シナリオとは、しばしば指摘されるガバナンス〝危機〟にもかかわらず、その実態は変化する環境に対し、中国政治がさまざまな適応を図っており、それが成功裡に進展しているとの判断を掲げる立場といってよい。いわば①、②の立場を否定するものでもあるが、「衰微と適応」（atrophy and adaptation）を掲げるシャンボー、「抱き込み」（embrace）を指摘するディクソンあるいは分権化措置の中で政治エリート・コントロールの成功を指摘するピエール・ランドリー（Pierre F. Landry）、転型・吸収・浸透という党の「組織技術」に注目する景躍進らに代表される（Shambaugh［2008］, Dickson［2008］, Landry［2008］, 景［2012］）。

まさしく〝百家争鳴〟の観を呈するこれらの各シナリオの異同を形作る核心的要素が中国共産党の存在様態如何なのである。まさしく、中南海研究の意義はここにある。

四、黄昏（＝ダスク）か、黎明（＝ドーン）か

果たして、中国共産党は、一九七〇年代末の改革開放政策着手によってもたらされた内外環境の激変から危機的様相を強め、一九四九年の建国以来六十年余に及ぶ執政党としての存続そのものが今や危殆に瀕しているのであろうか(8)。それとも、逆にこれら変化を所与の好機として、この世界最大の政党にして中国最大規模の利害集団はその存在基盤を再鋳造し、新たな存在根拠をヨリ強固なものとしつつあるのだろうか。それぞれの立場を「黄昏（＝ダスク）ポジション」、「黎明（＝ドーン）ポジション」と名付け、組織構造、組織目標そして組織成員などの組織論の各分析要素に拠り、その変容の位相から、両ポジションを検討してみると、まず、両者が共通して見出すのは、組織としての党の変容であり、かつてこの組織を支えてきた内部的求心力と外部的支持が社会主義イデオロギーの失効に拠り、急速に摩滅しているという事実である。この事態に対して、〝危機〟なるラベルを貼る判断こそが「黄昏ポジション」であり、磁力が逓減し、かつまたそれが作用する磁場を失い、組織内に異分子を数多く抱え込むこととなった組織には自己崩壊の途しか残されていないと断ずることとなる。これに対し、「黎明ポジション」は、組織目標の修正、改革開放の「勝者連合」ともいうべき高所得、高学歴へと傾斜したメンバー構成の〝改善〟などを、まさしく現実に即した対応と看做し、かつてのイデオロギー的制約を脱し、現実に対する柔軟なレスポンス能力を向上させたものと高く賞揚することとなる。前節のシナリオ分類との関連では、「黄昏ポシジジション」とは①、②シナリオの背

景にある判断であり、「黎明ポジション」とは、すなわち、③の適応シナリオそのものである。

それぞれのポジションをとりまとめよう。黄昏ポジション、黎明ポジションがまず共通して見出すのは、組織としての党の変容である。かつてこの組織を支えてきた内部的求心力と外部的支持の両者が社会主義イデオロギーの失効に拠り、急速に摩滅（erode）している。この事態に対して、〃危機〃なる入射光をあてるのが黄昏ポジションであり、磁力が逓減し、かつまたそれが作用する磁場を失い、組織内に異分子を数多く抱え込むこととなった組織には自己崩壊の途しか残されていないと断ずることとなる。〃適応〃なる入射光をあてることから、黎明ポジションが現実に即した対応と賞揚する組織目標の設定も、それが明確な「目的」から単なる「理想」レベルへと「下方」設定されたとして、黄昏ポジションは組織自体の存在そのものの正統性危機を見出すことになる。また、改革開放の「勝者連合」ともいうべきメンバー構成の大きな変化こそ、この組織の変質と危機の極限状況を示すと判断するのが黄昏ポジションともいえる。

この「黎明ポジション」判断の大きな背景をなすものこそ、本書において〃予防的サバイバル戦略〃と名付ける中国共産党のこれまでの対応ぶりといってよい。というのも、党は、一貫して積極的なアクターであり、不知不識裡にこの〃危機〃情況に巻き込まれたわけでは決してなく、現時点、慌てふためいて弥縫策を求めて右往左往しているわけでもない。むしろ、改革開放以来のこの変容過程を自ら慎重かつ積極果敢にリードし、統御してきた。積極的アクターなるが故に、潜在的な反対勢力をも内部へと「取り込み」、「抱き込み」を行うことで、その伸張を封殺してきた。現実に存在する反対勢力＝〃異議申し立て者〃自身とて、明確に現体制の一部をなしており、決して外部から現体制に対抗する〃チャレンジャー〃ではない。今や〃学習型政党〃をも標榜しつつあるこの組織の先見性はきわめて戦略的であり、それは現段階奏効しているものと思われるからである。

五、〝サバイバル戦略〟とは？

なぜ、中国共産党の戦略的対応に注目するのか？　その背景理由としては、差し当たり以下の諸点を指摘することができる。第一に、党自身がこの変容＝〝組織危機〟に関して、一貫して積極的なアクターであったというプロセスこそ大いに強調されるべきものと思われるからである。前述のとおり、党は、この〝危機〟情況に突然巻き込まれたわけでは決してなく、弥縫策を求めて呻吟しているわけでもない。むしろ、この過程を自ら主導的にリードし、コントロールしてきた。それは、政治変容をともなわない経済発展パターンとして中国自身が主張する《北京共識（コンセンサス）》論にも典型的に象徴されている（菱田［2009］）。さらには、〝異議申し立て〟を行う反対勢力（opponent）の伸張を予防的に封殺してきた経緯も重要であろう。積極的アクターなるが故に、潜在的な反対勢力をも内部へと取り込み、抱き込み、かつ自らも積極的に変貌しようとする党の先見性はきわめて戦略的だからである。

この党の戦略的変貌として、近年では、資源依存型経営戦略理論の一つの潮流でもあるピーター・センゲ（Peter M. Senge）の「学習する組織 Learning Organization ／LO／学習型組織」概念を取り入れ、中国共産党は〝学習型政党〟を標榜しつつある（本書、第二章）。そもそも、「学習型組織」とは、組織の構成員に自主的な学習を促し、その成果を組織全体で共有することにより、高い競争力を実現する組織のことであり、従来の権威主義的な組織（「管理する組織」）に対する対概念として置かれる組織モデルの一つである。「管理型組織」が〝効率〟を指向しているのに対し、学習型組織では問題発見・解決に対処することがテーマとなっており、構成メンバーは顧客ニーズなどの状況を把握し、課題の所在から解決策の発見に至るまで継続的な学習を行うことが望まれる。まさしく基層からの党組織建設をこの「学習型組織」の概念と手法により推進しようとの意図と目され、「三つの代表論」採択以降の党の大きな変貌を示すもう一つの事態と看做すことができる。こうした大胆なまでの《予防的サバイバル戦略（preventive survival strategy）》はこれまでのところ、大きな成功を収めているものと判断して差し支えないであろう。

というのも、潜在的な〝異議申し立て者〟＝反対勢力自身とて、明確に現体制の一部をなしており、決して外部から現体制に対抗する〝チャレンジャー〟ではない。政治変革は意識の多元化にともなう追求すべき政治価値の相違から発生するのが常ではあるが、少なくとも現段階政治的価値の大きな分岐は見られない。最大の潜在的脅威としての私営企業家層の価値意識は、所在地域の機関幹部層のそれとほぼ同位相にある（Dickson［2008］）ことに窺われるからである。

こうしたプロセスから次第に形成されてきた中国共産党の対応方針こそが「党のサバイバル戦略」である。本書の各章でそれぞれの観察結果に関する分析が展開されており、詳細は各章に委ねるが、本書全体の主張を俯瞰すべく、ここでは、そのエッセンスとなる特徴的側面をとりまとめておくことにしよう（表序-1）。

まず、党のサバイバル戦略を形作る第一の要素は、危機対応（crisis management）とリスク管理（risk management）の成功裡の統合という側面である。すなわち、いったん危機が発生するならば、それにともなうダメージをコントロールすることでそれへの対処を十全のものとすると同時に具体的な危機的事態の発生リスクを常に極小化しておくという事前、事後の危機管理手法である。危機発生のリスクに対して、事前に周到かつ大胆に準備されたものであり、危機の予知、予防、発生時の対処法を準備することで、〝想定外〟事態を排除するという予防性が

表 序-1　中国共産党のサバイバル戦略

特性	危機対応とリスク管理の統合（Crisis management+Risk management）	
	予防性	事前に周到かつ大胆に準備されたもの　危機の予知、予防、発生時対処を準備　“想定外”事態の排除
	集団性	特定個人による発案ではなく、集団経験に基づく集団的経験知
	即応性	具体的な戦略として形あるものというより、個別自体への対処方針
	積極性	行動計画の迅速な策定とその強力な執行能力
	両義性	硬軟両様の一見両義的な手法の同時採用
内容	変貌：メタモルフォシスとモルフォジェネシス（Metamorphosis+Morphogenesis）	
	組織目標	目標の再設定　党規約
	組織規定	自己像の再定立“三つの代表”
	組織技術	変容、適応、浸透、吸収
	階層化	危機位相を当該階層にとどめ、上級広域階層へのリスク波及を極小化することで低コストリスク管理を達成　深刻度（severity）の局限化
	戦術手段	IT ツール　eCCP

際立っている。しかも、これは、特定の指導者個人による発案ではない。江沢民の〝三つの代表〟論、胡錦濤の〝科学的発展観〟等々といった特定指導者の名を冠した政策方針ではなく、むしろ、党という共通のフィールドにおける集団経験に基づく集団的経験知という色彩が濃い。具体的な戦略として形あるものというより、それぞれの個別事態への対処方針群を集大成した総体ともいえる。したがって、その即応性こそがこの戦略の最大の装備ともなっているが、「党の危機とは己自身の危機」というこの政治組織内部のメンバー全員に共通する強烈な危機意識およびメンバー外における「党以外にその他の選択肢なし」との圧倒的な共通認知がこの戦略の有効性を強固に下支えしている。如何にして、この中国最大規模の利益集団にして唯一の政治組織のサバイバルを図るか、この目的の存在こそが、歴史的な〝共産党なくして新中国なし〟とのかつてのスローガンを、〝党なくして、中国の今日はなく、明日もなし〟との確信に変え、それが浸透している。

これらの予防性、集団性、即応性から、行動計画の迅速な策定とその強力な執行能力がこのサバイバル戦略の全体特性として浮かんでくるが、この特性とは、軍事戦略論として知られる「OODAループ意思決定論」そのものともいってよい。「OODAループ」論とは、米空軍のジョン・ボイド（John Boyd）大佐によって提唱された意思決定理論であり、〝観察（observe）―定位（orient）―意思決定（decide）―行動（act）〟のサイクルを繰り返すことによって、健全な意思決定を実現するというものであり、中国共産党自身がサバイバル戦略を形成する過程でこのボイド理論(9)をどこまで意識したかは判然とはしないが、まさしくこのサイクルそのものである。中国内部のあらゆる領域に発生する事態を全国規模で編成されたピラミッド型組織を通じて把握し、各レベルにおけるそれぞれの情勢判断を統合し、それに基づき党中央において意思決定を行い、それを強力な組織力に基づき、各レベルで具体的な行動へと展開する……まさしく、この組織がかつて国民党との内戦時期、抗日戦争段階で軍事革命組織であったことからすれば、軍略論の色彩が濃いこのサバイバル戦略を「OODAループ」論として把捉することも許されよう。

一方、このサバイバル戦略の具体的な構成要素としては、まずは、組織目標の再設定が挙げられよう。そもそも組織とは、ある目標実現のために成立されるものであり、その設定された目標如何が組織を本来的に規定する。というのも、ある組織に結集、参加することとは、組織目的として掲げられた価値、理念、理想に同調、共鳴することであり、その目標実現、達成のためにこそ、組織内諸制度、諸規定を整備し、諸機構を配置するなどさまざまな組織活動を展開することとなるからである。この組織は、一九二一年の結党以来、十七次にわたる全国代表大会で党章程（＝党規約）の改訂修正を行っており、建国以降も、第十七回党大会に至るまで十次にわたる改訂が行われているが、とりわけ「共産主義の実現」は「最終目的」から単なる「目的」へ、そして「最終目標」へと替わり、二〇〇二年第六回党大会では「最高理想」へと〝下方〟修正されている。外部環境の激変、すなわち、共産主義制度実現への可能性に対する現実的な適応能力の高さとして、組織強度を示す徴表といえよう（菱田［2012 近刊］）。

また、この組織が自ら規定する自己イメージも〝三つの代表〟論の採択により、二〇〇一年段階で大転換を遂げている。この自己像の再定立に基づき、第十六回党大会（二〇〇二年十一月）における党中央委員会報告として、党規約前文における党の定義を従来からの「労働者階級の前衛隊」に「中国人民と中華民族の前衛隊」を付加することで、党の基盤を「広範な人民」に求めた。イデオロギーは、「教典」への金科玉条視ゆえに教条主義と化すことで、環境変化に対する柔軟性、現実に対する対応能力を喪失、低下させることがしばしばではあるが、こうした融通無礙な組織目標、自己像の修正は、この政治組織のイデオロギー的適応力を雄弁に物語っている。

さらには、党のサバイバル戦略の白眉をなす部分が、組織運営、管理面における組織技術であり、「適応、浸透、吸収」をキーワードとする大胆なまでの組織変容である。本書第四章所収の景躍進論文がヴィヴィッドにこれを描き出しているが、環境変化に対応し、異分子をも取り込み、組織内へと吸収すると同時に新たな環境の内部へと積極的に斬り込んでいく組織手法である。

また、戦術的側面としては、一端危機が発生するや、その危機位相を当該レベルにとどめ、上級広域位層への波及を極小化することで低コストのリスク管理を達成するという階層化手法が特徴といえよう。「局地化」により、全体組織への衝撃度（severity）を緩和するといういわば危機管理の第一講ともいうべき要諦である。確かに、中国各地で〝人民叛乱〟とも称すべき「異議申し立て」現象あるいは「群体性突発事件」が頻発しているが、〝事件〟そのものは単なる地方性事案として〝局地化〟されており、全体組織への衝撃は局限されている（菱田［2012］）。〝中央幹部＝恩人！　省級幹部＝親人！　県級幹部＝悪人！　郷鎮幹部＝壊人！〟なる俚諺に尽くされるように、危機のタネとしての不満は、郷鎮あるいは村レベルの地元指導者に集中して向けられており、行政レベルが上がるにつれ、逆にひとびとの信頼感は急上昇し、党中央／国務院への「高信頼度」は九〇パーセント以上（胡栄［2010］）となっている。

戦術面において、その根幹をなす最も特徴的なところは、硬軟両様の一見相矛盾するような各種手法の同時採用という両義性であろう。例えば、硬軟両様という点では、ＩＴツールへの注目はその恰好の事例と思われる。経済発展におけるＩＴ分野振興の重要性につとに注目を寄せた国家として中国は世界の前列に立っており、ＩＴ情報社会の構築自体を当初から国家主導で進めてきた。情報産業分野と情報通信関連政策の制定を所管事項とし、それまでの郵電部、電子工業部、広播電影電視部、航天工業総公司、航空工業総公司の情報、ネットワーク管理を引き継ぐ国務院信息産業部（Ministry of Information Industry）が設立されたのは一九九八年であり、二〇〇八年、国防科学技術工業委員会、国務院情報化工作弁公室、国家煙草専売局、国家発展改革委員会の一部と統合され、今日の工業信息化部（Ministry of Industry and Information Technology）へと発展している。一九九三年以来、中国政府は金融部門などの情報化・電子政府化に向けて「金字工程」という名の国家情報戦略を定めており、ＩＴ活用による電子政府化の動きは日本のそれを上回るレベルにも達している。これまで〝竹のカーテン〟に覆われてきた中国共産党自身、「中国共産党新聞網」（http://cpc.people.com.cn/）なる網頁を開設しており、大方の予想を遥かに上回るデータがそこから獲得できる。極端にいえば、「サイバー中国共産党」〝Cyber CCP〟への急な動きとの印象すらある。

その一方で、「金字工程」には、公安部門の情報管理システム化を目標とした「金盾工程」がある。一九九八年九月国家公安部が金盾計画を策定、二〇〇一年四月国務院による計画批准を経て、今や中国政府にとって、有害サイトブロックから、档案システム（個人情報管理）、アクセス情報の監視などを行う強力なＩＴ監視ツールとなっている。まさしく諸刃の剣としてのＩＴ技術に関して、産業政策重点として積極的に実施するとともにサイバー空間の監視管理には徹底したハード路線を展開している。文化産業を支柱産業に育成しようとの二〇一一年秋の第十六期六中全会決定にも、ネット管理をも含む社会管理の強化が裏打ちされており、まさしく情報IT革命の重要性と危険性を先取りした中国の「サバイバル戦略」そのものといってよい。

六、本書の構成

こうした「党のサバイバル戦略」を核として、組織としての中国共産党に焦点を合わせ、その全体像を描き出そうとするのが本書である。このため、党の存在を中国政治全体から捉え返そうとする第一部、制度の側面に着目し、党の組織構造と経済、人事などさまざまな組織制度を検討した第二部、そして、中南海研究会としてわれわれ自身が行ったミクロ調査の結果に依拠して現実社会における中国共産党／党員像に肉迫しようとした第三部の三部構成をとっている。読者諸賢の便を図るべく、本書各章の概略を簡便に俯瞰しておこう。

第一章「データから解析する中国共産党の変身」（毛里和子）は、中国共産党の変容を量的側面から把捉しようとするものである。党に関する公式データは、稀少にして、かつ選択的にしか公表されず、毛里は、中国における政治的データの貧弱性と問題性を指摘する。それらを十分に検討しつつ、第一章は、党員の年齢・職業構成などに基づき、ニュートラルに中国共産党の実像に迫り、中国共産党が高学歴のエリート集団になりつつあること、とりわけ江沢民時代、一九九〇年代後半から党のエリート化が急激に進展したことを描き出し、一般社会に比して中国共産党が、そして、党全体というより党の最上層部こそが富と権力と声望を一手に集中している情況を摘出している。その上で、毛里は、中国社会の資本家・中間層・労働者農民という三層化への変容から、これら三アクターを果たしていつまで一つの政治組織に止めおくことができるだろうかとして、これが党自身の構成および政治的機能をも根本的に変えることになろうと見通し、党内派閥の発生と公認、党の分化、そして多党制への移行の可能性を示唆している。

第二章「党中央の研究機関――「学習型政党」建設と〝調研〟活動」（朱建榮）は、中国共産党のサバイバル戦略を構成する要素としての柔軟性に着目するものといってよい。朱は、次々とたち現れる問題と難局についてその背景、根源および核心、本質を徹底的に調査研究し、調査結果と対策案を迅速に検討した上で、まず〝試点〟で経験を積み、速やかに新しい対策の実施や政策転換を図り、その途中で問題が生じたとしても迅速に微修正、微調整を行っていくという柔軟性こそが、中国が数々の難局と難題を切り抜け、自己改革、経済躍進に成功した要因との立場を掲げ、「調研（diaoyan）」という一連の調査研究とフィードバックのプロセスを描き出し、新たな目標としての「学習型政党」および「学習型社会」の建設という党の新しい自己改革を図る中心的任務を分析している。同章では、中国の権力中枢にあたる中国共産党中央委員会直属の各機関、部門における学習と調査研究の動向を精査し、党が新しい問題に取り組むメカニズムとその内部運用システムの実態を解明している。これらを踏まえて、朱は、指導部による努力や意欲と国民レベルにおける実際の効果との間にギャップがあるところから、「学習型政党」、「学習型社会」を成し遂げ、時代の流れ、国民の声を反映するように中国共産党が脱皮を果たすには、依然長い道のりがあろうと結論付けている。

第三章「中国におけるガバナンス——中国共産党の位置と能力」（高原明生）は、ガバナンス論の立場から、高層（マクロ・レベル、すなわち中央）における政策決定過程、中層（メソ・レベル、地方党委員会）の統治能力および基層（ミクロ・レベル）の三レベルから、中国政治のガバナンスを検討しようとしたものである。同章は、高層のガバナンスとして、中央の意思決定過程と党・国家関係を検討し、党と国家の重要職位の兼任という人的配置そして党組や議事性機構といった組織設置を通して、党の国家に対する領導が中央においては貫徹される仕組みが確立されていることから、重要政策の決定過程における党と政府の連携につき比較的成熟したプロセスが中央レベルにおいては確立していることを描き出している。一方、地方党委員会の執政能力、すなわち、中層のガバナンスでは、事態の実際の改善状況は理想にはほど遠いと指摘する。都市における社区の自治を対象とした基層のガバナンスの検討から、中国社会の基層においては党の領導と自治が共生していることを指摘している。結論として、高原は、中国のガバナンスの中心に位置する共産党のガバナンスの改善を阻む問題の根源は、如何なる権力の制約をも受け入れない一党独裁の内在的な欠陥にあると指摘し、同時に党の執政能力を強化しない限り実際の問題は解決できないまま深刻化するというジレンマから、共産党のガバナビリティの衰弱の可能性を挙げている。

第四章「転型・吸収・浸透——党の組織技術の変遷と課題」（景躍進）は、本書の核心的テーマ、党のサバイバル戦略の最大の特性である組織技術の変遷を丹念にフォローしたもので、本書の白眉の一つである。景は、党が主導する改革開放は刮目すべき成果と同時にもろもろの〝挑戦〟をもたらしたが、如何にこれらに対応するか、それを新たな改革の動力、そして、制度革新のための資源へと転化するかが、党・国家体制の存亡に重大な意義を有するという点からスタートする。本章は、執政党としての中国共産党が組織建設面で直面する三つの挑戦、すなわち、村民自治を中軸とする「民主」選挙の挑戦、市場経済によってもたらされた社会構造の転変の挑戦、そして市民社会の成長という挑戦に対応する過程において、中国共産党が採用した「転型」、「吸収」そして「浸透」というそれぞれ相異なる三種の組織技術を鋭く摘出している。詳細な検討作業を経て、景は、中国共産党は依然としてレーニン主義政党であり、党・国家体制の基本枠組、性質には根本的な変化はなく、また、近い将来、そのような変化が行われることを期待するのは非現実的と展望している。では、その党・国家体制は西側の自由民主制とは異なる新たな民主類型へと発展することになるのか？　この問いは、経験過程の中で不断に探索と検証を行うべきものと景は慎重に筆を進めている。

第一部のこれら四篇の力の入った論稿により、中国政治全体における中国共産党のイメージを得た読者に次に提示されるのが、組織としての中国共産党が今日さまざまに依拠している制度的背景を検討した第二部である。

第五章「経済発展、地方政府のガバナンスと中国共産党」（加藤弘之）は、改革開放後の中国に独自のインセンティブ・メカニズムを内包した経済システムが形成され、それが高度成長を下支えしたとする考えに基づき、そのメカニズムの特徴を地方政府と党のガバナンスのあり方に焦点をあてて分析したものである。加藤は、現段階中国の経済システムの特徴として、政府の権限が強大でありながら、他方で激しい競争が繰り広げられているという一見すると矛盾する事態をつなぐポイントとして、政府の市場介入が、経済の効率性を大きく損なうことなく実現できたことを挙げる。その上で、地方政府のガバナンスに見られる中国独自のインセンティブ・メカニズムが、改革開放後の高度成長を下支えする制度的要因となったこと、そうした地方政府のガバナンスの背後に、「一把手」体制の下で経済指標を重視する党幹部の評価・選抜システムが存在したことを明らかにしている。本章では、党は指導理念の転換という課題にこれまでのところ、適切に対応し、高度成長を持続させることで支配の正当性を維持してきたが、問題は、今後の新たな政策目標の転換に適合的な地方政府のガバナンス、政府内部のインセンティブ・メカニズムの確立、それに呼応した幹部の評価・選抜システムを、共産党政府が構築できるかどうかにあると見通している。加藤は、無錫市が全国に先駆けて実施し、その後、雲南、貴州、河南、河北などにも拡がった「河長制」に注目を寄せているが、移行期に適合的なガバナンスの方向性をさし示すものとなり得るのか、興味深い事例といえよう。

一方、制度面から党を分析するという第二部にあって、農村社会に焦点をあてたのが、**第六章「農村基層組織改革の進展と党支部――経済発展と組織の多様化の中で」**（大島一二）である。本章は、中国農村における重要な基層組織である郷鎮政府、村民委員会の機能と近年の組織改革の実態から、これらの組織と表裏一体の関係にある中国共産党支部組織の現状を分析し、とりわけ近年伸長著しい農村の私有セクター（私営企業、個人企業など）および新たに誕生しつつある「農民専業合作社」において、共産党支部組織がどのような関係を構築しつつあるのかを現地調査に基づき、詳細な検討を加えている。党のサバイバル戦略の中でも「浸透」プロセスを農村場面において検討しようとした論考といえるが、大島の関心は、農村における党の支部組織が既存の農村基層組織の役割の低下とともに、次第に農村における位置を縮小させているのか、それとも新たに勃興し、力量を増しつつある諸組織に対して、何らかの形で影響力を拡大し、農村における勢力を維持・拡大しようとしているのかにある。本章では、農村のさまざまな局面で頭角を現している新指導者層の多くが党員であり、党支部組織の構成員という点から、党支部の組織としての柔軟性と強かさをそこに見出している。大島は、党支部がこうした柔軟性と多様性を今後も有することができるのであれば、今後かなり長い期間にわたって、中国農村において重要な位置を占めていくであろうと見通している。

第七章「中国共産党権力の根源――「人材的保障措置」の視点から」（諏訪一幸）は、党が自ら定めた目標の実現を保証するための人材的措置に着目して、党による統治の構造やその維持強化における課題の一端を浮き彫りにしようとしたもので、党指導の実態とは一体どのようなものであるのか、制度論的立場からこれに検討を加えている。諏訪の具体的な問題意識は、一九四九年の建国以降、党はどのような基準をもって理想の党員像を定義し、新党員を取り込んできたのか、党機関専従党員職員の採用と昇進はどのようなシステムで行われているのか、その結果、党は党員構成や党員管理などに関して、どのような変化を遂げたのかにあり、「人材的保障措置」によって、党は支配政党としての正当性と権威を保とうとする努力は党内「法規」や「指示」、「決定」、「通達」といった独特の制度化によって進められてきたことを明らかにしている。これを踏まえて、諏訪は、党・国家体制の中核に位置する党は内部（広義の国家機関）での凝集力を強めてはいるものの、外部との関係においては自らを疎外し、その影響力を弱めていると結論し、「疎外されたエリート政党」と化してしまったと論断している。

国家機関内部における党の凝集力強化という諏訪の観測から、さらに一歩進めて、経済発展のためには政治体制改革が必要であり、党と政府の機能を分離することこそがその手段とされたことに注目し、その試みをソ連との比較により分析しようとしたものが、**第八章「党政分離の政治過程——中ソ比較の試み」**（中居良文）である。ほぼ同時期に共通の目標を持って打ち出された党政分離が、中ソで異なる展開を遂げたのはなぜか、一九八九年には二〇〇〇万人近い党員を抱えていたソ連共産党が一九九一年八月に事実上消滅する一方で、中国共産党は一九八九年以降も毎年一五〇万人以上党員を増やし続け、二〇一〇年には八〇〇〇万人を超える党員を抱える巨大政党となったことは党政分離政策と何か関係があるのだろうか、これが中居の問題関心であるが、併せて、中国共産党の研究にソ連との比較を活用することを別な狙いとして掲げている。中居は、ゴルバチョフにとって、党政分離は彼がイメージするペレストロイカを実現するための手段の一つにすぎなかったのに対し、趙紫陽がイメージする政治体制改革の中心テーマであったと党政分離の中ソ比較を踏まえて、党が自己改革するための政治的環境は一九八七年当時と比較して格段に厳しくなっていると中国の現政治体制が抱える問題点を指摘し、穏健な分権案をすら、強く断罪せざるを得ない中国指導部の姿勢に、「勝ち目のない時間との戦いに挑む者のあせりと絶望」を見出している。

一方、**第九章「現代中国における維権運動と国家」**（呉茂松）は、現代の中国政治社会を理解する上で重要なキー・タームとなっている「維権」を取り上げ、維権行為、維権運動の全体像を描き出し、その厳密な定義を行おうとしたものである。本章では、「維権」というキーワードが提起され、適用範囲が拡大すると同時に、市民に定着する経緯とその発生の時代背景を概観した上で、事例分析の結果から維権行為の内容、争点、特徴などを分析し、「維権」の意味とその変化を指摘している。呉は必ずしも直接的に党の存在を明示した上で論を進めているわけではないが、各アクターの権益の侵害への抵抗、政策への異議申し立てと集団的な暴動事件（「群体性事件」）に見られる集団行動および行政、司法への訴えかけなどの発生原因、メカニズムと戸籍制度、利益表出チャンネル、組織基盤などの政治制度との相関・因果関係に関する分析は、その最大の背景要因としての党の存在を際立たせるものである。呉は、「維権」がメディア用語から市民用語となり、政治用語化、そして準学術用語化している過程を浮かび上がらせ、維権行為が権益侵害への抵抗から始まり、権利、ひいては政治権利への要求、主張に集約されて、現在は既成事実となっていることを摘出している。呉は権利の啓蒙者、権利擁護行為の推進者であった党＝国家が、維権運動の発生過程において、その運動が訴える対象にして運動の標的にもなっていったプロセスをも指摘しており、ひとびとの権利を擁護する方法、価値認識、最終的な目標をめぐって社会と国家は「同床異夢」情況にあるとの論断は、〝維穏〟を訴える党の戦略にも示唆を与えるものとなっている。

翻って、中国共産党という組織あるいは党員という社会的存在そのものは中国社会全体にあってどのように認識されているのか、党／党員像のあり様は党自身のサバイバル戦略の展開にも直接影響を与える大きなファクターである。われわれはこうした関心から、中国側の研究カウンターパートの協力を得て、中国各地でさまざまなアンケート調査を実施してきている。第三部は、こうしたわれわれ自身のミクロ調査結果から、中国社会における党の実像を浮かび上がらせようとしている。

まず、**第十章「エリート層における党の存在――中国エリート層意識調査（二〇〇八―九）に基づいて」**（小嶋華津子）は、中国共産党が労農階級の前衛政党から知識エリートの政党へと党員基盤を急速に移行させつつあることから、知識エリート層の価値観や行動原理を理解することの重要性に着目し、知識エリート層における中国共産党の求心力の現状を浮き彫りにしようとしたものである。回答者を所属政治組織別および世代別にデータを分析することにより、知識エリート党員内部の価値認識の変容の傾向を捉えようとする小嶋は、社会主義および共産党支配体制に対する認識において、回答者全般に揺らぎが生じていると同時に、党員エリート―非党員エリート間、および異なる世代の党員間に隔たりが存在すること、また共産党の領導に関しても、党員の認識自体に揺らぎが存在すると同時に、党員とそれ以外の集団との間に著しい認識のギャップが存在することを明らかにしている。すなわち、共産党員の中でも若い世代ほど、こうした傾向を強く有し、党を共産主義理念発揚の場ではなく、自己実現の機会と実利を得られる場として認識しており、また、将来の党員候補である共青団員も「広範な人民」の利益代表、「中国人民と中華民族の先鋒隊」といった一党支配の正当性に関わる党の性格や党の自己改革能力について、党員ほどの肯定的、楽観的な認識を持っておらず、共産党の領導の絶対性に対し無党派以上に懐疑的となっている。こうした観察結果から、小嶋は、共産党員を含む知識エリート集団において、イデオロギーとしての社会主義・共産主義が求心力を失いつつあり、党の領導についても多様な考えが受容されつつある現状を指摘し、これが中国共産党という巨大組織の組織原理のみならず、中国の政治体制そのものが世代交代を経て変わってゆく可能性を示唆するものと論じ、中国共産党は失敗の許されない難しい組織運営を迫られていると結論付けている。

では、知識エリートというより、いわゆるランク&ファイルの一般党員層の意識面においてはどのような特徴が見られるのか、この課題は、われわれが上海市徐匯区住民を対象として行った「上海市民意識調査」に基づき、第十一章および第十二章がそれぞれ相異なる観点から分析を行っている。

まず、**第十一章「一般党員の意識・行動から見る中国共産党の執政能力——上海市民調査から」**（南裕子）は、統治者の正統性が選挙といった手続き上の合理性により担保されるのではなく、「民衆の生活の場での日常的な支持に依存する」という前提から、「民衆の生活の場での日常的な支持」という点に注目して、共産党の執政能力の一端を、基層から探る試みである。具体的には、上海市民調査データを用い、党という組織は、メンバーを自発的に社会参加・社会奉仕する存在として活動させ、民衆にボランティア組織のような性格を見せることが可能であるのか、また可能であるとすれば、その源となる組織の求心力はどのような特徴を持つのか、さらに、こうした党員に非党員は如何なるまなざしを向けているのか、共産党は「民衆の思いを汲む」ことができているのか、すなわち、党は民衆から乖離していないのかどうか……こうした問いかけに基づき、入党動機および党員としての自己イメージ、党員の価値意識や行動における固有性を分析し、また、党内の世代間、階層間の分化傾向を取り上げ、これが党員内の多様性、さらには党の体質変化をもたらす可能性について討究を進めている。南は、党の求心力に関して、現体制への高い同調性が、多様性の中にも根本において党組織に一定の求心力を保持させているほか、肯定的な自己イメージから、党員としてのエリート意識をそこに見出し、この集団に属することが一つのステイタスにしてメンバーシップがブランド的価値を持っていると論じている。そこから、南は、党員が、現体制の大きな枠組みへの高い同調性という固有性を保持しながら、他の側面では非党員との境界が曖昧であるということは、党が社会から乖離することを防ぐ組織としての強みとなっているとの興味深い結論を導き出している。

これに続く**第十二章「基層社会と党——上海市民意識調査から」**（中岡まり）は、都市部基層社会に対する党組織の浸透・支配を分析視座に据えたもので、上海調査の分析という文脈では第十一章と、また、基層社会分析という関連では第六章と並置さるべきものである。中岡は、中国共産党の権力を支えるものの一つとして、その強力な組織力に注目し、都市部における単位社会から社区社会への移行により、党の基層への支配に生じている困難とその対処方法の有効性を考察している。具体的には、基層党組織はこの移行に適応できているのか、基層社会における党の統治能力は向上しているのか、あるいは低下しているのか……この問いを掲げ、党・国家による統治の視角から社区を取り上げ、党と国家が社区に浸透し、統治しようとする際に抱える課題とその対応、そしてその試みの成否について、訪問調査によって得た知見をも併せて検討を加えた。その結果として、中岡は、基層党組織が社区社会への移行に対応する必要性を認識し、対応しているが、その方法は、従来の単位を通じた「条」（縦の系統）の指示によるものであり、必ずしも十分とはいえないこと、また、現在のところ基層社会における統治能力は低下してはいないが、「社区党員」の強化と「単位党員」の「社区党員化」を進め、基盤を拡大しなければ、低下する可能性もあると指摘している。

最後の**第十三章「中国のＮＧＯ職員の政治意識は革新的か——二〇〇九年アンケート調査から」**（阿古智子）は、中国のＮＧＯスタッフが国の政治体制や共産党をどのように見ているのかをアンケート調査によって明らかにしようとする論考である。一般に、公益活動に積極的に取り組むNGOスタッフは批判精神に富むと見られているが、果たしてそうなのだろうか。今回の調査対象者には党員・非党員がおり、所属するNGOも人員・運営経費の規模や登記の形態が異なるところから、回答者および回答者の所属するNGOのフェイスシートを明らかにし、そうした条件の違いは回答にも差異として現れているのだろうか、もし現れているとするなら、それは何を意味しているのか……こうした関心から、回答者の所得、政治身分（党員、共青団員、無党派、民主党派）、所属NGOの運営経費規模、登録形態に着目したクロス分析を行っている。阿古は、その分析結果から、「迷い」あるいは政治に対する消極性も見え隠れするものの、NGO職員特有の批判精神が如実に窺われるとして、政治体制に対する「冷ややかな視点」を摘出しており、NGOスタッフが社会主義や共産党に対して、エリート層よりも批判的な見方をしており、現実により率直に向き合おうとする姿勢を見いだしている。ここから、阿古は、NGOという新たなセクターに身を置くひとびとが今後中国社会にどのような影響を与えるのか、社会変動の重要なアクターとして注視すべきものと注意を喚起している。

七、サバイバル戦略のゆくえ

これら各章に収められた各論考によって、中国の政治社会場面裡にあって中国共産党が如何なる存在にして、如何なる課題に直面しているのか、そうした課題への対応の中から形成されてきた中国共産党のサバイバル戦略に関し、読者諸賢が何らかのイメージを摑み、中国政治が胚胎するさまざまな可能性を検討する際の一助となり得れば、本書の目的は半ば達成されたこととなる。さらには、中国というもはや好悪の感情のみでは語り得ない存在への関心を高めることができれば、われわれにとって文字通り望外の喜びである。

ただ、流動化、不安定化の相を強めつつある中国に関して、大方の関心の所在は果たして中国は何処に向かうのか、中国の将来像に関するところにあろう。本書各章では、客観的な事実に基づき、ニュートラルに現状を描き出すことに専ら作業を集中させており、あえて統一的に中国政治の展望を語ることには禁欲的となっているとの印象も払拭し難いかもしれない。予言者、八卦見にあらずとの〝自負〟もその背景の一部ではあるが、既述のとおり、われわれの中南海研究会自体が現在進行中の発展途上のプロジェクトだからである。われわれは中南海研究会第二期プロジェクトをスタートさせたばかりでもあり、中国共産党の将来イメージの詳細に関しては、本プロジェクト完成後の他日を期すこととしたい。

とはいえ、ここでは、本書のメインテーマである中国共産党のサバイバル戦略そのもののゆくえに関し、現時点における暫定的なイメージを掲げ、序章としての本章の筆を擱くこととしたい。

まず、中国の政治社会システムが近い将来党による制御が不能となる大混乱情況に陥るとの「危機・混乱」シナリオは棄却されるであろう。というのも、中国共産党による統治は本書が強調する〝予防的サバイバル戦略〟によりこれまでのところ奏効しており、全メンバーに汎通する秩序紊乱、崩壊への共通する懸念と不安こそが強固な〝接着剤〟の機能を果たしており、現体制を支える〝凝固剤〟となっているからである。

だが、この関連では、このサバイバル戦略があくまで過渡期の戦略にすぎないという決定的な弱点が存在することも等閑視することはできない。先進国を追い掛け、追い付こうとする段階での党＝国家体制の存続強化を図るという過渡期性は、追い抜き、追い越した先の中国には不適合である。なぜなら、単なる危機管理というすでに設定された目標への対応措置のみでは不十分であり、新たな目標そのものを打ち出し、それを明確に設定し、それに向けて動員を行うことが求められるからである。その可能性を現状の過渡期戦略の中にこそ、胚胎させていくことが肝要であろう。具体的には、それは経済の領域から解が得られるかもしれない。換言すれば、市場のルールそのものを確定し、その監督機能を徹底させる……この努力こそが、必須であろう。というのも、全知全能の神の座にある党がすべてを事前に察知し、それを判断し、あらゆる過程を制御するという神話的レトリックからの脱却、変貌こそが、このサバイバル戦略の意味するところであったからである。すなわち、市場という神ならざる存在のパワーを一部利用することで、経済成長なる果実を得て、それにより、生まれた既得権益層を取り込んだ形でこのサバイバル戦略は機能してきた。あらゆる側面において、自ら設計し、その制度運用を図り、かつその執行を監督する……もはやそれが不可能となった今、「内からのノー」と「外からのノー」に直面せざるを得ないことからすれば、中国の経済モデルの転換の成否がこのサバイバル戦略の未来を占うように思われる。

〈注〉

（1）『政社分開と郷政府設立に関する通知』（一九八三年十月中共中央）は、〝政社合一〟体制を解体し、郷政府を設立すると同時に、郷党委員会を設立し、大衆のニーズにより経済組織を設立することを定めている。郷の規模は、従来の人民公社の管理範囲を基礎とするものとし、一九八四年末までに郷政府設立を行うこととされた。

（2）一九八二年憲法第一一一条は、「居住地域により設立された居民委員会、村民委員会は基層レベルにおける大衆的自治組織である。主任、副主任、委員は住民選挙により選出する」と規定している。

（3）一九八七年十一月二十四日、第六期全国人民代表大会常務委員会第二十三次会議は『中華人民共和国村民委員会組織法（試行）』を採択し、八八年六月一日から全国で施行。十年の試行期間を経て、一九九八年十月『中華人民共和国村民委員会組織法』が正式採択されている。

（4）その詳細は、若林正丈［2008］。

（5）党史研究分野では、衛藤瀋吉東大名誉教授、石川忠雄慶應義塾大学名誉教授あるいは山田辰夫慶應義塾大学名誉教授らをはじめとする先行世代による数多くの業績が蓄積されている。

（6）中国政治における党の存在に関しては、唐亮［2001］、加茂具樹［2006］、諏訪一幸［2004, 2006］らを代表的事例として挙げることができる。また、党そのものをテーマとする作業としては、菱田雅晴・園田茂人［2005］あるいは毛里和子［2004］が、その著作の一部にあって、中国共産党の変貌を検討しているが、やはり例外的作業にとどまる。

（7）「社会団体登記管理条例」（国務院令第二五〇号、一九九八年十月二十五日公布・施行）第三条は、（1）中国人民政治協商会議に参加する人民団体、（2）国務院の機構編成管理機関により認可され、国務院によって登記を免除された団体、（3）機構・団体・企業による設立を認可され、それらの組織の内部で活動を行う団体は登記対象から除外されるとしている。

（8）この検討作業は、菱田［2012近刊］で行っており、以下のパラグラフはこれに基づく。詳細は、同書を参照されたい。

（9）OODAループ理論の起源は、朝鮮戦争当時の米軍のF-86戦闘機、ソ連軍および中国軍のMiG-15戦闘機間の空中戦に関する洞察とされる。ジョン・ボイド自身、F-86に搭乗、MiG-15と交戦し、この経験に基づき、操作に対する応答時間とコックピットの視界に起因する操縦士の意思決定速度が決定的な勝因となったと結論した（Osinga［2006］）

〈参考文献〉

・加茂具樹［2006］『現代中国政治と人民代表大会』慶應義塾大学出版会。
・諏訪一幸［2004］「中国共産党の幹部管理政策――「党政幹部」と非共産党組織」アジア政治学会『アジア研究』第五〇巻第二号。
・――――［2006］「胡錦濤時代の幹部管理制度――「人材」概念の導入から見た共産党指導体制の変容可能性」日本国際政治学会編『国際政治』第一四五号。
・唐亮［2001］『変貌する中国政治』東京大学出版会。
・菱田雅晴［2012近刊］「中国共産党――危機の深刻化か、基盤の再鋳造か？」園田茂人・毛里和子編『キーワードで読み解く中国』東京大学出版会、二〇一二年近刊。
・――――［2012］「不安定化下の安定――中国共産党九十周年の現況」『東亜』二〇一二年一月号。
・――――［2010］『中国――基層からのガバナンス』法政大学出版局。
・――――［2009］「中国：〝全球化〟の寵児？」鈴木佑司・後藤一美編『グローバリゼーションとグローバル・ガバナンス』法政大学出版局。
・――――［2004］「中国共産党のメタモルフォシス」寺島実郎・渡辺利夫・朱建榮編『大中華圏の実像――連携のための摸索』岩波書店。
・菱田雅晴・園田茂人［2005］『経済発展と社会変動』〈シリーズ現代中国経済、第八巻〉名古屋大学出版会。
・毛里和子［2004］『新版　現代中国政治』名古屋大学出版会。
・若林正丈［2008］『台湾の政治――中華民国台湾化の戦後史』東京大学出版会。
・景躍進［2012］「転型・吸収・浸透――党の組織技術の変遷と課題」本書、第四章。
・Brodsgaard, Kjeld Erik & Yongnian, Zheng eds. [2003] *Chinese Communist Party in Reform*. Eastern Universities

Press.
・———— eds. [2004] *Bringing the Party Back in; How China is Governed*. Eastern Universities Press.
・Chang, Gordon G. [2001] *The Coming Collapse of China*. Random House.
・Diamond, Larry Jay [1999] *Developing Democracy: Toward Consolidation*. The Johns Hopkins University Press.
・Dickson, Bruce J. [2003] *Red Capitalists in China: The Party, Private Entrepreneurs, and Prospects for Political Change*. Cambridge Modern China Series. Cambridge: Cambridge University Press.
・———— [2008] *Wealth into Power: The Communist Party's Embrace of China's Private Secto*r. Cambridge University Press.
・Gilley, Bruce [2005] *China's Democratic Future: How It Will Happen and Where It Will Lead*. Columbia University Press.
・Gore, Lance L.P. [2011] *The Chinese Communist Party and China's Capitalist Revolution: The Political Impact of market*. Routledge.
・Hishida, Masaharu [2009] "*The morphogenesis of the CPC: Organizational issues". In China's Trade Unions - How Autonomous Are They?; A Survey of 1811 Enterprise Union Chairpersons.*, Hishida, M. et al. Routledge 2009.12.
・Hu, Shaohua. [2000] *Explaining Chinese Democratization*. Praeger.
・Inglehart, Ronald (co-authored with Christian Welzel) [2005] *Modernization, Cultural Change and Democracy: The Human Development Sequence,* Cambridge University Press.
・Landry, Pierre F. [2008] *Decentralized Authoritarianism in China; The Communist Party's Control of Local Elites in the Post-Mao Era*. New York: Cambridge University Press.
・Lipset, Seymour Martin [1960] *Political Man: The Social Bases of Politics.* （シーモア・M・リプセット『政治のなかの人間——ポリティカル・マン』東京創元新社、一九六三年）
・McGregor, Richard [2011] *The Party: The Secret World of China's Communist Rulers*, Penguin. （邦訳 小谷まさ代訳

『中国共産党　支配者たちの秘密の世界』草思社、二〇一一年）
・Osinga, Frans P. [2006] *Science Strategy and War: The Strategic Theory of John Boyd*, Abingdon, UK: Routledge.
・Pei, Minxin [1998] "Is China Democratizing?" *Foreign Affairs* 77: 68-83.
・——— [2006] *China's Trapped Transition: The Limits of Developmental Autocracy*, Harvard University Press.
・Pew Global Attitudes Project [2010] *22-Nation PEW Global Attitudes Survey*. Pew Research Center.
・Rowen, Henry S. [1996] "The Short March: China's Road to Democracy," *The National Interest*. the Nixon Center.
・Senge, Peter M. [1994] *The Fifth Discipline: The Art & Practice of the Learning Organization. Doubleday Business; 1st edition.*（邦訳　ピーター・センゲ著、守部信之訳『最強組織の法則――新時代のチームワークとは何か』徳間書店、一九九五年　中文訳　彼得·圣吉（郭进隆译）『第五项修炼』上海三联书店、一九九八年）
・Shambaugh, David L. [2008] *China's Communist Party: Atrophy and Adaptation*. Berkeley, CA: University of California.
・冯仕政［2011］「中国社会转型期的阶级认同与社会稳定――基于中国总合调查的实证研究」《社会学》二〇一一年第九期、七二―七八頁（原出所は《黑龙江社会科学》二〇一一年第三期、一二七―一三三頁）。
・胡荣［2010］「农民上访与政治信任的流失」中国社会稳定网、西南政法大学社会稳定与危机管理研究中心、二〇一〇年十月九日（原载『社会学研究』二〇〇七年第三期）。
・「中共中央关于深化文化体制改革推动社会主义文化大发展大繁荣若干重大问题的决定」『人民日报』二〇一一年十月二十六日。
・民政部［1993］『中国农村村民委员会换届选举制度』一九九三年十二月。

第一部　中国政治の中の党

第一章　データから解析する中国共産党の変身

毛里　和子

一、はじめに

一九九〇年代からの経済成長で中国の政治社会はいま大きく変わりつつある。一九五〇年代半ばに作られた共産党―国家（行政・立法・司法の各機関を含む）―軍隊の三位一体の体制は五十年以上たった今でも揺らいではいない。しかし、政治レジームを担う政治アクターそれ自体に大きな変化が見られる。その最たるものが中国政治の主役である中国共産党である。八〇〇〇万人の党員を抱える政党は中国以外のどこにもない。またその政党が五十年来ずっとナショナルな政治を排他的に支配し続けている例も中国以外にない。経済成長と社会変容によってその共産党に重要な内部変化が生まれている。

本稿では、中国共産党の変容を量的面から考えてみたい。政治において「量」の問題は問われることがほとんどない。だが、量の増大は質の変化につながるし、また量の変化が質の変化そのものの反映である場合も多い。中国共産党についての公式データは大変少ないし、きわめて選択的にしか公表されない。本稿では、七月一日の党の創立記念日前後に発表される党員の年齢・職業構成・学歴などをもとに、中国共産党の実像に迫ってみよう。公式データによる実像の解明で中国の変容をニュートラルに表現することができるだろう。

二、二〇一〇年末の中国共産党

(1) 高学歴化とエリート化

表1-1は中共中央組織部の公式データで示す、二〇〇二年六月、二〇〇七年六月、二〇〇八年末、二〇一〇年末の党の組織状況である。全般的にいえるのは次の諸点である。

①八〇〇〇万を超える党員を抱える巨大な組織を、政治学でいう通常の政党といえるのだろうか、という問題を孕んでいる。

②八〇〇〇万の党員中、労働者農民は四〇パーセントを切り、幹部・専門家がそれに拮抗しつつある。

③大学・専門学校卒が八〇〇〇万の三五パーセントを超えた。逆からいえば、党は大卒・専門学校卒のほとんどを吸収していると見られる。なお、中央にいけばいくほど党の高学歴化は顕著であり、二〇〇七年十七回党大会で選出された中央委員(候補を含む)三八〇名中、大学・専門学校卒の比率は九八・五パーセントである(『中国新聞網』二〇〇七年十月二十三日)。

④以上のデータだけからしても、中国共産党が高学歴のエリート集団になりつつあることがわかる。

表 1-1　中国共産党のデータ

	2002 年 6 月	2007 年 6 月	2008 年末	2010 年末
党員数(万人)	7239.1	7336.3	7593.1	8026.9
職業(%)			100.0	
工人	＊45.1	10.8	9.7	8.7
農牧漁業		31.5	31.3	30.4
機関幹部企業管理・技術要員	28.0	29.1	30.4	31.4
学生		2.6	2.6	3.2
離退職者	16.4	18.8	18.8	18.5
軍人・武装警官		2.2		
その他職業	5.6	5.0	※7.4	※7.8
学歴その他(%)				
大専以上学歴者		31.1	34.0	37.1
女性党員比率		19.9	21.0	22.5
少数民族党員比率		6.4	6.5	6.6
35 歳以下党員比率		23.7	23.5	24.3

＊工人・郷鎮企業職工・農牧漁業を合計した数字
※含軍人？

出所：2002～2009 年中共中央組織部データから(「新華社」2002.09.01、「人民日報」2007.07.09、「広播網」2009.07.01、「新華網」2011.06.24)

図 1-1　中国共産党の党員構成（1949-2007 年）

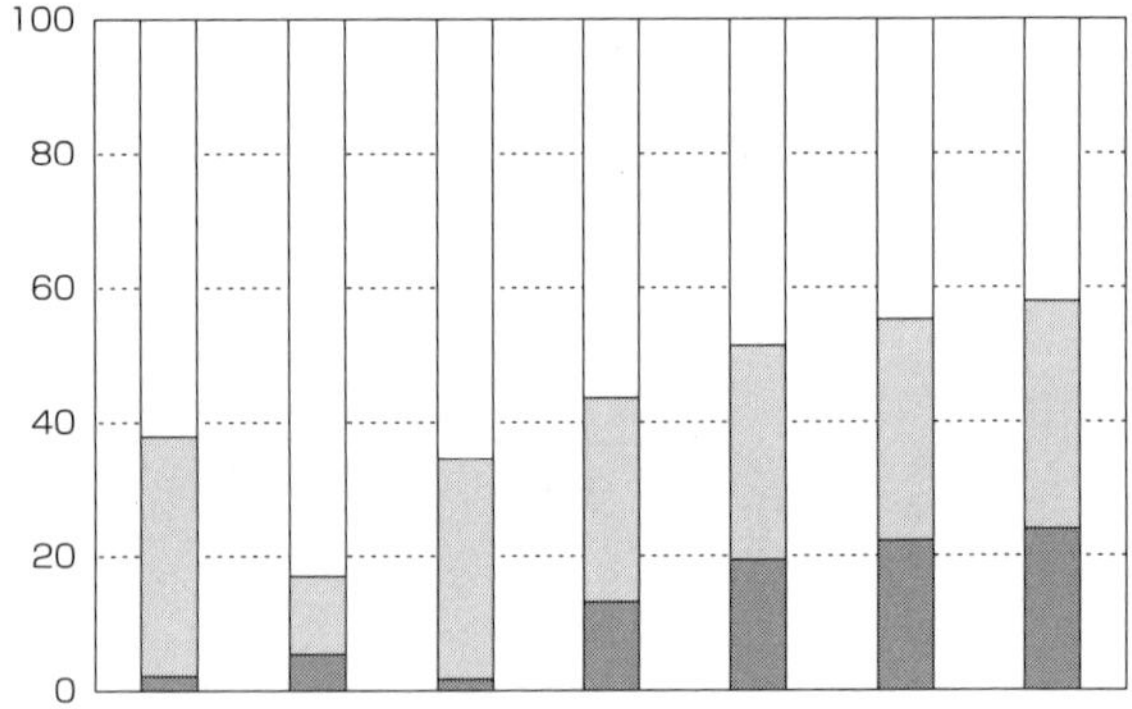

	1949	1956	1978	1987	1999	2002	2007
□ 労働者・農牧漁民	62.1	83.1	65.9	56.6	48.8	45.1	42.3
▒ 専門家・機関幹部・管理要員・知識分子・学生・軍人	35.8	11.7	32.7	30.5	32.0	32.9	33.9
■ その他	2.1	5.2	1.6	12.9	19.2	22.0	23.8

表 1-2　中国共産主義青年団の団員構成（2008 年末）

	万人	%
団員総数＊	7858.8	
学生	4033.7	51.3
第一次産業従事者	2117.1	26.9
第二次産業従事者	566.8	7.2
第三次産業従事者	1141.3	14.5
女性	3568.1	45.4
少数民族	641.4	8.2
非公有制経済組織の従業員	446.4	5.7

＊共青団メンバーの全国青年に占める割合は 26.02%（「新華社」2009.05.03）

出所：「新華社」2009.05.03

図１－１は一九四九年建国当時からの党員構成の変化を示している。時期によって統計をとるカテゴリーが異なるので変化を追うのはむずかしいが、傾向的に、共産党が一九八〇年代半ばから、労働者・農民の党から幹部の党に変わってきていることがわかる。

（２）党の予備軍――共産主義青年団

また、表１－２は中国共産党の党員養成組織である共産主義青年団の組織状況である。中共党とほぼ同じ規模の八〇〇〇万人の団員を擁し、その半数が大学生であること、全青年の四人に一人が共産主義青年団に入っていること、などがわかる。少なくともデータ的には、中国共産党の予備軍は着実に育ちつつあり、政治的人材の養成のチャネルは機能している、といえよう。

（３）中国社会の階層化状況

以上のような高学歴化・エリート化への党の変身は、改革開放、特に一九九二年の市場化加速以来の社会の変動を強く受けている。しかし、中国で生じている変化を党がそのまま映し出しているか、といえば、必ずしもそうではない。
改革開放による中国社会の階層化についてはさまざまな調査・分析がある。中間層が拡大してオリーブの樹型社会になりつつあるという見方もあれば、ごく豊かなものと貧困層に二極分化が進んでいるという見方もある。筆者の観察では後者の方が説得力があるようだが、権威ある包括的な調査データが出ない限り、にわかには判定できない。

表1-3は、二〇〇〇年代初頭、元新華社記者である楊継縄が行った調査と分析に基づく「二十世紀末の中国階層化モデル」である。基本的には職業別による、所得・権力・声望の三要素を合わせた階層分析で、上等階層・上中等階層・中等階層・中下等階層・下等階層の五つに分けている。高級官僚・国有銀行や大型国有企業責任者・大企業社長・大型私有企業主が富、権力、声望すべての面で優位にたち、「上等階層」を構成し、社会経済人口全体の一・五パーセントを占めている、という。他方、最も底辺の「下等階層」は、都市失業者・農村困難戸で全体の一四パーセントとかなりの数字になっている。楊のデータおよび分析によれば、中国社会は上層が五パーセント弱、中間が一三パーセント、中の下、および下層が八〇パーセント以上と圧倒的多数を占めている。すでに党の構成員で労働者・農民が四〇パーセントを切っていると紹介したが、八〇パーセント以上が労働者・農民であるとする楊の階層化モデルと関係づけると、中共党の党員構成が社会状況を映し出していないことは明瞭である。党員の三七パーセント、中央委員の九八パーセント以上が大学・専門学校卒という党の高学歴ぶりも、大学・専門学校卒が八・九パーセントとされる一般社会の状況（二〇一〇年人口センサス）をまったく反映していない。

なお楊継縄は二〇〇八年の全国経済活動人口（十六〜六十歳）を七九二三四万人と想定し、各階層の数、その内訳を表1-3の下部のように算定している。もとより確度には相当問題があるが、おおよその概要をつかむことはできるだろう。

表1-3　中国社会の階層化モデル（20世紀末）

社会群体	所得等級（権数0.36）	権力等級（権数0.38）	声望等級（権数0.26）	綜合等級	全国経済活動人口中の割合(%)	所属階層
高級官僚	7	10	9	8.66	1.5	上等階層
国有銀行大型国有企業責任者	8	9	8	8.38		
大企業社長	9	8	7	8.10		
大型私有企業家	10	7	6	7.82		
高級知識分子(科学家和知識界、文芸界)	7	6	10	7.40	3.2	上中等階層
中高層幹部	6	8	7	7.02		
中型企業社長	7	5	7	6.24		
中型私有企業家	8	5	6	6.34		
外資企業ホワイトカラー	9	4	6	6.32		
国有独占産業の企業管理要員	7	5	7	6.24		
一般技術者・研究者	5	5	7	5.52	13.3	中等階層
一般弁護士	5	6	7	5.90		
大学・高中校教師	5	5	7	5.52		
一般文藝工作者	6	5	7	5.88		
一般新聞工作者	6	5	7	5.88		
一般機関幹部	4	6	7	5.54		
一般企業の下層管理要員	4	5	5	4.64		
小型私有企業家	7	4	5	5.34		
自営工商業者	6	4	5	4.98		
生産第一線現業労働者	4	2	4	3.24	68.0	中下等階層
農民工	3	1	3	2.24		
農民	2	1	4	2.14		
都市失業者	2	1	2	1.62	14.0	下等階層
農村困難戸	1	1	1	1.00		

出所：楊継縄『中国当代社会階層分析』江西高校出版社、2011年、351頁

❖ 上等階層　経済人口の1.5%、1,200万人

政府の中・高級官僚、国家銀行・国有大型事業単位の正副責任者、国有および国有株支配大型独占企業の正副責任者、企業の正副責任者、大中型私有企業家

❖ 上中等階層　経済人口の3.2%、2,500万人

高級知識分子300万、中高層幹部200万、国家・省属事業の中高級管理要員100万、中型企業社長・大型企業高級管理要員200万、国家独占業種のホワイトカラー・熟練ブルーカラー1,000万（金融保険・電信・電力・鉄道など）

❖ 中等階層　経済人口の13.3%、10,499万人

公有経済事業体の専門技術要員2,590万（高級284.6万を除く）、非公有経済体の専門技術要員1,500万、党政機関公務員 900万（上等・中上層が200万）、大中型企業の下層管理要員 1,000万、国有独占企業の普通職工1,000万、私営企業家・自営業者など2,500万、その他中等地位にいるもの1,000万

❖ 中下等階層　経済人口の68%、54,000万人

農民階層 - 肉体労働者27,500万、都市／農村間を動く階層（農民工）23,500万――両者の合計は46,000万、工人階層8,000万（要するに、農民・農民工・ブルーカラー）

❖ 下等階層　経済人口の14%、11,000万人

都市・農村の貧困人口（農村の無地・無業、都市のリストラ・失業）――14,500万

出所：楊継縄『中国当代社会階層分析』江西高校出版社、2011年、346頁

三、新しいアクターの登場——私営企業家と党

(1) 新階層——私営企業家

中国政治のアクターで第二の大きな変化は、市場化の進展にともない、私営企業家が登場し、しかもかれらが中国共産党の勢力の一翼を形成しつつあることである。表1-4は一九九〇年から二〇一〇年、二十年間のいわゆる「私営企業」の発展を示すデータである。ほとんどのデータは、国家工商行政管理総局の統計に依拠している。九〇年に一〇万弱だった私営企業は二十年後、八〇〇万企業を越えた。それら私営企業で働く従業員は一五〇万から七六〇〇万人に激増した。ちなみに、公式には、二〇〇九年末現在のいわゆる「職員・労働者（職工）」は二億二千万人、農民工総数は二億三千万人と算定されている（汝信ら [2011：247, 249]）。この「職工」の中に私営企業従業員が含まれているかどうかは定かではないが。

表1-5は、いわゆる私営企業とは何か、を知るために示した、私営企業の企業形態別類型化である。企業数で八一パーセント、従業員数で七五パーセントが有限責任会社である。

表 1-4　中国私営企業家発展状況（1990-2010 年）

	1990 年	1995 年	2000 年	2005 年	2010 年
私営企業戸数(万戸)	9.8	65.5	176.2	430.1	845.5
企業主人数(万人)	22.4	134.0	395.3	1109.9	1794.0
登録資本総額(億元)	95.2	2621.7	13307.7	61331.1	192000.0
雇用従業員数(万人)	147.8	822.0	2011.1	4714.1	7623.6
工業産値(億元)	121.8	2295.2	10739.8	27434.1	—
営業額(億元)	51.5	1499.2	9884.1	30373.6	—
納税額(億元)	2.0	35.6	414.4	2715.9	8202.1

出所：汝信ら主編『2012 年中国社会形勢分析与予測』社会科学文献出版社、2012 年、274 頁

表 1-5　いわゆる私営企業の企業形態（2009 年末）

	戸数(万戸)	雇用者数(万人)	登録資本額(億元)
全国私営企業	740.15	8607	146500
株式有限会社	1.51	＊44.85	4193
有限責任会社	610.25(82.5%)	＊5990.1(従業者)	133400
独資企業	115.8	＊1019.3(従業者)	6730.9
共同経営(合伙)企業	12.58	＊188.3(従業者)	2164

出所：『2010 年中国社会形勢分析与予測』307-308 頁、『2011 年中国社会形勢分析与予測』274 頁
＊付の雇用者数は 2008 年末データ(同上 2010 年版)

（2）私営企業家の政治指向

では彼らはどのような政治指向を持っているだろうか。いくつかのデータがある。

第一が、雑誌『財経』二〇〇二年のデータである（表1-6）。私営企業家の八割が中国共産党が認可している唯一の企業家組織である全国工商業連合会に所属して、身の安全を図っている。興味深いのが共産党に身を寄せているのが三〇パーセント近いことであり、またほとんどの企業家が何らかの政治（権力）組織との関わりをもっていることである。

なお、工商業連合会の統計によれば、私営企業家の中の党員比率は表1-7のように変化している。

もう一つのデータは米国系中国研究者によるアンケート調査のデータである。B・ディクソンとJ・チェンは、山東・江蘇・浙江・福建・

広東の私営企業二千余箇所を二〇〇六年末から二〇〇七年初頭にかけて調査し、その興味深い結果を『チャイナ・クォータリー』第一九六号（二〇〇八年十二月）に発表している。表1-8はそのデータである。二〇〇七年時点で、私営企業家の四〇パーセントは官僚・国有企業社長・その他などいろいろな前歴を持つ党員なのである。工商業連合会が発表する数字よりも大きい。また、入党申請中のものも含めれば半数に及ぶ、驚くべき数字である。私営企業家のほぼ半分は党員ないし党員候補とみてよい。

もう一つのデータを紹介しよう。表1-9は全国工商業連合会に集まる会員のうち国有・公有以外の企業にいる経済人の政治選択で、同連合会の二〇〇五年の公式データである。このデータでわかるのは、企業家たちは、特に省レベル・市レベル・県レベルの人民代表大会で代表（議員）になること、省レベル以下の政治協商会議、特に県レベルの政治協商会議のメンバーになることに大変熱心だということである。もちろん政治的発言力を狙ってのこともあろうが、そのほとんどは人民代表大会・政治協商会議とかかわることで政治的な安全を手に入れたいのだろう。

また、私営企業家の人民代表大会、政治協商会議への参与についての次の最新データも参考になる。ちなみに、全国工商業連合会の不完全な統計でも、すべてのレベルの政治協商会議メンバー、人民代表大会代表のうち企業家はトータルで七万人を越えるという（汝信ら［2011：280］）。

・全国政治協商会議の委員中の企業家
第八期：二三人、第九期：四六人、第十期：六五人、第十一期：一〇〇人以上。
・全国人民代表大会の代表中の企業家
第九期：四八人、第十期：二〇〇人余、第十一期：三〇〇人前後。

表 1-6　私営企業家の政治指向（参加政治組織 -2002 年）

工商業連合会	各種協会組織	政治協商会議	中国共産党	人民代表大会	民主党派
79.0%	48.0%	35.1%	29.9%	17.4%	5.7%

出所：『財経』電子版、2003.02.20、第５号

表 1-7　私営企業家の中の党員比率

年	%
1993	13.1
1995	17.1
1997	16.6
2002	29.9
2004	33.9
2006	32.2

出所：『2008 年中国社会形勢分析与予測』298 頁、『人民日報』2007.06.11

表 1-8　私営企業家と中国共産党（2007 年）

中共党のメンバーシップ	比率(%)	人数(人)
中共党員　もと役人	7.9	161
中共党員　もと国有企業社長	10.3	211
中共党員　その他のタイプ	21.0	430
中共党に入党申請中	8.4	172
非中共党員	52.4	1074
合計	100.0	2048

出所：Jie Chen,Bruce J.Dickson,"Allies of the State: Democratic Support and Regine Support among China' s Private Entrepreneurs",*The China Quarterly*, 196,Dec.2008,pp.780-804,p.788.

表 1-9　「非公有制経済代表人士」（工商連の会員）の政治選択（2005 年）

❖ 各級人民代表大会の代表	合計	23143 人		
内訳	全国人大代表	139 人		
	省級人大代表	1127 人	うち常委	17 人
	市級人大代表	6536 人	うち常委	1173 人
	県級人大代表		うち副主任	46 人
❖ 各級政治協商会議委員	合計	48359 人		
内訳	全国政協委員	90 人	うち常委	3 人
	省級政協委員	1359 人	うち常委	165 人
	市級政協委員	8519 人	うち常委	1145 人
	県級政協委員	38391 人	うち常委	6513 人
			うち副主席	242 人
❖ 工商連での地位				
	全国副主席	7 人		
	省級会長	5 人		
	市・県級会長	592 人		

出所：全国工商連の「不完全な統計」から。『2007 年中国社会形勢分析与予測』310 頁

(3) ディクソンが描く私営企業家像

すでに述べたように、ディクソンは私営企業家について数回の調査をしている。最初は一九九九年と二〇〇五年の河北・湖南・山東・浙江の八県で行った調査である。データは、一九九九年私営企業家五二四人・幹部二三〇人、二〇〇五年が私営企業家一〇五八人・幹部二七九人である。その結果が"Integrating Wealth and Power in China: The Communist Party's Embrace of the Private Sector"として『チャイナ・クォータリー』第一九二号（二〇〇七年十二月）に発表された。二回目の調査は二〇〇六年末から二〇〇七年初頭にかけて、山東・江蘇・浙江・福建・広東で行ったもので、調査対象は二三〇〇人の企業家、うち二〇七一人から回答を得ている。このデータおよび分析結果が、"Allies of the State: Democratic Support and Regime Support among China's Private Entrepreneurs"として同誌、第一九六号（二〇〇八年十二月）に発表されている。

表1-10はディクソンの二〇〇七年論文が示す興味深いデータである。一九九九年と二〇〇五年、経済改革についての評価、政治改革についての評価を私営企業家・幹部で比較しているのである。その結果、私営企業家も幹部も経済改革のペースに基本的に満足しているが、政治改革については半数がほぼ満足しているものの、かなりの企業家、特に幹部が不満をもっているという。指摘できる重大な発見は、現体制の担い手である幹部と新アクターとして登場してきた企業家の間に有意の差がないことである。

二つの論文でディクソンは、私営企業家について次のような暫定的評価をしている。

①私営企業家は現レジームに対して強い支持を示し、他方民主主義的価値や制度に対する彼らの支持はきわめて低い。

表1-10　B.ディクソンの私営企業家調査（1999/2005年）

	企業家 1999年	企業家 2005年	幹部 1999年	幹部 2005年
経済改革				
速すぎる	9.7	12.5	8.9	9.4
大体よし	58.9	70.3	60.6	68.2
遅すぎる	31.4	17.2	30.5	22.4
政治改革				
速すぎる	5.7	4.4	5.6	—
大体よし	55.1	59.8	37.5	—
遅すぎる	39.1	35.8	56.9	—
安定より成長	41.7	44.6	60.6	49.1

※4省8県での調査。1999年：524人の私営企業家・230人の幹部、
2005年：1058人の私営企業家・279人の幹部　　単位：%

出所：B.J.Dickson,"Integrating Wealth and Power in China: The Communist Party's Embrace of the Private Sector", *The China Quarterly*, No.192, Dec. 2007.pp.848-849

②既成秩序に対する彼らの指向に影響を与えているのは、政府の業績、物質的・社会的獲得物に対する彼らの基本的な満足感である。

③私営企業家の意識、政治参加、選好と、「幹部」のそれとの間に有意の違いはほとんどない。

④中国共産党は私営企業家を党に吸収し、また党員のビジネス界進出を進めることで民間セクターとの統合を強めつつある。

⑤富と権力の統合によって、現存の権威主義的政治体制への挑戦ではなく、その維持に向かっている。

⑥通常の政治学者の経験則的予測を裏切って、中国では、私有化は民主化に向かわせるのではなく、私有化アクターは既存の政治システムへと統合しつつある。

なお、最新の中国側データでは、企業規模が大きいほど企業家は政治的参与に熱心で、一一年のランク入り企業家一〇〇〇人中一五二人がなんらかの政治的身分を持ち、特に五〇位以内では一五人が政治的身分を持っている。また、「金持

ち企業家が政治にかかわる」（富商従政）が二〇一一年の流行語になったほど、企業家たちの政治化、階層化が進んでいるという（汝信ら［2012：282-283］）。

（4）補足的データ――全国人民代表大会と党

ところで、一党独裁システムの機能を端的に示すものとして、全国人民代表大会（国会）における党の支配状況を補足的に示しておこう。

表1-11は第一期から第十期までの全国人民代表大会代表（国会議員）の党派別構成である。創設以来十年間は全代表の半分をわずかに越える程度だった中共党員が、一九七五年に十年ぶりに復活したときには全体の四分の三を占めるようになった。その後胡耀邦・趙紫陽の改革期である八〇年代（第六期）には三分の二を切ったこともあったが、その後また比率が増えている。第十期（二〇〇三年〜二〇〇七年）ではほぼ議員の四人に三人が党員であり、党の支配は圧倒的で絶対安泰である。

また表1-12は二〇〇三年に全国人民代表大会常務委員会秘書組副組長・中国政法大学教授の蔡定剣の手で初めて公表された三〇〇〇人の全国人民代表大会代表の職業構成である。三〇〇〇名中労働者・農民が一〇〇人以下なのに対して、指導幹部（どのレベル以上の幹部か説明はない）が四〇パーセントを占め、教授・研究者・法律家・医師・企業家・金融家など専門職が圧倒的に多い。全国人民代表大会はいまや専門職と幹部が年に二週間だけ集まる高級サロンとなっている、といったら言い過ぎだろうか。なお、このうち軍人二六八人だけは定数化されている。

表1-11　全国人民代表大会代表の党派構成（1954-2003年）

	第1期 1954-58	第2期 1959-62	第3期 1963-66	第4期 1975-77	第5期 1978-82	第6期 1983-87	第7期 1988-92	第8期 1993-97	第9期 1998-02	第10期 2003-07
代表総数	1226	1226	3040	2885	3497	2978	2970	2977	2979	2985
中共党員	668	708	1667	2217	2545	1861	1986	2036	2130	2178
%	54.5	57.8	54.8	76.3	72.8	62.5	66.8	68.4	71.5	72.98
民主党派	274	284	565	＊238	＊495	＊543	＊540	＊572	＊460	＊480
%	22.4	23.2	18.6	8.3	14.2	18.2	18.2	19.2	15.4	16.1
無党派	284	234	808							
%	23.2	19.1	26.5							
非党大衆				430	457	574	444	369	389	326
%				15.4	13	19.3	15	12.5	13.1	11

＊第4期からは民主党派・無党派人士を含む数字

出所：蔡定剣『中国人民代表大会制度』（第四版）、法律出版社、2003年、220頁
補　第11期代表中、大学専科以上92%、うち半分以上研究生学歴（『財経』電子版、20080302）

表1-12　第10期全国人民代表の職業統計（2002年）

第十期人民代表大会代表の職業	指導幹部	末端幹部	軍人	教授・研究者	小中学校教師	作家・芸術家	法律界人士	医者	企業家	金融業人士	警察と武装警察	スポーツ選手	労働者	農民	その他	合計
人	1240	37	268	348	51	48	69	88	613	20	48	13	30	56	55	2984

出所：蔡定剣『中国人民代表大会制度』2003年より

四、データ解析による初歩的な観察

以上のデータと分析から、次のようなテンタティブな結論が得られる。

①江沢民時代、特に一九九〇年代後半から党のエリート化が急激に進んだ。中共は「三つの代表」（包括政党―自民党）というよりも、エリート政党化の状況が顕著であり、その意味では「一つの代表」と評した方が適切かも知れない。

②中共中央委員会、全国人民代表大会が如実に示しているように、党や機関のヒエラルヒーの上にいけば行くほどエリート化が目立つ。一般社会より中国共産党が、党全体より党の最上層部が富と権力と声望（文化資源といってもよい）をいっそう一手に集中している。

③楊継縄の表が示すように、五パーセントにも満たない一群の人々（上等・中の上階層）が財力・権力・知力を独占中である。

④今後、新アクターである私営企業家が特に注目される。中国社会の変容はまだ進展中である。むしろ今始まったばかりといえるかも知れない。新アクターである私営企業家についても、今は一括りに論じているが、企業の規模、利益の大小によって私営企業家がいくつかの階層に分化していくことは必至である。最も注目すべきなのは、どういう条件ができれば彼らが「資本家」になるのか、という点である。資本家・中間層・労働者農民という三者から

なる構造ができたときに中国社会の変容が一段落を告げた、といえるのだろう。
⑤資本家・中間層・労働者農民という三層化への中国社会の変容は、当然、共産党の構成および政治的機能を根本的に変えることになろう。この三つのアクターを一つの政治組織にいつまでも止めおくことはできない。党内派閥の発生と公認、党の分化、そして多党制への移行を予測することは決して不可能ではない。

五、補足——政治的データにかかわる問題

(1) 中国の公式データの問題性

ところで、中国政治、特にそのメインアクターである共産党の分析には正確かつ詳細な基礎的データが不可欠である。しかし、現体制が提供する政治的データはきわめて貧弱であり、特に、次のような問題を含んでいる。
①党組織に関するデータは党中央組織部がデータと情報を独占し、封鎖している。中央組織部のものが発表されることがあっても、決して体系的・網羅的ではなく、歴年比較が可能なデータは出てこない。
②いずれのデータも定義や概念がきわめて曖昧で、そのままでは学問的使用に耐えない。検証、厳密化が必要である。たとえば、そもそも「私営企業家」とは何か、「従業者」とは何か、などが明確でない。ある調査では、「新経

済組織」は次のように説明されている。しかし、このような定義でどれほどのことが明晰になるだろうか。「私営企業、外資・香港・マカオ・台湾資本の企業、株式合作企業、自営工商業者、および各種の非公有・独資の経済組織を指す」

また「新社会組織」は以下のように説明される。

「官営のではない社会団体、および民営の、非企業組織の総称」。

③いま中国はまさに変容のさなかにあり、状況はきわめて流動的である。そのためデータの流動性が高く、確度が低くなる。しかもこうした傾向は今後数十年は続くと予想される。たとえば、二十一世紀に入って中国では中間層の比率はどれくらいかをめぐって、社会学者・政治学者・経済学者の間でさまざまな議論がなされ、いろいろなデータがある。一つは流動期であるために確定しにくいこと、もう一つはナショナルなデータおよびそれを構築するシステムができていないために俯瞰的データが得られないからである。流動社会をどう分析するか、その方法の開発も求められている。

(2) 中国における党のデータ批判

中国の公式データ、特に党に関わるデータについては中国内部からでさえ、疑義が出ている。たとえばある論者は次のような疑問を提起する。

中共党員の構成要素（党員総数、職業別、大学専門学校卒比率など）が中央組織部から発表されるが、そのデータについて自分は大きな疑問を持っている。

最大の問題は、職業区分が、労働者・農牧漁民・党政機関要員・企業事業体管理要員・専門技術要員・学生・離退職者・その他職業となっているが、どうしてこのように区分するのか、それぞれは明確な定義がされているのか。具体的には特に次のような点が問題である。

・農牧漁民とは何か、農村戸籍人口を指すのか、都市に出ている農民工はこのカテゴリーに入るのか、農民工は農民か、はたまた労働者か。

・郷鎮企業の社長は農民と見なしているのか。

・「その他職業」とは何を指すのか、私営企業の社長を指すのか、そうだとしたらなぜはっきり「私営企業社長」としないのか、恥ずかしいからか。

・離退職者はいつから「職業」になったのか。離職した省レベル以上の幹部と退職した普通の労働者の経済レベルや政治的地位には大きな差があり、彼らを同じ職業として括れるのか。

・芸術家、医者、学者はどの職業に入っているのか。

その上でこの論者は党そのものの変質について、次のような根本的な疑義を呈している。

「（データの概念・定義がいずれもとても曖昧だが）少なくとも、労働者が党員の一〇パーセントを切ったことは確かで、中共党が労働者階級の政党とはいえなくなったことだけは確かである。……政党とはそもそも利益をともにする階層によって組織される団体で、自階層の利益を守るのがその目的だ。もし、完全に利益が相敵対する二つの階級を一つの団体内に強引に閉じ込めてしまうと、それぞれ自己の利益を守ろうと必死の戦いを団体内で繰り広げることになる。……そんな組織に凝集力など無縁である」
(「中共党員成份構成的分析」新浪博客　http://blog.sina.com.cn/s/blog_5e815cad0100dj90.html　「三言両拍的博客」二〇〇九年七月二日［二〇一〇年十月十三日、閲覧］)

中国共産党そのものについて、客観的データにもとづく調査・分析は始まったばかりである。まずは客観的かつ俯瞰的なデータがどうしてもほしい。中国の研究者との共同研究がますます必要になろう。同時に、中国共産党を他の政党、特に一党支配、もしくは一党優位体制をとってきた経験を持つ政党、たとえば日本の自由民主党、スハルト時代の職能団体政党ゴルカル、シンガポールの人民行動党などと比較検討するのも意味ある作業だろう。

〈参考文献〉

・Bruce Dickson, Jie Chen［2007］"Integrating Wealth and Power in China: The Communist Party's Embrace of the Private Sector", *The China Quarterly*, No.192, Dec. 2007.
・Bruce Dickson, Jie Chen［2008］"Allies of the State: Democratic Support and Regime Support among China's Private Entrepreneurs", *The China Quarterly*, No.196, Dec. 2008.
・蔡定剣［2003］『中国人民代表大会制度』（第四版）、法律出版社。
・汝信ら主編［2006］『二〇〇六年中国社会形勢分析与予測』社会科学文献出版社。　各年版→ 汝信ら主編［2012］『2012

年中国社会形势分析与予测』社会科学文献出版社。
・杨继绳［2011］『中国当代社会阶层分析』江西高校出版社。

第二章　党中央の研究機関

――「学習型政党」建設と〝調研〟活動――

朱　建榮

一、はじめに——問題意識

この三十年間、中国共産党の指導のもとで、中国の政治経済体制は「ソ連型社会主義」から「中国型社会主義」への転換をほぼ成し遂げた。そのうち、経済体制は計画経済から市場経済へ、経済主体は国営企業から民営企業へ、発展方式は「自力更生」から対外開放へと大きく舵を切った。人民公社の解体、村民委員会直接選挙制度の導入、「党内民主化」の推進といった政治改革も行われた。その間、天安門事件、旧ソ連・東欧の社会主義体制の崩壊と冷戦の終結、「九・一一事件」といった内外の衝撃が発生し、その対応と局面の打開に紆余曲折、試行錯誤が続いた。今日でも中国共産党は山積する問題に直面しているが、それと同時に、中国は旧ソ連型体制からの転換において唯一に「ソフトランディング」に成功した国であり（ベトナムは今、中国の経験を学んでいる）、GDPが世界の二〇位前後だった三十年前から一躍して世界二位の経済大国に躍り出ている。その大局的な成功も否定することはできない。

では中国はどのようにして数々の難局と難題を切り抜け、自己改革、経済躍進に成功しているのか。「偉大な鄧小平さんと鄧小平路線の存在があったため」とよくいわれ、鄧小平が中国の大転換にとってかけがえのない存在だったことは確かだ。ただ、彼は九〇年代中期以降、高齢で事実上政治舞台から引退していたし、鄧小平路線の神髄を「ポスト鄧小平」時代で具体化し、新しい局面と問題に対処する政策化、というプロセスも必要であった。本論文はこのような問題意識をもって資料にあたり、中国の党幹部と意見交換したが、その主要な成功原因の一つは、次々と現れる問題と難局についてその背景、根源および核心、本質を徹底的に調査研究し、調査結果と対策案を迅速に検討した上で、一部はまず実験（中国では「試点」という）で経験を積み、なるべく速やかに新しい対策の実施や政策転換を図り、その途中で問題が生じても迅速に微修正、微調整を行っていく、という柔軟性にあると考えるようになった。

このような一連の調査研究とフィードバックのプロセスは中国では「調研（Diaoyan）」と呼ばれる。二十一世紀に入って、最高指導部は調査研究に対する重視を格上げし、「学習型政党」を目指すとの目標を掲げ、全国的にも「学習型社会を建設せよ」と呼びかけ、党の新しい自己改革を図る中心的任務と位置付けるようになっている。しかし「学習型政党」を目指す経緯、意図、特にその運用メカニズムと改革の内容はこれまで海外ではほとんど知られていない。本文はこのテーマの研究を通じて、まず、中国共産党が新しい問題に取り組むメカニズムとその内部運用システムの実態の一角を解明することになると考える。また、この検証を通じて中国共産党の今後の行動特徴と行方を理解することにも寄与すると思われる。さらにいえば、日本の対中交渉、交流においても中国側の「下意上達」と「合意達成」のメカニズムを理解することによって、より的確に働きかけること、対話することが可能になるのではないかとも期待される。

二、「学習型政党」コンセプトの提起とそれをめぐる新しい動向

（1）「学習」を重視する伝統と「学習型政党」建設の目標提出

「学習」には幅広い意味があり、一つの政党の「学習」においても情報部門による情報収集、諜報活動も含まれるものだが、この秘密活動の側面については資料が不十分で、中国共産党の自己改革という主要テーマからもはみ出るので、本文はそれを検討の対象としない。ここでは主に、党と国家の政策決定に資するための、内外情勢の変化に対する調査研究およびそのフィードバックのプロセス、とりわけその受け皿である党中央の直属する機関と部門における「学習」機能の変遷を対象として、最後にその特徴、長所および存在する問題を検討するものとする。

中国共産党は政権奪取前の時代から「学習」と「調査研究」を強調していた。特に日中戦争中の延安では最高指導部はマルクス、レーニンの著作を定期的に学び、そこから中国革命を勝利に導くためのヒントを見出そうとし、延安整風運動において毛沢東は「われわれの学習を改革せよ」「学習と時勢」といった指導論文を発表し、党と軍の幹部に対して学習を通じて思想や当面情勢への認識の統一を図ろうとした。

新中国の樹立を目前に控えた一九四九年前半に開かれた党の七期二中全会で毛沢東主席は、「これから進城（全国制覇）するから一から学習し直そう」と呼びかけ、それに応じて党機関紙『人民日報』は「一から学習し直そう」と

題する社説を掲載し、幹部たちに「謙虚に、知らない多くのことを学ぼう」と求めた。

五〇年代半ばから七〇年代後半にかけて、中国政治は極左路線にぶれていたが、その間も党指導部は特に大衆への「思想教育」（幹部と党員も学習参加）を重視した。文革中においては「四人組」が宣伝・報道部門を握り、「毛沢東思想」を大衆の脳裏に植え付けようと躍起だった。言うまでもなく、このような「学習」の強要は効果がなく、逆に平党員を含めた一般庶民に、政治学習と思想教育への不信感ないし反発を呼んだ。

このような背景もあって、経済最重視路線と改革・開放政策を打ち出した鄧小平は七〇年代末以降、政治学習を以前ほど強調しなくなった。「実践は真理を検証する唯一の基準」とのスローガンのもとで、「白ネコ黒ネコ論」「先富論」といった独特な概念を使って、マルクス主義、伝統的な社会主義の教条に合わなくても、経済発展にさえ有利であればやってよいと号令した。若い時代に欧州に留学し、七〇年代末にも西欧や日本を訪問した鄧小平らカリスマ的指導者は、「党指導部さえしっかりしていれば、旧来の理論を棚上げにした方が経済最優先路線への体制転換に有利」と判断したようだ。その間に起きた天安門事件などで政治が大幅に揺れ動いたときは思想教育または「愛国主義教育」といった「伝統的宝刀」も抜いたが、「学習」といえば「政治学習」と連想されがちで、経済最優先という基本路線の実施にとって必要不可欠とは見なされない時期があったことは間違いない。

しかし鄧小平亡き後の九〇年代末以降、江沢民、胡錦濤ら第三世代と第四世代指導者が党と国家の運営を預かる時代になると、情勢は徐々に変わっていく。鄧小平のようなカリスマがいなくなり、論争が生じるとき、安心して頼れる「レフリー」「家長」が消え、心細くなった。現実面では国有企業改革、都市改革、格差是正など前例のない新しい問題に直面し、発想と対応方法の転換が求められた。外部の国際環境も特に米国の「単独行動主義」の台頭や「九・一一事件」で大きく変わった。そこで中国共産党指導部は再び「学習」を強調するようになっていった。

江沢民主席（当時）は二〇〇一年に開かれたＡＰＥＣ人力資源能力サミット会議での演説に、「生涯学習の教育システムを構築し、学習型社会を創設していく」と言及したが、直後に、江沢民の右腕で絶大な権力を有した曾慶紅副主席はこの表現からヒントを得て、「江沢民総書記の重要指示を貫徹し、学習型政党を創設せよ」と指示した（徐中[2010]）。それを受けて二〇〇二年八月十四日付人民日報では「学習型政党を建設せよ」と題する評論員論文が発表され、「学習型政党」という表現は正式に日の目を見るようになった。

この「学習型」の概念の由来について中国の研究者は欧米から来ていることを認めており、一九六五年のユネスコ・パリ会議でフラン人教育家 Paul Lengrand（藍格朗）が「生涯教育」のコンセプトを打ち出したのが始まりで、一九六八年、米学者 Robert M. Hutchins（羅伯特・哈欽斯）が『学習型社会』の著書を出してからこの概念が広まり、一九九〇年にＭＩＴ教授 Peter M. Senge（彼得・聖吉）が書いた『*The Fifth Discipline*』（邦訳：ピーター・Ｍ・センゲ『最強組織の法則』）で「学習型組織」の理論が構築されたと説明されている(1)。二〇〇一年の江沢民演説はおそらく西側で流行ったこの概念を借用し、そして曾慶紅の主導で「学習型政党」への中国式の理論化と実践に取り組みはじめたと見られる。

二〇〇四年九月に開かれた十六期四中全会で採択された「中共中央の党の執政能力建設を強化することに関する決定」に至ると、「指導幹部の理論と業務の学習を重点的に進め、さらに全党の学習へ広げ、学習型政党を努力して建設せよ」との指示が盛り込まれ、党の公式文書における初の言及となった。二〇〇七年十月に開かれた第十七回党大会でも「学習型政党」の建設目標が提示され、それを受けて二〇〇九年九月に召集された十七期四中全会では「新しい情勢下における党の建設を強化し改善することに関する若干問題の決定」が採択され、その中で「科学的理論で武装し、世界的な視野を持ち、法則をつかみ、創造精神に富むとの要求に従い、マルクス主義の学習型政党の建設を、重大で緊迫した戦略的任務として遂行せよ」と強調され、党の各レベルの機関で実施が推進されるようになった。

（2）「学習型政党」建設を提起した背景と中身

ではなぜ中国共産党は「学習型政党」建設のコンセプトをこんなに強調し、その具体化を急ぐ必要があるのか。劉雲山・党中央宣伝部長の論文はその三つの背景要因を説明した。

一、今日の世界は大発展、大変革、大調整の期間にあり、知識の創造と知識更新の速度は大幅に加速されているため、中国共産党は「学習型政党」として時代の先頭に立って中国の発展と進歩を導いていく必要がある。

二、現代中国は新たな歴史的スタート地点に立っており、科学的発展を進め、社会の調和を促進する任務は重大であり重くのしかかっており、進路にあるさまざまな困難とリスク、チャレンジに打ち勝ち、中国の特色ある社会主義の新局面を切り開くのにも「学習型政党」を目指す必要である。

三、党の置かれた歴史的立場（ポジション）と執政の環境が深刻な変化に直面しており、指導と執政のレベルを高め、腐敗と変質を防ぎ、リスクに対処する能力を高めることは長期的な歴史的課題であり、党の先進性を保ち、党の執政地位を強化するためにも学習の強化が緊急課題である（劉雲山［2009］）。

いってみれば、頼れるカリスマ不在で、内憂外患が重なり、他方青写真もないので、党を挙げてすべての面において学習しなければならないわけである。

では何を学習するのか。これまでの「政治学習」と異なる点に最大の特徴があるといえる。それについて前中央党校副学長の李君如は三つの学習の「基本方向」を並べた。

第一、自分が犯した過ちを含めて自分の歴史的経験に学ぶこと。
第二、人民大衆および彼らが創造した新鮮な経験に学ぶこと。
第三、資本主義国家を含む世界各国が創造した人類文明の有益な成果に学ぶこと（李君如［2009］）。
特に胡錦濤時代に入って、「学習」は目に見える形で重視され、理論化され、さらに党の機構改革、行動様式の変容にも具体的に反映されるようになった。

ここではまず、胡錦濤時代における政治局合同学習会を、その「学習型政党」を目指す具体例として検証する。

党中央政治局は胡錦濤が党総書記に就任した直後の二〇〇二年十二月二十六日から第一回の合同学習会を招集し、その後、平均して四十日に一回のペースで今日まで定期的に開催されている。二〇〇七年秋に開かれた第十七回党大会以後の政治局合同学習会の学習内容と講師リストは表2-1を参照されたい。

このリストから最高指導部は、直面する問題、世界的な話題と趨勢、理論の改革と発想の転換、当面の政策決定の参考にかかわるさまざまな分野のテーマをめぐって持続的に学習していることがわかる。これほど幅広いテーマについて閣僚以上の指導部のほぼ全員が参加し、各分野の専門家の講釈を静聴し、しかも長年継続する学習のケースはほかの国において例を見ないであろう。

この合同学習会の運用プロセスは次のとおり。まず中央政策研究室が学習会の約三カ月前にテーマ（演題）を選び、党中央弁公庁が関係部門と協議して講師を選定する。講師が講演原稿を準備する過程に、複数の専門家も加わって協力する。続いて講師は中央政策研究室、中央弁公庁および関係部門の責任者を前に二から三回の予行演習を行い、改善意見を受けて調整する。最後に党中央所在地の中南海にある懐仁堂の会議室で学習会が行われるが、楕円形のテーブルには講師以外に、政治局常務委員、政治局委員および各省庁責任者が参加する。着席後、中央弁公庁担当

表2-1　第17回党大会（07年10月）以降の党中央政治局合同学習会一覧表

回数	期日	学習内容	講師（肩書省略）
1	07.11.27	「中国の特色ある社会主義法律体系の構築と法治の推進」	徐顕明（政法大）、信春鷹（中国社会科学院）
2	12.18	「現代世界の宗教と中国の宗教状況」	卓新平（中国社会科学院）、牟鐘鑑（中央民族大学）
3	08. 1.29	「小康社会の全面建設と経済・社会の発展」	劉樹成（中国社会科学院）、馬暁河（国家発展改革委）
4	2.23	「外国政府の民衆サービスシステムとわが国の課題」	薄貴利（国家行政学院）、高小平（中国行政管理学会）
5	4.28	「中国の経済発展モデルの転換の加速」	李向陽（中国社会科学院）、羅雲毅（国家発展改革委）
6	6.27	「地球気候変動とわが国の応対」	羅勇（中国気象局）、何建坤（清華大学）
7	7.26	「現代オリンピック運動と北京五輪」	于再清（国家体育総局）、王偉（北京IOC）
8	9.28	「中国の特色ある社会主義理論体系」	厳書翰（中央党校）、秦宣教（中国人民大学）
9	11.29	「中国の科学発展の推進」	宋泓（中国社会科学院）、張燕生（国家発展改革委）
10	12.26	「改革開放の深化問題」	章百家（中央党史研究室）、楊秋宝（中央党校）
11	09. 1.23	「中国の特色ある農業現代化の道に関する研究」	何秀榮（中国農業大）、韓俊（国務院発展研究中心）
12	2.23	「世界経済情勢とわが国経済の良質で快速な発展の推進」	趙晋平（国務院発展研究中心）、畢吉耀（国家発展改革委）
13	5.22	「世界主要国の社会保障システムとわが国の社会保障システムの建設」	周弘（中国社会科学院）、何平（中国労働保障科学研究院）
14	6.29	「党内民主建設の積極的推進」	李景治（中国人民大学）、高永中（中央組織部党建研究所）
15	7.24	「中国の特色ある軍民の融合的発展の道」	金一南（国防大学）、姜魯鳴（国防大学）
16	9. 9	「新中国発足以来の社会主義現代化に関する認識と実践」	鄭謙（中央党史研究室）、張軍拡（国務院発展研究中心）
17	11.27	「4中全会の方針を貫徹し、党建設の科学化の水準を高めること」	斉彪（国防大学）、張守華（中央組織部党建研究所）
18	10. 1.8	「世界主要各国の財税制制度とわが国の改革」	高培勇（中国社会科学院）、賈康（財政部）
19	2.22	「2020年のわが国の温室ガス排出規制目標の実現」	潘家華（中国科学院都市発展環境研）、徐華（国家発展改革委員会エネルギー研）
20	5.28	「世界的な医薬衛生の発展趨勢とわが国の体制改革」	饒克勤（衛生部統計情報中心）、葛延風（国務院発展研究中心）
21	6.21	「党の基層組織の建設」	呉傑明（国防大学）、高永中（中央組織部党建研究所）
22	7.23	「わが国の文化体制改革に関する研究の深化」	蒯大申（上海社会科学院）、李偉（中央宣伝部全国宣伝幹部学院）
23	9.29	「新時代における人民内部の矛盾問題を正しく処理する」	高培勇（中国社会科学院財政貿易研）、房寧（中国社会科学院政治学研）

出所：筆者作成

者は講師を出席者に紹介した上で、総書記は「始めよ」と指示する。大体は二人の講師でそれぞれ四〇分講演を行い、続いて三〇分の質疑応答をし、最後に総書記が総括講話を行い、約一二〇分の合同学習会はこれで終了する(2)。

演題の選定に関しては、「現実性」「効果的」「戦略的」という三つの目的達成が要求され、大半は当面のホットな話題や重点的な取り組みに関係する話題が取り上げられる。実際にこれまで、法律、経済、雇用、科学技術、国防、党の建設、文化、歴史、三農（農業、農村、農地）問題、衛生、社会保障、教育、民族、民主化、社会、国際問題など多岐にわたるテーマで学習会が行われたが、講演する場合取り上げるテーマの歴史的背景と現状、問題および対策に関する提案・進言といった基本要素が必須とされる。一部は緊急的必要性に応じて急きょ設定されるものもあり、二〇〇三年四月二十八日、中国各地で新型肺炎が猛威をふるう最中にこのテーマに関する学習会が開かれた。また二〇〇五年六月二十七日は、胡錦濤主席が三日後に「石油外交」を展開するロシア訪問に出かけるのに備えて「国際的なエネルギー資源情勢とわが国の戦略」をテーマとする学習会が設定された（曾勇明［2005］）。二〇一〇年九月二十九日に開かれた合同学習会は、「新時代における人民内部の矛盾問題を正しく処理する」をテーマに、多発するデモ・抗議運動への対処策が討論されたが、胡錦濤総書記は最後の総括で「この対処問題の重要性と緊迫性を認識し、最大限に社会的な活力創造を引き出し、調和的な要素を増やし、不安定要素を減らし、より積極的で能動的に人民内部矛盾を処理せよ」と語った。この講話の全文は直後に報道され、各地方の指導者に対して民衆の不満と抗議運動を強硬に抑え込むのではなく、人民内部矛盾と見なして対話を進め、調和を図ろうという方針として伝達された(3)。

中国側自身はこの合同学習会の効果について、「政策決定の科学化と民主化を推進」、「社会科学と自然科学の研究に対する重視を示し、同分野の研究を促進」、「学習型政党と学習型社会の建設を促進」という三つの成果が挙げられたと自賛している（曾勇明［2005］）。実際に、党と政府の各レベルにおける「学習型政党」の具体化を進める上で最も明瞭なメッセージ、モデルとして提示された意義がかなり大きいであろう。

胡錦濤の最有力後継者となった習近平も近年、「学習型政党、学習型社会の建設を積極的に推進せよ」と発言しており(4)、この政治局合同学習会は「ポスト胡錦濤」時代でも当面は継続される模様だ。

ちなみに、中国のニューリーダーと目される人たちも近年、相次いで個人名で研究論文を発表しており、「自分は学習型政党建設の中でも率先している」とPRしているように感じられる（表2-2参照）。

中国の高級幹部の署名論文は秘書ないしゴーストライターに代筆させるケースも多いといわれるので、以上に列挙した署名論文はすべて自分が書いたものかどうかは確認できない。ここでは中国のニューリーダーたちが党の決定に従って「学習」「理論的思考」を重視していることを積極的にPRしているという動きを紹介するためにリストアップした。

表2-2　第17回党大会以降のニューリーダーたちの重要論文寄稿一覧表

姓名	題名	発表の場所と日時
李源潮	「党内の民主化建設を推進し、党の団結と統一を増強せよ」	「人民日報」07年11月1日
令計画	「国内と国際という2つの大局に総合的に対処せよ」	『党建研究』誌07年11月号
習近平	「当代中国共産党員の厳かな責務」	「学習時報」08年3月17日
李源潮	「中青年幹部は積極的で健全な人生追求を持とう」	『学習与研究』誌08年3月号
習近平	「中国の特色ある社会主義理論体系に冠するいくつかの学習の心得と認識」	『求是』誌08年第7号
習近平	「指導幹部は真面目に学習し、正直な人間となり、堂々と仕事に取り組め」	「学習時報」08年5月26日
李克強	「農村の環境保護をより重要な戦略的位置に格上げよ」	『環境保護』誌08年第8A号
習近平	「改革開放30年における党の建設に関する回顧と思考」	「学習時報」08年9月8日
汪洋	「金融危機は広東にリアルなレッスンを与えた」	「人民日報・海外版」08年12月10日
李源潮	「人材が科学発展における第一義的な資源としての役割を十分に発揮せよ」	「人民日報」09年2月7日
李源潮	「指導幹部は人民大衆と苦楽を共にして困難に立ち向かうべき」	『中国井崗山幹部学院学報』誌09年第2号
習近平	「指導幹部はよく読書し、よい書を読み、上手に読書しよう」	「学習時報」09年5月18日
習近平	「新情勢下の党の建設を強化し改善するための綱領的文献」	「人民日報」09年10月9日
李克強	「新エネルギーと省エネ環境ビジネス他戦略的新興産業を積極的に発展せよ」	「中国財経報」09年5月21日
李源潮	「共産党幹部は清廉潔白でなければならない」	「学習時報」09年10月19日
習近平	「マルクス主義の学習型政党の建設に関する学習の心得と認識」	「学習時報」09年11月16日
李源潮	「『計画綱要』を貫徹し、幹部人事制度の改革を動揺せずに推進せよ」	『求是』誌10年第5号
習近平	「中国の特色ある社会主義理論体系を深く学習し、マルクス主義の立場と観点方法を努力して身につけよ」	『求是』誌10年第7号
汪洋	「自主創新は経済発展方式の転換を加速する核心的な推進力」	『学術研究』誌10年第3号
劉延東	「科学研究の誠実・信用と学風の建設」	「人民日報」10年4月9日

出所：筆者作成

三、党中央の研究調査の新しい動向①――直属の研究機関

(1) 党中央に直属する機構の分類

中国共産党の指導的地位を守り、同時にさまざまな新しい問題へ対処し、「調和社会」を構築するため、党中央指導部は党内外の各レベルの各部門に対し、「学習型政党」「学習型社会」を目指すよう呼びかけた。それに応えて、「学習型都市」「学習型政府」「学習型企業」「学習型農村」「学習型社区」「学習型公民」を目指すといったバリエーションも次々と現れ、二〇〇九年一月、これら全国的な活動を収録した白書的性格を持つ『中国学習型社会建設発展報告』が中共中央政策研究室研究出版社によって出版された。

ただ、ここで検証の対象と範囲を広げると収拾がつかないので、特に中国の権力中枢に当たる中国共産党中央委員会直属の各機関、部門における学習と調査研究の動向を調べることにする。

中国共産党中央委員会（以下は党中央と略称）には、政治局、書記処、軍事委員会、規律検査委員会という四大組織以外に、中央弁公庁、中央組織部、中央宣伝部、中央統一戦線工作部、中央対外聯絡部、中央直属機関工作委員会、中央国家機関工作委員会、中央国家機関規律検査委員会、中央政法委員会、中央財政経済領導小組、中央金融工作委員会、中央大型企業工作委員会、中央外事領導小組、中央対外宣伝弁公室、中央保密委員会、中央党校、中央政

策研究室、中央党史研究室、中央文献研究室、中央編訳局、中央档案館、人民日報社、求是雑誌社、中央精神文明建設指導委員会など二〇以上の直属機構がある。そのうち、政府の同一性格の部門と構成メンバーは全く同じだが党所属と政府所属という二つの顔を持ち、中国語で「同じメンバー、二枚の看板」と呼ばれる機構も複数存在する。例えば党中央軍事委員会は国家軍事委員会と、中央対外宣伝弁公室は国務院新聞弁公室と、中央档案館は国家档案館と同じメンバーである。中央保密委員会の弁公室も国家保密局と同じメンバーである。

これらの直属機構は政府省庁の同じランクに当たる。すなわち中央宣伝部は外交部と同格で、宣伝部長は外交部長と同じく閣僚クラスになる。海外でわかりにくいのは「〇〇研究室」「〇〇局」「〇〇委員会」などの機構で、「室」「局」などは省庁に比べてランクが低いように思われがちだが、実は同格である。例えば中央党史研究室の主任は同じ閣僚クラスだ。そして研究室（省庁級）の下に「局」があり、これは日本政府省庁内の局と同じで、その下には「処」があり、大体日本の「課」に当たる。同じ漢字を使う日本として混乱をきたす恐れがあるので注意する必要がある。

党中央の直属機構において、研究調査活動がどのように行われているかを調べる便宜上、これらの機構と機関を三種類に分けてみた。

第一種類は研究調査活動を専門もしくは主な機能の一つとする機構。中央政策研究室、中央党史研究室、中央文献研究室という三大研究室と、中央党校、中央編訳局、中央档案館などである。広義的には人民日報社、求是雑誌社という二つの新聞・雑誌の出版を主要任務とする機構をここに入れることもできる。

第二種類は政府省庁のような大きな実体をもった「部」。中央組織部、中央宣伝部、中央統一戦線工作部、中央対外聯絡部などである。

第三種類は特定の目的で設置された、所属部門や人数が比較的に少ない機関。上述の第一、二種類を除いた大半の「委員会」「弁公室」などがこれに当たる。

この三種類の機構、機関のうち、第三種類はもともと機能が単純であるため、第二種類の検討に付属する形で言及するが、本節は主に第一種類の党中央直属の研究機関を検証の対象とする。

（2）各研究機関の機構調整と研究動向

第一種類の機構のうち、人民日報社、求是雑誌社に関しては一定の研究活動もしているが主に党の報道機関であり、また中央档案館も公文書や歴史文献を保管する場所なのでこの三機構は検討の対象から省略する。ここでは主にほかの五つの、研究活動を本業とする機関について検討するが、それぞれの内部機構を簡単に紹介した上で、その学習、研究調査の活動に主に携わっている部門とその活動を見ていく。

①中共中央政策研究室

毛沢東の提議で建国直後に「中央政策研究室」が設立されたが、文化大革命の混乱の中で途絶えた。一九八一年に「中央書記処研究室」が設立され、それは一九八七年の胡耀邦失脚後、いったん解散されたが、間もなく「中央政治体制改革研究室」として再スタートし、一九八九年、中央農村政策研究室と合併して今日の機関となった。その内部構成は政治研究局、経済研究局、党建（党建設の略称、以下同）研究局、哲学歴史研究局、文化研究局、国際研究局、総合研究局、農村研究局など八つの局は一九八九年以降ずっとあるが、それに加えて、近年、新たに社会研究局と信息（情報）局が設置されている。

その機構設置からもわかるように、文字通りのシンクタンクで、その機能は主に党中央指導部（政治局、書記処を含む）の政策制定のために各分野の調査研究と提言を行い、ほかの部門、機関からの調査研究成果を指導者用に整理・要約し、また党中央の主要文書、草案、報告、理論の起草を担当するものである。

同研究室は前述のとおり、社会問題の研究の必要性に応じて二〇〇七年以降新たに社会研究局などを設置したが、ほかにいくつかの新しい動向が見られる。

(1)別の研究組織の責任者を兼任する形で、より広く研究成果を吸収した指導部の研究意図を貫徹させている。例えば同研究室副主任の方立は同時に「中央思想政治工作研究会」(5)の副会長を兼任している(6)。

(2)指導部の委託を受けて特定のテーマを携えて各地方で調査研究活動を行う。例えば二〇〇九年五月、同研究室文化研究局の紀偉昕処長ら一行を連れて北京市東城区で「都市のネットワーク式管理モデル」の進展とその全国的推進の進展と今後の可能性を調査した(7)。二〇一〇年五月、同研究室の白津夫経済研究局副局長一行が江蘇省無錫市のハイテク開発区で、同六月、呉新力経済研究局長が科学技術部幹部と一緒に、北京の北斗星通公司で、「国家ハイテク開発区を戦略的新興産業の核心的育成基地に育てる」プロジェクトの一環として調査研究活動を行った(8)。

②中共中央党史研究室

一九八八年、元中共中央党史委員会所属の二つの機構から合併して新設されたもので、中国共産党歴史の研究と関連の出版、国内外の関係研究資料・動向の収集と紹介などを主要な目的とする。

その内部機構は主に、第一研究部（建国前の党史研究を担当）、第二研究部（建国から文革が終わる七〇年代末までを研究対象）、第三研究部（「改革開放」政策の開始以降今日までを研究対象）、科学研究部（研究の計画と管理を担当）、宣伝教育局、弁公庁、出版社などから構成される。

そのうち、宣伝教育局は二〇〇九年末に新設されたもので、同研究室が発行する『中共党史研究』などの雑誌の管轄を担当する以外、「網絡処」（インターネット担当課）を設置し、新しい情報化時代への対応を図っている。

同研究室は、中国共産党の歴史と関連する研究、資料収集、出版などを主要任務とし、党の正史の編纂も担当し、全国各地の省・市・自治区から県レベルまである党史研究機構と各大学などに散在する同研究者への指導・協調にも当たっている。ちなみに、全中国各地に二八三六の党史研究機構があり、一万七〇〇〇人以上の関連研究者がいる（趙超他［2010］）。「中国中共党史学会」を所管し、学会名義で発行される『百年潮』という一般読者向けの党史研究誌の編集も監督している。

党史研究室の新しい研究動向として以下のようなものが見受けられる。

⑴研究対象の範囲拡大。同研究室が発行している『中共党史研究』（二〇〇九年から隔月発行から月刊誌に）の近年の掲載内容から見て、内戦当時の国共和平交渉、建国初期の中越関係、文革、日中国交正常化、米中関係など多岐にわたっており、実際には近現代史にかかわるものはほぼすべて網羅されているように見られる。

⑵研究目的の「現実への奉仕」を強調。もともと党の歴史に関する客観的な研究とともに、「中国共産党の歴史的正統性」「中国の執政与党になる必然性」を立証するための現実的目的性があるが、近年は中国共産党（中央から地方組織まで）がどのように現実問題に対処するかをめぐってそのための「歴史的経験と教訓の吸収」「海外の参考となる事例の紹介と分析」も重視されるようになった。二〇一〇年三月、「全国党史研究室主任会議」が北京で開かれ、党中央指導部の党史研究に関する新しい指示が伝達され、欧洋淞・中央党史研究室主任は「党史研究はどの

ように科学的発展の大局に奉仕し、どのように研究自身の科学的発展を図るか」との問題意識を提起した。

③中共中央文献研究室

一九八〇年五月、前身の「毛沢東主席著作編纂出版委員会弁公室」から改組されたもので、歴代の党と国家指導者の著作編纂とその思想の研究、党と国家、解放軍に関する歴史文献および現代の文書資料の研究、編集、出版審査を担当する。

内部には七つの機構が設置されており、正式人員数は約二一〇人である。行政・事務担当の弁公庁、科学研究管理部、「中央文献出版社」以外に、以下の研究部門がある。

第一編研（編纂研究）部：毛沢東担当。

第二編研部：周恩来、劉少奇、朱徳、任弼時らいわゆる「第一世代」の毛沢東を除く革命家・政府指導者の担当。

第三編研部：鄧小平、陳雲らいわゆる「第二世代」指導者の担当。

第四編研部：江沢民らいわゆる第三世代「集団指導」にかかわる複数指導者の担当。

第五編研部：党と国家、軍関連の文献の編集と研究、現在の党中央政治局常務委員会メンバーの担当。

同研究室は活発な研究活動を行っており、本業である研究、編纂などの活動（そのウェブサイトで詳しい紹介あり）以外にも、次のような新しい動向が見られた。

(1)「中国中共文献研究会」を立ち上げることによって、官民、国内外の研究活動を連携させ、活発化した。二〇〇九年二月、中央文献研究室の主導で同研究会が「党の文献研究に関する全国的学術組織」として発足（会長は文献研究室主任が兼任）。その趣旨は「国内外学術界との交流と連携を強め、各方面の力を結集し、党の文献研究を基本とし、党の中心的任務、改革開放政策および社会主義近代化建設の実践をめぐって研究活動を展開すること」とされているが、この研究会のホームページ（http://wxyjh.wxyjs.org.cn/GB/index.html）からも、国内外の研究者を巻き込んださまざまな研究活動が繰り広げられていることがわかる。

(2)精力的に学術会議を主催、共催すること。例えば二〇一〇年五月下旬、中国中共文献研究会の名義で「中国の道路――回顧と展望」と題する国際フォーラムを北京で開催し、八カ国以上から八〇余名の研究者が参加して、「中国モデル」をめぐり熱烈な討論が行われた(9)。同八月後半、深圳特区の設立三十周年を記念して、「経済特区と中国の特色ある社会主義」と題するシンポジウムを深圳で共催し、冷溶・研究室主任が行った報告では深圳特区の実践と経験から今後の中国の発展道路にとっての「四つの経験」をまとめ、注目を集めた(10)。なお、同十月末、中国中共文献研究会の二つの分会は北京市党委員会の党史研究室との共催で「毛沢東・朱徳とマルクス主義政党の建設」シンポジウムを開催した。

(3)外部の研究者を呼んで交流活動を行うこと。例えば二〇一〇年九月二十日、民主化の必要性を積極的に唱える中央編訳局の兪可平副局長を招いて、「現代の西側社会政治思潮」と題する講演（今日の西側社会で流行する八種類の思想、思潮：ネオ・マルクス主義、政治エリート主義、新帝国主義、新自由主義、新保守主義、共同体主義(Communitarianism)、民主社会主義、ポピュリズムなどとそれによる中国への影響を紹介・説明）と討論を行った。二〇〇九年九月十八日は、毛里和子・早稲田大学教授（当時）を招いて「海外の学界から見た中国の建国六十周年と中国の特色ある社会主義」と題する講演と討論交流が行われた。

(4)積極的な対外PR、広報活動。この点はほかの党中央直属機関と比べても突出している。そのための宣伝外事弁公室が新設され、これまでCCTVなどと協力して、毛沢東、周恩来、鄧小平などの指導者や、「新中国」「新チベット」「中国一九七八～二〇〇八」など現代史に関する長編テレビドキュメンタリーを二〇点近く制作している。関連テーマの大型展示会も催し、国内社会の各界に向けて党の基本思想および新しい理念を普及させるのに寄与した。

(5)情報量の大きいホームページを立ち上げたこと。その掲載内容の履歴から見て二〇〇九年半ばから本格的に整備された模様で、同研究室の主要メンバー四三名の略歴と学術成果が紹介されている。毎月に中国各地の主要な学術会議（中国共産党、社会主義、発展モデルの転換などの分野）を紹介し、二カ月ごとに同研究室の守備範囲に属する歴代指導者に関する研究動向（著作、学術討論会および新しい研究観点など）を紹介しており、しかもいずれも原文や元の記事へのリンクも付いている。その問題点をあえていえば、ホームページで紹介される研究動向はやや羅列的で「一目瞭然」にはいかず、若者にとってわかりにくいと感じられることだが、筆者が調べた中では、党中央の直属機構のうち、中央編訳局のものと並んで最も情報量が多いホームページであり、研究機関としても学術的色彩を出そうとしている意欲が見られる。ちなみに、中央政策研究室、中央党史研究室は自分のホームページを持っていない（後者は整備中との説明を受けた）。

④中共中央党校

党の高級幹部を訓練・養成する機関で、一九三三年に中国共産党の革命根拠地、江西省瑞金で創立された「マルクス共産主義学校」がその前身で、一九三五年、労農赤軍が長征を経て陝西省北部に到着後、中央党校に改称された。一九四二年、毛沢東が自らその校長を兼任して有名な「整風運動」を指導した。建国後の一九五五年、「中央高級党校」に改名されたが、文化大革命中に一時閉鎖。一九七七年から現在の名称で復活し、胡耀邦がその校長を兼任して「実践は真理をチェックする唯一の基準」と呼ばれる理論論争を起こし、鄧小平路線の確立に地ならし的な貢献を行った。胡錦濤は一九九三年から二〇〇二年まで中央党校の校長を兼任し、習近平も二〇〇七年から兼任しているが、第四世代の指導者以降、ニューリーダーの登竜門（理論的訓練を積む）のコースになっているように見える。

ここは教育機関であるとともに、党の調査研究の任務も兼ねている。李景田副校長は二〇一〇年六月二十九日の記者会見で、「改革開放以来、中国共産党中央党校は各クラスの指導者六万人を訓練し、平均して毎年、二〇〇〇人を訓練しており、共産党の高、中クラスの指導者を訓練する主な場所であり、共産党の哲学、社会科学の研究機関でもある」と紹介している(11)。

業務指導機関である校務委員会の下に、マルクス主義理論、哲学、経済学、科学社会主義、政法、中央党史、党建設、文史の八つの教学研究部と、国際戦略研究所があり、ほかに教務、研究管理、人事、総務、出版などの部門と、三つの研修者管理部門（進修部、培訓部、研究生院）を持つ。その研究活動は八つの教学研究部に所属する研究室や、教員個人、国際戦略研究所および特設の研究センター（例えば九〇年代以降「鄧小平理論研究センター」が設立）などを通じて行われている。

その研究活動に関して特に以下のような二つの新しい特徴を指摘することができる。

(1)党校自身が擁する大勢の優れた研究者の研究活動と活発な発言は全中国における政治改革、経済改革および国際問題研究で常に注目される存在になっている。党中央の学校だからその所属メンバーも頭が固いだろうと思われがちだが、胡耀邦、曾慶紅ら「思想解放」派の指導者が党校の校長を担当した伝統にもより、党校内の学術的な雰囲気は濃厚で、その教員と研究者は中国の中でもタブーなしのオープンマインドを持つものだと評価される。同党校国際戦略研究所所属の張璉瑰教授は、北朝鮮の体制や核開発政策を公に厳しく批判する一人として知られる。前に触れた政治局合同学習会に党校からの講師は複数指名されている。党校自身の紹介によると、一九九五年以降、同校所属者が執筆した数多くの著作や論文が中国のさまざまな賞を受けており、この二十年間、一〇〇項目以上の国家級プロジェクトを担当した。なお、中央党校が発行する『学習時報』、『理論動態』『理論前沿』『思想理論内参』などの専門紙・刊行物も大胆な理論探求の言説を載せるものとして内外で注目される(12)。

(2) 海外との積極的な交流。アメリカのハーバード大学と「中国社会発展フォーラム」を共催し、二〇〇七年六月の北京開催に続き、二〇〇九年十月はハーバードで二回目が行われた。ハーバード大学のフェアバンク中国研究センターの William C. Kirby 主任によると、同センターは中央党校の国際戦略研究所との間に米中関係の歴史や現状、対策などをめぐって共同研究を行っており、成果物を共同で発行している(13)。中央党校のスポークスマン羅宗毅によると、「開放的教育」の思想のもとで、三〇近くの国と地域の政府部門、シンクタンクおよび大学との間に学術協力関係を樹立しており、「積極的な受け入れ」方針の現われとして毎年、多くの海外の政府要人、著名学者、多国籍企業のトップを講演、講座に招き入れ、また「進んで出ていく」方針の現われとして二〇〇〇年以降、毎年、日本、韓国、シンガポールなどへ視察団を送り出している、という(14)。

ついでに中央党校所属の「改革開放論壇」に言及したい。胡錦濤のブレーン鄭必堅が中央党校の副学長だった経緯で、鄭を理事長に一九九四年から活動しており、二十数カ国のシンクタンク（アメリカのランド、ＣＳＩＳ、カーネギー基金会などを含む）と提携し、頻繁に国際シンポジウムを開催しており、党指導部に直通するシンクタンクと見てよい。敏感な北朝鮮問題を研究する「朝鮮半島和平研究センター」も付設している。論壇のホームページは http://www.crf.org.cn/about/。

⑤中共中央編訳局

本業はマスコミ主義の経典を中国語に、中国指導者の著作と重要文献を外国語に翻訳することで一九五三年に設立されたが、鄧小平時代以来、特に最近の十数年において急速に守備範囲を拡張している。今は党指導部の「編訳局は党の思想庫（シンクタンク）と智嚢団（知恵袋）に変身せよ」との指示に沿って、「中央指導部の政策決定に奉仕し、社会主義の現代化建設に奉仕する」「翻訳と研究の並立、経典文献の研究と現実問題研究の並立」「理論研究の深化と理論の大衆化の並立」という三つの方針を掲げ、現実政策を指導する理論の探求、全世界の社会主義運動の比較研究と中国への示唆の総括などに重点を置いている模様だ。

その内部機構は、「マルクス・エンゲルス・レーニン・スターリン著作編訳部」（発足当初に設置）、「中央文献編訳部」（一九六一年に設置）、「マルクス・レーニン主義文献情報部」（当初の局所属図書館から一九九四年に改名）、人事部、弁公庁、中央編訳出版社といった旧来の設置以外に、以下のものは後に大幅な再編成と拡張がなされている。

「当代マルクス主義研究所」：一九八八年に設立。「海外マルクス主義研究処」「社会と政治研究処」「哲学と文化研究処」「経済社会体制比較研究処」「マルクス主義基本理論研究処」という五つの研究専門の課が設置されている。文字通り、これらの幅広い分野で活発な研究活動が行われ、特に現代中国の政府と政治、現代西側の急進的理論、比較政治と比較経済、グローバリゼーション、公民社会と民間組織、地方民主政治、海外の中国研究などの分野における研究業績では国内外で評価が高く、中央指導部からも「中国経済改革のグランドデザイン」「転換期の社会安定問題」「途上国の腐敗と反腐敗」などの研究課題を委任された、という(15)。

「世界社会主義研究所」：一九六〇年からあった「国際共産主義運動史料室」が何度かの内部調整を経て一九九四年に現研究所になった。西欧研究処、東欧研究処、アジア太平洋研究処、編集資料処という下部組織があり、実際は全世界の社会主義思潮のみならず、「当代資本主義」「政党政治」「中国問題」もその主な研究対象となっており、政党政治、民主社会主義、グローバリゼーション、ソ連東欧問題などの分野における研究は国内外で評価が高い。海外との交流では同研究所は特にヨーロッパの五つ以上の研究所や基金会と協力関係があり、海外の学者と活発な交流を行っている。

ほかにいくつかの研究センターが新設されているが、現有の研究所体制にとらわれることなく、中央編訳局各部門の研究者ないし外部の研究者を招いて課題ごとに編成している。

「比較政治と経済研究センター」：一九九九年設立、下に「政府創新研究室」「社会創新研究室」「民主的ガバメント研究室」「比較経済研究室」「生態文明研究室」「社会調査研究室」が設けられ、「中国政府創新ホームページ」（www.chinainnovations.org）など独自のサイトも運営している。そのトップは著名な研究者で副局長の兪可平が兼任する。このセンターの研究、交流活動はここでは枚挙しきれないほど特に活発であることをコメントしておく。

「マルクス主義と中国現実問題研究センター」：略称「中国現実問題研究センター」で二〇〇四年に発足し、既存の「マルクス主義研究室」と「マルクス文献研究室」以外に、「中国経済問題研究室」「生態と気候研究室」「倫理と文化戦略研究室」「中国司法制度研究室」が新設された。生態文明、科学的発展観、調和社会、中国の特色ある社会主義理論などをテーマとするシンポジウムを国内外の大学および国連、EUの機関と共催し、二〇〇六年と二〇〇七年はほかの機関と共同で、中国の現実問題、現代西側の学術研究など各分野に関して九冊の『前沿報告』（最新動向報告書）を出版している。

「政党研究センター」：編訳局以外の研究者も参加する「非営利的学術機構」として二〇〇〇年以降に設立されたと見られる。世界各国の政党との比較、政党政治の一般的理論と法則などが研究対象となっている。

「ロシア研究センター」：一九九九年設立、ロシアの経済、政治、社会の現状と行方および中国への影響に関する研究が主要任務である。

「海外理論情報研究センター」：中国の政治、経済にとって参考となる海外の研究動向と観点の紹介が主な業務。

中央編訳局の研究活動に関して二つの特色があると指摘したい。

(1)民主化問題、普遍的価値の問題などタブー視される分野でも活発な研究が行われていること。すでに触れた兪可平副局長は二〇〇八年、『民主是個好東西（民主主義は素晴らしいもの）』と題する話題の本を出し、中国にとって民主化は絶対必要と唱えた。続いて二〇〇九年に『譲民主造福中国（民主主義が中国に幸せをもたらす）』という新著を出版した。同局が発行する『当代世界与社会主義』誌は精力的に国内外の異なる意見、論説を紹介しているため、李書磊・中央党校副校長は「編集思想の活力を保ち、絶えず現実と理論的問題に対して学術的返答を出している」と評価し、李忠傑・中央党史研究室副主任も、同誌の主要な特色は「世界的な視野と目線で社会主義問題を研究することで、今日世界の各種の社会思潮と理論流派にも目を向け、中国の抱えている具体的問題にも立ち向かっていること」と肯定した。実際に、同誌に発表された多くの論文は中国の社会科学文献の引用回数に関する統計で前列に並んでいる（王瑾［2010］）。中国共産党中央の機関としてこれほど「思想解放」して闊達な研究活動を行っているのは珍しい。首脳部は外部世界の情報を比較的に正確で客観的にキャッチするルートを確保したいとの思惑があることもうかがえる。

(2)国内外で活発な学術協力、交流、会議活動を行っていること。海外のシンクタンクとの定期的交流関係や、海外への訪問交流にすでに一部触れたが、ほかに、中央編訳局が主導で、中央党校、北京大学と共同で二〇〇〇年から「中国地方政府の創新（イノベーション）賞」を設置し、法治、行政効率、公共サービス、環境保護、貧困対策、社会管理、民主的選挙、政務公開などの指標を設けて二年に一度、これらの指標で突出した成果を挙げた地方政府に授賞し、これまで一五〇〇項目の申請を受理し、五〇項目が受賞し、一一三項目は奨励賞を受けている。この活動は地方政府の「創新」を激励し、イノベーションの意識を各地方政府へ普及させる効果を狙うとともに、中央政府にとっても今後の行政改革の方向を考える上でいい情報源と実験の場となっている(16)。

ちなみに、中央編訳局のホームページは現代中国問題の研究者ならアクセスする価値がある。ほかの大半の機関のホームページによくあるような、指導者の動きを突出して紹介することや、事務的な羅列、自己吹聴はほとんど見られず、理論的探究、学者の言説を重視する姿勢を見せている。同局の一連の研究活動から、中央政策研究室は現実的問題の研究と対策の担当が中心だとすれば、中央編訳局は理論研究面の真のシンクタンクの役割を演じていると評価してよい。

四、党中央の研究調査の新しい動向②――直属の業務機関

中国共産党中央には直属の研究機関以外に、政府省庁に相当する業務機関、例えば中央組織部、中央宣伝部、中央統一戦線工作部、中央対外連絡部などがあり、ほかにいくつかの委員会、指導小組、弁公室（同じ省庁クラス）も設置されている。本節ではこれらの業務機関にも押し寄せている「研究調査重視」の動きを検証したい。

①中共中央対外連絡部（略称：中連部）

中連部は中国共産党の「外交部」に当たり、党の各部門の対外交流および諸外国の政党・政治団体の対中交流の窓口である。二〇〇七年の数字だが、中連部経由で中国共産党は一六〇カ国以上の四〇〇余りの政党・政治団体と交流している⑰。その下に弁公庁、研究室、第一局（南アジア、東南アジア担当）、第二局（北東アジア、インドシナ担当）、第三局（西アジアと北アフリカ担当）、第四局（サハラ以南のアフリカ担当）、第五局（ラテンアメリカ担当）、第六局（東欧、中央アジア担当）、第七局（北米、オセアニア、北欧担当）、第八局（西欧担当）、儀典局、幹部局などの機構がある。

研究担当部門は局クラスの研究室で、「国際情勢、世界政党、社会主義運動、現代資本主義およびそのほかの重大な国際問題に関する理論的、戦略的、総合的、政策的な研究」を担当し、党中央各部門の対外学術交流と協力の企画・運営にも加わる。ほかに八つの地域担当局にもそれぞれ調査研究の任務が与えられているが、忙しい日常業務と人員削減によってほとんど研究活動を行う余裕がないことを、取材の中で聞いた。それ以外に、「信息編研室（情報収集研究室）」も設置されており、資料、情報の収集とホームページ、各国政党に関するデータバンクの管理を担当する。中連部はさらに外部のハイレベルの研究者を招へいして「当代世界研究センター」を設置してその名義で多くの外国政党やシンクタンクと交流活動を行っている。

中連部の調査研究活動の特徴の一つは諸外国との国際フォーラムもしくは学術シンポジウムの共催と主催に現れている。二〇一〇年五月以降だけでも、ヨーロッパの三五の政党の五〇人以上の指導者を招いた「中国・欧州政党ハイレベルフォーラム」を主催（北京、五月後半）、アラブ諸国関係者数十人を招いた「二〇一〇年中国揚州と湾岸アラブ諸国石化産業協力フォーラム」を揚州市と共催（揚州、六月後半）、アフリカ一八カ国の一三〇名以上の代表を招いた「中国・アフリカ農業協力フォーラム」を中国農業部と共催（北京、八月中旬）、「対外開放と市場経済条件下における文化建設の推進」と題するシンポジウムをベトナム共産党と共催（ベトナム・カムラ湾、九月上旬）、「ポスト金融危機の中英パートナーシップ」と題する青年政治家フォーラムを英中協会と共催（北京、九月中旬）、「グローバルガバナンスと中国・ヨーロッパ協力」と題するフォーラムをドイツ・カルボ基金会と共催（北京、十月前半）、「社会主義現代化建設における重大な理論と実践問題」と題するシンポジウムをラオス与党の人民革命党と共催（ビエンチャン、十月後半）。

対外交流と同時に、中連部の研究部門は党中央の指示に従って、もしくは国内の課題に関する問題意識をもって対外訪問を通じて本国にとってヒントになる資料、情報を入手し、さらにそれに基づいて報告書をまとめている。例えば、二〇〇五年の約半年間、「海外の調和社会作りに関する実践と啓発」と題する研究プロジェクトチームを作り、一つの総合報告書と二三のサブレポートをまとめ、次の中央総会の前に指導部に提出した。二〇〇六年は「海外の社会建設理論と実践の比較研究」と題するプロジェクトチームを立ち上げ、一つの総合報告書と二二のサブレポートをまとめ、これも指導部に提出した。ほぼ同時に、「海外の与党が調和社会を構築する主なやり方と中国への啓発」と題する報告書も作成した。これらの研究活動を通じて「指導部の政策決定に有力な参考となり、関係部門と地方の重要参考資料にもなった」と自賛している(18)。

②中共中央組織部（略称：中組部）

中央組織部は党の各方面の人事を担当する要衝の部門である。弁公庁、党建（党建設）研究室、組織局、幹部監督局、幹部教育局、幹部一局（配置換え担当）、幹部二局（党政と外事分野の担当）、幹部三局（経済と科学技術、教育分野の担当）、幹部四局（中央と国家機関分野の担当）、幹部五局（企業担当）、老幹部局、人材工作局（後継者選抜担当）、人事局などの内部機構、および「訓練センター」「信息（情報）管理センター」、「党建研究所」、「党建読物出版社」などの付属部門から構成される。幹部教育局とそのほかの各局とも調査研究を担当する機能を持つが、実際には日常業務に忙殺され、活発な研究活動をしている動きは見られない。主な調査研究活動を行っているのは、局クラスの「党建研究室」と、付属部門の「党建研究所」である。

両者の名前が似ており、同じ部門ではないかと推測したが、関係者に問い合わせたところ、前者の「党建研究室」は同時に「政策法規局」であり、上の方針を直接に受けて政策と法規の分野に特化して情報収集、調査研究および上層部への直接提案を担当する部門であるのに対し、後者の「党建研究所」は一九八七年に設立された、党建設、人事およびその方針など広範囲の課題に取り組む研究機関である。

「党建研究室」の調査活動として、二〇〇六年七月、同室の陸国強・副巡視員(19)が大手企業ハイアールを訪れ、企業家と党組織、人材育成、政府と企業との関係などの問題をめぐって企業のトップと懇談した(20)。二〇〇七年二月、同じ陸氏が率いる四人が江西銅業集団を訪れ、国有企業における党組織の状況を調査した(21)。二〇〇七年七月、同じ陸氏ら四人は湖北省武穴市で各党組織の基本状況を調査した(22)。二〇〇八年十月、同研究室主任兼政策法規局局長の佟延成が鄧小平故郷の四川省広安市を訪れ、現地の党組織と交流した(23)。二〇〇九年六月、張景虎・研究室副主任一行が北京市各区で党幹部の「公推直選」について実施状況の調査を行った(24)。同六月、同室の李京嵘副巡視員一行は山西省大同市で「幹部の民主化を広げる中で現れる消極的影響に関する研究」をテーマとした調査活動を行った(25)。同十二月、同室の調査チームが山東省利津県の各村で「農村における党組織状況」について聞きとり調査を行った(26)。

筆者が調べる過程で、全国各クラスの党組織部にいずれも研究室が設けられており、定期的に、中央組織部が各クラスの党組織部の研究室主任に対して訓練合宿を行っていることもわかった。そのような会合を通じて中央組織部としては各レベルの党の組織状況や一般党員の声を知ることができ、同時に各レベルの党組織部における調査研究の強化、党中央の指示と方針を底辺まで徹底させる役割も果たしている。

なお、中央組織部は二〇一〇年十月、中国延安幹部学院に委任する形で第二回の党員教育をテーマとする「延安フォーラム」も開催している(27)。

一方の「党建研究所」は、二〇〇八年六月、彭立兵副巡視員が同所の「調査研究室」メンバーを含む「党内民主建設」特別調査チームを率いて河南省南陽市で座談会を開いて調査研究活動を行った(28)。二〇一〇年五月、彭立兵副巡視員が理論研究室の主任らを率いて上海市郊外の楓涇鎮の発展を視察した(29)。同六月、同所理論研究室主任郭霊計一行は内モンゴル自治区のイジンフラ県で村民自治の新しいモデルを調査した(30)。

ほかに、中央組織部は各地の党組織部関連団体からなる「全国党的建設研究会（略称：全国党建研究会）」（一九九二年発足、当初は中央党校が管轄、二〇〇〇年から変更）を管轄しており、その任務の一つも「全国的範囲で党の建設に関する調査研究および学術交流活動を組織・促進すること」とされている。

③中共中央宣伝部（略称：中宣部）

中国共産党中央のイデオロギー関連業務を指導、監督する部門で、文化大革命中に廃止されたが、一九七七年に復活。その直属の下部機構に弁公庁、幹部局、政策法規研究室、理論局、宣伝教育局、輿情信息（社会輿論情報）局、新聞局、出版局、文芸局などがある。そのうち、政策法規研究室、理論局、宣伝教育局、輿情信息局はいずれも調査研究担当の部署を持っており、輿情信息局には「ネット輿論状況（担当）処」も新設され、インターネットに示される輿論や民意をかなり気にしていることがうかがえる。

中央宣伝部の研究部門も全国各地で一定の調査研究を行っていると見られる。例えば、二〇〇九年三月、政策法規研究室の陶驊主任一行は湖北省十堰市で、「新しい情勢下で文化プロモーション能力を高め、基層文化施設の建設を強化することと存在する問題およびその対策」をテーマに調査活動を行った(31)。同十二月、同室第三処（課）処長一行五人が河南省民権県の農民絵画が盛んな地域を訪れ、「文化産業」の可能性を調査した(32)。二〇一〇年三月、同室の楊笑山副主任一行は山東省泰安市で同市の文化産業の発展状況を調査した(33)。

④中共中央統一戦線部（略称：中央統戦部）

民主党派、無党派人士、海外の華僑華人、少数民族、宗教問題などを担当する党中央の部門。その下に、弁公庁、政策理論研究室、第一局（民主党派担当）、第二局（民族、宗教担当）、第三局（香港、マカオ、台湾、海外華僑華人担当）、第四局（共産党以外の幹部担当）、第五局（経済分野担当）、第六局（共産党員以外の知識人担当）などの部門がある。そのうち、研究業務を中心とする政策理論研究室以外、第一から第六局までの各部門とも守備範囲に関連する調査研究の任務が与えられている。

同部も、「統一戦線文化フォーラム」（浙江省寧波、二〇〇七年六月）をほかの機関と共催し(34)、各地の宗教施設を視察するといった調査研究活動を行っている。

同部はまた、各地の統一戦線関連機関と研究者からなる「中国統一戦線理論研究会」を管轄し、それを通じても多くの情報と研究成果を吸収している。

⑤中共中央対外宣伝弁公室（略称：外宣弁）と国務院新聞弁公室（略称：国新弁）

両者は「同じメンバー、二つの看板」で実質的には同じだが、党の所属と政府所属という性格の相違から使い分けられている。その下に、秘書局、第一局（対外報道と政府白書の編纂を担当）、第二局（外国報道機関との交流担当）、第三局（対外ＰＲ関連の出版、電子メディア、文化交流活動を担当）、第四局（「海外に対してどのように中国を紹介するかの方針、計画、方法」の研究や海外世論の分析を担当）、第五局（ネット分野担当）、第六局（各地方の新聞弁公室と香港、マカオ、台湾の記者を担当）、第七局（中国の人権問題の対外紹介とチベット問題を担当）、人事局などの部門がある。そのうち、第一から第七局までの各業務担当部門はいずれも研究調査の任務を担っている。

同機構の主任（大臣級）や各局長が地方の対外広報活動、有名ウェブサイトを視察・調査する動向は割に多く報道されている。

⑥中共中央台湾工作弁公室（略称：中台弁）と国務院台湾事務弁公室（略称：国台弁）

両者は同じ機構で、台湾に関係するあらゆる政策決定、交流、調査研究活動を担当する。秘書局（人事局）、総合局、研究局、新聞局、経済局、香港・マカオの台湾関連事務局、交流局、連絡局、法規局、政党局、訴訟協調局という一一の局からなり、そのうち、研究局の任務は「台湾情勢と両岸関係情勢の研究、情勢分析報告と対策案の提出、中央と地方の関係部門の台湾関連調査研究を指導・協調する」こととされ、機関内の中心的な研究担当部門である。ただ、ほかの部署も一定の調査研究の任務が要求されている。

近年、台湾弁公室は文献資料や台湾との交流活動における調査研究だけでなく、関連する問題、課題について積極的に地方、企業に出かけてリサーチ活動を行っている。例えば二〇一〇年前半、台湾系企業「富士康」で相次いで発生した従業員自殺事件や中国沿海部の賃上げストを踏まえて台湾弁公室は四月、各地の台弁に対して、「台湾企業のモデルチェンジに関する専門調査」と中央政府への対策提案を行うよう指示した(35)。同五月、劉勁松・研究局副局長一行は、雲南省の「台湾同胞投資企業協会」を訪れ、中国大陸で製造した製品を台湾に輸出する場合の保税問題、現地進出の台湾企業家の子供教育問題などを調査した(36)。同九月前半、台湾弁公室経済局の葉向東副巡視員の率いる特別調査チームが広西チワン族自治区の玉林市を訪れ、現地で建設中の「海峡両岸広西玉林実験区」を調査した(37)。同十月二十三日、アメリカ訪問中の王毅主任（閣僚級）はシアトルで現地華僑との座談会を開き、政府の台湾政策などを紹介するとともに、米国在住の台湾出身者の中国大陸への投資、永住などに関する要望も聴取した(38)。ほかに他部門との共同調査活動も行っている。二〇〇八年九月、国土資源部とともに広東省で「台湾進出企業の土地問題に関連する紛糾調停」問題に関する調査を行い(39)、二〇〇九年十一月、一二の政府部門や清華大学と共同調査チームを組んで福建省各地を回って「海峡西岸経済区の建設状況」に関する調査活動を大規模に実施した(40)。

⑦中共中央外事工作指導小組

「中央国家安全工作指導小組」と「二つの看板、同じメンバー」だが、外交部などを指導する立場にあり、江沢民、胡錦濤らトップが相次いで組長を務める重要な指導機関である。秘書行政司（局）、外事管理司、政策研究司といった部門が設置されている模様で、後者では「国際情勢や外交政策の実施における重要問題、外事の管理に関する調査研究を行い、提案を行う」任務が指定されている(41)。主に各機関、部門の行った外交関連の調査報告書などを総合・要約し、最高指導者へ提案も行う、といった業務を行っていると見られるが、その担当者がほかの党機関、省庁が組織する海外訪問団に加わって実地調査を行うケースもある。

⑧そのほかの党中央直属機構

残りの党中央直属機構は一般的にいえば、人員が少なく業務範囲が限定的なので、活発な調査研究活動を行うのには限界がある。ただ、それでも、これらの機構に関係する調査研究の活動が時々報道されている。

例えば、二〇一〇年五月、中央国家機関党建研究会（中央国家機関工作委員会の管轄）の会長、副会長一行が中国農業科学院で党組織の状況を調査した(42)。同六月、中央政法委員会の特別調査チームは河北省と山東省で「政法機関の案件処理におけるネット上の協同」に関する調査を行った(43)。八月、中央国家機関工作委員会の「学習型政党の組織問題に関する研究」と題する特別調査チームが内モンゴルの大興安嶺地区で調査研究活動を行った(44)。九月、中央国家機関党建研究会副秘書長一行は中国地質調査局で「専題（テーマを決めた）調査」を行った(45)。

五、まとめ

中国共産党は学習と調査研究を重視する伝統があるが、建国世代のカリスマ的な指導者が政治舞台から去った二十一世紀初頭以降、学習と調査研究に対する重視にはこれまでと違う真剣さと危機意識が込められるようになった。重大な決断が迫られるとき毛沢東、鄧小平ら大黒柱の「鶴の一声」に頼ることができなくなったこと、新世紀の中国を囲む内外情勢はかつて考えられないほど複雑さを増したこと、数億人の国民が権利意識を持ち、情報化時代の波に乗って自己主張を始めたこと、また一三億人の大国で行われる海図なき航海のような改革に取り組むときの心細さ、といった背景的変化が「学習型政党」コンセプトの提起と調査研究の強調をさせたもので、それ故、それは本腰を入れた党の自己改革の一環をなしていると評価できる。

以上の検証を通じて、中国共産党指導部の「学習型政党」に向けたアプローチに、以下のような特徴があると見られる。

一、党中央指導部全体が「学習型政党」建設に関する必要性と緊急性の意識を共有していること。最高指導者がそれを提唱し、中央委員総会の決定に盛り込まれ、それによって党の正式方針として決定された。これは中国共産党自身の存続と再生をかけた長期戦略を示すステップとなり、党の機構改革、幹部の意識改革および下部組織への徹底などを推進する強力な政策方向となっている。

二、本文は主に中央指導部内の「学習型政党」を目指す動向を検証したが、それを通じて明らかになったのは、調査研究を重視する動きは各部門においてさまざまな実施措置の導入に体現されていることだ。それにともなう努力は少なくとも以下のような四項目に集約できる。

①集団指導を示す最高指導部内で政治局合同学習会を定期的に開催することを通じて、調査研究に対する重視度を全党に示している。

②党中央政治局委員、書記局書記クラスのニューリーダー（本当は胡錦濤、温家宝、賈慶林、李長春らいわゆる第四世代の現役指導者も同じ）が一連の論文や研究報告を公に発表することは、後継者選びの競争レースに、「調査研究」能力が一つの評価・判断基準になっていること、次の第五世代指導部になってもこの方向は変わらないことを

示している。

③党中央の各部門とも調査研究を強化するための措置を取っていること。専門的な調査研究部門（研究所、研究室など）が新設されたり増設されたり、さらに業務内容に調査研究の項目を明示したりするといったさまざまな動きが見られる。

④各部門とも指導部から与えられる研究テーマを携え、もしくは部門指導者がテーマを決めて、幹部たちは自ら調査チーム、メンバーを連れて各地方、部門に対する調査研究活動を頻繁に行っている。

三、部門内の改革だけでなく、多くの「研究会」（中国中共党史研究会、中国中央文献研究会など）の設置と拡張、訓練班（中央党校、中央組織部に見られる）の開設を通じて全国各地の関係機関および個人（大学教授など）の知恵と情報を活用している。さらに海外への訪問や、外国シンクタンクなどと国際シンポジウムを共催すること、外国の著名学者を講演に招くことなどを通じて海外の頭脳や情報の活用を図る姿勢もうかがえる。

四、党中央の各部門内の改革動向に留まらず、各レベルの党の下部機関、中堅幹部や一般党員に対しても学習型政党建設に関する認識の統一を徹底し、「学習型都市」「学習型企業」「学習型農村」「学習型社区」といった具体的な目標に細分化することを誘導し、全国民（共産党員に限らず）に対しても「学習型社会」を構築せよとの号令をかけている。

筆者は各地方における「学習型政党」と「学習型社会」に向けた取り組みについても聞きとりを行ったが、上海市政府所属の企業をまとめた「上海実業集団」と華東師範大学の党組織は少なくとも二カ月に一度は専門家を呼ぶ学習会が行われており、幹部たちはこの学習会は唯一の、日常業務以外のことを勉強する場として積極的に参加している、との説明を受けた。なお、特に二〇一〇年に入ってから、党中央からの「全党学習運動」の呼びかけに応じて、各地の党下部組織と行政部門とも読書運動、書評コンクール、シリーズ講座などの学習活動を強化している模様だ（沈暁寧［2010］）。

五、これら一連の調査研究活動を通じて、複雑な情勢への対応、前例なき課題への取り組みにおいて一定の効果が現れている。中国指導部は近年、「政策決定の科学化、民主化」を提唱しているが、調査研究活動の強化によって、中央指導部は国内各地の状況、問題点を相当の程度把握することができ、国際的な動向および外部による中国への批判と注文に関してもある程度耳を貸しているといえる。中央文献研究室、党史研究室、中央編訳局の発行する刊行物やそのホームページはいずれも「海外の研究動向」「海外学者の中国分析」といったコラムを設けている。

中国共産党や中国政府は時々、国内外に対して公式な立場、原則的な発言をしているが、筆者は一連の調査と北京の学者、党・政府関係者に対するインタビューを通じて、実際は国内外の反応、直面する問題に関して内心、危機意識を有していること、学習を通じて柔軟な対策を重視していることを理解した。少なくとも今の第三、第四、第五世代の指導者は調査研究活動をかなり重視しており、それによって大きな過ちを犯さないようにし、失敗があってもそれを教訓にして再発しないように気を引き締めているように感じられる。海外の研究者からも、「中国共産党は学習能力が優れ、全世界でも数の少ない学習意識を自覚する政党の一つである」との評価も出ている(46)。国際問題学者で中国人民大学の金燦栄教授も筆者に対して、「中国は今や、世界でアメリカと並んで最も学習と経験・教訓の総括を重視している国の一つになっている。この趨勢で行けば、中国指導部は少なくても全世界で孤立し、自滅を招くような冒険的な行動を今後もとらないであろう」と話している。

「学習型組織」を最初に提唱したＭＩＴのセンゲ教授も二〇一〇年十月、中央党校の招きで訪中し、中国の学習運動に関する説明を受けてかなり興味がわき、講演の中で、中国の試みは「学習に対する重要なチャレンジで、世界の系統的思考にも影響を与え、促進に寄与する」と評価した（沈暁寧［2010］）。

ただ、学習と調査研究活動に対する重視と真剣な取り組みを評価する一方、まだ多くの問題が存在し、特に今後も持続できるかについて疑問も感じられた。

一、「学習型政党」への変身および調査研究の重視はかなり本腰だと認めるものの、やはり政治主導の「キャンペーン」的な一面もあるといわざるを得ない。過去において、さまざまな政治運動、「三講」（学習、政治、正気＝道徳の三つを重視すること）といった学習運動が行われたが、しばらく立つと、特に号令をかけた指導者が引退したら次第に有名無実に、雲消霧散になった。今度の学習と調査研究重視の自己改革ははたして党の体質になるように持続していけるか、各レベルまで貫徹していけるか、まだ予断を許さない。ここ数年、各地方の政府や機関が「〇〇業務会議」を名目に各地の名勝旧跡を回る問題が取り上げられ、話題になったが、「上に政策あり、下に対策ある」との伝統がある中で、地方幹部ないし党中央部門の一部の「調研」活動は形式的なものにならないか、地方への「調研」活動は「大名旅行」になっていないかをチェックしていく必要はあろう。

二、調査研究の内容と対象に関して偏りがあるように見受けられる。例えば経済・社会分野の調査研究は多いが、報道自由、民主化といった「敏感な」政治問題に触れるのは少ない。なお、指導部から与えられる課題に関する調査研究は積極的に行われているが、それ以外の問題、課題についても同じように真剣に注目し、調査研究活動を行っているか、不明である。

三、党中央の各部門は自分主導の調査研究活動に力を入れているが、一部の「重点的課題」に対して最高指導部から「共同調査」を要求されるものを除いて、各機関、部門の間で調査研究活動における横の連携、交流は依然弱いように見受けられる。中国の党と政府体制に従来、「縦割り」に強く、横の連携に弱い特徴があると指摘されている。

四、今回調べた党中央各部門の調査研究活動にばらつきがあるようにも感じられた。中央編訳局、中央文献研究室などのホームページは調査研究を重視する姿勢が伝わってくるが、別の多くの部門のホームページは指導者の動向、講話を目立って紹介するが、一般の党幹部、党員にとって学習、参考になるような情報の提供にはなっていない。ホームページを開設していない、もくしは開設しているがかなり粗末といったケースも見られる。

五、一般党員を含めた国民レベルへの浸透はいま一つである。中国の現体制下において中央指導部から推し進められる政治キャンペーンや教育は下部の組織、基層に行くほど影響が弱くなり、形骸化する特徴がある。国民による政治不信も根強く存在する。その中で指導部による努力や意欲と、国民レベルにおける実際の効果との間にギャップがあるといわざるを得ない。その意味で、「学習型政党」「学習型社会」を成し遂げ、時代の流れ、国民の声を反映するように中国共産党が本当の脱皮を果たしていくには、まだ長い道のりがあろう。

〈注〉

（1）中国側の「学習型」概念の由来に関する紹介は以下を参照。http://dzzjs.haedu.cn/2010/08/19/1282200788828.html
韓玉芳「学習型社会発展歴程考察」、北京『中国党政幹部論壇』誌、二〇〇三年七月号。

（2）「解析中央集体学習制度6密碼——先学法而後治国」、北京・『小康』誌（求是雑誌社）二〇〇七年二月号。http://www.southcn.com/nflr/llzhuanti/zhengzxuex/200703020112.htm

（3）「人民日報」二〇一〇年九月三十日。

（4）「習近平指出積極推動学習型政党、学習型社会建設」新華社、二〇〇九年五月十三日。

(5) この「中央思想工作研究会」はただ一時的な研究会合ではなく、一種の学会的な性格を持つ組織で、常設な事務局があり、責任者は一応会員大会で選出され、上級担当部門から予算も与えられている。本章は「中国中共文献研究会」「全国党建研究会」にも触れているが、同じ学会的な組織である。

(6)「金融時報」二〇一〇年九月二十七日記事。

(7) 北京市東城区人民政府ホームページ、二〇〇九年五月十一日記事。

(8) http://www.wuxi530.gov.cn/news_info.aspx?_id=20100518025810437500&_key=20090820120147734303&_list=false　http://www.navchina.com/newscontent.asp?ID=383

(9) http://www.wxyjs.org.cn/GB/186506/186845/11691117.html

(10) http://www.wxyjs.org.cn/GB/186506/186845/12529183.html

(11) 中国国際放送局日本語部　二〇一〇年六月二十九日　http://j.people.com.cn/94474/7047194.html

(12) http://www.ccps.gov.cn/

(13) 北京「二十一世紀経済報道」紙、二〇一〇年四月三十日。

(14)「中央党校堅持開放弁学」、ウェブサイト「中国新聞網」、二〇一〇年六月二十九日。

(15) 同研究所ホームページ参照。http://www.cccpe.org

(16) http://www.cctb.net/zjxz/expertarticle/201010/t20101020_23926.htm

(17) 北京『新京報』二〇〇七年九月十九日。

(18)『瞭望』誌、二〇〇六年十月二十四日記事。

(19)「巡視員」は中国党と政府機関の局長クラスの幹部に当たる。局長と副局長には法律や規則によって人数が限定されるが、そこからはみ出るが局長、副局長相当の地位を与える必要がある人に、「巡視員」（局長クラス）、「副巡視員」（副局長クラス）の肩書が与えられる。中国国内のネットにおけるこの問題に関するQ＆Aを参照。http://www.tianya.cn/publicforum/content/free/1/1145538.shtml

(20) http://zhidao.baidu.com/question/46720854.html

(21) http://www.jxzfw.gov.cn/Html/Article/2007/04/2_24420070215000000.html
(22) http://www.wuxue.gov.cn/Item/2489.aspx
(23) http://www.gadj.gov.cn/xxlr1.asp?id=2131
(24) http://www.bjdj.gov.cn/Article/ShowArticle.asp?ArticleID=38333
(25) http://www.sxdygbjy.com/html/3/25/25-51480.html
(26) 「山東新聞網」二〇〇九年十二月十四日。
(27) http://renshi.people.com.cn/GB/13057659.html
(28) http://www.nydj.org.cn/news/news_view.php?id=6669
(29) http://www.fengjing.gov.cn/html/xwsd/fjxw/832087236445.html
(30) http://www.yjhl.gov.cn/zwgk/content/2010-07/01/content_325449.htm
(31) http://www.syiptv.net/news/ShowArticle.asp?ArticleID=21873
(32) http://www.cnmq.com.cn/Article/mqxw/mqxw/200912/5627.html
(33) http://sd.people.com.cn/GB/178059/178106/11257269.html
(34) http://www.yy.gov.cn/art/2007/6/26/art_12101_105962.html
(35) 袁飛署名ルポ、北京「第一財経日報」二〇一〇年六月三日。
(36) http://www.ynkmtsxh.com/news.asp?ID=713&Action=View_news
(37) http://unn.people.com.cn/GB/22220/107139/12688413.html
(38) 王曉達署名記事、アメリカ発行の中国語新聞「僑報」二〇一〇年十月二十四日。
(39) http://www1.chinataiwan.org/tsfwzx/qybh/zuixindongtai/200809/t20080908_739613.html
(40) http://www.0596lt.com/redirect.php?tid=23586&goto=lastpost
(41) http://zhidao.baidu.com/question/57361170
(42) http://www.zgg.org.cn/pub/zgg/bwdj/gbwml/nyb/nybdjxx/201005/t20100525_10195.html

(43) http://pingan.hebei.com.cn/ztzl/qszfxxhjs/jingcaitpp1/201008/t20100822_2029397.html
(44) http://www.zgg.org.cn/pub/zgg/bwdj/gbwml/lyj/lyjdjxx/201008/t20100827_13773.html
(45) http://www.zgg.org.cn/pub/zgg/bwdj/gbwml/gtzyb/gtzybdjxx/201009/t20100908_14279.html
(46)「人民日報：中共要進行学習革命」、アメリカ中文ウェブサイト『多維網』二〇一〇年十一月三日。

〈参考文献〉

・曾勇明［2005］「中央政治局集体学习制度解读」、ウェブサイト「南方网・理论チャンネル」二〇〇五年十月十四日。http://www.southcn.com/nflr/llzhuanti/zhengzxuex/200510140267.htm
・李君如［2009］「建设马克思主义学习型政党是重大而紧迫的战略任务」、北京・中央党校「学习时报」纸、二〇〇九年九月二十八日。
・刘云山［2009］「把建设马克思主义学习型政党作为重大而紧迫的战略任务抓紧抓好」、「人民网」二〇〇九年十月十五日。
・沈晓宁［2010］「学习型社会へ向けて」中国『人民中国』誌（日本语版）二〇一〇年十二月号。
・王瑾署名记事［2010］『当代世界与社会主义』二〇一〇年第二号。
・徐中［2010］「建设马克思主义学习型政党提法的由来」、ウェブサイト「人民网・理论チャンネル」二〇一〇年一月二十六日。
・赵超他［2010］「从神秘到开放——走近中共中央党史研究室」新华社、二〇一〇年七月二十一日。

第三章　中国におけるガバナンス

——中国共産党の位置と能力——

高原　明生

一、はじめに――中国におけるガバナンス

「グッド・ガバナンス（good governance）」とは開発協力の分野で広まった概念である。それは、経済社会開発を実現し推進するためには、経済政策のみならず政治や行政のあり方が重要なポイントとなるという認識の深まりにつれて普及した。今では用語として定着した感のあるガバナンスだが、その定義としては、「開発のために一国の経済、社会資源を管理する上で権力が行使される際の、その権力の行使のされ方」という、アジア開発銀行の定義がよく引用される（Burns［2004：37-8］）。本章でもこの定義を用いることとする。そこでいう「権力の行使のされ方」とは、国家機構のあり方のみならず、国家と社会、あるいは為政者と一般国民との関係に関わる問題である。したがって、ガバナンスの主な要素としては、政府のアカウンタビリティ、透明性、効率、効果、政治参加などが通常は挙げられる。

政治や行政の改善、あるいは改革を促すという趣旨を有することから、ガバナンス概念の受け入れに関して中国の研究者たちは当初慎重であった。確かに、一部のドナー国は民主化をガバナンスに含める解釈をしている（Howell［2004：1］）。しかし、ガバナンスの解釈には幅があり得る。自由権や三権分立などとは異なり、共産党の一党支配体制に直接チャレンジするような、統治の内在的原理に関わる概念ではないとされたことから、ガバナンスは「治理」と翻訳されて今日では中国でも用語として定着している（1）。政治的に安全で、かつ実質的な政治体制の改革を図り

表3-1　2004年に領導幹部が注目した理論問題

1. 科学発展観（バランスのとれた発展を良しとする、胡錦濤総書記の「重要思想」）
2. 党の執政能力（2004年秋の四中全会決定の主題）
3. 法による統治（人々の権利意識の向上に対応する必要を幹部も自覚）
4. 経済のマクロ・コントロール（地方が中央のいうことを聞かない）
5. 国有企業改革（財産権制度改革を規範化、国家と大衆の利益を保護する必要あり）
6. 循環経済（エネルギー問題の巨大な圧力）
7. 調和的な社会（雇用就業、腐敗、分配不公平、階層間の衝突、治安問題など）
8. 社会公正（貧富格差、弱者集団、都市農村格差、社会的差別、社会的排斥、「仇富と恥貧」）
9. 公共安全（鳥インフルエンザ、偽粉ミルク、炭鉱事故、自然災害、殺人などで毎年20万人死亡、損失6500億元、GDPの6%）
10. 道徳誠信（市場経済に合った道徳体系の必要）
11. 平和的台頭（多国間主義、経済外交、善隣政策）

出所：謝志強・陳雲「2004年領導幹部関注的理論熱点」『学習時報』第270期　※（）内は筆者の注釈

得るアプローチとして、グッド・ガバナンスの追求は有効だといえよう。

上述した定義に照らすと、その高い経済成長率にもかかわらず、中国のガバナンスの改善が諸方面で求められていることは明らかであろう。それは、執政党である共産党の幹部たち自身も早くから自覚している問題である。毎年、中央党校は中堅幹部たちがどのような問題に注目しているかアンケート調査を行っているが、中央党校の発行する新聞、『学習時報』が報じた「二〇〇四年に領導幹部が注目した理論問題」には、多くのガバナンス関連事項が含まれていた（表3−1）。

以下においては、三つのレベルに分けて中国のガバナンスの実状と課題につき考察することとしよう。第一に、高層（マクロ・レベル）、すなわち中央における政策決定過程について検討する。そこでは、党と国家機関（人民代表大会、政府、法院、検察院）、中でも党と中央政府である国務院との関係に一つの焦点を置く。党・国家関係が外国人にとって一番わかりにくく、かつ政治改革の重要な対象ともなっているからである。第二に、中層（メソ・レベル meso-level）については、二〇〇四年夏に報告された共産党の内部調査に依拠し、地方党委員会の統治能力に関する党の状況認識につき確認する。畢竟、現在の中国におけるガバナンスの問題点の多くは中層に存在している。そして第三に、基層（ミクロ・レベル）において、中国の都市で現在進行中であるコミュニティの形成（「社区建設」）の現状と課題につき検討する。以上の三段階の作業を踏まえ、最後に結論として、中国のガバナンスの中心に位置する共産党のガバナビリティにつき一定の評価を行うこととしよう。

二、高層のガバナンス――中央の意思決定過程と党・国家関係

現代社会主義国家の特徴は、党の優越の下、党と国家が一体化していることにあり、中国もその例に漏れない。象徴的には、日常的な最高意思決定機関である党中央政治局常務委員会のメンバーの多数が国家機関の主要ポストを兼任しているほか（表3-2）、党の軍隊である人民解放軍が国防を担い、党の中央軍事委員会と国家のそれが同一メンバーから構成されている。党が国家を領導する、すなわち指揮するのであり、共産党が国家の重要な意思決定を行うほか、党組織のみならず国家機関の人事をすべて掌握しているのである。

ただし、一九七〇年代末、鄧小平は文化大革命の反省の下に改革の必要を認め、党があらゆることを管理していた事態を改めて、党と政府の分離により権力の過度の集中を避け、効率化を図るべきだと唱えた。その後、趙紫陽の

表3-2　中央政治局常務委員会委員の党、国家職位兼任状況（2008年3月）

	党の職位	国家の職位
胡錦濤	総書記、党中央軍事委員会主席	国家主席、国家中央軍事委員会主席
呉邦国		全国人民代表大会常務委員会委員長
温家宝	中央財経領導小組組長	国務院総理
賈慶林	中央対台工作領導小組副組長	全国人民政治協商会議全国委員会主席
李長春	中央宣伝思想工作領導小組組長	
習近平	中央書記処書記、中央党校校長	国家副主席
李克強	中央財経領導小組副組長	国務院副総理
賀国強	中央規律検査委員会書記	
周永康	中央政法委員会書記	

注：中央政治局常務委員会委員の名前は党内序列に従って並べてある

リーダーシップの下、八七年の第十三回党大会で党政分離の具体的なプログラムが採択され、それに続いて国家機関内の司令塔の役割を果たしていた党組（党グループ）がいくつかの部（省庁）で廃止されるなど、一部の施策は次第に実施に移された(2)。ところが八九年の六・四事件（第二次天安門事件）の後、党組織の強化といっそうの思想統制が図られるとともに党政分離は唱えられなくなり、事件前に採られた措置も元へ戻されて今日に至っている。

党の最高指揮機関は、党の全国代表大会（日本での通称は党大会）とそれによって選出される中央委員会である。通常の状況下において、前者は五年に一度開催され、それに合わせて中央委員の任期も五年である。二〇〇七年十月に開催された中国共産党第十七回全国代表大会に出席した代表者数は二二一三人、そこで投票により選ばれた第十七期中央委員会のメンバーは中央委員が二〇四名、候補委員（中央委員会総会に列席はできるが表決権はない）は一六七名であった。中央委員会総会は毎年少なくとも一回は開かれることになっているが、近年、年に三回以上開かれたためしはなく、通常は年一回しか開かれない。中央委員会総会が閉会している間、その職権は中央政治局とその常務委員会が代行する。したがって、「党中央」の決定といった場合、「党中央」とは正式には党中央委員会を指すが、通常は政治局ないし政治局常務委員会が実際の決定の主体である。

第十七期中央委員会第一回総会が選出した政治局委員の数は二五名、政治局常務委員会委員（政治局委員を兼任）の数は九名、そして中央委員会総書記が一名であった（総書記は政治局常務委員会委員の中から選ばれねばならない）。同総会はまた、政治局およびその常務委員会の事務機構たる中央書記処のメンバー六名を決定した。総書記は、政治局会議と政治局常務委員会会議を召集し、中央書記処の活動を主宰する。政治局会議は大体月一回程度、政治局常務委員会会議は一～二週に一回程の頻度で開催されている模様だが、実態は判然としない。

政策決定過程において重要な役割を果たすのは、中央委員会に直属するいわゆる中央直属機構である。それには、公開されている「中央直属部委弁」（部・委員会・弁公室）のほかに、「中央議事性機構」と呼ばれる領導小組や委員会がある（表3-3参照）。これらの領導小組や委員会は重要な分野において共産党が国家機関を領導するための組織であり、一般的に関係部門の意見を調整、集約する機能を有する。重要な経済政策の決定過程においては中央財経領導小組が大きな役割を果たし、少なくとも一時期は重要問題に関する意思決定をも行っていたことがわかっている(3)。

他方、中央政府たる国務院は、国家権力機関の執行機関であり、最高国家行政機関だと憲法には位置づけられている。重要な政策であっても、国務院の内部で処理できるものについては国務院全体会議や国務院常務会議（総理、副総理、国務委員および秘書長で構成）で決定される。ただし、国務院は総理責任制を実施しており、総理が国務院の活動を全面的に領導する。すなわち、最終意思決定は多数決ではなく総理の判断に従う(4)。現在の温家宝総理の下では、国務院全体会議は年に一～三回しか開かれていないが、国務院常務会議は原則的に毎週水曜日に開催されてき

表3-3　1993年の党政機構改革直後の中央直属機構

Ⅰ「中央直属各部委弁機構」は計12に

1．中央規律検査委員会（中央規律検査委員会機関と国家監察部は一緒に執務し、「一つの機構、二枚の看板」として、党の規律検査と政府の行政監察の二種の機能を履行）

2．工作部門と弁事機構（計9）

中央弁公庁

中央組織部

中央宣伝部

中央統一戦線工作部

中央対外連絡部

中央政法委員会

中央政策研究室

中央台湾工作弁公室（国務院台湾事務弁公室と「一つの機構、二枚の看板」）

中央対外宣伝弁公室（国務院新聞弁公室と「一つの機構、二枚の看板」）

3．派出機構（計2）

中共中央直属機関工作委員会

中共中央国家機関工作委員会

Ⅱ「中央議事性機構」は計12で不変

1．任務に特殊性を有し、事務機構を単独に設ける必要があるもの

中央財経領導小組

中央機構編制委員会

2．他と職能が接近しており、事務機構を共有しているもの

中央社会治安綜合治理委員会（その事務機構は中央政法委員会の事務機構と一緒に執務）

3．会議形式で活動し、事務機構を設けず、少数の秘書を置くもの

中央党的建設工作領導小組

中央宣伝思想工作領導小組

4．具体的な事務は関連機構*（ ）内は筆者による注記 が受け持ち、専門の事務機構を設けないもの

中央農村工作領導小組（中央財経領導小組弁公室農村組）

中央外事工作領導小組（国務院外事弁公室→1998年に中央外事弁公室に編成替え）

中央対台工作領導小組（中央台湾工作弁公室＝国務院台湾事務弁公室）

中央党史領導小組（中央党史研究室）

中央保密委員会（国家保密局）

中央密碼工作領導小組（中央弁公庁機要局）

中央保健委員会（衛生部保健局）

注：これは1993年時点の配置であり、その後の変動は例外を除き記していない。

出所：「中央編委弁公室関于中央直属機構改革的実施意見」中共中央組織部幹部調配局編『幹部管理工作文件選編』党建読物出版社、1995年、118-123頁

た(5)。

以上から、党と国家の重要職位の兼任という人的配置、そして党組や議事性機構といった組織設置を通して、党の国家に対する領導が中央においては貫徹される仕組みが確立されていることが見てとれる。しかし、党と国家の分業については曖昧な部分も残されている模様である。例えば、国務院内部で処理される問題と党中央が意思決定に関与する問題を分ける基準は明らかになっていない。また、一九九三年の時点では、ともに人事を司る中央組織部と国務院傘下の人事部との幹部管理権限の区分けが明確でないことや、学校での経常的な思想教育に関する中央宣伝部と国家教育委員会の職能分担が不明瞭であったことが問題とされた(6)。

そのような分業の曖昧さが払拭されたとは考えにくいが、重要政策の決定過程における党と政府の連携についていえば、比較的成熟したプロセスが中央レベルにおいては確立しているといってよいであろう(7)。問題がより多いのは、地方におけるガバナンスであり、そこにおける党・国家関係ではないかと思われる。

三、中層のガバナンス――地方党委員会の執政能力

都市―農村格差や地域間格差の是正をその重要な内容とする「科学的発展観」を含め、表3―1に示した「二〇〇四年に領導幹部が注目した理論問題」の多くは中層、すなわち地方のガバナンスのあり方と密接な関係を有してい

る。地方のガバナンスの中心問題は、そこにおける党の領導にほかならない。中央組織部は二〇〇三年の重点調査研究の一つとして「地方党委員会の執政能力建設強化の研究」という課題を設定し、中央組織部党建研究所をその担当部署に指定した。同研究所に設置された課題組は、自ら地方で現地調査に従事すると同時に、いくつかの省の党委員会組織部や省委員会党校に呼びかけて共同研究を行ったほか、それらにサブ・プロジェクトを実施させた。それらの成果をまとめた報告書、『地方党委員会の執政能力建設調査』は二〇〇四年夏に出版されたが、その内容は地方の状況を理解する上で示唆に富んでいる（中共中央組織部党建研究所課題組［2004］）。本節においては、同報告書の内容の概要を、主要な問題、それらの原因、そして対策に分けて簡単に紹介し、党を中心とする地方ガバナンスの実状と課題について評価し、検討する。

(1) 主要問題 (8)

主要問題の第一としては、形勢を客観的に判断し、理論を応用して実践を指導する能力が不足していることが挙げられる。一部の地方党委員会は問題解決能力を欠き、当該地方の発展を妨げている要因を除去できない。あるいは、現地の実態に合わせて中央の方針や政策を創造的に貫徹することがうまくできないといった問題を有する。

第二に、市場経済を統御し、地域の経済発展を領導する能力が不足している。世界を見渡す視野の広さや戦略思考を欠き、市場観念や効率観念を有せず、眼前のことばかり見て長期的な問題については考えない。自覚しているとしていないとにかかわらず、計画経済の手法を用いて市場経済を発展させようとしている。「待ち、頼り、要求する」ことに慣れてしまっており、チャンスをつかみ環境を整えて当地の発展を積極的に推進しようとせず、上級政府部門詣でに情熱を注ぐ。業績を上げようとして華々しいプロジェクトを投機的に進め失敗する領導幹部もいれば、改革の中で出現した新しい問題に対してまったく無為無策の者もいる。

第三に、法による執政を行い、政治文明建設を領導する能力が不足している。ある市で四六〇名の局級および処級幹部を対象に調査したところ、その三〇パーセントが党の領導と法治の関係について曖昧あるいは間違った認識を持ち、領導幹部の中には、党の領導を堅持するとは党が政府の仕事を代行することだと思っている者すらいた。党と政府の職能が分かれておらず、党委員会があまりにも多くの問題を一手に引き受け、他機関の業務に過度に干渉する状況が根本的に解決されないままである。地方党委員会によっては権力の運営方法が規範化されておらず、人民代表大会を経ないまま幹部を任免しているほか、意思決定のメカニズムが不健全であり恣意性が強い。天津市の課題組が領導幹部を対象に行った調査によると、地方党委員会は基本的にどのような領導方式を採っているかという問いに対し、六・五四パーセントが人治、三八・二六パーセントが人治と法治の結合、三六・七三パーセントが人治から法治へ移行中、一八・四七パーセントのみが法治だと答えた。また、地方党委員会が政権組織を領導する上で最も突出した問題は何かという問いに対し、五八・七五パーセントが、党委員会があまりにも多くの仕事を抱え込んでおり、本来他機関が行使すべき権力を行使していることを挙げた。さらに、党の常務委員会、あるいは書記と副書記のみで開く書記弁公会で重大問題を決定してしまい、党内民主のレベルが低い。

第四に、先進文化の力で大衆を鼓舞し、導く能力が不足している。思想教育を軽視しており、特に経済発展が比較的速い一部の地域では社会精神生活方面に少なからぬ問題が発生している。

第五に、各種社会矛盾を適切に処理し、利益調整を行い、複雑な局面とリスクに対応する能力が不足している。危機意識が足らず、突発的な事件や多数の人々によって起こされる「群体性事件」（集団騒擾事件）への対応メカニズムが準備されていない。一部の地方党委員会は利益関係の調整が下手であり、また処理方式を間違って事態が拡大することもある。

そして第六に、全局を総攬し、党自身の建設を強化する能力が不足している。一部の地方党委員会は大局意識を欠き、中央の方針や政策に実用主義的態度を採る。つまり地方保護主義を実施し、「上に政策あれば、下に対策あり」、はなはだしきに至っては中央の命令を聞かず、やれと言われたことをやらないで、やるなと言われたことをやる。また、特に県のレベルにおいて党と政府の主要幹部間の不和が突出した問題となっている。一部の農村基層組織が弱体化しているほか、非公有制経済組織中の共産党細胞の組織率が依然として低い。

(2) 原因(9)

地方党委員会の執政能力に関する諸問題の原因は、以下のいくつかの点に求められる。

第一に、認識の面についていえば、執政責任や、執政能力建設の必要性についての地方幹部の認識が不足している。執政能力と執政地位の強化が中央の仕事であって自分たちとは無関係であるとか、民主政治建設について、それが経済建設に負の影響を及ぼす、あるいは党の執政の基礎を弱化するなどという認識を持つ領導幹部がいる。

第二に、領導の制度と方式の面では、党・政府関係の制度化、そして改革への領導幹部の意志が不足し、機構が肥大化して財政力が弱体化している。党・政府間の一体化から職能分離へという転換の方向が十分に自覚されておらず、計画経済と党の一元的領導体制が依然として一部の領導幹部の脳裏に刻み込まれている。党委員会が「全局を総攬し、各方面を協調させる」ための制度が未整備で、党委員会と人民代表大会、政府、政協（政治協商会議）および人民団体の関係の規範化と調整が不足し、主要領導幹部の間で権力を争う場合すらある。特に一部の経済発展が遅れている地域において、党・政府機構が肥大化し、限りのある財力がほとんどすべて機構職員の賃金に充てられて、執政能力の強化を含むほかの事業が実施できない。

第三に、党委員会の運営制度の面では、考課奨励制度に不備があり、執政能力の強化がその対象となっていない。また、地方党委員会への監督メカニズムに改善の余地がある。現状では、同級の規律検査委員会は党委員会を監督できず、党委員会総会は常務委員会を監督できない。また党委員会が民意を反映するための制度や、党委員会運営のための議事規則や表決制度などが整っていない。

第四に、幹部についていえば、幹部構成が不合理であり、特に経済がわかる幹部が不足している。また、幹部選任制度に問題があり、選任プロセスに対する監督が足らず、民主的に幅広い選択肢の中からいい人材を選ぶための制度化が不十分である。幹部に対する監督や教育訓練も強化し、改善する必要がある。

(3) 対策(10)

地方党委員会の執政能力を強化するためには、次のような施策を実施するべきである。

①幹部が党の理論や政策、そして市場経済の基本知識などを学ぶための、学習制度を強化する。

②「一つの核心、三つの党組」(11)の領導体制を樹立し、党委員会が「全局を総攬し、各方面を協調させる」原則に沿って党委員会と人民代表大会、政府、政協との関係を制度化する。人民代表大会、政府および政協の活動のうち、党委員会の研究と決定を要する事項については、それぞれの党組から党委員会に報告する。

③党・政府の職能を規範化し、両者の関係を制度化する。党の領導と「依法執政」（法に基づく執政）の関係を整理する。党委員会の人民代表大会に対する領導を強化するために、党書記が人民代表大会主任を兼任するやり方を次第に普及させる。
④中央政治局常務委員会と同様、人民代表大会常務委員会主任と政協主席のほか、政府幹部をより多く地方党委員会の常務委員会に入れる。また、党と政府の間の人事交流を進める。
⑤経済や法律を熟知する人材や、よい業績を上げた青年幹部を地方党委員会の領導グループに抜擢する。
⑥科学的発展観を反映した人事考課制度を樹立する。
⑦選挙制度を改善し、徐々に党・政府の主要指導者の差額選挙（候補者数が当選者数より多い選挙）を実施する。
⑧党内民主化を進める措置として、五年に一度しか代表たちに出番がなかった党代表大会制度を改善し、その年会制と常任制の試行を拡大する。党委員会（全体会議）への常務委員会報告を制度化するほか、全体会議の頻度を増やし、役割を強化する。党内選挙制度を改善し、差額選挙の割合を増やす。上級から下級への党内状況通報制度、下級から上級への党内状況反映制度を整備する。
⑨社会情勢や民意を反映する制度、専門家諮問制度、そして政策決定を論証する制度を整備する。
⑩地方党委員会幹部に対する、党員や大衆による監督評価制度を樹立する。情報公開制度と公示制度を樹立する。

以上の報告書の概要紹介から明らかに見てとれることは、中層におけるガバナンスの問題をめぐる深刻な状況である。特に、党委員会と国家機関の関係の曖昧さが大きな問題となっている。多くの問題の原因は、結局のところ権力の行使の制度化およびそれに対する監督の不在に収斂されるといってよいであろう。すなわち、ガバナンスの問題は一党独裁体制の内在的な欠陥に根源的に由来する。確かに、二〇〇四年九月の第十六期中央委員会第四回総会（四中全会）で採択された「党の執政能力建設の強化に関する中共中央の決定」は、上記の中央組織部提案をかなり取り入れた内容となっていた。しかし、この報告書に記されたような実態と対策は、必ずしも新しい情報や提案ではなかった(12)。そもそも、権力の濫用を防ぐための制度化と民主化は、文化大革命の終焉から間もない時点で鄧小平が打ち出した政治改革の基本方針である。今日にいたるまで、改革の進展がまったくないといえば言いすぎであろうが、事態の実際の改善状況は理想からほど遠く、党が執政能力を強化する能力を有しているのかどうかについては強い疑問を抱かざるを得ない。

四、基層のガバナンス――都市における社区の自治と党の領導

現在、中国の都市では、いわゆる社区建設の推進という形で基層ガバナンスの改革が図られている。社区とはコミュニティの訳語であり、地域社会構成員の利益共同体を意味している。計画経済下の中国の都市において、社会レベルの利益共同体は単位と呼ばれる職場であった。しかし単位は単なる職場ではなかった。大きな単位であれば、それは従業員にとって生活の場でもあり、住宅や病院、保育所から学校、そして老人ホームまで備わった共同体だったのである。他方、単位には党組織が置かれ、従業員一人一人につき「档案」と呼ばれる身上調書がそこで保管された。単位は従業員に政治教育を施し、配給切符を配り、他の都市を訪問する許可を与えた。つまり、共産党と国家の側から見れば、単位は人々を管理する手段でもあった。

ところが、市場経済化とともに国有企業の資産売却と人員整理が進められた。また、その所有、経営していた学校や病院などは往々にして財政的な重荷となっていたため、その多くが企業から切り離された。それらの結果、一般的な傾向として都市住民は次第に単位との紐帯を失い、中国人自身の表現によれば、計画経済体制下の「単位人」が次第に市場経済体制下の「社会人」に転化しつつある[13]。また、もともと都市住民であったか農民であったかを問わず、移住や転職をする人が増えている。そこで単位に代わって社会サービスを提供し、管理を行う主体として近年注目を集めているのが社区なのである[14]。そこでは、農村における村民委員会選挙と同様、民主選挙によって社区居民委員会を形成し、住民自治を行うことになっている。

日本にも町内会があるが、中国で社区が担うべきとされた機能のほとんどは、日本では国と地方公共団体、それに市場が担っている。ではなぜ中国では社区が必要とされるのか。確かに、市場で調達されるサービスもある。しかし、特に社会的弱者へのサービス給付に大きな役割を果たすべき政府は、計画経済から市場経済への転換の中で企業と同様にスリム化を迫られている。そこで、政府でも市場でもない、新たな公共空間をつくりあげようとする試みが社区建設なのである。当然、法輪功などの「不健全な」民間組織が跋扈しないよう、党員を含む都市住民を統制することもその重要な目的の一つである。

では、社区において自治を育てようとするのはなぜなのか。一つには、社会主義民主政治の発展は誰も否定できぬ党の建前であり、基層民主はその基礎だとされることがある。しかし、北京や上海、天津、青島など、数多くの社区建設実験地区において強調された社区の機能は管理とサービス給付であり、自治ではなかった。そこでは、党の領導の下、多額の財政投入により福利厚生施設を建設する、行政主導型の社区建設が行われてきたのが実情である。

他方、党や政府から自立した社区の自治を強調したのが瀋陽であった。瀋陽市政府は赤字国有企業や失業者を多く抱え、財政的余裕がない。そこで、自治の付与によって市民や企業を動員する自治指向型の社区建設を目指さざるを得なかった。二〇〇〇年十一月、党中央と国務院は民政部の意見に従い、全国各地へ普及する社区建設のモデルとして、いわば安上がりな管理とサービス給付の方法である瀋陽方式を採用した。農村も然りだが、中国では貧しいところほど民主化が進んでいる。近代化論や政治発展論と呼ばれる欧米産の理論によれば経済的に豊かになれば政治的に民主化するのだが、それとは逆のケースが現出しているのである。

しかし、いずれの都市においても、その後の社区建設の進行状況は理想的といえず、摸索が続いている。一つには、社区の体裁をとったとしても、実態としては社区と行政の区別がほとんどつかない。社区居民委員会の事務経費およびそのメンバーが受け取る賃金や手当ては、区やその派出機関である街道弁事処によって支払われる。そして社区が実際に行う仕事のうち、街道弁事処や区政府の諸部門から委託されて行うものが依然として非常に多い。例えば上海では、二〇〇四年の時点で一九の党・政府部門が居民委員会に任務を託していた。下級組織を顎で使う習慣が抜けないのである。

自治が建前ではあるが、社区居民委員会をすべての住民による直接選挙で選出している例はまだ少ない。多くの社区では住民代表によって選ばれている。住民代表は全住民により選出されるのが建前だが、実際には一般住民の知らぬ間に決められていることも多い。また、単位制が崩れつつあるとはいえ、現役で就業している限り、住民が社区に求める役割はそれほど大きくない。社区の多くの活動は病人や老人といった社会的弱者に向けられている。住民は一般的に文化体育行事や娯楽には興味を示すものの、ボランティアや自治活動には積極的ではない。社区建設を推進する立場にある学者や民政部門の役人は、他人や公のために献身する精神の欠如を嘆いている。

確かに、社区居民委員会の下にさまざまな同好会や老人クラブなどの社会組織が自発的に結成されているのは注目すべき事実だ。また、個人が住宅を所有する場合が増え、住環境に対する住民の関心が高まっているのも間違いない。しかし、日本でのマンションの管理組合に相当する組織としては「業主（所有者）委員会」がある。「業主委員会」は民主主義の苗床になる可能性を秘めているが、いわば一つの利益集団として社区居民委員会との間で摩擦を生じることも多い。

やはり、党がリーダーシップを発揮しないと社区建設は進まないのが実態である。かつて、街道党委員会は、官僚機構のヒエラルヒーにおいて同じ街道レベルに置かれた区政府の派出機構に所属する党員を管理することができなかった。しかし、多くの地方では、社区建設とともに街道党委員会を街道党工作委員会に再編してその権限を強化し、それら派出機構の党員の管理、すなわち任免に参画させるようにした。人事権を得ることにより、街道党工作委員会は政府諸部門の活動をコーディネートし、それらを効果的に社区建設に動員する梃子を手にしたのである。

また、農村自治と比べて都市住民を社区建設に参加させることは難しいため、党員を動員することはいっそう重要となる。都市住民の関心が一般的に低いのは、社区建設が自分たちの利害とあまり関係がないとする認識に由来する。村が土地やいわゆる郷鎮企業など多くの資産を保有するのと異なり、ほとんどの社区居民委員会はこれといった資産を持たない(15)。

しかし、実は党員の間でも社区の活動に参加する意欲は高くない。湖南省で行われた調査によれば、職を持つ七六七名の党員のうち、社区の活動に参加したくないと答えたものが六六パーセント、退勤後に開かれる、社区の党支部が組織する学習会に参加したくないと答えたものが七九パーセントもいた（黎池［2003：113］）。浙江省杭州市党校の講師が行った調査によると、「レイオフされた党員は社区を信用せず、単位に属する党員は社区を見下し、定年退職した党員は社区にかまっていられず、住民の党員は社区を助けられない」という現象が普遍的に存在する（周乾松

[2004：120]）。確かに街道党組織の政府部門に対する権限は強化されたのだが、街道に存在する単位に在職している党員に対する二重管理体制はできていない。特に、その単位の行政級（中国ではたとえ企業などの経済単位であっても行政級別のランクがつく）が街道よりも高ければ、街道工作委員会がその単位の党員を管理することはさらに困難である。社区居民委員会レベルの党支部は単位在職党員を制約する術を持たず、社区の諸々の活動においてその協力を恃むことは難しい。

もう一つの問題は、党の領導と社区の自治の関係に関するものである。党支部と社区居民委員会の間、そして党支部書記と社区居民委員会主任の間の摩擦については多くの事例が存在する（徐勇・陳偉東ほか[2002：275]）。すなわち、農村における党支部書記と村民委員会主任の間、あるいは国有企業における党書記と総経理の間に存するのとまったく同様の矛盾である。北京市での調査によると、党組織は社区の自治にあまり注意を払っておらず、社区居民委員会の仕事に過度に介入する傾向が見られる（北京城市社区党建課題組[2003：125]）。また逆に、住民の投票で選ばれているのは社区居民委員会のみであるため、党支部が副次的な存在として扱われ、社区の意思決定において従属的な地位に置かれている場合もある（胡明[2003：115]）。

しかし、現実の観察から、党の領導と社区の自治が両立するものだとする議論もある(16)。実際、村や企業などにおけると同様に、共産党は党支部と社区居民委員会の実質的な合併を推奨している。すなわち、中央組織部の言い方によると、党書記が選挙に立候補して社区居民委員会の主任ないし副主任に選出されることもできるし、逆に社区居民委員会の主任ないし副主任が党員の投票により書記ないし副書記に選出されることも可能である(17)。青島市では、二〇〇〇年秋の段階で、すでに六三パーセントの党支部書記が社区居民委員会主任を兼ねていた(18)。実際には、書記が主任を兼ねるのみならず、党支部と社区居民委員会のほとんど全員が両組織の成員を兼任する事態が多くの地域の多くの社区で起きている（徐勇・陳偉東ほか［2002：275,276-277］）。当然ながら、これに対しては反対もある。復旦大学の林尚立は、こうした措置が自治を形骸化するのみならず、党に厄介な行政的負担を担わせることによってその社会的地位を低くすることにつながるという（Kojima and Kokubun［2002：100-101］）。

しかし、ところによっては、諸々の理由で社区居民委員会が十全に機能せず、自治どころではなくて、最低限のサービス提供のために党支部のメンバーが全面的に社区建設に関与せざるを得ない場合もある。特に、経済的に豊かでない地域においては、社会の基層における社会サービスへの需要に対して、資金の上でも人的資源の上でも供給が追いつかない(19)。また、もし党支部と社区居民委員会の完全な合併が行われたならば、党書記は実質的に住民の選挙を通して任命されることになる。これこそ、社区建設の目的を実現するための相乗作用をもたらす措置であり、基層社会における中国の特色ある民主化の実現だといえなくもない。

要するに、中国社会の基層においては党の領導と自治が共生している。特に、政府がサービス提供に大した投資をすることができない貧困地域では、経済的な社会管理の方便として自治が推奨、推進されている。ただ、それらの地域で自治を実施する上では、やはり党が社会の諸勢力を統合するガバナンスの中核とならざるを得ないのが実情なのである。

五、おわりに

高層、中層、基層の三つのレベルにおけるガバナンスの検討を通して得られる結論は以下のようになろう。党が国家を領導し、人民を領導するという原則の下、中国のガバナンスの中心問題は言うまでもなく中国共産党の統治のあり方である。市場経済化の進展につれて、特に党・国家関係を制度化する必要性がいよいよ強く自覚されており、権力の過度の集中と濫用、あるいは党委員会と国家機関の間の権限の分配をめぐる混乱は、地方レベルで特に深刻な問題として捉えられている。鄧小平以来、ガバナンスの改革が繰り返し試みられてきたものの、実際の状況はあまり改善された様子がない。

独裁的な権力を維持する党の意志に揺らぎがなく、党を代替する主体が出現し得ない状況の下で、ガバナンスの改善に対する社会的要求が高まった基層においては新しい事態の展開も見られる。つまり、基層における党組織と新たなガバナンスの主体との組織的、人的な融合である。新たなガバナンスの主体の例として、本章では住民の自治組織たる社区について主に検討したが、そのほかにも農村の村民委員会や国有企業の取締役会についても同様の事情が認められる。このようなガバナンスの形態は、党の領導という政治原則および政治体制と、社会の自治の要請との折り合いの中で出現した意味合いが強い。党の領導が続くかぎり、法治や自治の徹底は行われ得ない。その状況の下、結局のところ党の執政能力そのものが強化されない限り、例えば社会サービスのよりよい提供といった現実的な効果を発揮できないものと思われる。

ガバナンスの改善を阻む問題の根源は、いかなる権力の制約をも受け入れない一党独裁の内在的な欠陥にある。他方、党の執政能力を強化しないと実際の問題は解決できないまま深刻化する。このジレンマの中で、共産党の権力は保たれるとも、そのガバナビリティは次第に衰弱していく可能性が高い。

＊本章は、拙稿「中国政治のガバナンス」（『中国の政策決定システムの変化に関する研究会報告書』財団法人国際金融情報センター、二〇〇五年三月、所収）に加筆修正したものである。

〈注〉

（1）一九九七年に書かれた徐勇のエッセイ、「GOVERNANCE：治理的闡釈」を見よ（徐勇［2001：317-326］）。

（2）党組は、党の領導を実行するため、国家機関、労働組合など人民団体、経済組織、文化組織その他の非党組織の中枢に作られる党の組織である。当該非党組織の重要な意思決定と重要人事は党組が行う。

（3）例えば、一九八四年、分税制の導入をめぐって財政部と地方が対立した際、中央財経領導小組は「今後の経済体制改革に有利なように、不必要な矛盾を減らすために」導入延期を決定した（財政部弁公庁《新時期的財政工作》編輯組編［1986：367］）。

（4）各級政府とも、同様の首長責任制を採っている。他方、党組織の原則はそれと異なる「集体領導」（集団領導）である。すなわち、総書記は政治局会議と政治局常務委員会会議を召集するものの、それを全面的に領導する立場になく、単独で意思決定することはできない。

（5）国務院のホームページ（http://www.gov.cn/gjjg/2005-07/26/content_17197.htm　http://www.gov.cn/

gjjg/2011-01/06/content_1779153.htm）にこれまでの開催日が示されている。

（６）「中央編委弁公室関于中央直属機構改革的実施意見」（中共中央組織部幹部調配局編［1995：120］）。この「意見」では、問題解決のために中央組織部と人事部が話し合って草案を提出し、党中央と国務院がそれを審査批准して確定すること、そして中央宣伝部が国家教育委員会と話し合って草案を提出することとされている。

（７）例えば、五カ年計画の策定過程については、加藤秀樹［1996：136-141］に詳しい。

（８）中共中央組織部党建研究所課題組［2004：6-9,188-189］。

（９）同上［2004：9-12］。

（10）同上［2004：22-35］。

（11）「二つの核心」とは党委員会を、「三つの党組」とは人民代表大会、政府および政協に設けられた党組を指す。

（12）例えば、中共中央党校党建課題組［2001：1-8］を見よ。

（13）『人民日報』一九九九年十月二十九日、三面。

（14）比較的早期の日本での先行研究には以下が含まれる。都市における住民組織の歴史については、大塚健司［1999］、その後の改革については、小林弘二［1999：1-51］、小嶋華津子［2001：81-89］、陳立行［2000：137-364］などがある。

（15）ただし、都市化の進行とともに村民委員会が社区居民委員会に再編された場合、かつての資産に対する支配の継続を認められる場合がある。

（16）以下の本段の注に加え、次の文献も参考になる。Lu Hanlong［2003］。

（17）虞雲耀［2002：589］。これは一九九九年十月、当時中央組織部副部長だった虞雲耀がある研究討論会で語ったことである。

（18）青島市民政局『努力培育完善社区功能推進社区建設深入発展』（民政局印刷冊子）。

（19）党書記であれ社区居民委員会主任であれ、貧しい社区においてサービスを必要としている社会的弱者のために、薄給ながら身を粉にして働いている人々の姿は感動的ですらある（鄭州における実地調査、二〇〇四年八月）。

〈参考文献〉

・大塚健司［1999］「中国の都市コミュニティにおける住民組織形成」幡谷則子編『発展途上国の都市住民組織――その社会開発における役割』アジア経済研究所、研究双書No. 493、一九九九年一月。

・加藤秀樹編［1996］『アジア各国の経済・社会システム』東洋経済新報社。

・小嶋華津子［2001］「都市住民組織化形態の変化に関する一考察――『社区』建設の現状と課題」『東亜』No. 406、二〇〇一年四月。

・小林弘二［1999］「中国における都市の統治構造と改革の行方――『単位制』からの転換」『関西大学法学論集』、第四九巻第一号、一九九九年五月。

・陳立行［2000］「中国都市における地域社会の実像」菱田雅晴編『社会――国家との共棲関係』〈現代中国の構造変動〉第五巻、東京大学出版会。

・John P. Burns［2004］'Governance and Civil Service Reform,' in Howell, Jude (ed.), *Governance in China* (Rowman & Littlefield, 2004).

・Jude Howell［2004］'Governance Matters: Key Challenges and Emerging Tendencies,' *ibid*.

・Kazuko Kojima and Ryosei Kokubun［2002］'The "*Shequ* Construction" Programme and the Chinese Communist Party,' *The Copenhagen Journal of Asian Studies*, 16, 2002.

・Lu Hanlong［2003］"From Party and Government Administration to Community Governance", Institute of Sociology, Shanghai Academy of Social Sciences, *Construction of Grassroots Organisations in Urban China: A Research Report on Chinese Neighbourhood Committees* (May, 2003).

・北京城市社区党建课题组［2003］「北京市城市社区党建状况调查」『复印报刊资料　中国共产党』二〇〇三年十月号。
・财政部弁公厅《新时期的财政工作》编辑组编［1986］『新时期的财政工作』中国财政经济出版社。
・胡明［2003］「於社区党组织发挥领导核心作用的制度因素与非制度因素的统一」『复印报刊资料　中国共产党』二〇〇三年十二月号。
・黎池［2003］「创新社区党员教育管理工作机制和方法——透视我省城市社区党的建设（下）」『中国共产党』二〇〇三年第四期。
・徐勇［2001］『徐勇自选集』华中理工大学出版社。
・徐勇、陈伟东ほか［2002］『中国城市社区自治』武汉出版社。
・虞云耀［2002］『党的建设若干实践和理论问题』党建读物出版社。
・周乾松［2004］「当前社区党建工作新态势新要求及其新问题新对策」『复印报刊资料　中国共产党』二〇〇四年四月号（『中共杭州市委党校学报』二〇〇四年一月号より转载）。
・中共中央组织部干部调配局编［1995］『干部管理工作文件选编』党建读物出版社。
・中共中央组织部党建研究所课题组［2004］『地方党委执政能力建设调查』党建读物出版社。
・中共中央党校党建课题组［2001］「改进党的领导方式和执政方式」『理论动态』一五三六号（二〇〇一年八月二十日）。

第四章　転型・吸収・浸透

——党の組織技術の変遷と課題——

景　躍進

一、はじめに

現代中国政治を専門とする米国ジョージ・ワシントン大学政治学部教授のB・J・ディクソン（Bruce J. Dickson）は、一九九七年の著作『中国と台湾の民主化』において、レーニン主義政党の適応性（これは同書のサブタイトルでもある）問題を極めて系統的に論じた。ディクソンが関心を寄せたのは、大陸の中国共産党がレーニン主義政党から自由民主制の国家選挙式政党へと転型することができるか否かであり、彼がそこで得た結論とは悲観的なものであった（Dickson［1997］および Shambaugh［2008］）。タイトルが示す通り、本章の主題もまた中国共産党の適応性如何と関連しており、ここで考察を行う現象および強調の重点はディクソンとはやや異なるところもあるものの、研究に際しての問題意識には高度の類似性がある。

ある特定の視座からすれば、中国の改革は執政党が発動した党・国家体制（Party-State System）(1)の自己革新運動であり、〝石橋を叩いて渡る〟といった俚諺が改革の基本方式である。改革プロセスの進展により、不断に出現する新たな問題から〝石橋を叩いて渡る〟ことは日毎に複雑なものとなり、「挑戦」に対する「対応」のフィードバックの連鎖を形作ることとなった。近代中国が遭遇した外部世界からの挑戦とは異なり、執政党が改革過程で直面する〝挑戦〟とは、改革政策自身によってもたらされたものとの色彩が濃く、あるものは「想定内」であり、「予想外」のものもある。ここにいう〝挑戦〟とは、改革過程において出現した諸問題を描写しようとするもので、その特別な性質――回避不能にして焦眉の急――故に、それへの〝対応〟も執政党のこれらの問題に対する勇気とこれら問題の解決能力に注目を寄せることとなる。これらの挑戦への対応が不首尾に終わるならば、これまでの改革の成果を葬り去るのみならず、執政党地位からの没落すらもたらしかねない。逆に、この挑戦が如何に峻厳なものであれ、中国共産党にこれらにうまく対応する能力があるならば、党・国家体制の自己改良過程も継続されることとなろう。ここから、諸課題を前提とし、挑戦とそれへの対応という角度から中国の政治改革を分析する――これが、本章の研究方針であり、中国政治においてすでに発生している変化および今後直面することとなる諸問題、将来の方向をより良く理解する上で資するところがあろう。

以下、本章で行おうとするのは、組織建設の角度から、執政党としての中国共産党が改革過程において遭遇した〝挑戦〟およびそれに対して行った〝対応〟措置を考察することである(2)。具体的には、タイトルに掲げた〝転型〟、〝吸収〟、〝浸透〟という三種のそれぞれの情況下で出現した問題および組織技術面で中国共産党が行った制度的対応を分析する。その中でも、〝転型〟技術とは村民自治を中軸とする民主選挙に源を発する挑戦であり、〝吸収〟とは市場経済によって誘発された社会構造の分裂的変化（「新階層」の出現）の挑戦である。また、これと密接に関連した市民社会の成長という挑戦が〝浸透〟である(3)。

本章では、叙述の便から、まず経験的事実の素描から始め、前三節ではそれぞれ三種の挑戦および三種の組織技術の対応を論ずる。その上で、第五節では、帰納的な基礎の上に立ち、経験的命題を提起するとともに検討さるべき理論問題をもあわせて提起することとしたい(4)。

二、〝民主政治の論理〟の挑戦に如何に対応するか

ハイポリティックスあるいはマクロ政治からすれば、中国には西側の自由民主制の意義における、多党制に基づく競争的選挙は今なお存在していない。だが、中国社会の最基層では、一九九〇年代以来、法律によって保障された定期的な競争性選挙が発展しており、とりわけ農村社区（村レベル）では大きな発展が見られる。

周知のように、一九五〇年代、中国大陸の農村は、「政社合一」の人民公社制度を普遍的に実行していた。政治的意義という面では、公社制度を党・国家体制の農村基層の縮刷版と看做すことも可能であり、民主集中制および党管幹部原則など、この政体の基本精神が体現されていた。組織構造面では、公社内に生産大隊、生産隊の二つのレベルが設けられ、うち、生産大隊（現在の村民委員会に相当）の権力構造は、通常党支部書記、大隊長（一般的には、党支部副書記が担当）および財務を掌握する会計から構成され、党支部書記がリーダー格であることは疑いを容れない。この権威構造は単純ではあるが、国家全体の政権構造と論理的には一致する。党管幹部原則および党組織リーダーの地位が同級の行政首長を上回るという慣例が大隊レベルでも保証され、大隊長は党支部書記の権威に服従することとなる。これは以下のように換言すれば、容易に理解されよう。すなわち、改革以前の計画経済時期にあって、党・国家体制の権力の中軸は党の組織にあり、このため、党内地位の序列が指導者の地位の高低を決定する。この準則は、政府序列外の農村基層組織にも適用される。ある意味では、支部副書記を担当する大隊長は、公社党委員会お

表4-1　2つの人事モデル

	起点	政治動員過程／性質	上級役割	候補者役割	村民役割	権威基礎
選抜	上から下へ	大衆路線	組織	指導者への接近	受動的	上級から授与
選挙	下から上へ	自由競争	判断	投票誘導	主動的	村民投票による認可

よび大隊党支部が大隊行政組織に派遣した責任者と看做すことができる。このため、その党内二番手という地位は、大隊長を担当したからといって改変されるものではない。

しかしながら、一九八七年の『中華人民共和国村民委員会組織法（試行）』および一九九八年に正式なものととなった同法は、幹部の授権方式を換えることとなり、村幹部を〝任命〟する権力を広大な村民に賦与することとなった。村民自治を実施して以来の最大の相違は、村民委員会指導部が村民投票による下から上への選挙によって産出される点にある。表4-1に簡単な対比をまとめたが、ここからも、二つの人事モデルの異同が説明できよう。

指摘されるべきは、村民自治が伝統的な村の権威構造にもたらした影響がアンバランスだという点である。実際のところ、村民委員会選挙は伝統的な村内権威構造の半分（しかも、伝統構造における〝副次的〟なものの半分）を換えたにすぎず、その残り半分、すなわち、党支部には大きな変化はない。かくして、選挙要素が導入されたことは、元来「上から下へ」を特性とする農村権威構造にある程度の〝断裂的変化〟を発生させ、この構造断裂において、村民委員会選挙に代表される「下から上へ」の変数が、伝統的な「上から下へ」の権威構造中に「上から下へ」と「下から上へ」の二つのロジックを併存させることとなった。これは、現実生活においては、〝両委関係〟、すなわち、党支部と村民委員会との間の数多くの矛盾と衝突に体現されている（景躍進［2001］）。

選挙およびそこから発生する権威の二重性という問題に対処すべきか？　基層民主の挑戦に対して、各地で採用された対応措置はさまざまであるが、二つの問題解決の方法は特色がある。その第一は、〝両票制〟である（Li Lianjiang［1999］、白鋼［2001］、余維良［2002］、景躍進［2004］ほか）。その特徴は、党支部を農村における指導の核心として肯定する前提の下で、村民が党支部選挙において影響力を発揮することを認めることにある。当初行われたのは、党支部メンバーの候補者はまず村民の信任（一般には、五〇パーセント以上の信任票）を得なければならないというものであった。換言すれば、十分な村民信任を得られない党員は、党支部書記となる資格を失うということである。この実践は、その後〝両推一選〟へと進化し、党中央組織部の認可を得て、全国範囲で推進普及されている〈訳注：〝両推一選〟とは、党員および村民がそれぞれ党支部委員候補者を推薦し、上級党組織の検討を経た後、党内選挙を行うというもの。具体的な手続きとしては、党員および村民会議をそれぞれ開催し、党支部現メンバーに対する評価を行い、新たな党支部委員の第一次候補者を推薦、党員および村民のそれぞれの信任得票数が過半数に満たない場合には、次期党支部委員会の候補者としては推薦せず、過半数に達したもののみが第一次候補者たる資格を得る。郷鎮党委員会組織の検討を経て、正式候補者確定後、党員大会における差額選挙により新たな党支部委員会を選ぶというもの〉。

もう一つの方法が、村党支部書記に村民委員会主任の職位をめぐる選挙に参与させるというもので、考査を経て、党支部書記と村民委員会主任の二つの職務を行う〝一肩挑〟である。具体的な手続きとしては、「推薦された村党支部書記の人選には、まず村民委員会の選挙に参加し、村民大衆の承認を得た後に、党支部書記選出に再び推薦する。もし、村民委員会主任に選ばれなかった場合には、党支部書記の人選に推薦しない」ことを中央は提唱している（中共中央／国務院弁公庁［2002］）。

〝両票制〟であれ、〝一肩挑〟であれ、いずれも、民意を導入する方式を通じて村党支部の権威の基礎を強化し、これにより党管幹部の「上から下へ」のロジックと「下から上へ」のロジックの結合という側面を強調している。これらの変化の中で最も重要なのは、村民大衆の承認を獲得することで、党員の先進性を示すのみならず、党支部委員の任を担えるか否かの根拠となるという事実である。まさしくこの点こそが、筆者が〝転型〟なる表現により中国共産党の対応実践を描き出そうとするものではあるが、当然この転型は局部的なものにとどまっている。

三、〝市場経済論理〟の挑戦に如何に対応するか

一九五六年の商工業に対する社会主義改造の後、私営企業は中国大陸から姿を消し、これと同時に、近代以来次第に形成された民族ブルジョア階級も〝買い取られる〟運命に遭遇した。しかし、予想外であったのは、一九七八年から開始された改革開放過程により、私営企業家が歴史の舞台に再び螺旋回帰したことであった(5)。二〇〇〇年段階で、中国の私営企業数は一七六・二万社、従業員二四〇六・五万人、登録資金は一兆三三〇六・九億元、工商税収は四一四・四億元（全国工商税収の二・六三パーセント）に達していた。当局によれば、私営経済はすでに中国の特色ある社会主義市場経済の重要な構成部分となっている（張厚義［1999］）(6)。

本章の主題からすれば、この種の変化が提起する核心的な問題とは、改革過程中に新たに出現した社会的勢力に如何に対峙すべきか？　彼らは搾取を行うのか？　集団として、彼らはブルジョア階級なのか？　党の支持勢力として、入党を許すべきなのか、それとも政治的監視とコントロールが必要な対象と看做されるべきなのか(7)？　これ

らの問いこそ、中国共産党が組織建設面で遭遇している〝市場経済の論理〟から由来する挑戦と看做すことができる(8)。

村民自治の実践と同様に、中央が系統的な政策対応を決定する以前から、各地では試行的な努力が早くから開始されていた。私営企業家の入党は、まず南方各省から始まり、特に改革開放が比較的先行した広東、浙江からである。経済発展に対する民営企業家の貢献を肯定するものとして、地方政府は一定の政治的待遇（例えば、人民代表、政協代表など）の賦与に加えて、彼らを入党させることとなった。この方法は、現地の政府の眼からすれば、一種の理性的行為である。経済発展には、ヒト、資金という二つの条件が必要であり、私営企業家は激烈な市場競争の中から抜きん出た存在として、その能力と経済的実力はすでに明らかであり、彼らこそ地方経済のGDP指標および各地方政府の業績評価の支柱である。現地における経済発展の推進という観点からすれば、私営企業家を党内へと吸収することは、あたかも当然のことのように見える。

しかし、こうした経済的理性の色彩の濃い地方レベルの実践は、国家レベルのイデオロギーの神経に触れることとなり、全国範囲の論争を巻き起こした(9)。一九八九年の「政治風波」〈訳注：一九八九年第二次天安門事件を指す〉は、中国共産党の私営企業家の入党問題の認識、判断に直接影響を与え、中共中央は『党建設強化に関する通知』（中発一九八九年第九号文件）を発布し、「わが党は、労働者階級の先鋒隊である。私営企業家と労働者の間には搾取と被搾取の関係が実際に存在し、私営企業家の入党、吸収を行うことはできない」(10)と明確に指摘した。総書記就任後間もない江沢民も「私営企業家は入党できない、という意見に賛成だ。わが党は労働者階級の先鋒隊であり、もし、搾取の揚棄を望まず、搾取に依拠して生活する者を入党させてしまったならば、結局、どのような党になってしまうのだろう?」と指摘した（江沢民［1992］）。こうした党内文件と最高指導者の発言が、私営企業家の入党問題をめぐる論争に一時的なピリオドを打つこととなった。

しかしながら、問題が真に解決された訳ではなかった。一九九二年初の鄧小平の南巡講話およびそれによりその後再び高まった改革の波が、この問題を再浮上させることとなった。一九九〇年代中期から、一部の地域では、中央文件の規定に違反し、私営企業家を入党吸収するという事態が出現した。浙江省の一九九九年調査によれば、すでに入党した私営企業家のうち、四一・七パーセントが私営企業をスタートさせる以前からの党員であり、残りも一九九五年以来各地の党基層組織がさまざまに形を変え入党させたものだという。例えば、ある私営企業家は表面的に董事長、総経理の要職を辞し、親族そのほかに名義上の企業トップの座を譲って、自らは入党するものの、実際上は依然として自らの企業を経営したままである。また、企業の資産変更を通じ、株式会社（股份制公司）化した企業家もおり、株式会社化されればそれ以降、もはや「私営企業家」ではなくなる。政策が不透明な情況下、一部の私営企業家は、〝挂靠〟、すなわち、集団企業という形態により、「赤い帽子を被り」入党するケースもあった（石・袁・黄［2002］および『中華工商時報』）。

かくして一時は収まっていた論争の風が再び巻き起こった(11)。焦点となったのは、私営企業家は搾取を行うものであり、彼らは新たなブルジョア階級であるというその当時一般的であった認識であり、中でも林炎志の論文『共産党は新ブルジョア階級を指導し、制御すべきである』は最も名を馳せていた。

正統左派の判断根拠は、マルクス主義の古典的教典および一九五〇年代の社会主義改造の歴史的経験であった。もし、イデオロギー面のみから問題を検討するならば、明らかに左派の観点に道理がある。しかし、この問題の理論的観点は、国家は如何に関連する諸政策を制定すべきかに直接関わるものであり、したがって、政治的配慮こそ不可避的な現実である。簡単に言えば、政策制定者は以下の三要素を考慮しなければならない。第一に、国家が改革開放政策を長期にわたって堅持することができるのか否か、私営企業家は、一種の疑念めいた心理を抱えている。一九五六年の社会主義改造の歴史的な記憶がなお生々しいことから、企業が拡大すれば、いつかは「改造」されてしまうのでは、と〝翻焼餅〟現象の出現を危惧するのは当然でもある。この種の政治的危惧は、企業の長期的発展に直接影響する。開放環境下では、資本の大量海外流出（温州では、居を海外に移し、資本を海外にシフトさせることを検討する私営企業家もいる）を招きかねない。もし、この傾向が強まるならば、国家全体の経済に対する大きな災禍となろう。第二に、新たに出現した社会階層は二つの部分から構成されている。一つは多くのさまざまなチャンネルを通じて体制外で発展してきた私営企業家であり、もう一つは体制内から転化したもので、すなわち、「下海」によりビジネスを始めたり、あるいは企業改革による所有制転換による私営企業家となったグループであり、彼らの多くは、私営企業家となる以前から党員であった。このため、如何に民営企業家に政治的に対処するかという点は、実際のところ、もう一つの重要な側面、すなわち、これらの身分転換した民営企業家に関わることとなる。彼らはすでに変質してしまったのか？　もし、彼らを搾取者（すなわち、ブルジョア階級）とすれば、それは、党組織中からは排除されるべきことを意味するのであろうか。第三に、新社会階層はエネルギーと智慧に溢れたグループであり、財富を擁するのみならず、広範な社会的影響力を有しており、もし、政治的に彼らを執政党の外部へと排除するならば、その支払うべき代価は極めて甚大である。したがって、中国共産党は進退窮まる非常に困難な局面に直面している。自らの政策によって哺育した新興社会階層は国家の経済発展に重要な貢献を行っており、現実の効果であれ、将来予測であれ、この階層には細やかな政治的保護が必要ではあるが、これは、教典的な理論の枠組の中には、合理的な安住の場を見出すことはできない。イデオロギーの正統性（純潔性）と政策実用性（合理性）との間の平衡バランスはすでに維持することが困難となっている。これは、中国共産党が両者の間でいずれかの選択を行わねばならないことを意味しており、この種の選択は理論的困境をもたらしかねない。

こうした背景下、タイムリーに〝三つの代表〟理論が登場した(12)。

二〇〇一年七月一日、中国共産党創設八十周年記念大会の講話において、江沢民は、「改革開放以来、わが国の社会階層には新たな変化が発生しており、民営科学技術企業の創業者、技術者、外資系企業の管理技術者、個体戸、私営企業主、中間組織従業員、自由職業人ら社会階層が出現している。のみならず、さまざまな所有制、業種、地域の間で多くの人々の流動が頻繁に行われており、人々の職業、身分は常に変動している。この種の変化は続くであろう。党の路線、方針、政策の指導下、これらの新たな社会階層中の多くの人々は誠実な労働、合法経営を通じて、社会主義社会の生産力とその他事業の発展に貢献している。彼らは労働者、農民、知識分子、幹部、解放軍指揮戦闘員と団結しており、中国の特色ある社会主義事業の建設者である」と明確に指摘した。これは中国共産党人が新たな社会背景下、行った歴史的決定であり、私営企業家とは中国の特色ある社会主義事業の建設者なのである。この問題が解決すれば、彼らの入党の可否という問題も解決される。「財産の有無、多寡を政治的な先進、落後を判断する基準と単純に看做すことはできず、彼らの思想政治情況と現実的な態度を見なければならない。彼らの財産がどのように形成され、支配、使用されているのか、自己の労働をもって中国の特色ある社会主義事業の建設に貢献しているのかを見なければならない」「党の綱領、規約を承認し、党の路線、綱領のために自覚、奮闘するならば、長期の審査をへて、党員条件に符合する社会のその他方面の優秀分子を党内に吸収しなければならない」(13)。

二〇〇二年十一月十四日、第十六回党大会は『中国共産党規約（修正案）』決議を採択し、修正後党規約には「満十八歳の労働者、農民、知識分子その他社会階層の先進分子は、党綱領、規約を承認し、組織への参加を希望し、積極的工作の中で、党の決議を執行し、期限通りに党費を納付したものは、中国共産党への加入を申請することができる」と規定している。これは、中国共産党の歴史において、私営企業家を含むその他社会階層の先進分子を入党対象として定められた初の規約である。

二〇〇四年、中央弁公庁は『新情勢下における党員発展工作に関する中共中央組織部意見』を発出し、「独資企業の投資者個人、合資企業パートナー、公司制企業の個人株主およびその他類型企業の大型出資者（以下「私営企業主」）中の先進分子を吸収入党させる経常的な党員発展工作」につき、これは「政治性、政策性の極めて強い工作であり、高度に重視され、真剣に取り組まねばならない。積極妥当にこれを着実に推進し、基準、厳格な手続きを堅持し、党員の質を確保しなければならない」と定めている(14)。

一九八九年から二〇〇一年の十二年間、党と国家の私営企業家に対する政策（性格規定および政治態度）は、断固たる否定、排斥から正面肯定、吸収へと一八〇度の大転換を経た。この過程は詳細な検討を行うに値するもので、いわゆる〝適応性変換〟を理解する一助となろう。

四、〝複雑化した社会の論理〟の挑戦に如何に対応するか

計画経済に対する市場経済の代替は、中国社会の階級・階層構造を改変したのみならず、中国社会の組織構造にも深刻な改変をもたらした。計画経済期の社会構造の基本特性は「単位体制」を用いて描写することができる(15)。市

場経済とグローバリゼーションは社会資源の自由な流動と新たな社会活動空間の形成をもたらした。単位体制の解体と転型と同時に、各種の非公有制企業、新社会組織が続々と出現した(16)。もし、党建設の見取図を描こうとすれば、まさにこの図にはますます多くの〝空白点〟が生まれつつあることが見出されるであろう。

新たな環境は、党組織を如何に発展させるかという問題を提起している。不断に分化する社会にあって、党組織は如何なる対応策を採るべきか？　「支部を連隊に作る」〈訳注：一九二七年に定められた党の軍指導の根本的組織制度。紅軍の連隊に党の末端組織として支部委員会を設けることで党の軍に対する絶対指導を保証しようとするもの〉はこれらの新たな社会空間にも適用可能だろうか？　市場経済条件下、党組織はあらゆる方面への全方位浸透を図るべきか、それとも目標を限定した政治組織なのだろうか？　これらの問いを、「複雑社会の論理」が党組織建設に提起する挑戦と呼ぶことにしよう。

私営企業家の入党の可否という敏感なトピックスに較べると、明らかに、党組織が新たに生まれた社会空間に進入すべきか否かという問題に関する意見の分岐は大きくはない。とはいうものの、分岐は依然として存在しており、〝衝突論〟（社会的仲介組織内に党建工作を進めることと社会的仲介組織が独立した業務を執行することとは相互に衝突する）、〝自然論〟（社会的仲介組織内に党建工作を進めることは自然であり、それを強化する必要もないし、何らかの改良を行うことも不要）、〝独立論〟（国外の仲介組織は一般に政党外の独立した存在であり、中国の社会的仲介組織も国際的な足並みを揃えるべきであり、その内部に党組織を設けるのは不適当）および〝所有制決定論〟（民営の社会的仲介組織は党建工作を行う必要はない）という四種の異なる観点に概括されている（索延文［2003：21］）。

だが、これらの観点も党内で主導的位置を占めるわけではない。革命戦争時期の「支部は連隊の基礎の上に作られる」という伝統、一九四九年の建国後全社会的に展開された党組織ネットワーク、敵対勢力がＮＧＯを利用して〝カラー革命〟を行うのではとの危惧および挙国体制の論理等々のさまざまな要素が一つとなって、中国共産党に新生社会空間への全面浸透という策略を採用させている(17)。

新生社会空間に党組織を作るという面では、私営企業が相対的に発達している沿海地域が全国の前面に立っている(18)。中でも、私営企業の党建設の嚆矢としての浙江省の経験は重要である(19)。一九八〇年代から、浙江省の私営企業の党建工作はおよそ三段階の発展を経てきた。一九八〇年代半ばから一九九一年が萌芽段階であり、一九八五年三月、浙江省初の外商投資企業党支部が寧波花港高速客輪有限公司に誕生し、翌一九八六年八月には、浙江省初となる私営企業党組織（象山華光針織廠）の成立が宣言されている。これらの動きは象徴的意味合いが濃いものの、全体としては、この段階の私営企業の党組織建設はよちよち歩きの状態にあった。例えば、一九八八年から一九九二年の五年間で浙江省全省の私営企業数は四・九倍に増加したものの、私営企業党組織は当初の七組織から一九に増加したにすぎない。

一九九二年から一九九七年が、浙江省の非公有制企業党建工作の拡大模索段階である。この期間、私営企業における党組織数は一九から二一五〇へと発展し、従業員中の党員数も六四三七名から四万四四九〇名に増加した。一九九八年から、党建工作は規範向上段階を迎える。まさに同年九月、杭州市蕭山区にある浙江伝化集団が全省初の私営企業党委員会を設立させた。二〇〇二年末に至り、全省の従業員数超一〇〇名の企業九八八九社における党組織を成立させたものは九七・三パーセントに達し、うち、単独の党組織設立は八六・五パーセントを占めている。二〇〇〇年から二〇〇二年、全省の非公有制企業の党組織は毎年八千名前後の新党員を獲得し、二〇〇二年末には、全省の非公有制経済領域における党員総数は一九九九年比およそ一〇万名増の二三・八三万名に達した。

私営企業の党組織建設は一九八〇年代半ばにすでに地方による実践として出現したが、中央レベルでは、八〇年代全体を通してこの問題に対する反応はみられなかった(20)が、九〇年代初に至り、ようやくこの局面に変化が現れた。一九九二年十月、第十四回党大会報告は初めて「そのほかの各種経済組織においても、実際から出発し、党の組織、工作制度を早急にうち立てねばならない」と提起している（江沢民［1992］）。一九九三年、党中央組織部は『外商投資企業における党建設強化に関する意見』を発出したが、これは、中央が非公有制企業に対する党建設推進を謳った最初の規範的文件である。一九九四年の第十四期四中全会は『中共中央の党建設強化に関するいくつかの重大問題の決定』を採択し、「多種経済成分の発展にともない、利益関係の調整と経営形式の多様化から、基層党組織工作の改善が求められている。新たに各種の経済組織、社会組織が続々と生まれており、実際から出発し、党組織をうち立て、党活動を展開しなければならない」と指摘している。注意すべきは、企業内に党組織を建設することは、中国共産党の政治的な要求であるのみならず、執政党として、この要求を国家の法律へと昇華させた点である。二〇〇五年十月、全国人民代表大会は『公司法』を改正し、同第一九条では、公司においては、中国共産党規約の規定に基づき、中国共産党の組織を設立し、党の活動を展開するものと明確に定められた。公司は、党組織活動に必要な条件を提供しなければならない。これは、中国の法律建設史上初めてのものであり、こうした中央の重視は、非公有制企業の党建活動の発展に良好なマクロ環境と制度的支持を提供するものであった(21)。

非公有制企業と比較すると、新社会組織における党組織設立の動きは鈍い。これは、この問題の重要性を否定することでもなく、また中国共産党の認識が不十分であることを意味せず、むしろかなりの程度、これは新社会組織そのものの発育の程度と特殊な情況に関連している。

改革開放以来、社会的仲介組織の発展はおよそ三段階を経ているという。①恢復・初歩的発展段階：一九七〇年代末から一九八〇年代にかけて、各種の業界団体、諮問機構、法律事務所、会計事務所などの組織が生まれたが、その数量は限られ、小規模なものにとどまり、社会的な影響力は大きくはなかった。主として、政府部門あるいは高等教育機関に依存しており、計画経済体制の烙印が残っており、多くが国家機関、事業単位の工作人員であり、行政的色彩が極めて濃厚であった。②快速発展段階：一九九〇年代初、とりわけ、鄧小平の南巡講話以降、各種の社会仲介組織が合弁、合作形態により大量に出現し、事業法人、社団法人、企業法人など多元併存の局面が現れた。この段階は、行政手段と市場メカニズムが併存する時期であった。③規範、再組織段階：一九九七年から、各級政府部門は、社会管理と市場経済発展の要求に基づき、社会仲介組織における混乱局面に整理整頓を進める一方、これと同時に政府機構改革、職能転換の背景下、大量の政府機構に依存した仲介組織が脱落していった。例えば、一九九九年国務院は経済鑑定類の仲介組織と政府関連部門との分離を行い、このため、民間経営の仲介組織の数量は大幅に上昇しはじめた（索延文［2003：15］）。

明らかに、社会仲介組織発展の第一段階、第二段階の主要任務は、第一に、数量を増加させること、第二にその独立性確保（行政依存からの脱却）にあり、社会仲介組織が政府機構から独立した地位を獲得して初めて、党組織建設の需要が生まれ、その切迫性も高まることとなる。この点から、なぜ、一九九〇年代後期を迎えてようやく新社会組織における党建問題が高いレベルの関心を得ることとなったのかも理解されよう。党中央組織部・民政部の連合通知『社会団体における党組織設立に関する通知』（一九九八年二月）の第一条は、「社会団体登記管理機関の批准登記（旧社会団体は整理整頓を経た後、新証書を交付）を経た社会団体は、その常設事務機構の専任人員中、正式党員三人以上がいる場合には、党の基層組織を設立しなければならない。社会団体の党組織設立は、その業務主管部門あるいは主管単位の党組織の審査批准を要する」と規定している。のみならず、「社会団体は、設置準備段階から党組織設立を考慮しなければならない。業務主管部門あるいは主管単位は当該社会団体の情況を了解、掌握し、党の基層組織を設立すべきであるにもかかわらず未成立のものについては、その早期の設立を幇助しなければならない」と強調している（党中央組織部・民政部［1998］）。

しかしながら、環境変化、流動性の大きさ、管理体制の不備、そして伝統管理法が新たな情勢に対応できないといった諸々の原因により、社団、仲介組織における党組織設立工作は決して順風満帆には進まなかった。ある調査によれば、全国の大部分の地域において、社団、社会仲介組織および民間非企業単位における党組織のカバー率はいずれも低い。例えば、二〇〇〇年段階で、広東省市所属の七三〇一社会団体中、党組織を設立したものはわずか九七団体にとどまり、四川省の一万三〇八社会団体中、党支部を設立したのは三二四団体にすぎず、全省社団総数のわずか三・一パーセントである（厳宏［2009］）。全国の情勢に対する当時の中央の判断は、「大多数の社会団体には党の基層組織が設立されていない。とりわけ党組織を設立すべき条件を備えた社会団体ですら党の基層組織を適時に設立していない」というものであった（中共中央組織部［2000］）。

この点から、党中央組織部は『社会団体の党建設工作強化に関する意見』（二〇〇〇年）を発出し、「国務院『社会団体登記管理条例』の求めるところに従い、政府の社会団体登記管理部門の批准登記を経た社会団体は、その常設事務機構専任人員（長期任用人員をも含む）中、正式党員が三名以上いる場合には、党の基層組織を設立しなければならない。正式党員が三名に満たない場合には、同一業務主管単位所属のその他社会団体あるいは近隣単位と連合して党支部を設立することができる……党組織設立の条件をなお満たさない社会団体に対しては、上級党組織は当該団体に人員派遣、条件に符合する党員の推薦などを行い、当該社会団体が単独で党組織設置のための条件を創造することができる」と指摘した。同時に、「民政部門党組織は、職能機構が社会団体の成立、変更登記を行う際には、条件を具備した社会団体が党組織を設置することを督促することができる。社会団体に対する年度検査に際しては、社会団体党組織の設置情況を検査項目に加え、問題ある場合には、関連部門とともに適時解決を図ることができる」とも強調している（中共中央組織部［2000］）。

上述をまとめるならば、一九九〇年代から、非公有制企業、新社会組織における党建工作が次第に国家中央の政策決定者の視野に入りはじめたことになる。二〇〇二年の第十六回党大会に至り、新生社会空間における党組織設置はすでに全党のコンセンサスとなっていた(22)。第十六回党大会報告は、「非公有制企業における党の建設を強化し……社会団体および社会仲介組織において党組織を設置する工作の力を強めなければならない」と提起している（江沢民［2002］）。同党大会で修正された党規約は、中国共産党の歴史上、初めて「社会団体」および「社会仲介組織」を党の基層組織建設の範囲に含め、「企業、農村、機関、学校、科学研究所、街道社区、社会団体、社会仲介組織、人民解放軍連隊およびその他基層単位は、正式党員三名以上を擁する場合には、党の基層組織を成立させなければならない」（第二九条）と定めている。第十七回党大会報告は、第十六回大会の基本精神の上に立ち、「党建工作責任制を確実に進め、農村、企業、都市社区および機関、学校、新社会組織などの基層党組織建設、組織設置の最適化、組織カバー率の拡大、活動方式の刷新を全面的に推進し、基層党組織の発展を推進し、大衆に服務し、人心を凝集させ、和諧を促進する役割を十分発揮しなければならない」と指摘している。この表記における重要な変化とは、十六回大会における「社会団体」と「社会仲介組織」が「新社会組織」と統一的な呼称が与えられた点である(23)。

二十一世紀を迎えて明らかとなった党建設強化の趨勢は、二〇〇九年九月の第十七期四中全会において新たなピークに達した。この会議で、中共中央は『新情勢下の党の建設の強化、改善に関する若干の重大問題の決定』を行い、「基層党組織がカバーする範囲を拡げなければならない。各領域における党基層組織の建設を全面的に推進し、党の組織、工作が全社会をカバーするようにする。大衆あるところ、党の工作があり、党員いるところ、党組織があり、党組織あるところには健全な組織生活と党組織機能の十分な発揮がなければならない」と強調した（中共中央［2009］）。この表現こそが、今日に至るも、新たな社会空間がもたらした挑戦に対して中国共産党が行った最も全面的にして系統的な対応と看做すことができる。二つの「全面的カバー」（組織のすべてをカバーし、党の工作がすべてをカバーする）という基本原則を提起したのみならず、基層党組織建設に関して、以下のような具体的な要求を提起した。その具体的な要請とは、「地域、単位を主とする基層党組織の基礎の上に、党員の活動参加の便により、党組織が作用を発揮するよう要求するというもので、基層党組織の設置形式の改善を模索し、農民専業合作社、専業協会、産業チェーン、出稼ぎ者などが比較的集中する地点に党組織を設置するなどの方法を普及させ、非公有制経済組織における党組織設置を重視し、仲介機構、協会、学会および各種の新社会組織における党組織設置の力を強めなければならない。党の基層組織建設がそのほか各種の基層組織建設を促進し、基層を活発化し、基礎を固める」ことである（中共中央［2009］）。

ここに至り、非公有制企業であれ、あるいは新社会組織その他組織であれ、「支部は連隊の基礎の上に作られる」という基本原則が全面的に行われることとなり、その重視の度合いは史上空前のものといえる(24)。

五、若干の結論

本章は、改革開放以来、中国共産党が組織建設面で示す一連の変化をある特定の側面から描き出そうとしたものである。経験に基づく考察の範囲であれ、歴史の進展過程から見たものであれ、レーニン主義政党の適応性問題に対し、一般的な結論を得ようとするのは目下のところ時期尚早であろう。しかしながら、ここで考察した事例から、いくつかの基本的な態勢を導き出すことはできる。以下に掲げるいくつかのポイントは注目に値しよう。

(1) 党の自己調節

ある組織が環境に対して適応することは普遍的な現象であり、さもなくば、その組織は生存を続けることはできない。中国共産党のような高度に集権的にして、かつイデオロギーによって支配される政党にとっては、この適応過程は明らかに困難に満ちている。しかしながら、「吸収」、「転型」の受動的策略であれ、あるいは「浸透」という主動的な行動選択であれ、中国共産党は成功裡に新たな環境下において直面する挑戦に対応している。この対応戦略の成功とは、共産党が引き続き改革開放の指導権を掌握することに有利であるのみならず、新生社会力量と社会発展を制御する主導権を勝ちとったことを意味する。また、この中国共産党の適応性は、「世紀の謎」、すなわち、その他社会主義国家の執政党が次々と政権を失う中にあって、中国では生存を続けているのみならず、世界の注目を浴びる成果を得ているのか、という謎を解釈することにも役立つであろう。

ある意味では、中国共産党の適応能力と学習能力の間には緊密な連繋がある。「石橋を叩いて渡る」過程の中で、中国共産党はある有効な学習メカニズムを発展させてきた。すなわち、旧ソ連、東欧諸国の執政党が下野することとなった教訓から啓示を得て、自身の歴史経験と改革の実践を総括する中から智慧を汲み取り、西側諸国の執政実践から見識を得て、不断に経験を総括する能力、時代の大局を判断する能力、複雑な環境を制御する能力などを強化、向上させた(25)。また、高度な集権体制内に分権を導入したことは、各地方に政策創新の模索と政策執行における「因地制宜」処置権（自由裁量権）を与えることとなり、このため、広大な国土において、中央集権と地方分権の微妙なバランスを維持することとなった(26)。このほか、改革開放当初、実施された幹部「四化」政策は幹部隊列の基本素質のベストミックスを極大化させ、幹部は複雑な環境に対応し、創造性溢れる業務遂行能力を持ち、思想を解放し、すべてを実際から出発し、「実事求是」の思想路線および社会矛盾の圧力は彼らに能動性発揮の現実舞台を提供した。

中共党史全体からすれば、その組織技術に影響を与える要素としては、主として第一に政策目標、第二に内外環境の変化の二つがある。事実上、この両者間には緊密な連繋があり、中国共産党はまさしく環境の変化に基づき自らの政策目標を修正してきたのである。換言すれば、中国共産党の組織技術は終始党の中心任務と直近の奮闘目標に適応してきた。革命戦争時期にあって、重大な歴史的転換期には中国共産党は最終的には挑戦に成功裡に対応することができた。この「時とともに歩む」という優れた伝統は改革開放という新たな時期においても保持され、輝きをみせた。「転型」、「吸収」、「浸透」というこれらの組織技術もこの点を見事に体現している。明らかに、党の工作重点の歴史的転換がなければ、そして、革命党から執政党への転換という時代背景がなかったとするならば、中国共産党の組織技術の変化など想像することはできない。

(2) 汎用モデルの不在

現代社会の基本特性は社会構造の高度な分化にあり、中国は依然として発展途上の国家ではあるものの、基本的社会構造は相当レベルの現代性を具備しており、複雑社会の数多くの特性を備えている。理論的にいえば、差異が大きければ大きいほど、挑戦が複雑であればあるほど、対応の方式、策略も多様化の様相を深めざるを得ない。

本章で考察した「転型」、「吸収」、「浸透」という三種の組織技術は、民主政治（＝選挙）の挑戦に対する対応であり、また同時に、市場経済によってもたらされた変化、挑戦への対応でもある。具体的にいえば、「転型」技術の考察とは、基層からの民主政治の挑戦にレーニン主義政党が如何に対応するか、また、「浸透」技術の考察とは市場経済条件下で私営企業、新社会組織の挑戦に如何に対応するかであり、「吸収」技術とは、共産主義イデオロギーを信奉する政党として、新たに生まれた資本保有者に如何に対峙するか、という問題に対する回答に努めたものである。これらはすべて政党の適応性に関する問題ではあるが、環境が異なれば、直面する挑戦も異なるため、その適応性の方式、過程および特性もそれぞれ特色あるものとなる。例えば、基層選挙が遭遇した挑戦は、最も尖鋭にして時間的にも切迫しており、各地の対応もそれぞれ創造性に富んだものであった。最終的な収斂（制度創設の規範化）は、生活の昇華に基づき、執政党の指導権の合法性という問題への関心を体現したものであった。市場経済の中で形成された新生社会階層に対して、中国共産党は「吸収」戦略を採用したが、既存の統治秩序の維持、執政基礎の拡大という点からすれば、これは賢明な政治選択に相当する。しかし、この問題は、イデオロギーの基本原則に関わるため、長

表4-2　三種の組織技術の対比

	挑戦の領域／来源	挑戦の性質	対応戦略	伝統との関係	効果
"両委矛盾"	政治：基層民主の発展	「上から下へ」と「下から上へ」の衝突	転型："両票制"と"一肩挑"	転型：党組織の権威が一部民意に基づく	比較的良好
企業家階層	経済と社会：社会構造の分化と多元化	イデオロギー：新たな社会階層を如何に政治的に位置づけるか	吸収：私営企業家の入党	偏離／発展：「階級を基礎とする」から「社会を基礎」へ、二つの先鋒理論	可
私営企業、新社会組織	経済と社会：資源流動、新生社会空間	体制外空間：必要の有無および如何に占領するか	浸透：非公有制企業、新社会組織における全面的な党建設	一致：「支部は連隊の基礎の上に作られる」の新生社会空間への適用	次善

期にわたる激烈な論争を経て、政策面でも一進一退を経て最後に権力政治の方式によって肯定されるしかなかった(27)。もし、「転型」と「吸収」に創造性があるとするならば、それは新生社会組織に対して採用された「浸透」技術、〝新しい瓶に古い酒を盛る〟ものだという点である。これは、新たな歴史的条件下で、「支部は連隊の基礎の上に作られる」という方法を私営企業および各種NGO組織に適用したものである。

三種の戦略の対照を簡便にまとめれば、表4－2の通りである。

(3) 同趣の思考、原則

中国の改革開放は、最高指導者が執務室に座して設計したものではない。現実の環境圧力の産物であり、この意味では、鄧小平の改革開放と朱徳／毛沢東の井岡山行とは、同工異曲の感がある。その共通点とは、ともに、ある問題から発し、その解決のための行動準則だという点である。この種の問題によって導かれた思考は、中国文化における実践理性の伝統を体現しており、中国共産党がマルクス主義の実践（＝真理の検証）の標準を〝三つの有利〟の機能（＝実用性）の標準に転化する上で役立ったのである

本章で分析した「転型」、「吸収」、「浸透」という三種の対応技術は、すべて結果としての成果志向に重きがおかれ、機能主義の色彩が強い。眼下の矛盾の解決に資することができ、党の指導的地位の強化に有利でさえあるならば、如何なる教典的伝統、理論原則もそれに背馳ないしそれを改変することはできないにせよ、〝発展〟の二文字を冠しさえすれば、可能である。中央から地方に至るまで、白猫黒猫論が各級幹部の信奉する行動指南となった。この精神は、吸収戦略に余すところなく体現されている。例えば、私営企業家の入党に賛成する一部の地方幹部は、現在時点の入党は解放前のそれとは異なり、生死に関わるものではなく、今は、経済を発展させなければならず、経済発展こそが白猫黒猫の問題であり、当然、入党も可能だと認識している(28)。もし、地方レベルの実用主義のありようが依然粗雑だとしても、中央レベルでは相対的に精緻化されている。すなわち、私営企業家を入党させることは、「党の階級的基礎を増強し、党の大衆的基礎を拡大するのに有利であり、党の全社会における凝集力と影響力を向上させるのに有利である」（第十六回党大会報告）とされている。

上述の実用標準とも関連するものの、その実用標準を支配し、その上位にあるのが不変の原則であり、今出現しつつある多元的主体に対する一元的コントロールの実施である。この原則は党・国家体制の深層論理を体現しており、根本的に中国共産党の各種挑戦に対する対応策略の選択を制約している。さらに分析を進めるならば、私営企業家に対する〝吸収〟の選択であれ、新生社会空間に対する全方位の〝浸透〟であれ、その潜在的な理念は、一様に党・国家体制の一元化権力構造の保持である(29)。ここからも中国共産党の適応過程において体現された経路依存性と構造制約性を見出すことができる。

（4）資源統御能力と対応効果の連繋

先行経験が示すように、体制に近ければ近いほど、中国共産党の統制能力はより強くなり、その対応効果も政策目標をより良く実現することが可能であり、変質の可能性、あるいはその程度も相対的に小さくなる。逆に、体制から遠くなればなるほど、中国共産党の統御能力は弱くなり、対応の効果も低下し、制度の形骸化程度も相応して高くなる。

本章で考察した三種の対応方法の中で、最も成功を収めているものは農村基層党支部の権威の基礎を強化する〝両票制〟（両推一選）である。体制内（村組織は必ずしも政府系列とはいえないものの、基層政権の構成部分である[30]）に「両委関係」が発生しており、地方・基層党政機関がこの領域内で十分な影響力と統制力を持つこととなった。私営企業家（新生社会階層）に対して採用された〝吸収〟戦略の成功の程度はやや落ちる。私営企業家は〝身在江湖〟、すなわち、世間に身をおいており、体制側による彼らの吸収の成否は彼ら自身のこの戦略に対する態度およびこれに相応した理性的計算によって決まる。中国の現在のマクロ環境の制約から、少なからぬ企業家（とりわけ大型企業トップ）は企業発展を優先的に考慮するところから、中国共産党への入党を含む政府との連繋強化を望むこととなるが、相当数の私営企業家は入党には関心がない。私営企業および新社会組織における党建活動は、克服が容易ではなく困難に遭遇しており、結果はさして理想的なものではない。この比較では、新社会組織における党組織設置はさらに困難を極める。ある研究によれば、新社会領域における党組織の影響力、浸透力は、伝統的な新社会組織（体制内のいわゆるGONGO）、脱鉤、すなわち、主管部門からの影響を脱した新社会組織、民間経営の新社会組織という順に従い、次第に低下しているという。伝統体制下の新社会組織は、多くが政府部門自身が設置したもので、党組織の指導は堅固にして強力である。脱鈎、制度改訂された新社会組織および大量の民間経営の新社会組織では、ヒト、カネ、モノに対して党組織は現実の統制力がない。このため、その組織作用がこれら社会組織に影響を与え、浸透していくことは難しい。現有の党員の先鋒模範作用も発揮することは難しい。党務工作担当者にとって、「組織活動」、「党費納付」の義務があるのみで、それに相応した権利はないとの認識が拡がっており、そのため党務工作は企業主、同僚らの支持と理解を得ることは困難だと感じている(31)。

(5) 対応戦略と〝共謀〟関係

この現象は、〝吸収〟および〝浸透〟戦略によってもたらされた変化の中に集中的に体現されている。私営企業家の入党であれ、新社会組織の党組織設置であれ、党が体制外の勢力を統制、利用しようとするのと同時に体制外勢力も中国共産党を利用しようとしているという興味深い双方向の相互利用現象が現れている。例えば、浙江省温州の民営企業の成長過程を考察する際、曹正漢・浙江大学教授は、温州の私営企業が必ずしも有利とはいえない制度環境下、企業内党組織の設置を通じ、国家政権システムへの接近を図り、政治的合法性を解決すると同時に、企業発展に求められる資源を獲得したことを見出した(32)。換言すれば、党組織の設置は私営企業にとって激烈な市場競争にうち勝つための策略となっている。これを、曹正漢は、「温州の民営大企業は経済と政治が結合した道を歩んできた。この道は、〝挂戸経営〟、すなわち、集団所有制という〝赤い帽子〟を借りることからスタートし、株式合作制、つまり、自ら〝赤い帽子〟を被ることで公有制企業となり、党支部設置で党の組織系統に入り込み、党委員会への昇格および人民代表大会、政治協商会議などの過程に入り込むことで、成功した民営企業家は次第に国家の政治領域へと進入すると同時に、企業の組織構造も国家の政治システムと結合される」と概括している(33)。

この意味では、非公有制企業（大型私営企業）に党組織を設置することは、地方党委員会と民営企業家の間の一種の政治的〝共同謀議〟と看做すこともできる。換言すれば、地方党組織は、地元経済の発展、就業率の向上、税収増、GDP増など、企業家を利用すると同時に、私営企業家は既存の体制への参入、発展機会の獲得、既存利益の保障など党組織の政治資源を利用しており、これは一種の市場経済の開放的環境の中から発展してきた新たな双方向の関係である(34)。この関係が新社会組織においても同様に作り出され、拡大していくのか否かは、極めて注目されるポイントである。

(6) 対応戦略の双方向の影響

この挑戦・対応過程において、頗る意味のある双方向の影響がひっそりと出現している。中でも、行為者の主観的意図を遥かに超えるものすらあり、長期的な影響力も備えている。

政治社会的には、中国共産党が採用した対応戦略は、二つの重大な結果を生み出した。第一に、〝吸収〟技術が中国共産党の執政基礎を拡大し、潜在的な社会勢力が大きな力を得る前に、援助、協力パートナーへと転化させたことである。この意味では、〝吸収〟技術は新生社会階層が政治的対立面となる可能性を回避した。

この実践は、国際社会主義運動史にも、また西側の近代化過程にも前例を見ない。ブルース・ディクソン（Bruce Dickson）は、「赤い資本家」（red capitalist）こそ自由な市場とレーニン主義の併存という現下の中国が抱える矛盾した特性のシンボルと指摘している（Dickson [2003]）。こうした情況下、吸収された新社会階層は如何にして、自らの政治的役割を演じるのであろうか？　党・国家体制に〝同化〟されてしまうのか？　それとも、吸収されるのと同時にこの体制を次第に転化させていくのか？　ディクソンの表現を用いるならば、中国の「赤い資本家」（中国共産党に加入した私営企業家）は中国の政治改革を推進する主体となり得るのか？　少なくとも、現在時点では、これに対する満足すべき回答は存在していない。西側の歴史におけるブルジョア階級と民主政治との間の経験的連関は、現時点の中国では蒸発させられたかの如き情況にあり、中国の民主政治の増加点と動力メカニズムを再検討することが要請されている。

第二の政治社会的な影響は、中国共産党の新生社会空間の品格塑造過程の中に体現されている。〝浸透〟技術による中国の民間組織の発展といえども、理論界が期待する市民社会にはほど遠い。新社会階層中の発展党員であれ、新たな社会空間における党組織の設置であれ、党の眼からすれば、如何に社会を統治するかの問題でしかなく、より重要なのは、政治統治面の考慮であり、党の階級基礎、社会基礎および執政基礎を如何に強固なものとするかの問題である。NGOなどの民間組織に対する厳格な統制、管理であれ、その政治機能への堤防、海外要素へのコントロール、市民社会の区分管理、区分吸収などはすべてこの文脈から理解することができる(35)。中国共産党の新生社会空間への浸透という点から、西側の意味での市民社会、公民社会（Civil Society）が中国に存在するのか否かは、思考を極めるべき問題である(36)。これと密接に関連するのが、現代中国における国家・社会関係への考察であり、方法論的には、党という要素を考慮に入れることが必要であり、西側社会科学の国家・社会関係の分析枠組を単純に移し替えることはできない(37)。

このほか、中国共産党が採用した対応戦略は重大な政治社会的影響を発生させたと同時に、それ自身深刻な影響を生んでおり、以下のいくつかの側面に集中的に現れている。

第一に、基層社会の民主が党内民主を活性化させる面で極めて重要な作用を発揮している。中国共産党は党内民主を通じた社会全体の民主を強調しているが、改革開放以来の基層レベルの政治発展の現実過程はこれに反するものである。〝両票制〟およびその後の〝両推一選〟は、ともに社会の民主が党内民主を帯動しており、郷鎮幹部の選抜において、両票制の組織技術は一定程度の肯定（公選）を獲得した。基層レベルの党組織建設で採用された〝転型〟戦略は、伝統的なレーニン主義政党と大衆との関係モデルを次第に改変させたと同時に、党内民主の一層の発展に対しても良好な雰囲気を創造した(38)。

第二に、私営企業家の入党許可は、（少なくとも現在までのところ）中国共産党の社会的基礎を拡大し、中国共産党の執政基礎を強化した。ある面では、中国共産党のエリート性を保持し、その指導地位を支えつつ、また別の面では、外部エリートからの挑戦を減少させた。しかしながら、〝吸収〟戦略にともなう問題および眼に見えないコスト支払いは相当のものとなる。例えば、〝吸収〟技術は中国共産党の社会的基礎を拡大させると同時に党の階級的基礎を削弱したのではあるまいか？　理論的に中国共産党は一部社会民主党化したのではないか？　私営企業家の入党は党組織の性質を改変してしまったのではないか？　依然として工人階級、すなわち労働者階級を代表することができるのであろうか？

第三に、上述の問題は、現下の中国が直面しているイデオロギーの困惑を反映したものである。改革開放以来、中国共産党はイデオロギー面で重大な転変を経た。改革当初、階級闘争理論を放棄し、現在、また労働価値理論を事実上放棄した（〝建設者〟なる概念が〝搾取〟概念を掩蔽している）。二つの先鋒隊理論という謂が、党の階級基礎、社会基礎の変化を体現している（〝三つの代表〟理論はこの転変の系統的な表現である）。中国共産党には極めて強い理論創造力があり、鄧小平理論から〝三つの代表〟重要思想を経て、科学的発展観に至る変化がこの点を十分に証明しているが、問題は、理論創造の合法性と統治イデオロギーの合法性との間に存在する一種の内在的な協調困難な緊張関係である。前者は実践の効果を基礎とし、後者は規律と価値を標準とする。このため、中国共産党の理論創造はひとびとの思想危機を解消できぬばかりか、かえって思想危機の来源となっている。こうした情況下、ひとびとは如何にして観念創造、理論発展と実質的な放棄あるいは背反との境界を区分するのか？　イデオロギー面の困惑は、政治信念の普遍的な危機と理論的ニヒリズムを直接導き出したのである。

六、展望

上述の趨勢と謬論が相互に交錯し、さらに大きな政治社会空間の文脈の中に入り込んだ。この変化の過程が、今後の中国政治の発展にどのような、そして、どれほど大きな影響を与えるのかは今後の観察が俟たれるところではあるが、将来の中国政治のパターンおよび社会統合メカニズムは、現下の相互作用モデルおよびそれぞれの持久ゲーム如何にかなりの程度拠るであろうことはおそらく大方の賛同を得られるであろう。

現在までのところ、民主化の既存経験とは西側研究者（および西側の学術的コンテクスト内で研究作業に従事する非西欧の研究者含む）によって、三種の想像空間が提供されている。第一は、旧ソ連および東欧社会主義諸国における国家の解体とレーニン主義政党の再建に基づき、中国の将来を展望しようとするもので、中国共産党が必ずや下野し、あるいは泥沼の如き陥穽に陥るとの予測である(39)。第二は、台湾経験、すなわち、権威主義政体の民主政への転換および国民党のレーニン主義政党から自由民主制下の競争選挙の政党への転型の経験に基づき、大陸の中国共産党の自己転型を期待するものである(40)。第三は、西側社会の民主化経験に依拠し、市場経済の発展論理から出発し、中産階級および市民社会の政治作用に期待を寄せるというものである。

これら三種の想像と期待は、いずれも直ちに実現されるというものではほとんどない。改革開放の三十年来、中国には、幾多の側面で巨大な変化が生まれてはいるものの、国家の政治制度の面では、基本構造をそのまま維持している。いわゆる〝与時倶進〟（＝時代とともに歩む）として、中国共産党は確実に新たな環境下にあって不断に適応性変化を遂げている。この変化は局部的な微調整にとどまり、党・国家体制の基本的な枠組内での〝適応調整〟の進展である。事実上、中国共産党が行ったところのすべては、決して党自身を弱体化するものでは決してなく、新たな基礎の上に既存の政治構造を強化することに繋がった。換言すれば、どのような適応性変化（革命党から執政党への転換をも含め）を行うにせよ、中国共産党は依然としてレーニン主義政党であり、党・国家体制の基本枠組、性質には根本的な変化はなく、近い将来、そのような変化が行われることを期待するのは非現実的である。なぜならば、レーニン主義政党の民主集中制原則を放棄することは、理論上のみならず実践的にも、中国共産党にとって統制不能の結果をもたらすであろうからである。

この事実に如何に対峙するか？　これが、中国政治研究者に対して持つ意味とは？　われわれは、中国の政治発展のもうひとつ別な、すなわち上述三種とは異なる第四種の可能性を直視すべきと筆者は考える。党・国家体制の自己改良、政府過程の最適化および本文が試みたもの以外の第四の可能性とは、ある面からすれば、現有の体制において改善可能な空間は想像される以上にはるかに大きいという点である(41)。

この意味において、われわれは、党・国家体制に関する伝統的な理解を調整、改変する必要がある。というのも、この認識は冷戦期に形成されたものであり、全体主義モデルの支配の色濃いものだからである。改革開放の三十年来の実践は、それまでの歴史とは鮮明な対照を示すもので、その差異は大きく、党・国家体制を構成する一種の新形態であり、これを形容描写する新たな述語を創造する必要がある。適切な新語を見出す前に、筆者が思うのはある象徴的な比喩で、それは党・国家体制の振り子であり、西側研究者の語句を用いるならば、この振り子はいわゆる全体主義から権威主義へと振れている（事実上、権威主義という語句は中国政治の複雑性を認識する上では全く助けにならない(42)。

レーニン主義の原則堅持の前提下、中国共産党の自己改良はどこまで歩むことができるであろうか？　畢竟、その改良空間は、弾性、適応性の問題として、どの程度大きいのだろうか？　その構造的局限性をいわゆる制度欠陥として如何に理解すべきか？　〝常態政体〟と見るべきなのか、転型の真っただ中にあり、とって替わられる政体ではないのか？　あるいは、ウォマック（Brantly Womack）の述べるように、党・国家体制は西側の自由民主制とは異なる新たな民主類型へと発展することができるであろうか（Womack［1989］）？　これらの問いは、開放性の問題領域にあるものと看做し、経験過程の中で不断に探索と検証を行うべきものと考えたい。ある種の先見的価値に基づき、抽象的な断定を行うことは、人々の真実を見つめる目を失わせることとなろう。

［菱田雅晴　訳］

＊本稿は、一連の奇遇と合作の結果として生まれたものである。まずは、米国ボストン大学のフュースミス（Joseph Fewsmith）教授に感謝したい。二〇〇五～二〇〇六年、筆者はフルブライト奨学金により、訪問学者としてコロンビア大学東アジア研究センターに滞在したが、当時、フュースミス教授は、ハーバード大学費正清研究センター主任のマックファーカー（Roderick MacFarquhar）教授の委託により、同東アジア研究センターで一連の中国政治講座を主宰していた。筆者は、二〇〇六年三月、招聘の栄に浴し、特別講義を行うこととなったが、本稿の標題および核心的内容は同講義で確定されたものである。また、二〇〇九年十月には、菱田雅晴・法政大学教授の招聘を受け、日本アジア政治経済学会の全国大会で本テーマによる特別報告を行ったが、同学会後、菱田教授から同報告内容を文章化し、正式論文としては、との委嘱を受けた。もし、これらの奇遇と幇助がなかったならば、おそらく本稿は依然として胚胎段階にとどまっていたであろう。ここに、フュースミス教授ならびに菱田教授に深甚の謝意を表する次第である。あわせて、本稿作成過程において多大のご協力を賜った蘇哲氏にも感謝したい。

〈注〉

（1）サルトーリ（Giovanni Sartori）は、『政党と政党体制』で政党体制分類の角度から、党・国家体制を定義しているが、今日に至るまで、それは特定類型の権威主義政体を描写する名称となっている。中国語でも、〝党国〟という詞は国民党統治時期を想起させるもので、中国共産党は、国民党の一党専制に反対してきたことから、中国共産党のディスコース世界にあっては、貶義の色が最も濃い。共産党が政権奪取後も党国体制の論理を、党政関係であれ、党と国家との構造的関係であれ、脱していないことは、国民党体制と驚くほどの類似した側面（党国の結合程度は勝るとも劣らないと言えよう）があるが、歴史的機縁から、〝党国〟は依然として貶義語である。これを避けるべく、中国国内には〝政党・国家体制〟なる語句を用いる傾向がある。より適当な術語が見出されないところ、筆者は経験研究の意義から当該句を用いることとし、ウェーバーの「官僚制」と同様にこれを学術的意味合いでの中性的な表現と看做している。

（2）中国において、中国共産党に関する研究は、学術領域と政治諮問の両者を兼ね備えた領域であり、そこで用いられる多くの術語は、学術的意義を持つのみならず、政治生活で普通に用いられることばでもある。〝党の組織建設〟という語句がまさにそれである。研究テーマの切実性への考慮から、本章では、党組織が如何に建設されているのか、および党員が如何に吸収されているのかという二つの面に集中して分析を行う。組織建設の〝技術〟という側面を強調するのは、経験的研究としてそれが比較的操作性が高いからである。ただし、この執筆方針は、それが重要ではないとか、マクロ的意義に欠けるといったことを意味するものではない。周知の通り、組織技術とは、レーニン主義政党の建党原則の中でも核心的地位を占めるもので、当時のロシアのボルシェビキとモルシェビキの分岐はこの核心問題をめぐって展開されたものであった。中国にあっては、おそらく、歴史的伝統と社会的背景から、この重要性は遥かに突出している。

（3）改革開放以来、中国共産党の基層組織の生存環境には重大な変化が発生しており、われわれの分析テーマからいえば、最も重要な変化とは、第一に、計画経済から市場経済への転型、第二に、村民自治を主体とする基層民主政治の発展の二者である。この二つの変化は、党の基層組織建設に対し、市場化、多元化、民主化の三重の挑戦をもたらし、そして〝吸収〟、〝浸透〟、〝転型〟が、中国共産党が採用したところの対応技術であった。ただ、中国共産党が組織建設面で直面する挑戦とは、必ずしもこれら三側面のみにとどまらないところから、これら三種の組織技術の検討はすぐれて選択的だという点は指摘しておかねばならない。例えば、改革開放の過程で、中国共産党がまず最初に遭遇したのは、政府／行政の理性化の挑戦であった。すなわち、長期にわたって形成された〝紅と専〟の関係をめぐる陥穽から、新たな歴史的条件下で如何にして抜け出すか？　幹部養成の〝四化〟および退職幹部政策をこの挑戦に対する対応戦略と看做すことができるのか？　公務員制度の制定はこの転型の成功の象徴と看做すことができるのか？　また、国営企業において、党組織と企業管理系統との関係を如何に処理すべきかは、多くの論争を引き起こしており、この二つの系列の一体化、兼職による衝突の回避、現代企業制度の建設、すなわち、董事長とCEOの職責区分によるこの伝統的難題の解決、等々である。したがって、この三種の視角から検討を行うのも、われわれの認識における適応性問題はさらに強い啓示性を持っているからである。

（4）研究方法として筆者が採用しているのは、経験的現象に基づく一種の類型学である。本章が分析を行おうとする問題からすれば、この方法は、データ面の精確性には欠けるにせよ、基本的なコンテクストを提供することができる。

（5）第十三回党大会報告は、初めて私営経済（私営企業）の発展を認めた。一九八八年四月、第七期全国人民代表大会第一回会議は、憲法修正案を採択し、一一条は「国家は法律の規定する範囲における私営経済の生存、発展を認める。私営経済は社会主義公有制経済の補充である。国家は、私営経済の合法的権利と利益を保護し、私営経済に対する指導、監督、管理を行う」と規定している。一九八八年六月の国務院『中華人民共和国私営企業暫定条例』では、私営企業は企業資産が私人による所有に属し、雇傭労働者が八人以上の営利性経済組織と規定されている。このため、法律面において、私営経済の社会主義所有制構造における合法的地位が確立されたものと確認することができる。

（6）中国における私営企業の発展に関しては、張厚義［1999］などを参照のこと。

（7）この問題をめぐる中国共産党の立場は変化している。陸偉［2008］参照のこと。

（8）個体私営経済（個体工商戸）と私営企業はともに非公有制経済の範疇に属するが、入党問題では、中国共産党が採用した態度はそれぞれ異なる。個体工商戸に対しては、その他労働者と同一視していた。一九八一年十月十七日、中共中央・国務院は「門戸を広げ、経済を活性化し、都市の就業問題を解決するための若干の問題」を採択し、「個体労働者はわが国社会主義の労働者である。彼らの労働は、国営、集団企業の職工と同様であり、ともに社会主義建設に必要で、光栄あるものである。彼らの政治社会的地位は、国営、集団企業の職工と同じものと看做されるべきである。その中の先進分子で、党員、団員の条件に符合するものは、党規約、団規約に照らし、入党、入団させることができる」と定めた。

(9) 瀋陽市の劉希貴、徐基珠の二名の私営企業家が、私営企業家の身分故に入党を拒否された。二人の入党申請に至る特殊な経歴から、「百万富翁の入党風波」(『半月談内部版』一九八九年第六期)と報じられ、社会各界に激しい反応を引き起こした。

(10) 中共中央「関于加強党的建設的通知」(一九八九年八月十八日)を参照されたい。興味深いことに、同通知は「すでに入党した私営企業家は、模範的に国家の政策法令に従い、法に基づく経営と規定に則った納税を行うほか、党の理想、宗旨を堅持し、党員たる義務を厳格に履行し、自覚的に党組織の監督を受けねばならない。企業の所得分配面では、経営管理者としての当然得るべき所得を受け取り、企業の税引き後利潤の絶大部分を生産発展基金として用い、社会の財富を増加させ、公共事業を発展させるべきで、労働者には平等に接し、労働者の合法的権益を尊重しなければならない。これができなければ、党員とはなり得ない」と指摘している(同通知 四五六頁)。

(11) これをめぐる論争の背景などに関しては、劉強 [2009] を参照のこと。

(12) 中央が対応を決定する前の段階で、省レベルの調査研究が重要な機能を果たした。一九八九年浙江省党委員会統一戦線部副部長、浙江省工商連党組書記の夏益昌を組長とする「浙江省非公有制経済情況課題組」が全省の調査研究を行い、『浙江省企業サンプル調査データ分析』と題する報告書を作成しているが、これは浙江省の私営企業家グループにおける党員数という当時かなり微妙な問題に言及した最初のレポートである。上級の浙江省党委員会に報告され、張徳江・浙江省書記(当時)の「このサンプル分析は参考とすべき価値あり」と注目するところとなり、まさしくこの報告故に、私営企業家の入党問題に対する中央の関心を集めることとなった。二〇〇〇年五月、胡錦濤、江沢民が前後して浙江省の民営企業の党建工作を視察し、江沢民は浙江視察時、私営企業七社を視察、党建をテーマとした調査研究を行っている(二〇〇二年十二月四日付『中華工商時報』)。

(13) 二〇〇二年の第十六回党大会報告は、この点を「党の綱領、規約を承認し、党の路線、綱領を自覚し、長期の観察により、党員たる条件に符合するその他社会階層の先進分子を党内へと吸収することで党の全社会における影響力と凝集力を増強しなければならない」と肯定している。

(14) 中共中央組織部〝関于進一歩做好新形勢下発展党员工作的意見〟(二〇〇四年六月二十九日)参照のこと。私営企業

家の入党情況に関してまとまったデータはないが、さまざまな見方があり、十七回党大会後、私営企業家の入党者数は激増していると見る向きがある。二〇〇八年初段階で「私営企業家の政治的プロフィルとしては中国共産党員の三二・二パーセントを占める」とされ、全国工商連の副主席程路の紹介では、近年来私営企業家中の党員比率は逐年増加しており、所有制改訂にともなう党員企業主の加入が主要原因であり、うち九〇パーセント以上が企業創設前から党組織に加入していたという。他方、これに相反するデータもあり、二〇〇二年段階で全国の党員私営企業家数は四〇万人に満たず、六六〇〇万人の党員総数のおよそ〇・六パーセントで、うち九五パーセント以上がビジネスに「下海」する以前から党員であり、実際のところ、文字通り、私営企業家の身分で中国共産党に加入したものは微々たるものである。「現在全国には私営企業家がおよそ一七〇万人おり、うち七〇パーセントほどが元々中国共産党員である」（楊進強［2001］）。

(15) 中国の単位制度に関する研究としては、路風［1989,1993 および 1994］ほか参照のこと。

(16) 改革開放以来の中国における社団の発展に関する研究としては、王韶光・何建宇［2004］参照のこと。

(17) 下述は、中国共産党の非公有制企業における党建を行う理由、目標を比較的系統的に述べているものと思われる。「中国境内の非公有制企業において党組織を設置し、党活動を展開することは、わが党の指導的地位、執政地位を決定するものであり、また非公有制経済の健康な発展を引導、保証する必然的な要求である。われわれは強烈な執政意識と占領陣地の意識により、気宇壮大に党の大旗を挙げ、旗幟鮮明に各種の所有制経済組織、特に非公有制企業における党の建設活動を展開しなければならず、躊躇しつつこそこそと自信なさげに行うのではなく、況してや私営企業主の顔色をうかがったりしてはならない」「経済建設のあるところ、すべてに党組織が設置されるべきことを指導思想として、党組織設置の空白点をなくし、党の工作範囲を拡大し、党建工作と経済建設の同時推進を実現することで、新たな情勢下で『支部を連隊の上に設置する』という党建設の目標に達することができる」（中共江蘇省委組織部課題組［2003：62-63,68］）。

(18) 注意を要するのは、私営企業に党組織を設置することと私営企業家の入党許可とは同じではない点である。「私営企業における党工作の強化と私営企業家の入党許可を混同してはならない。私営企業における党工作の強化とは、主に、党規約の規定に従い、これら企業に党組織を設置することであり、これら企業の特性から出発し、党活動を展開し、これらの企業の健康な発展を促進することである」（虞雲耀中央組織部副部長（当時）一九九五年）

(19) 以下の叙述は、中共浙江省委組織部調研室［2009］による。

(20) 例えば、第十三回党大会報告（一九八七年十月）、中共中央『党建設の強化に関する通知』（一九八九年八月）および宋平・中央組織部長（当時）の全国先進基層党組織優秀党務工作者表彰大会における講話（一九八九年九月二十日）では、こうした言及は一切ない。注意を要するのは、中共中央・国務院『門戸を拡げ、経済を活性化し、都市就業問題の解決に関する若干の決定』（一九八一年十月）では、「集団経済および個体経済に従事する人員のうち、必要に応じて、一歩一歩、党、団組織を設置する」と指摘されている点である。これは、中国共産党が政策志向面で個体戸と私営企業を決して同列視しているわけではないことを示している。

(21) 改革開放三十年来の実践を、斯鑫良・浙江省党委員会組織部長は以下のように総括している。「三十年来、非公有制経済組織における党建設は豊かな成果を挙げるとともに平坦ならざる探索の歴程を歩んだ。当初は、党組織建設を行うべきではないとの意見もあったが、非公有制経済の発展により、党組織建設が企業の健康な発展に有利と看做されるようになり、当初の私営企業家の入党禁止も、私営企業家が中国の特色ある社会主義事業の建設者として承認され、うち優秀な分子については入党の大門を開くまでに至った。また、企業党組織の機能への曖昧な位置付けも、第十六回党大会党規約では非公有制企業の党組織の具体的な職責任務に関して明確に規定された。党組織の普及拡大の一面的強調から組織拡大と組織機能の発揮の両者の重視へと変わり、私営企業家における党組織設置への無理解から、企業家自身が積極的に党組織設置を求めるまでにさまざまに変化した。非公有制経済組織の党建工作は、実践の度毎に深まり、認識の深化、理論的概括に豊富な養分となった。理論的な突破を行う度に実践のための新たな空間が拡がり、党建工作水準の不断の向上がもたらされた」（斯鑫良［2009］）

(22) これは、一九九七年の第十五回党大会と鮮明な対比をなす。第十五回党大会報告はこの点の言及はない。

(23) この変化の意味するところには専門的分析が行われている。「〃新社会組織〃という概念の提起は、新社会組織の重要な作用を党が次第に認識するようになったことを示している。新社会組織が生まれたのは九〇年代初であるが、党全国代表大会報告に登場するのはようやく二〇〇七年段階である。この過程で、中国共産党は、そのほかさまざまな概念を用いてきた。一九九三年の党第十四期三中全会では〝市場仲介組織〟という表現が用いられ、続く一九九七年の第十五回党大会では〝社会仲介組織〟、一九九九年には〝民間組織〟という表現が用いられ、最後にようやく二〇〇四年および二〇〇七年の〝新社会組織〟に辿り着いた。こうした表現の変化は中国共産党のその作用に対する認識の深化を表明している」（厳宏［2009］）

(24) 最近の事例としては、二〇一〇年一月二十九日、習近平・中共中央政治局常務委員、中央書記処書記、国家副主席、中央学習実践科学的発展観活動領導小組組長が北京で新社会組織の科学的発展観学習実践活動を視察しているが、習近平は、新社会組織の党建設を強化することは本（科学的発展観）学習実践活動の第三の重要目標であると強調した。各地の各単位は、この学習実践活動という得難い機会を摑まえ、困難を克服し、新社会組織の党建工作の不断の進展と成果を推進しなければならない。新社会組織の党建工作をしっかり摑み、新社会組織党建工作責任制を着実に実行し、新社会組織における党組織管理体制をうち立て、新社会組織党組織が作用を発揮する有効な途を積極的に探索し、党員隊伍の建設を強化し、新社会組織党建工作の科学化水準を不断に向上させなければならない」（新華網、一月二十九日電、呉晶記者　http://news.sina.com.cn/c/2010-01-29/210319576940.shtml）

(25) この面の論述としては、Wang Shaoguang［2009］、王紹光［2008］、牛昊天［2008］を参照のこと。

(26) このテーマを最近西側の研究者は重視しつつあり、Sebastian Heilmann（＝韓博天）の一連の著作を参照のこと（Heilmann［2008a］（同中文版は、韓博天［2008］）、［2008b］、［2009］）。

(27) これは、異なる観点を持つ左派系雑誌（例えば、『真理的追求』、『当代思潮』、『中流』）を組織的手段により、閉鎖させたことに集中的に体現されている。

(28) 私営企業家の入党に肯定的な石仲泉は「こうした認識問題は過度に単純化されたきらいがある。白猫黒猫論は経済発展に関するもので、国家の発展政策に属するが、入党の可否は白猫か黒猫かではない。入党とは共産党員としての標準を備えていなければならず、そのため紅猫でなければならず、この二つの問題は混同してはならない。さもなくば、先鋒隊なぞと言えるだろうか。共産党と言えるだろうか。入党とは紅猫のみである」と躊躇なく述べている（石仲泉・袁尉・黄一兵［2002］）。こうしたプラグマティズム（実用主義）も吸収対象のゲーム規則だという点は指摘しておかねばならない。サンプル調査によれば、入党を求める根本原因は、党の基層組織とは、ヒト、カネ、モノを支配する権力を備えた機構であり、政策を執行するのみならず、地元の政策執行情況を適宜調整する機構だからという点にある。党の政策は私営経済の発展を促進すると同時にその不法経営を制限する規定もある。私営企業家の入党とは、ヒト、カネ、モノの支配権を得る上でかなり役立ち、現地の政策をある程度左右する力も掌握することができる」（浙江省工商連非公有制経済情況調研課題組［2000］）

(29) 林尚立は、中国の全体性と党組織の全社会に対する有効な統合とは密接に相関するものと見ている。万を超える党の組織によって構成される党の組織ネットワークは、中国のような超大規模な社会を凝集、統合するのみならず、党の中国社会への指導、執政を有効に支えている。党の組織は、中国共産党が人民革命を指導し、執政を行う根本的力の所在であり、その組織化程度と組織水準は党の領導能力と執政能力を直接決定する（林尚立［2002：6］および林尚立［2006：5］）。

(30) 中国の基層政治には二つの重要な術語がある。一つは「基層政府」であり、憲法上の地位としての郷鎮政府で中国の地方国家機関の最も底部でその下には村民委員会（都市部にあっては社区）が設置され、その間の関係は「郷政村治」という表現で示される。もう一つが「基層政権」であり、郷鎮政府のみならず、村民委員会（および村のその他組織）を含む。もし、「郷鎮政府」という場合には、それは法律用語であり、「基層政権建設」は政治術語である。ここからも、村民委員会組織が中国の政治体系にあって占める特殊な地位と重要性が理解されよう。

(31) 東錦［2008］参照のこと。精確な全国データに欠ける情況にあっては、各地のさまざまな段階の統計資料に依拠せざるを得ない。例えば、二〇〇三年浙江省民政部門が批准した八〇〇〇社余の民弁非企業中では党組織を設置したものは三二一社、全体の四パーセントを占め、北京市の二〇〇六年登録済会計事務所の三分の二では党支部未設置ないし党員不在である。二〇〇七年に至っては、江蘇省鎮江市の登記済の新社会組織一一八八社で、党の基層組織が設置されているのは八七社（うち党総支部は四社、連合支部一九を含めた党支部設置は八三社）、党組織が覆う範囲は計二五三社に及ぶ。蘇州市に属する社会団体中、単独で党組織を設置したのは一八社、党組織の連合設置は九七社で総数の二六・五パーセントに及ぶ（厳宏［2009］）。このほか、二〇〇六年末段階、全国の総計七万一九八五の社会団体中、総数の一一・七パーセントで党組織が設置されている（劉雅文［2008］）。全体としていえば、経験的観察を進めることが求められている。

こうしたデータ数値が人々に与える印象は楽観できるものではないが、以下のような一連の数値からは逆のイメージが浮かび上がる。二〇〇七年全国党建研究会が、上海、江蘇、湖北、湖南、広東、青海、瀋陽、大連、青島、厦門など一〇省市の新社会組織中の弁護士事務所、登録会計士事務所を対象に党建工作調査を行った。これら一〇省市の情況は、二〇〇七年六月末現在、三八〇〇の弁護士事務所中、党組織を設置したのはおよそ二三〇〇カ所、全体の五九パーセントを占め、六万人余の従業員中、党員は一・四万人余で二三パーセントを占める。一三〇〇社の登録会計士事務所では、党組織は五〇〇社余に設置され、全体の三九パーセントを占め、五・七万人余の従業員中の党員は七五〇〇人余と全体の一三パーセントを占めている（「人民日報」二〇〇八年四月九日）。

（32）曹正漢の考察によれば、一九九〇年代初期から、温州市の各地政府は民営企業への党組織設置に着手し、企業への統制および企業発展の促進の手段として、例えば瑞安市は一九九二年類似の規定を策定している。この現象はかなりの程度地方政府自身の自己探索であり、二〇〇〇年一月、中共浙江省委員会は『非公有制企業の党建工作強化に関する若干の意見』を発出し、条件に符合する非公有制企業は党規約の定めるところに従い党組織を設置することを明確に要求した。曹は、それまでの温州の民営企業の党組織建設が主として温州地方党委員会と民営企業の共同推進の結果であったのに対し、これ以降展開された党建工作は、民営企業の自発行為と地方党委員会のそれぞれの探索ではあり得ず、地方党委が必ず行うべき工作にして民営企業が必ず受け入れるべき党の原則となり、民営企業の党建が大きな流れとなったと分析している（曹正漢［2006：127-128］）。

（33）同上　曹正漢［2006：82-83］

（34）これに対し、党建研究者の王長江は、「実際情況からすれば、大多数の地方、部門は、中央の要求に基づき、条件に符合する企業では党組織を設置し、党工作の〝カバー領域〟問題を解決しているが、その位置付けという問題は必ずしも解決できていない。所有者としての企業董事長が企業を代表して責任者となる党組織もあり、実際上は所有者利益を実現する道具ともなっている」と指摘している（王長江［2008］）。
(35) これに関しては、康暁光・韓恒［2005］および Yanqi Tong（童燕斉）［1994：334］参照のこと。
(36) この面の新たな研究としては、郁建興ほか［2008］参照のこと。
(37) こうした方面の代表的な観点として林尚立［2005］がある。また、筆者自身も中国語環境下での「国家社会関係」、「党政関係」の二つの範疇の間の緊密な関係を論じている（景躍進［2005］）。
(38) 現在ホットイシューとなっている「党内民主」は注目に値する問題である。これに関して中国の学術界には、二つの異なる観点があり、一つは公式的色彩の濃いもので、現有の構造的枠組内で民主集中制の優れた伝統を発揚すべきと主張するが、ここでは、民主とは基本的に工作作風のレベルに限定されている。第二の視点は、ある突破を目指すもので、党内に競争的選挙の導入、とりわけ最高指導者の後継問題では、かつての毛沢東、鄧小平のようなカリスマ型リーダー不在の情況下、党内のハイレベルの民主選挙により、最高権力の交替という問題を解決すべきだとして、党員権利（義務本位ではなく）を尊重し、党全国大会（政治局ではなく）を最高権力機関とするという主張である。高放がこの面の代表人物である（高放［2006］）。明らかに、現在の情況では、第一種の主張は体制エリートからの支持を集めるであろう。学術研究という角度からは、レーニン主義政党内部で実施する党内民主と一般の意味での民主とは異なり、これは〝民主集中制〟という言葉の変遷の歴史が証明している。いったん第二レベルの党内民主を行うならば、名称と組織こそ残したにせよ、厳格な意味でのレーニン主義政党はもはや存在しなくなる。
(39) こうした方面の著述は数多く、例えば、Pei Minxin［2006］、Chang［2001］等々がある。
(40) 朱雲漢の観点に関しては、Yun-han Zhu［2008］参照のこと。これとは相反して、コロンビア大学の中国専門家、Andrew Nathan（黎安友）教授は、この種の自己転型は不可能だと立論している（同書、第二章）。
(41) この方面に関連した立場として、Andrew Nathan［2003］および David Shambaugh［2008］参照。
(42) 古代ギリシャから現在に至るまでの西側政体の分類学説を見れば、①区分に際しての標準として客観と価値の統一（例えば、アリストテレスの統治者数と目的による政体の六分類）から普遍的価値（人民主権）への収斂、②政体類型の多元性から民主政体と非民主政体の二元対立へという二つの明らかな変化の趨勢が見出せる。この二つの趨勢の間に存在する内在的連係は、〝政体分類の価値化〟と〝価値標準の一元化〟として概括することができる。注意すべきなのは、〝民主政体〟と〝非民主政体〟の二分対立は形式面の均衡性をもつのみであって、実質的には非均衡的だという点である。なぜならば、真に境界を定め得るのは民主政体であり、その他政体は、それらの間に如何に大きな差異があろうとも〝非民主政体〟と一括して取り扱われるからである。ロバート・ダールの〝覇権政体〟であれ「民主化の波」で流行した〝権威体制〟であれ、いずれもこの概念の産物である。この意味では、民主政体と権威体制の区分は、文化研究における〝西側〟と〝非西側〟の区分にも類似している。〝西側〟は主導的地位にあり、〝非西側〟とは否定の意味（西側ではない）で添え物として記述されるにすぎない。もし、〝非西側〟を真に了解しようとするならば、この概念を脱構築する必要があり、そこに含まれる巨大な差異の中から、それぞれ相異なる各地域の文化的特質（例えば、インド文化、儒教文化圏、アフリカ文化など）を区分しなければならない。これと同様に、筆者は中国政治を真に理解するためには、権威主義体制という概念に含まれる〝偏見〟（外部からの価値判断に傾きがち）を解き放ち、中国政治を〝主体〟として取り扱おうと考える。本文は、権威主義体制に代替する概念として〝党・国家体制〟を用いようとしたものである。これは、権威主義を全否定するものではなく、中国政治を研究対象として突出して理解しようとする本位意識である。経験的にいえば、党・国家体制という語はより現実にフィットし、より多くの分析データを提供することができる。ある特定の体制類型として、党・国家体制そのものには数多くの下位分類が可能であり、これらと民主体制との関係も複雑である。党・国家体制概念が中国政治研究に対して持つ意義およびそこからもたらされる多くの分析的問題に関しては、筆者は専門的論攷を別途準備している。

〈参考文献〉

・Dickson, Bruce J. [1997] *Democratization in China and Taiwan: The Adaptability of Leninist Parties,* Oxford University Press, Inc., New York.
・——— [2003] *Red Capitalists in China: The Party, Private Entrepreneurs, and Prospects for Political Change,* Cambridge University Press.
・Chang, Gordon [2001] *The Coming Collapse of China,* New York: Randon House.
・Heilmann, Sebastian（韓博天）[2008 a]："Policy Experimentation in China's Economic Rise," in *Studies in Comparative International Development,* Vol. 43, No. 1（March 2008）.
・——— [2008 b] "From Local Experiments to National Policy: The Origins of China's Distinctive Policy Process," in *The China Journal,* No. 59（Jan. 2008）: 1-30.
・——— [2009] "Maximum Tinkering Under Uncertainty: Unorthodox Lessons from China," in *Modern China,* Vol. 35, No. 4（July 2009）.
・Li, Lianjiang [1999] The Two-Ballot System in Shanxi Province: Subjecting Village Party Secretaries to a Popular Vote, *The China Journal,* No. 42,（July 1999）.
・Nathan, Andrew [2003], Authoritarian Resilience, in *Journal of Democracy,* Vol.14, No.1, 2003.
・Pei Minxin [2006] *China's Trapped Transition: The Limits of Development Autocracy,* Cambridge: Harvard University Press.
・Sartori, Giovanni [1976] *Parties and Party Systems: A Framework for Analysis,* Cambridge University Press, N.Y.
・Shambaugh, David. [2008] *China's Communist Party: Atrophy and Adaptation,* Woodrow Wilson Center Press, and Univ. of California Press.
・Tong, Yanqi（童燕斉）[1994] "State, Society, and Political Change in China and Hungary", *Comparative Politics,* Vol.26,

No. 3（April 1994）.
・Wang Shaoguang［2009］"Adapting by Learning: The Evolution of China's Rural Healthcare Financing," in *Modern China,* Vol. 35 No. 4（July 2009）.
・Womack, Brantly［1989］"Party-State Democracy: A Theoretical Exploration." *Issues and Studies,* 25:3（March 1989）, pp. 37-57.
・――――［2004］Party-State Democracy and the Three Represents: A Theoretical Perspective, conference paper, 中国人民大学国际关系学院政治学系、中国选举与治理网编印、《〝政治文明与中国政治现代化〟国际研讨会论文汇编（3）：社会转型的政治空间》二〇〇四年六月、北京。
・Zhu, Yun-han.［2008］Chapter 16, in Cheng Li ed., *China's Changing Political Landscape: Prospects for Democracy,* Washington, DC: Brookings Institution Press.

・白钢［2001］『〝两票制〟：作为民主模式的选择』白钢、赵寿星「选举与治理」、中国社会科学出版社。
・曹正汉［2006］『从借红帽子到建立党委：温州民营大企业的成长道路及组织结构之演变』张曙光、金荣祥（执行）主编「中国制度变迁的案例研究」（第五集／浙江卷）、中国财政经济出版社（北京）／浙江大学出版社（杭州）。
・董宏君［2008］记者董宏君访谈全国党建研究会副秘书长、研究员李平安：『新社会组织党建、该如何破题』二〇〇八年四月九日「人民日报」。
・高放［2006］『党内民主是民主执政的首要关键』「中国政治体制改革的心声」重庆：重庆出版社（「聊城大学学报」（社会科学版）、二〇〇五年第六期）。
・虞云耀［1995］、『不能吸收私营企业主入党』「党建研究」一九九五年第九期。
・韩博天［2008］『中国经济腾飞中的分级制政策试验』「开放时代」、二〇〇八年第五期。
・江泽民［1992］『在全国组织部长会议上的讲话』（一九八九年八月二十一日）、中共中央文献研究室编「新时期党的建设文献选编」北京：人民出版社。

・江泽民［1992］『加快改革开放和现代化建设步伐夺取有中国特色社会主义事业的更大胜利』一九九二年十月十三日「人民日报」。
・———［2002］『全面建设小康社会、开创中国特色社会主义事业新局面』二〇〇二年十一月九日「人民日报」。
・景跃进［2001］『选举：村庄传统权力结构的裂变』「中国社会导刊」二〇〇一年二月号。
・———［2004］「当代中国农村『两委关系』的微观解析与宏观透视」北京：中央文献出版社。
・———［2005］『党、国家与社会：三者维度的关系——从基层实践看中国政治的特点』「华中师范大学学报」二〇〇五年第二期。
・康晓光、韩恒［2005］『分类控制：当前中国大陆国家与社会关系研究』「社会学研究」二〇〇五年第六期。
・李路路ら［1994］『中国的单位现象与体制改革』「中国社会科学季刊」（香港）一九九四年（总第六期）。
・林尚立［2002］『集权与分权：党、国家与社会权力关系及其变化』陈明明主编、「革命后社会的政治与现代化」（「复旦政治学评论」第一辑）上海：上海辞书出版社。
・———［2006］『组织创新：党的先进性建设的战略任务』「党政论坛」二〇〇六年四月号。
・———［2005］『执政的逻辑：政党、国家与社会』刘建军、陈超群主编「执政的逻辑：政党、国家与社会」（复旦政治学评论第三辑）上海辞书出版社。
・林炎志［2001］『共产党要领导和驾驭新资产阶级』「真理的追求」二〇〇一年第五期。
・刘强［2009］『新中国成立以来关于私营企业主入党问题的四次论争』「南京师大学报（社科版）」二〇〇九年第四期。
・刘雅文［2008］『辽宁新社会组织党建经验的调查与思考』「黑龙江省社会主义学院学报」二〇〇八年十二月第四期。
・路风［1989］『单位：一种特殊的社会组织形式』「中国社会科学」一九八九年第一期。
・———［1993］『中国单位体制的起源和形成』「中国社会科学季刊」（香港）一九九三年十一月（总第五期）。
・陆伟［2008］『中国共产党对私营企业主入党问题曲折探索的历史考察』广西纪念改革开放三十周年理论研讨会筹备组编「坚持改革开放、推动科学发展——广西纪念改革开放三十周年理论研讨会文集」（下）南宁：广西人民出版社。
・牛昊天［2008］『〝中共中央政治局集体学习〟的实证研究』中国人民大学国际关系学院硕士论文（北京）。

・石仲泉、袁尉、黄一兵［2002］『关于优秀企业主入党问题的调查』「中共党史研究」二〇〇二年第三期。
・束锦［2008］『江苏省新社会组织党建工作问题及对策研究』「探索」二〇〇八年第二期。
・索延文［2003］『社会仲介组织的崛起与壮大：执政党面临的一个重大政治课题』（上篇）中央编译局马克思主义与现实杂志社编（李惠斌、薛晓源主编）「中国调查报告：社会经济关系的新变化与执政党的建设」北京：社会科学文献出版社。
・王绍光［2008］『学习能力与中国改革的内在追求』「21世纪经济报道」（二〇〇八年十二月九日）。
・王长江［2008］『论温州非公有制企业党建实践的普遍意义』「非公企业党建」创刊号（二〇〇八年）。
・王韶光、何建宇［2004］『中国的社团革命』「浙江学刊」二〇〇四年第六期。
・斯鑫良［2009］『深化认识、总结规律、不断推进非公有制经济组织党建工作研究』「非公企业党建」二〇〇九年第一期。
・严宏［2009］『近年新社会组织党建研究述评』、「学习论坛」二〇〇九年十一月第二五卷第十一期。
・――［2009］『解读党建研究话语中的〝新社会组织〟』「理论学刊」二〇〇九年第十一期（总第一八九期）。
・杨进强［2001］『近期关于私营企业主入党问题的一些观点』「求是・内部文稿」二〇〇一年第六期。
・余维良［2002］『〝两票制〟选举的产生――关于山西省河曲县创建村民自治模范县的回顾』刘亚伟编「无声的革命：村民直选的历史、现实和未来」西安：西北大学出版社。
・郁建兴等人［2008］「在参与中成长的中国公民社会：基于浙江温州商会的研究」浙江大学出版社。
・郁建兴［2009］『在西方范式与本土经验之间：郁建兴等的温州商会研究经历的方法论启示』「中国社会科学辑刊」二〇〇九年九月（秋季卷）总第二八期、复旦大学出版社。
・张厚义［1999］『又一支异军在突起――改革开放以来私营经济的再生与发展』张厚义、明立志主编「中国私营企业发展报告（一九七八－一九九八）」北京：社会科学文献出版社。
・浙江省工商联非公有制经济情况调研课题组［2000］『浙江省一九九九年私营企业抽样调查数据及分析』「浙江学刊」二〇〇〇年第五期。
・中共中央办公厅与国务院办公厅［2002］「关于进一步做好村民委员会换届选举工作的通知」「人民日报」二〇〇二年八月十八日。

・中共中央［1992］『关于加强党的建设的通知』（一九八九年八月十八日）、中共中央文献研究室编「新时期党的建设文献选编」北京：人民出版社。
・中共中央［2009］『关于加强党的建设几个重大问题的决定』（中国共产党第十四届中央委员会第四次全体会议一九九四年九月二十八日通过）二〇〇九年九月二十八日「人民日报」。
・中共江苏省委组织部课题组［2003］『所有制结构调整与变化对党的建设的影响及思考』中央编译局马克思主义与现实杂志社编（李惠斌、薛晓源主编）「中国调查报告：社会经济关系的新变化与执政党的建设」北京：社会科学文献出版社。
・中共浙江省委组织部调研室［2009］『我们身边的改革开放：非公有制企业党建工作发展历程』「非公企业党建」二〇〇九年第一期。
・「中共中央组织部、民政部关于在社会团体中建立党组织有关问题的通知」［1998］（组通字一九九八年六号、一九九八年二月十六日发布施行）。
・中共中央组织部［2000］「关于加强社会团体党的建设工作的意见」（中组发、二〇〇〇年一〇号、二〇〇〇年七月二十一日）。
・「中共中央组织部、民政部关于在社会团体中建立党组织有关问题的通知」［1998］（组通字一九九八年六号、一九九八年二月十六发布施行）。
・中共中央［2009］『关于加强党的建设几个重大问题的决定』二〇〇九年九月二十八日「人民日报」。
・「中国共产党章程」［2007］「中国共产党章程汇编：从一大到十七大」北京：中共党史出版社。
・中共江苏省委组织部课题组［2003］、『所有制结构调整与变化对党的建设的影响及思考』中央编译局马克思主义与现实杂志社编（李惠斌、薛晓源主编）「中国调查报告：社会经济关系的新变化与执政党的建设」北京：社会科学文献出版社。
・『〝私营企业主可以入党〟源于商会一份调研报告』［2002］二〇〇二年十二月四日「中华工商时报」。
・「百万富翁的入党风波」［1989］「半月谈内部版」一九八九年第六期。

第二部　制度の中の党

——制度分析

第五章　経済発展、地方政府のガバナンスと中国共産党

加藤　弘之

一、はじめに

改革開放後の中国は、共産党の一党独裁体制下で高度成長を実現してきた。高度成長の最大の要因は、改革開放がもたらした市場経済化（経済システムの改革と対外開放）の進展に求めることができる。しかし、市場経済化を単なる規制緩和と捉えたり、反対に共産党による「開発独裁」が成功の要因と捉えたりすることは、いずれも中国の実態の一側面を切り取ったにすぎないと思われる(1)。

本章は、改革開放後の中国に独自のインセンティブ・メカニズムを内包した経済システムが形成され、それが高度成長を下支えしたとする考えに基づき、そのメカニズムの特徴を、地方政府と党のガバナンスのあり方に焦点を当てて分析する。

本章の構成は以下のとおりである。第二節では、中国にいま存在している経済システムの特徴を整理する。第三節では、地方政府のガバナンスにおける中国的特徴を歴史的伝統に遡って説明し、その優位点と問題点を整理する。第四節では、地方政府のガバナンスに深く影響する共産党の「一把手」（総責任者）体制と、幹部の評価・選抜方式の特徴と問題点を議論する(2)。第五節では、経済至上主義からの転換を模索する中国の試みを検討する中で、移行期に適合した地方政府・党のガバナンスのあり方を議論する。

二、経済システムの三つの特徴

いま中国にある経済システムとはどのようなものだろうか。中国が一九九三年以来公式的見解としている「社会主義市場経済システム」の三本柱は、①現代的な企業制度の確立、②間接的なマクロ・コントロールの確立、③全国統一した国内市場の形成である。この三点を見る限り、欧米や日本の資本主義との差異を見出すことは難しい。したがって、少なくとも中国が目標モデルに掲げた「社会主義市場経済システム」は、資本主義の一形態と考えるのが妥当だろう。いま中国にある資本主義の特徴は以下の三点にまとめることができる（加藤・久保［2009］）。

第一の特徴は、政府が強大な権限を保持して、直接、間接に市場に介入していることである。改革開放以来、中国が進めてきた市場経済化は、言うまでもなく政府の経済への介入をしだいに減らしてゆく過程に他ならない。計画経済システムが政府介入の最も著しい体制だとすれば、政府の直接介入を減らし、市場を通じた調整が増えたという意味では、市場経済化は政府介入の度合いを低めたといえる。しかし、だからといって政府が支配する資源が減少したことにはならない。経済規模が改革開放以前と比較して何十倍、何百倍に増えた今日、政府が支配する資源の絶対規模はむしろ増大したのである。

例えば、中国の国内貯蓄の半分以上は四大国有銀行に集中しており、国有銀行の貸し付け業務に政府は大きな影響力を保持している。近年の不動産ブームは成長率を押し上げる大きな要因となっているが、農民から土地を取り上げて開発業者に販売する権限は政府が一手に握っており、地方政府は不動産開発による最大の利益者となっている。石油・天然ガス採掘、石油精錬、電力などの分野では、国有独資企業が利益を独占している(3)。二〇〇七年度の中国トップ五〇〇社のうち、企業数の六九・八パーセント、売上高の八五・二パーセントは国有企業（国が主要な株式を保有する「国有支配企業」を含む）であった（呉軍華［2008］）。

第二の特徴は、地域間、企業間、個人間での激しい競争が存在することである。企業間、個人間の競争の激しさについては、さまざまなエピソードがある。改革初期のカラーテレビ生産の許認可をめぐる地域間競争、山東省青島に本拠を置く家電メーカー、海爾（Haier）の「市場主義管理」などは、その典型だろう。政府の支持を取り付けなければ、激しい生存競争に打ち勝つことができたかどうかは不明な部分があるものの、ほとんどの産業分野において、企業間、個人間で激しい競争が展開されたことは疑いない。

ここで特に注目したいのは地域間の激しい競争である。地方政府が主導的な役割を発揮して地元経済の振興をはかる発展モデルが広範囲に観察された。それは重複建設や地域保護主義というマイナス面をはらみながらも、全体としては競争原理が機能して効率性が保持されたといえる(4)。

第三の特徴は、政府の権限が強大でありながら、他方で激しい競争が繰り広げられているという一見すると矛盾する第一と第二の特徴をつなぐポイントとして、政府の市場介入が、経済の効率性を大きく損なうことなく実現できたことである。

通常、政府の汚職・腐敗が著しい国では経済成長は起きないとされるが、中国はこの例外である。政府の腐敗・汚職が相当程度激しいにもかかわらず高い成長率が維持された。なぜ中国は成功したのだろうか。この謎を解くカギは、政府組織内部の効率性の高さである。すでに述べたように、改革開放期の地方政府は、経済の規制者であると同時に、企業に代わる経済主体として競い合うように経済成長に邁進した。また、地方政府の構成員である各レベル政府の官僚も、極めて経済成長志向的であった。そこには、政府官僚に競争を促進させる有効なインセンティブ・メカニズムが働いていたと考えられる。

以上のように、今日の中国に存在する資本主義には、①政府が市場に介入する強大な権限を持つこと、②地域間、企業間、個人間で激しい競争が繰り広げられていること、③政府内部に有効なインセンティブ・メカニズムが存在するという、三つの際だった特徴が見出される。これらの特徴の核心は地方政府のガバナンスの構造にある。次節では、地方政府のガバナンスに現れた中国的特徴を検討する。

三、地方政府のガバナンスに現れた中国的特徴

(1) 中央政府と地方政府の関係

中央政府と地方政府、地方政府間の関係は、一種の委託—代理関係にある。その構造的特徴を整理すると次のようになる（馬斌［2009］）。

第一に、上級政府は下級政府の主要官僚の任免権を掌握している。

第二に、下級政府は経済成長、就業の拡大、環境保護、社会秩序の安定など、上級政府が与える多様な仕事について、上級政府と委託契約を結ぶ。

第三に、上級政府は下級政府に対し一定の財源を提供し、自主財源の支出を決定する権限を付与する。地方の全国人民代表大会は政府支出に対する有効な監督権をいまだ確立していないので、地方政府には大きな自由裁量権がある。

第四に、「政績」（党・政府官僚の勤務成績）が良好な者には、より多くの昇級（ときには上級政府への昇級）のチャンスが与えられる。

上記の特徴を見てもわかるように、中国の中央—地方関係は一概に中央集権とも地方分権ともいえない。人事権に注目すれば中央集権的であるし、財政権限の大きさを見ると地方分権的であるともいえる。それでは、党・政府官僚自身は、この構造をどう評価しているのだろうか。表5-1は、県党書記に対するアンケート調査に基づき、地方政府の幹部が中央政府と地方政府との関係をどう見ているかを示したものである。

表に示されているように、多くの県党書記は、現状が地方分権的であるとは考えておらず、地方には十分な権限が与えられていないと認識している。例えば、「県郷政府は無限責任を負うが、権力は有限である」との設問に、六四パーセントが「完全同意」、二八パーセントが「基本同意」と回答している。また、「権限と金のある部門は中央が吸い上げ、金を使い実施が難しい部門を地方に下放する」という設問に対しても、六三パーセントが「完全同意」、三〇パーセントが「基本同意」と答えている。地方幹部へのアンケートであるというバイアスを考慮するにしても、このことはとても奇妙なことに思える。というのは、高度成長をもたらした地方政府間で激しい競争は、裏返せば地方政府が大きな自由裁量権を持つことを意味するからである。それにもかかわらず、県党書記がこれほど不満を持つの

表 5-1　県党書記に対するアンケート

単位：%

	完全同意	基本同意	あまり同意しない	不同意	未回答
部門管理を強化することは、中央の権威の樹立、国家統一の助けとなる	8.9	17.3	44.5	21.3	7.9
中央が縦向き管理を強化すれば、中央の意図貫徹が保証される	15.6	20.3	39.5	16.4	8.2
縦向きと横向きとを結合し、しだいに横向き管理の範囲とその協調作用を拡大すべき	51.1	37.5	3.9	1.5	6.0
垂直管理部門は二重管理に改めるべきで、横向き管理の縦向き管理に対する監督を強化すべき	56.1	31.6	5.4	1.1	6.4
横向き管理を主として、ごく少数の部門だけを垂直管理とすべき	54.5	32.6	5.4	1.1	6.4
中央は地方分権化し、権限とお金のある部門は地方管理に移すべき	38.8	36.1	16.2	2.4	6.5
部門管理の強化は地方に対する不信任であり、地方の積極性を引き出すのに不利	37.5	36.8	16.7	2.9	6.1
目下のところ、地方政府とくに県郷政府の事務権と財務権は対応していない	61.9	30.0	3.8	0.3	4.1
県郷政府は無限責任を負うが、その権力は有限である	64.2	27.5	4.0	0.3	4.0
権限とお金のある部門は中央が吸い上げ、金を使い実施が難しい部門を地方に下放する	62.5	30.2	2.5	0.4	4.4
県郷政府は機能不全の不完全政府である	46.5	32.0	13.6	1.4	6.5
中央から郷までの行政管理は階層が多すぎるので減らすべき	61.7	29.9	3.8	0.4	4.3

出所：肖立輝「県委書記眼中的中央与地方関係」『経済社会体制比較』2008 年

はなぜだろうか。ここに、地方政府のガバナンスの中国的特徴が隠されている。

(2)「縦向きの請負」と「横向きの競争」の高度な統一

周黎安［2008］は「縦向きの請負」と「横向きの競争」の高度な統一に、地方政府のガバナンスの特徴があると捉える。「縦向きの請負」は、①「行政請負」（原語は〝行政発包〟）、②「属地管理」、③「財政分成」から成り立つ。

第一に、「行政請負」とは、中央政府と地方政府との関係、地方政府間の関係に階層的な事務管轄権の請負構造が存在することを意味する。中央政府は政策・指令を省政府に示し、その職責と事務管轄権を省政府に「発包」、すなわち請け負わせる。省政府は同様に、その職責と事務管轄権を市政府に、市政府は県政府に、県政府は最末端である郷鎮政府にと、一級下の行政組織へ事務管轄権の階層的な移転が行われる。上級政府は下級政府の請負内容について監督責任を負う。

中央政府が握る人事権は省レベルの一部に限定され、省レベルのそのほかの人事権と省以下レベルの人事権はそれぞれの地方政府が握っている。中央政府は大方針を決め、地方に大部分の決定権を委ねる（ただし、誤った政策に対する拒否権は中央政府が保留する）。

第二に、「属地管理」とは、一般大衆に対する日常事務を戸籍所在地の政府が一元的に管理することを意味する。例えば、戸籍地を離れた農民の管理は、流入地の政府ではなく、戸籍がある流出地の政府に責任がある。このように、地域間の関係は土地の境界によって明確に区分され、主たる管理者がその管理責任を負う体制が確立している。

第三に、「財政分成」とは、中央財政と地方財政との関係についての特徴を指し、まず中央政府がその必要を満たしたあと、残りを地方政府が自由に使うことができるとする配分の仕組みを意味する。これによって地方政府には財政収入を増やそうとするインセンティブが生じる。一九八〇年代はじめに導入された地方財政請負制は、「財政分成」の究極の方式であったが、一九九四年の分税制導入により請負制は廃止された。しかし、省以下の財政関係については引き続き「財政請負制」に準じた財政制度が執行されている。

「行政請負」、「属地管理」と「財政分成」は相互に補完しあってひとつのシステムを形成している。属地管理は一切の事務管理を地域ごとに区分された行政の隷属関係に基づいて執行することを強制する。政府官僚の行政責任は、地域ごとに明確に区分され、「主管者が責任を負う」構造により、行政事務の下級政府への請負がすみやかに実行される。また、「財政分成」は属地化された「行政請負」とセットになり、「行政請負」を実施するための財政基盤を提供する。

他方、「横向きの競争」とは、同一行政レベルの地方政府の官僚が相互に激しい「昇進競争」を繰り広げ、それが政府間競争の源泉となっていることを意味する。「昇進競争」の優劣は上級政府が決定する。その指標としては、GDP成長率、財政収入、失業率などの定量的な指標のほかに、官僚の勤務態度や部下の管理能力など定性的な指標も含まれる(5)。どのように正確に官僚の「政績」を測るかについては困難さがつきまとうものの、同一行政レベルでの激しい競争関係があったからこそ、地元経済の発展に政府官僚が尽力するメカニズムが形成されたのである(6)。

ここで注意すべき点は、「横向きの競争」が「縦向きの請負」を前提としていることである。「縦向きの請負」を秩序だったものにするためには、上級政府が下級政府の人事権を完全に握っている必要がある。そうした条件があってはじめて、昇進を目指した官僚間での競争が成り立つからである。もし仮に、地方政府の首長を選挙で選ぶといった民主化が実現したと仮定すれば、競争がこれほど激烈になることはないだろうし(7)、後述するように、激しい地方政府間競争が未然に防いでいた贈収賄がはびこるといった事態も考えられる。

(3)「包」の倫理規律

周黎安が見出した「縦向きの請負」構造は、突き詰めると中国の歴史的、文化的伝統を引き継いだものである。筆者は、別稿において、民国期の観察に基づき、中国経済の経済システムの特徴を「包」の倫理規律にあるとする柏祐賢の研究を紹介した（加藤［2010］）。ここではその要点を示す。

柏［1948］によれば、対自然的関係においても、対人的関係においても、中国の経済社会は不確実性に満ちている。そうした中で、「(人と物との間の、あるいは）人と人との間の取引的営みの不確実性を、第三の人をその間に入れて請け負わしめ、確定化しようとする」のが、すなわち「包」である。柏によれば、「中国社会においては、あらゆる営みが『包』的な律動を持っている。しかし『包』的に第三者たる者は、さらにそれを第四者に『包』的に転嫁しようとするであろうから、自ら『包』的な社会秩序は重層的となり、社会を包むに至っている」（一五五頁）。

柏のいう「包」の倫理規律は、制度の経済学が教えるインフォーマルなルールであり、それに基づいて中国独特の経済社会秩序、あるいはインセンティブ構造が再生産されてきたと捉えることができる。それでは、「包」の倫理規律は具体的にどのような構造となって出現しているのだろうか。柏の著作において言及された事例研究から抽出された、「包」の倫理規律に基づく契約・制度の理念型を仮説的に提示することにしたい。それは、以下の三つの特徴を持つ。

第一は水平性である。組織（例えば企業組織や行政組織）の中と外、あるいは組織内での上下の命令系統の如何に関わらず、請負契約の当事者である「出包者」（契約を提示する者）と「承包者」（契約に基づき請負をする者）は対等平等の関係にある。

この条件は、得られた利得の配分方法に密接に関わっている。得られた利得は、「出包者」と「承包者」の間で「平等に」配分される。ここでいう「平等に」とは、契約を提示する側の「出包者」が、常に有利となる配分比率が行われていたわけではないという意味である。むしろ反対に、まったく資本を供出していない経営者が「人股」を提供したと擬制される事例が示すように、契約を請け負った「承包者」が配分をコントロールし、「出包者」に対しては定額の利得を与え、業績が良好な場合に「紅利」（配当）を与えるというケースも数多く見られる。業績の善し悪しについて熟知しているのは「承包者」であるはずだから、結局、分配を支配しているのも「承包者」ということになる。

第二は重層性である。広東省の「包租制」の事例が示すように、「承包者」はそれが可能な場合には、自らの権限内で「出包者」となり「承包者」と契約を結ぶ。請負は連鎖して社会全体を覆う重層構造を形成する。請負の連鎖を通じて形成された重層構造は、リスクを引き下げ、請負による利得を確定化するメリットを持つが、他面では、「利潤の社会化」と柏が呼んだ利得の際限なき分散化をもたらすものでもある(8)。「利潤の社会化」は所得分配の平等化を招来するという意味では望ましい側面があるが、特定個人（資本家）への富の集中による急速な経済発展を妨げるというデメリットをも内包するものである。

第三は不確定性である。「承包者」の権利はフォーマルなルールによって保証されたものではなく、「出包者」と「承包者」との人的関係の中でしか効力を発揮しない。水平性原則で示したように、「承包者」はフリーハンドで残余コントロール権を行使できる存在だが、その権限は極めて危うい均衡の上にある。つまり、「出包者」は残余請求権

（残りをすべて自分のものにする権利、資産を処分する権利）を放棄したわけではなく、それを留保（あるいは執行延期）しているだけであり、必要であればいつでも権限を行使できる。要するに、「出包者」と「承包者」の対等平等な関係を前提とした上で、法律や条例などのように目に見える形では制度化されていないものの、中国独自の委託―代理関係がそこに存在することを想定するのである。

以上のように、「包」の倫理規律に基づく契約・制度の理念型は、水平性、重層性、不確定性の三つの特徴を持つ。これらの特徴は、柏の著作から筆者が独自に導き出したものであり、柏の議論の要約とは異なる点に注意してほしい。

「包」の倫理規律に基づく請負関係は、行政部門に留まらず、改革開放後、さまざまな領域で復活した。農家経営請負制、国有企業の経営請負制、先に挙げた地方財政の請負制などがすぐに思いあたる。いずれにせよ、中国独自の請負構造が、「縦向きの請負」として改革開放後の地方政府のガバナンスに色濃く反映されていたことは疑いない(9)。

(4) 地方政府のガバナンスの優位点と問題点

「縦向きの請負」の優位点として、周黎安［2008］は以下の四点を指摘している。第一は、情報制約を緩和する役割である。中央が基層レベルの政府を管理監督するコストを大幅に減少させること、主管者が責任を負うことを明確にできること、「地方官僚の腐敗に反対しても、皇帝への反対が生まれない」ことが含まれる(10)。第二は、財政制約を緩和できることである。中央政府の財政規模を小さくし、徴税規模を縮小できる。第三は、地方政府官僚が地域差に対して機動的に反応できることである。事務管轄権限の地方政府への集中と上級政府による監督の困難さが地方政府官僚に大きな自由裁量権を与えている。地方の決定が否決されるリスクは小さく、集権体制下の権限の委譲（授権）は相対的に信頼性が高まる。第四は、中央政府には地方政府の協力が必要不可欠となり、中央と地方との間に「相互に独占的な関係」が形成され、地方政府は準レントを獲得できる。

他方、「縦向きの請負」の問題点としては、第一に、地方政府の予算制約をソフト化することが挙げられる。地方政府官僚は地域経済を主導する役割を担い、大量の金融資源をコントロールできる存在である一方、中央政府から請け負った指令に従うために地方政府が支払うコストが基層政府の巨額の負債となっている。第二に、官僚の腐敗の温床になる。官僚がフリーハンドで左右できる資源は大きく、贈収賄が生じる巨大な空間が存在する(11)。第三に、地域保護主義がはびこる原因となる。

これに対して「横向きの競争」の最大の優位点は、激しい競争が経済効率を高め、政府介入の非効率を回避する効果を持つ点である。他方、その問題点としては、第一に、経済成長が一面的に追求され、環境や民生が犠牲にされる粗放型発展に陥りやすいことがある。第二に、マクロ経済にしばしば「過熱」状態をもたらす。第三に、競争の結果、地域発展の不均衡が生じ、発展した地域とそうでない地域との間に官僚の「昇進格差」が生じる恐れがある。

同一レベルの地方政府間での激しい競争は、異なるレベルの地方政府間には当てはまらない。そこには、競争ではなくある種の共謀が観察される（周雪光［2009］）。具体的には、省政府の検査が入るとき、市・県・鎮の関係者が検査団に随行し、市の検査が入るときには、県・鎮の関係者が随行する。そして、検査団が現地に入る前に、対応すべき点や改善点を教え、問題がないように取り繕うといった現象を指す。異なるレベルの地方政府間で共謀が起きるのは、何か問題が発生したとき、その問題が大きければ大きいほど、ひとつ上級の政府も監督責任を問われるからである。昇進や昇給といったインセンティブ・メカニズムが強ければ強いほど、大事件を小事件として報告し、小事件をもみ消すといった行為に走る誘因は大きい。事件を隠蔽するのではなく、その要因を分析して再発を防止するという、行政の本来あるべき姿から遠いという意味で、過度なインセンティブ・メカニズムには問題がある。

四、共産党組織のガバナンス

(1)「一把手」体制の確立と問題点

政治改革の柱のひとつとして党政分離が叫ばれているものの、中国共産党一党独裁体制の下で党と政府が一体化した構造は、改革開放後も少しも変化していない。したがって、地方政府のガバナンスの背後には、共産党組織のガバナンスの問題が隠されている。その特徴は、党書記にあらゆる権力を一手に集中させるという前提の下で、党・地方政府官僚の業績（「政績」）を主として経済指標で評価するという独特の評価・昇進システムにある。

共産党の幹部（「領導幹部」）は、しばしば「一把手」と呼ばれる。これは、党第一書記が管轄区域内のすべての責任を一人で負う体制を意味する表現であり、前節で見た行政請負の背後にある、もう一つの請負体制を指す。

肖立輝［2009］によれば、「一把手」体制の本質は「一長制」にある。この表現は、一九四三年三月二十日の中共中央政治局会議において提起された《中央機関の調整と簡素化に関する決定》の中で、書記は政治局の決定に従わなければならないが、「政治局の方針の下で日常的な問題についての一切の処理と決定を行う権限を持つ」という規定に遡る。党内の委員会で審議され、決定されるときには一人一票が原則であるが、最終的な決定権は責任者（第一書記）が握るのである。肖によれば、その後、一九五三～五八年の間に、この権力構造がしだいに確立してゆき、文化大革命期に発展の極限に至ったという。

「一把手」体制は、責任の所在を明確にし、突発的な事件の発生にも機動的な対応ができるという優位性がある。とりわけ、前節で論じたように、不確実性が高く、地方ごとの差異が大きい中国では、中央政府の指令が行き渡らないし、ときには地方の実情と合致しないことも起こり得る。そのようなときに、「一把手」体制は威力を発揮する。

この体制の最大の問題点は、「一把手」が優秀で有能であれば問題ないが、そうでないケースは悲惨なことになる点である(12)。また、経済社会の発展が進むにつれて、政策目標も多元化し、すべてを一人が決定するのは荷が重いし、誤りも起きやすい。さらに、党の「一把手」である党第一書記と行政の「一把手」である首長との間に衝突や対立が生じることもあり得る。

ここで「一把手」の誤りの典型事例として、安徽省副省長・王懐忠のケースを紹介しよう（朱成君［2004］）。第九次五カ年計画を策定するとき、王は実際の状況を顧みずに、阜陽市の成長目標を二二パーセントに設定した。ところが実際には、「水分」（水増し）を取り除いた阜陽市の成長率はわずか四・七パーセントであった。こうしたでたらめな目標を実現するために、気前よく労働者・農民の貴重な財産が消費され、「政績工程」が続々建設された。「大躍進」時代を彷彿とさせるような、「大」の字がやたらと使われた。王が建設を指導した「大飛行場」は毎年財政赤字を生みだし、阜陽市に二十数億元の負債を残した。負債額は財政収入の五倍にのぼり、負債を完済するには十年以上の時間が必要とされた。

王懐忠のケースは極端だとしても、程度の差はあれ同様の問題が多数の地域で観察される。なぜこのような問題が生じるのだろうか。すべてを幹部の無能、あるいは失政に帰することは公平性を欠く。日本の自治体とは比べものにならないほどの自由裁量権が地方政府の幹部に与えられ、それに対する監督機能が存在しない、あるいは脆弱であることに制度的問題があるといわなければならない。

(2) 経済至上主義の出現と幹部の評価・選抜システム

「一把手」体制を前提とした上で、経済発展に過度に重点を置く幹部評価・選抜システムが、経済至上主義の弊害をもたらしている。

庄国波・楊紹陇［2007］は経済至上主義に陥った幹部を厳しく批判して次のようにいう。「(彼らは)『政績』を一面的に『経済指標』と理解し、目に見えるもの、触れることができるものと〈誤って＊筆者〉理解している。一部の幹部は、『経済建設を中心とする』ことを『GDPを中心とする』ことと理解し、『発展が硬い道理である』ことを『成長率が硬い道理』あるいは『GDP成長が硬い道理』であると理解している。こうした発展観は、おのずとコストを考慮しない『政績工程』、『形象工程』を生みだし、好ましからぬ影響を与える」。徐紹剛［2004］もまた、幹部が短期間での功を焦り、「政績工程」、「面子工程」、「形象工程」といった経済的利益を度外視した巨大プロジェクトを立ち上げる傾向が強いとし、そうしたプロジェクトは、しばしば負債となって財政を圧迫すると指摘している。

このように、経済至上主義の歪みが至るところに現れていることがわかるが、経済指標の高低は幹部評価にどの程度の影響を及ぼしているのだろう。幹部評価の基本原則は、「徳、能、勤、績、廉」の五つの側面を総合して評価することとされるが、その具体的な評価システムについては、断片的な資料を見る限り、部門ごと、地域ごとに独自の評価システムが存在していると考えられる。ここでは、どのような指標がどの程度総合評価に影響を与えているかを知るひとつの目安として、王義［2007］で紹介された各指標の加重平均値を見ておこう。

表5-2に現れているように、「経済指標」（一人当たりGDP、労働生産性、外来投資がGDPに占める割合）、「経済調整」（GDP成長率、都市失業率、財政収支状況）、「国有資産管理」（国有企業の資産増加率、国有企業以外の資産がGDPに占める割合、国有企業の利潤増加率）など経済関連指標は多岐にわたり、重要な評価項目を構成していることがわかる。もっとも、GDPとその成長率指標は合計しても一一・二パーセント程度であり、社会指標や公共サービスについても一定の評価項目が設けられている。

さらにいえば、経済至上主義からの脱却を目指した中央政府の方針に基づき、近年、GDP指標はしだいにそのウエイトを下げているようである。例えば、浙江省杭州市近郊、太湖に面した湖州市では、総合考課に占めるGDP指標のウエイトを、二〇〇一年に一〇パーセントから八パーセントに、二〇〇三年にはさらに二パーセントにまで引き下げ、二〇〇四年から新しい幹部評価基準を導入し、長年踏襲したGDP指標を廃止した（庄国波［2007］）。そして、これに替わって、経済成長の質と効率性、一般大衆の生活条件の改善、社会発展と環境保護、政府の職能転換と行政効率の上昇の四指標を用いることにしたという。

これらの点だけからいえば、GDP至上主義の存在は疑わしく思える。しかし、経済発展以外にも重要な仕事があることを認める論者でさえ、その重要性を否定する者は少ない（朱成君［2004］）。その主たる理由は次の二つである。

表 5-2　地方政府の政績評価指標の加重値

1 級指標	2 級指標	3 級指標	各指標の加重値（%）
影響指標	経済指標	一人当たり GDP	6.6
		労働生産性	3.3
		外来投資が GDP に占める%	1.7
	社会指標	平均余命	2.7
		エンゲル係数	5.4
		平均教育年数	2.7
	人口と環境	生態環境	2.6
		非農業人口の割合	5.3
		人口の自然増加率	2.6
職能指標	経済調整	GDP 成長率	4.6
		都市登記失業率	1.5
		財政収支状況	4.4
	市場管理	法規の完成度	0.7
		法規の執行状況	1.2
		企業の満足度	0.9
	社会管理	貧困人口が総人口に占める%	1.4
		刑事案件発生率	1.2
		生産および交通事故死亡率	1.0
		インフラ建設	1.8
	公共サービス	公共サービス情報の整備	4.4
		公民の満足度	5.9
	国有資産管理	国有企業資産増加率	1.9
		国有企業以外の資産が GDP に占める%	1.6
		国有企業の利潤増加率	1.7
潜在力指標	人的資本	行政人員における大卒以上の学歴者の%	5.2
		指導グループの構築	5.1
		人的資本の開発戦略	5.1
	政治の清廉さ	腐敗事案にかかわる人数と行政人員に占める%	0.5
		行政機関・組織の仕事のあり方	0.8
		公民評価の状況	1.7
	行政効率	行政経費が財政支出に占める%	7.1
		行政人員が総人口に占める%	5.0
		情報管理水準	2.5

出所：王義『困境与変革：政府績効評估発展論綱』湖南人民出版社、2007 年、65 頁

第一の理由は、経済が発展し、財政が豊かにならなければ、上級政府との請負契約を完成することが難しいからである。つまり、計画生育にせよ、教育・医療の充実にせよ、環境保護にせよ、それらの目標を実現するにはお金がかかる。上級政府から追加的な財政支援が望めない環境では、経済発展による自主財政の強化が大前提なのであり、見かけ上は評価のウエイトは大きくなくても、そのウエイト以上の重要性を持つ。

第二の理由は、評価の手法にかかわる。幹部評価の指標には、経済指標のほかに、人材の運用、社会治安の確保など多方面にわたる非経済指標が含まれる。これらの指標を定性的指標と定量的指標に区分すれば、経済指標はほとんどが定量的であるのに対して、非経済指標には定性的指標が多く含まれる。定性的指標は横並び評価になりがちなため、明確な差異が出る経済指標が結果として相対的に重視されるということになる。

（3）新しい評価システムの模索

「一把手」体制とその下での経済至上主義の弊害を避けるため、中国は新しい幹部の評価・選抜システムを模索している。

各地方における数年間にわたる試行段階をへて、中共中央は、二〇〇二年、『党領導幹部選抜任用工作条例』を公布した。この条例の第九条には、「公開選抜と競争昇進」の項目が設けられている。公開選抜とは、広く一般から幹部を選抜する方法であり、競争昇進とは、「当該部または当該系統内部」で幹部を選抜する方法とされる（13）。

二〇〇六年七月、中共中央は『科学的発展観の要求を体現した地方党政領導グループと領導幹部の総合考課試行弁法』を公布した（以下、『試行弁法』と略）。この『試行弁法』では、評価基準のいっそうの明確化、民主的な推薦の役割の発揮、評価指標の改善、大衆参加による評価(14)など、新たな試みがなされている（庄国波［2007］）。

庄国波［2006］は、次の二つの指標に注目して新しい評価システムの特徴を整理している。第一類は、幹部が完成すべき指標とその成長指標がどの程度達成できたかである。評価の対象は、その幹部が任期中に完成した「政績」の数量、質、そのために支払ったコスト、実際にしたこととすべきであったことを比較し、「政績」を評価する。その際に注意すべき点は、①「水分」（水増し）がないかどうか、②「他人の畑に種を植えて自分の畑を荒らしていないか」（他人の領域にでしゃばらず、自分の領域できちんと仕事をしているかどうか）、③長期的な発展、人民の根本利益に合致しているかどうかである。

第二類は、すべきでないこと、小さければ小さいほど望ましいことを評価する指標である。例えば、政治腐敗、決定の誤り、社会治安事件、生産安全にかかわる事件の発生などがこれに含まれる。これらの指標がない、あるいは小さいことも「政績」である。

上記の整理に現れているように、幹部が担う仕事を経済指標に偏ることなく総合的に評価しようとする志向、アンケート調査などを利用した広範な大衆参加による民主的な評価基準を付け加えたこと、プラス評価だけではなく、（少ないことを評価するという意味での）マイナス評価も評価基準に取り入れたことなど、経済至上主義からの脱却を明確に志向しているといえる。

五、移行期の地方政府・党のガバナンス

前節までの議論を通じて、地方政府のガバナンスに見られる中国独自のインセンティブ・メカニズムが、改革開放後の高度成長を下支えする制度的要因となったこと、そうした地方政府のガバナンスの背後に、「一把手」体制の下で経済指標を重視する党幹部の評価・選抜システムが存在したことを明らかにしてきた。ここにきて、経済成長を一面的に重視する従来の評価・選抜システムを改革する動きが始まっているが、そうした改革は果たして成功するだろうか。新たな課題に対応した新しいインセンティブ・メカニズムを中国は構築できるだろうか。

(1) 必要とされる移行期のガバナンス

振り返ってみれば、改革開放はそれ以前の「階級闘争」を要とする指導理念から脱し、経済建設を主とする指導理念への一八〇度の転換を共産党に強いるものであった。共産党はこの課題に適切に対応し、高度成長を持続させることで支配の正当性を維持してきたといえる。しかし、改革開放後三十年をへて、これまでの経済至上主義から、所得分配の公平性や環境保護といった多方面での大衆の要求に応えなければ、支配の正当性を維持することが難しい状況に共産党は直面している（上原［2009］）。二〇〇二年に誕生した胡錦濤政権の提起した「科学的発展観」や「和諧社

会」の構築といったスローガンは、こうした変化にいち早く共産党が対応しようとしたものだと見ることができる。

問題は、そうした政策目標の転換に適合的な地方政府のガバナンス、政府内部のインセンティブ・メカニズムの確立、それに呼応した幹部の評価・選抜システムを、共産党政府が構築できるかどうかにある。

ひとつの方向性は、党内外での民主の拡大である。『試行弁法』に示されたように、地方の人民代表大会や政協委員の機能強化、大衆参加による民主的手法に基づく幹部の評価などを通じて、幹部に対する外部モニタリング機能を強化し、幹部が大衆の利益にそった政策運営を行うことを監視する体制を作りあげることである。

しかしながら、当面、以下の理由から経済指標と幹部の評価・選抜とを結びつけるガバナンスのシステムを捨て去ることは容易ではないと考えられる。

第一の理由は、地方政府の予算制約にかかわる。経済指標よりも非経済的指標により高いウエイトが置かれたとしても、そうした事業を実施するために必要な財源を中央政府が提供できない状況では、地方政府は独自財源の獲得に走らざるを得ない（馬斌［2009］）。したがって、名目上は評価のウエイトが下がっても、地方政府の官僚は経済指標に注意を払わざるを得ない。

第二の理由は、地方政府の官僚に対する監視体制が、上記の改革を実施してもなお脆弱であることである。地方政府の首長や幹部職員の任免権が上級政府にある限り、たとえ大衆参加による監視機能が強化されたとしても、その実質的効果には限界がある。

以上のことから明らかなように、中長期的には先進資本主義国にあるような民主主義体制への移行を展望することが可能だとしても（それが果たして目標モデルかどうかはここでは敢えて論じない）、その移行段階にはやはり従来のガバナンス手法をうまく利用しながら、目標モデルへの移行を漸進的に進める必要があると思われる。

（2）「河長制」の試行をめぐって

移行期に適合的なガバナンスの興味深い事例として、江蘇省無錫市が全国に先駆けて実施し、その後、雲南、貴州、河南、河北などにも広がった「河長制」に注目したい。

太湖の深刻な汚染に悩む無錫市は、二〇〇七年八月、『無錫市河断面水質コントロール目標および評価方法（試行）』を発布し、二〇〇八年から正式に実施した。その手法とは、無錫市の主要な行政幹部を六四河川の「河長」に任命し、その水質改善に責任を持たせるという方式である。具体的には、水汚染を制御し、水環境の改善状況と政府・党の指導幹部の「政績」とをリンクさせ、水環境保護の目標に到達しなければ「一票否決制」（ほかの指標が目標をクリアしていても不可と評価する）を実行するという厳しいものである（王燦発［2009］）。

ところで、一九八九年に公布された『中華人民共和国環境保護法』の中には、「地方各レベル政府は管轄地域の環境に責任を負い、環境の改善に必要な措置を取るべきである」との規定がある。環境保護に地方政府は責任があることを法律上で認めておきながら、さらにそれに加えて「河長」を任命するのは重複しているように見える。要するに、「河長制」の導入は、責任の所在をより明確にし、指導幹部の「政績」と直接結びつけることで成果を挙げようとするものであり、従来の「行政請負」方式を経済成長から環境保護の領域に拡大する試みであるといってもよい。

実際のところ、「河長制」が導入された二〇〇七年に、無錫市は一挙に七七五の化学工場を閉鎖し、三年の目標を一年で繰り上げて完成させるなどの措置が取られ、二〇〇八年十月の観測結果によれば、七九の重点水質評価断面において、目標達成率が七四・七パーセントに達したという（『環境保護』雑誌編集部［2009］）。

「河長制」が一定の成果を収めたのは、いくつかの優位点があるからだが、この手法には限界もある（肖顕静［2009］）。優位点としては、指導幹部に有効な圧力を加えることができていること、環境保護部門の管理、執行、人員・設備配置の不足を補っていること、指導幹部が直接関与することで各部門の力をうまく統合することができることなどである。その限界とは、政府が直面している多様な課題を同じような手法で解決しようすれば（例えば、山林保護に責任を持つ「林長」、大気汚染に責任を持つ「空長」など）、「一把手」の負担が過重となり、すべての課題に答えることができないことである。

こうした限界を踏まえてもなお、「河長制」が各地に波及している理由のひとつは、それが地方政府や党のガバナンスの現状に適合的であるからに違いない。また、「河長制」をすべての領域に広げるのはナンセンスとしても、少数の政策課題に限定して利用するならば、「人治」はなお有効性を保つということもできる。いずれにせよ、「人治」から「法治」への移行、言い換えれば、民主主義体制への移行に一定の時間が必要だと考えるならば、移行期に最も有効なガバナンスの仕組みを作り出すことは大きな意味がある。「河長制」の試みは、そうした移行期の地方政府のガバナンスのあり方にひとつの示唆を与えるものだといえる。

〈注〉

（1）一見すると、権威主義的政府の下で経済的には市場の自由に任せるという「開発独裁」の特徴が中国にも当てはまるように見える。しかし、第二節で詳しく述べるように、中国の経済システムには「開発独裁」と一括りできない独自の特徴が見出せる。

（2）幹部には、共産党の機関、人民代表大会の機関、行政機関、政治協商会議の機関、裁判機関、検察機関、民主党派の機関の役職者（「領導幹部」）と一般の事務職員が含まれる（白智立［2009］）。ここでいう「幹部」とは、前者のみを指す。

（3）主要国有企業経営者の所得は、中国工商銀行頭取（二五・九万ドル）、中国移動CEO（三二・九万ドル）、中国人寿董事長（二八・七万ドル）と高額であり、一般従業員との格差は極めて大きい（呉軍華［2008］）。

（4）青木［1995］は郷鎮企業の効率性に注目し、張五常［2009］は県間競争に注目した。また、オイ（Oi［1992］）は「地方政府コーポラティズム」（Local State Corporatism）を提起し、チエンとワインガスト（Qian and Weingust［1997］）は「市場保全型連邦制、中国型」（Market preserving federalism, Chinese style）という定式化を試みた。

（5）もちろん、企業が利潤極大化を追究するのとは違って、政府の仕事内容は多目的であり、単純な指標では測ることができないと考えるのが普通である。しかし、改革開放期の中国では経済発展が最優先されたため、GDP成長率に代表される経済指標の占めるウエイトが相対的に高かったと考えられる。この点については第四節で再度検討する。

（6）競争が公正であるためには、地方政府の置かれた状況に大きな差がないこと、同一地方政府間での共謀がないことが前提とされる。これらの条件が、中国の県レベル以下の政府ではほぼ満たされていたとされる（周黎安［2007］）。

（7）地元経済の発展は地元住民にアピールする重要な指標のひとつだが、それよりも分配の公正や環境保護の方に住民意識が向いているかもしれない。その場合、経済発展を一面的に追求することはなくなるだろう。

（8）もし第一回の請負関係において、「出包者」と「承包者」とが利益を折半し、第二回、第三回と続いていけば、折半すべき利益はすぐに限りなくゼロに近づく。水平性原則において分配を支配しているのは「承包者」だと指摘したが、「出包者」は利益のごく一部しか確保せず、その大部分を「承包者」に引き渡すような構造があってはじめて、「利潤の社会化」が実現できると考えられる。

（9）こうした構造は、中国の歴史的、文化的伝統なしには考えられない。請負契約それ自体は、決して中国独自のものではなく、多くの発展途上国にも普遍的に観察される。また、改革開放後だけではなく、民国期にも、あるいは毛沢東時代にも存在した。重要な点は、請負契約を現代に復活させ、それを地方政府のガバナンスに適用するさまざまな工夫を付与したことであり、それが中国の独自性なのである（張五常［2009］）。

(10) 何か問題が生じれば、その原因は直接、一般大衆に対応している地方官僚にあり、中央政府（皇帝）は常に正しいとする構図を意味する。実際には、地方官僚は上からの指令と一般大衆の突き上げの中間におかれ、問題が生じた責任をすべて負うことは無理な話である。

(11)「縦向きの請負」のこうした欠陥の一部は「横向きの競争」によって中和されている（張五常［2009］）。賄賂を要求する県長のいる県とそうでない県では、ほかの事情が同じなら外資は腐敗がない県を選ぶだろう。また、灰色収入の多寡が官僚のインセンティブの一部になるという側面もある。

(12)「一把手」体制の最大の悲劇は、毛沢東による大躍進と文革の発動であったかもしれない。胡鞍鋼［2007］は、毛沢東の誤りについて次のように論じている。「彼（毛沢東）の執政時間が長くなるにつれ、執政方法に大きな変化が生じた。（毛沢東の立場は、）党の集団指導体制の一構成員から『大家長』に、班の班長から『一把手』になり、民主的な作風は『独断専行』に変わり、集団指導による決定が最高指示に変化した」（七二九頁）。

(13) ただし、白智立［2009］によると、公開選抜と競争昇進は幹部を選抜、任用するひとつの方法であるとして、全面的に推進されているかどうかは不明としている。また、選抜に応じる資格を得るためには、政治資質、学歴、管理職の経験など、数多くの条件を満たしておく必要がある。

(14) 大衆評価の対象としては、大衆の物質生活改善状況、法に依拠した行政・政務の公開状況、基層民主政治の建設状況、機関のサービス水準と効率改善状況、大衆による文化・体育活動状況、公民道徳教育の状況、社会治安の総合治理状況、大衆の「信訪」事件処理の状況など多方面にわたっている（庄国波［2007：177］）。

〈参考文献〉

・青木昌彦［1995］『経済システムの進化と多元性』東洋経済新報社。
・上原一慶［2009］『民衆から見た社会主義』青木書店。
・加藤弘之、久保亨［2009］『進化する中国の資本主義』岩波書店。
・加藤弘之［2010］「移行期中国の経済制度と「包」の倫理規律：柏祐賢の再発見」中兼和津次編『歴史的視点から見た現代中国経済』ミネルヴァ書房。
・柏祐賢［1948］『経済秩序個性論Ⅰ、Ⅱ、Ⅲ』人文書林（『柏祐賢著作集』第三巻～第四巻、京都産業大学出版会、一九八五年復刻）。
・白智立［2009］「幹部管理と現代公務員制」佐々木智弘編『現代中国の政治的安定』アジア経済研究所。
・Qian, Yingyi and Weingast, Barry, R.［1997］「制度、政府行動主義と経済発展」青木昌彦ほか編『東アジアの経済発展と政府の役割』日本経済新聞社。
・呉軍華［2008］『中国　静かなる革命』日本経済新聞社。
・Oi, Jean C.［1992］"Fiscal Reform and the Economic Foundations of Local State Corporatism in China", *World Politics*, No.45.
・胡鞍钢［2007］『中国政治经济史论（一九四九―一九七六）』清华大学出版社。
・『环境保护』杂誌编集部［2009］「各地推行〝河长制〟实践探索」『环境保护』二〇〇九年第五期。
・马斌［2009］『政府间关系：权力配置与地方治理』浙江大学出版社。
・王灿发［2009］「地方人民政府对辖区内水环境质量负责的具体形式」『环境保护』二〇〇九年第五期。
・王义［2007］『困境与变革：政府绩效评估发展论纲』湖南人民出版社。

・肖立辉［2008］「县委书记眼中的中央与地方关系」『经济社会体制比较』二〇〇八年第四期。
・――［2009］「关于党内〝一把手体制〟的思考」『湖湘论坛』二〇〇九年第六期。
・肖显静［2009］「〝河长制〟：一个有效而非长效的制度设置」『环境教育』二〇〇九年第五期。
・徐绍刚［2004］「建立健全政府绩效评价体系构想」『政治学研究』二〇〇四年第三期。
・叶贵仁［2008］「乡镇行政年歴：一个经济发达镇的个案考察」『公共管理研究（第六卷）』。
・张五常［2009］『中国的经济制度』中信出版社。
・周黎安［2007］「中国地方官员的晋昇锦标赛模式研究」『经济研究』二〇〇七年第七期。
・――［2008］『转型中的地方政府：官员奖励与政府治理』格致出版社、上海人民出版社。
・周雪光［2009］「基层政府间〝共谋现象〟观察」『决策』二〇〇九年第五期。
・朱成君［2004］「政绩≠ＧＤＰ指标」『新东方』二〇〇四年第一－二期。
・庄国波［2006］「领导干部政绩考核评价的比较理论」『求实』二〇〇六年第十一期。
・――［2007］『领导干部政绩评价的理论与实践』中国经济出版社。
・庄国波、杨绍陇［2007］「对领导干部政绩评价问题的几点思考」『构建和谐社会与深化行政管理体制改革研讨会・中国行政管理学会二〇〇七年年会论文集』。

第六章　農村基層組織改革の進展と党支部

――経済発展と組織の多様化の中で――

大島　一二

一、はじめに

本稿における主要な検討内容は以下の二点である。

A）改革・開放政策実施以降大きな経済発展を遂げた中国農村において、そこにおける重要な基層組織である郷鎮政府、村民委員会の機能と近年の組織改革の実態を報告し、これらの組織と表裏一体の関係にある、農村の基層に位置する中国共産党支部組織の現状を明らかにする。言うまでもないことであるが、農村における中国共産党支部組織を直接の研究対象とした研究成果はごく限られており、また現地調査も容易ではないことから、われわれが直接これを知る機会は多くない。そこで本稿では農村の基層組織、新たな経済組織などにおける支部組織や幹部の関与を検討することによって、その影響力を推定しようと考えている。

B）郷鎮政府・村民委員会の現状分析に続いて、近年伸長著しい、農村の私有セクター（私営企業、個人企業など）、および新たに誕生しつつある「農民専業合作社」（一種の農業協同組合）において、共産党支部組織がどのような関係を構築しつつあるのか、について現地調査の結果を基に検討する。

本稿で詳しく述べるが、現在中国全土で推進されている郷鎮政府・村民委員会の機構改革は、主に地域の経済発展にともなって肥大化したこれらの組織を簡素化し、人員の削減を行うことが主な内容となっている。そして、この改革の背景には二〇〇〇年代前半～中盤にかけて進展した税費改革（内容は後述）の進展と、二〇〇六年の農業税関連諸税の廃止によって、農村基層組織の財政収入が著しく減少し、大きな組織を維持できなくなったことが直接の背景として挙げられよう。こうした改革によって、郷鎮政府・村民委員会などの、農村における既存の農村基層組織は、次第にその経済的力量を縮小しつつあることは否定できない事実である。

この一方、近年の経済発展にともなう、農村の私有セクター、農民の互助組織、協同組合セクターなどの発展はまさに刮目に値するものがある。具体的には、一九九〇年代以降大きく発展してきた個人企業、私営企業は、すでに農村において揺るぎない地位を形成しており、また、農業専業協会などの農民の互助組織も発展を遂げている。さらに、二〇〇〇年代後半以降は、「農民専業合作社」などと呼ばれる、一種の農民の協同組合組織も大きく発展している。つまり、既存の農村の基層組織が次第に力を失いつつある中で、新たな組織（特にさまざまな形態の経済組織や農民の互助組織）が勃興、発展し、農村における勢力図が大きく変化しつつあるのである。

こうした実態の上で、本稿の主要な関心は、既存の農村基層組織の機構改革が、果たして中国共産党支部組織の農村における存在を本当に徐々に小さなものにしているのか、否かという点である。中国共産党の農村における支部組織は、既存の農村基層組織の役割の低下とともに、次第に農村における位置を縮小しているのか、あるいは、新たに勃興し、力量を増しつつある諸組織にたいして、何らかの形で影響力を拡大し、農村における勢力を維持・拡大しようとしているのか。またそうであるなら、その方法はどのようなものであるのか、こうした点が筆者の関心点である。

以下、本稿関係分の現地調査は、以下のように二〇〇八年と二〇〇九年に山東省と海南省のいくつかの市・県・鎮

で実施した。つまり、山東省蒼山県県政府および蒼山県尚岩鎮調査（二〇〇八年十一月）、海南省澄邁県南宝郷調査（二〇〇九年五月）、海南省澄邁県福山鎮調査（二〇〇九年五月）、山東省莱陽市沐浴店鎮調査（二〇〇九年七月～十二月）、山東省乳山市政府調査（二〇〇九年十月）、山東省莱州市駅道鎮調査（二〇〇九年十一月）、山東省陵県辺臨鎮調査（二〇〇九年十一月）、である。

二、農村基層組織の改革の進展

(1) 中国農村における郷鎮政府の機構改革

中国農村における末端行政組織は郷政府あるいは鎮政府である（郷・鎮は同レベルの農村の行政単位であるが、当該地域の経済発展水準などによって呼称が異なる、以下「郷鎮政府」とする）。改革・開放政策が実施されて間もない一九八二年十二月に開催された第五期全国人民代表会議第五次会議において、新憲法が承認された際、「人民公社の政社合一体制は改変され、郷人民政府の建設が憲法で規定された」（黄志鋼他編著［2009：103］）のである。その後、一九八三年十月には中国共産党中央、国務院は「政社を分離し郷成府の設置を実施することに関する通達」を公布し、ここに正式に人民公社は廃止され、郷鎮政府が成立した。

この後、経済改革の進展とともに、郷鎮政府はたんに農村で行政機能を発揮するだけでなく、地域の経済発展を目指して、特に経済活動への関与を強化していった。沿海地域の多くの農村では、郷鎮企業と呼ばれる郷（鎮）営企業、村営企業（それぞれ当時の経営主体は郷鎮政府、村民委員会）などを梃子として経済発展を遂げていった⑴。大島一二［1993：82］によれば、一九八〇年代後半の江蘇省南部の無錫県（当時、現在は江蘇省無錫市錫山区）H鎮における調査事例を基に、こうした郷鎮企業を統括する鎮・村級郷鎮企業管理機構の実態を報告している。特にH鎮の鎮級の企業管理機構である「H鎮工業総公司」は、鎮政府の一組織として当時四九名の人員を擁し、総経理は副鎮長（鎮党支部副書記）が兼任し、鎮営企業を管理する一方で、その発展戦略を立案、実行に移す体制を構築していた。H鎮の場合、村級でも類似した機能を有する組織である「H村実業公司」（H鎮H村の事例）が組織され、村民委員会党支部書記が総経理を兼務し、村営企業を管理、運営していた。こうして成長する郷（鎮）営企業、村営企業から上納される利潤は、郷鎮政府、村民委員会の主要な財源となり、企業振興やインフラ整備を行い、地域経済を発展させていったのである。

このように、当時、郷鎮企業は鎮の経済発展を促進し、郷鎮政府の財源を確保するために必要不可欠なものとなり、それ故、郷鎮政府は鎮内の企業の管理を着実に実行するために多くの新たな組織を新設していった。その結果、郷鎮企業の発展により地域経済は一定の発展を遂げたが、他方で政府組織自体の拡大と人員の増加が、次第に郷鎮政府の財政を圧迫し、郷鎮政府の財政赤字の拡大、それを補うための農民負担金の増大などの問題が深刻化するようになったのである。こうした現象は、一九九〇年代後半の全国的な郷鎮企業の経営悪化にともなって次第に深刻化していった。特に郷鎮政府の財政赤字の拡大はこの時期から徐々に大きな問題となっており、二〇〇三年当時で、全国で二〇〇〇億元に達していたとの報告もある⑵。

こうした事情に加えて、郷鎮政府の組織簡素化が中央政府から強力に推進されるきっかけとなったのは、今世紀に入ってからの三農問題（農業・農村・農民問題の総称、農民が社会的に不利な階層として存在していること）(3)の深化、とりわけ農民所得の停滞と都市住民との経済格差拡大を背景として、二〇〇〇年代前半～中盤にかけて実施された税費改革（農村基層組織、特に郷鎮政府の財政収入の規範化の推進、法規に基づかない税外税徴収の禁止と、これによる農民負担の軽減政策）の進展と、二〇〇六年の農業税関連諸税の廃止によって、郷鎮政府、村民委員会などの農村基層組織の収入が大きく減少したことが直接の背景として挙げられよう。

中国共産党中央、国務院は、すでに一九九〇年代初めから郷鎮政府の機構改革を提起していたが、それが本格的に着手されたのは二〇〇〇年前後のことである。つまり、すでに述べたように、郷鎮政府の財政赤字が拡大し、一方で農民所得の停滞と都市住民との経済格差拡大が顕在化した時期である。一九九九年一月に中国共産党中央、国務院が発した「地方政府の機構改革に関する意見」、および二〇〇〇年十二月に発せられた「市県郷人員編成簡素化に関する意見」などがその具体的な政策である。この中央政府の郷鎮政府機構改革政策の推進により、中国農村の多くの地域では、組織の簡素化、人員削減、郷鎮政府の合併などの郷鎮政府の機構改革が本格的に推進されることとなった。しかし、こうした改革によって、農村における郷鎮政府の力量は徐々に縮小していくこととなる。

(2) 郷鎮政府機構改革の実態

①山東省陵県辺臨鎮における改革の進展

以下、山東省陵県辺臨鎮を事例に、郷鎮政府機構改革の進展状況について、筆者による調査結果と関連資料（黄志鋼他編著［2009］）から明らかにする。

山東省陵県辺臨鎮では、一九八四年に山東省政府から建制鎮建設が批准され、辺臨鎮政府が成立した。鎮政府成立後、辺臨鎮政府は工農業の発展に尽力したが、その結果、前述の江蘇省無錫県H鎮の事例と同様に、工農業部門を支援する機構の肥大化、人員の増員が著しくなった。この問題は一九八〇年代末には鎮財政の悪化など、次第に大きな問題に拡大してきたため、一九九三年には辺臨鎮共産党委員会と鎮政府は対策の検討を開始し、第一次機構改革を実行に移した。この地域においてはかなり早い時期での改革への着手であったとされている。

この一九九三年の辺臨鎮における機構改革は、大別して二つの改革を実施している。その一つは、機構の簡素化と人員削減であり、今ひとつは現業部門の民営化（鎮政府からの切り離し）と新たな起業である。

辺臨鎮における機構の簡素化は、まず一九九三年に着手された。これまで三四あった部門を統合（一部廃止）し、一一部門に集約した。これにより各部門の人員の削減も実施され、改革前の九七名から四六名に大幅に減少している。しかし、たんなる人員削減では職員の不満も大きいことから、離職した職員の受け皿として、鎮政府が直営していた現業部門の切り離し（民営化）と、経済発展にともなう新たな独立採算部門の起業が並行して進められている。具体的には、「鎮経済委員会」と「土地管理所」を鎮政府組織から切り離し、「鎮村股份企業総公司」、「土地資開発服務公司」、「果品蔬菜服務公司」を相次いで成立させ、それぞれ独立採算性の企業体として再編した。この「鎮村股份企業総公司」は、傘下の一四鎮営企業の企業管理に責任を負い、鎮政府にたいして経営目標（上納金）を請け負う組織である。その意味で、この組織は前述の無錫県H鎮の「H鎮工業総公司」と類似した性格を有しているが、ここで「H鎮工業総公司」と大きく異なるのは、辺臨鎮の「鎮村股份企業総公司」は鎮政府から切り離された独立採算組織であり、経済的な自立が求められていることである。

また、これとは別に農業関係のサービス部門の民営化も進められている。つまり、農業技術ステーション、水利ステーション、獣医ステーション、科学委員会、林業ステーションなどを再編し、「科学技術服務公司」、「農業機械水利石油服務公司」、「畜産水産服務公司」などを成立させた。特に「農業機械水利石油服務公司」は有償での井戸の掘削、農業機械の補修などを積極的に実施し、収益を上げるに至っている。このほか、辺臨鎮の特産物である「粉皮」（加工食品の一種）の加工業を振興するため、販売公司を新たに設置し、周辺の都市地域での販売促進を実施した。この事業は鎮政府の財政収入を増加させたのみならず、農家の所得向上にも大きく貢献したとされる。

こうした一連の改革は、鎮財政の健全化に大きく貢献したとされる。改革後五一名の賃金削減により、鎮財政支出は約四万元が軽減され、一方新たに設立した経済組織からの税収増などで九・八万元が増収となり、合計で一三・八万元のプラスとなったという。

この後、辺臨鎮では一九九九年にも第二次再編を行い、さらに二〇〇二年にも早期退職、任期制の実施などにより、鎮職員の一〇パーセントを削減するなど、その後も、組織再編、職員の削減、一部組織の民営化を推進している。

②浙江省Ｗ市ＺＹ鎮の機構改革

前述した山東省辺臨鎮での鎮機構の再編は、言うまでもなく辺臨鎮に限ったことではない。同じく沿海地域に位置し、経済発展が進展している浙江省でも同じような再編が進展している。以下では浙江省Ｗ市ＺＹ鎮の事例に基づいて、鎮政府の機構改革の進展を見てみよう。李小雲［2009：43］では、ＺＹ鎮の改革の事例を検討している。表６–１はこの点について、二〇〇七年に実施された鎮組織の再編について、改革前と改革後について示したものである。

表6-1　浙江省W市ZY鎮組織の改革

改革前の機構（2005年）		改革後の機構（2007年）	
名称	機能	名称	機能
農弁（農業弁公室）	鎮内農業の管理とサービス	経済発展弁公室（合併）	財政、農業、農地、水利、農業機械、林業、畜産、食糧、工業、交通、商業、サービス業、労働力の就業、労働安全、人材市場、統計等
工弁（工業弁公室）	鎮内工業の管理とサービス		
三産弁（第3次産業弁公室）	旅行業、サービス業、運輸業		
城建弁（市街地建設弁公室）	市街地建設、計画、インフラ建設等	村鎮建設弁公室（名称変更）	村鎮建設計画、建設管理、環境保護、土地管理、都市緑化、環境衛生、公共事業等
文教衛弁（文教衛生弁公室）	文化、教育、衛生	社会事務管理弁公室（合併）社会事務管理弁公室（合併）	教育、科学技術、文化、衛生、体育、放送、民政、障害者対策、教育、科学技術、文化、衛生、体育、放送、民政、障害者対策
民政弁	貧困対策、生活保護、社会保障、障害者対策		
政法弁	司法、調停、陳情、麻薬対策	総合治理弁公室（合併）	治安、防犯、法制建設、法制宣伝、司法調停、戸籍、公共秩序維持等
総合治理弁	鎮村総合治理		
計生弁	人口と計画生育	計画生育領導小組弁公室（名称変更）	計画生育宣伝、教育と技術指導、計画生育実施状況の監督等
組織人事弁	人事、档案管理、党員管理	党政総合弁公室（合併）	档案管理、総務、陳情対応、人事、農村指導員管理等
党政弁	会務、総務		
		鎮総合サービスセンター（新規）	農業技術総合サービス、計画生育サービス、安全生産監督、企業管理等
		鎮統計情報センター（新規）	鎮の情報統計

出所：李小雲『2008中国農村情況報告』社会科学文献出版社、2009年、46頁から作成

資料によれば、この一部組織の合併などにより、鎮全体で二十数名の削減を実現したという。

このように、郷鎮政府の組織改革は中国農村において一定の進展をみせているが、それは多くの場合、郷鎮政府の農村における力量を拡大する方向には向かっておらず、むしろベクトルとしては、徐々に郷鎮政府の農村における力量を縮小する方向に向かっているのが実態である。

(3) 村民委員会改革の進展

①村民委員会改革と村民選挙

さて、このように中国全体で郷鎮政府のスリム化が実施されているが、今ひとつの農村の基層組織である村民委員会においてはどのように変化が起こっているのであろうか。

中国農村における村民委員会の性格は、郷鎮政府と異なりやや不明確である。つまり、法的には、村民委員会が純粋な行政組織ではないことは明らかである。前述した一九八二年十二月の第五期全国人民代表大会第五次会議で新憲法が承認された際、「村民委員会はわが国の農村基層社会における大衆自治組織である」と規定されている（李小雲[2009：6]）。では、村民委員会は完全に農村行政から独立した村民の自治組織であるかといえば、それは現実の状況を正しく表しているとはいえない。むしろ、農村のもっとも末端で、郷鎮政府の行政執行の一翼を担うという性格を有していることもまた事実である。例えば、後述するように、「計画生育」（出産制限）の推進は現在でも村民委員会幹部の重要な業務である。しかも一九八〇年代～九〇年代前半には、村民委員会の幹部の大部分は郷鎮政府からの任命であり、実態として郷鎮政府に強く従属していたのである。

よって、村民委員会は一九八二年に憲法で規定され、農民の自治組織としての地位を保証されているのではあるが、その実態としては、村民自治の原則の下で、郷鎮政府の行うべき機能の一翼を担いながら行政機能の一部を執行しているというのがもっとも現実の実情に近い解釈といえよう。

しかし、行政組織と自治組織の両者の性格を併せ持つという村民委員会の性格には、近年の中国社会全体の経済発展と民主化の進展により、徐々に変化が生じている。その法的な契機としては、一九八七年に「村民委員会組織法（試行）」が公布され、村民自治の規範化と法制化が提起されたことが大きな変化をもたらしたと考えられる。さらに一九八〇年代後半から村民委員会幹部選挙が検討されはじめ、一九九八年に「村民委員会組織法」が完全実施されると、村民委員会幹部選挙が全国的に実施に移された。こうした改革により、村民委員会幹部選挙は急速に全国に広がり、李小雲［2009：8］によれば、彼らが調査を実施した全国一五〇の村民委員会においては、改革前は村民による選挙を実施していた村民委員会は五〇（全体の三三・三パーセント）に留まっていたものが、改革後は一四一（同九四・〇パーセント）に増加したという。このように、改革前の村民委員会の幹部の選任において、かつては上級（郷鎮政府）の任命によるものが六二・〇パーセントを占めていたという状況から大きく変化したといえよう。つまり、一連の村民委員会幹部の選任方式の改革により、村民委員会は徐々に農民の自治組織としての性格を強めつつあると考えられる。

②現在の村民委員会の業務

では、現在の村民委員会の主要な業務とは何であろうか。

A）もっとも重要なものは、以下に述べる農地の共同所有主体としての、農地請負権配分に関する役割である。これについては後に詳述する。

B）「計画生育」（産児制限）政策の実施。この業務は、農村の最末端で村民委員会が地方行政から求められているもっとも重要な業務の一つである。

C）村民委員会の事業会計管理。かつて村民委員会は、税費改革実施以前、さまざまな形態で農民から税外税を徴収し、これを原資にいくつかの事業を運営していた。しかし、税費改革が実施されると、村営企業からの上納金（近年では株式配当）を受けることのできる経済的に恵まれた一部の村民委員会を除いて、全国的に村民委員会の収入は大幅な減少を余儀なくされ、現在ではほぼ無視できる程度の規模の事業会計となっている。

D）村道、水利施設などの公共的生産財、生活財の建設、維持補修。農村のインフラ建設において、かつて村民委員会は一定の役割を担っていた。これは、一つには、税費改革以前は農民には義務労働（一種の出役）が課せられていたため、これを利用して村道整備などの公共施設の建設を行うことが可能であったためである。また他方で、前述したように農民からの税外税徴収が実施されていたことから、これを財源にすることができたのである。しかし、現在は、前述した税費改革の進展と義務労働の廃止の結果、資金徴収が実質的に不可能となり、無償の労働力投入も不可能となった。このため、村民委員会独自での公共投資の実施、公共施設建設は、現在ではまったく空洞化してしまっているのが実態である。これに対応して二〇〇〇年代中盤からは中央政府、省、県政府の投資によるインフラ投資（いわゆる「新農村建設」）が各地で進められているが、この事業もすべての農村に配分されるのに決して十分な投資額ではない(4)。

E）村民の日常生活における揉め事への対処、仲裁。山東省におけるヒアリングでは、村民委員会幹部の日常的な業務として、こうした仲裁や村民の相談への対応がかなりの頻度で行われている。

これらA～Eの業務の現実の実施状況を概観すれば、C・Dは税費改革以降、村民委員会の収入減少による経済力量の低下によって、現在ほとんどの村民委員会で事実上形骸化しているといっても過言ではない。よってEのような日常業務を除けば、実態としてはA・Bがもっとも重要な業務となる。このA・Bの業務の中で、近年その実施状況に大きな変化が発生しているのが、Aの農地請負に関する業務である。そこで以下ではAの村民委員会の農地請負制度における役割の変化について、その現状を見てみよう。

(4) 村民委員会と農民の農地請負権

①村民委員会と農地請負制度

ここでは、村民委員会の主要な機能の一つである、農地の所有主体として、村民と請負権契約を締結する主体としての機能を検討する。その前に、現在の中国において、農地はどのような所有、利用関係にあるのかについて述べなければならない。

周知のように、現在の中国の憲法では、農村の土地は集団所有と規定されている（これに対して都市の土地は国有である）。実際には、大部分の農村において村民委員会を単位とする集団所有制がとられ、個別農家は村民委員会との契約に基づいて農地利用権（中国語では「使用権」、「承包経営権」などと呼ばれている）を得ている。

一般に、一九八〇年代前半に結ばれた請負契約を第一回請負と呼び、その契約期間は十五年間であった。続いて第一回請負が満期を迎えた一九九〇年代後半に結ばれた請負契約を第二回請負と呼び、この契約期間は三十年間に延長された(5)。この第二回請負時に、中央政府は農家側の請負権を強化し、農民の自発的な農地貸借による大規模経営への集積を促進する政策として、村民委員会による、それ以降の「割換え」（人口の増減による農地の再配置）を禁止したが、多くの村民委員会では、その後も依然として再配置は実施されてきた。このように、今世紀に入っても、多くの村民委員会では、主に人口増加などを理由に、農民が請け負う農地を数年に一度再配置してきたのが実態であった。

また、二〇〇五年以前は農業税が徴収されていたため、これが事実上の地代となっていたが、前述したように二〇〇六年から農業関係諸税の減免が実施されたため、この地代負担は免除され、郷鎮政府、村民委員会は貴重な財源を失うこととなった。

こうした土地政策に関わる関連法規としては、「土地管理法」、「農村土地承包法」、「基本農田保護条例」の規定が挙げられる。

このように、一応農家の農地利用権は確保されているように見えるが、現実にはそうではない。それは、第二回請負実施以降も、中央政府の再三にわたる通達にもかかわらず、多くの村民委員会では、しばしば請負農民の農地を再配置してきたのである。農地請負に関して、契約対象となる圃場の位置が確定していないわけであるから、当然中国の農家は、確定した権利を有しているとはいえないことになる。こうした中央政府と村民委員会の思惑の違いはどうして生まれるのか。

中央政府は、農民の利用する具体的な圃場を確定することによって、農家の農地への投資を促進するとともに、これ以上の農地の零細分散化を防止し、農地利用権の流動化を促進する基礎条件を整備し、農地利用権の流動化による効率の高い農業経営の育成を想定しているのである。

しかし、村民委員会にとっては、農家の農地利用権が確定し、再配置が困難となると、村民の新たな子供の出産に対応して、新規に農地配分を行うことが事実上困難となる。この結果、これまで優先されてきた「村内農地利用公平の原則」(6)の恩恵を、これからも享受したいという村内多数の農民の意向に沿うことができなくなり、村民の反発を受ける懸念が高まるのである。特に、前述したように、村民委員会幹部の公選制（いわゆる村長選挙）が広範な農村で実施されている現在、投票者である農民の意思を無視し、公平性を崩すことは難しい。また、筆者の山東省農村でのヒアリングによれば、村民委員会に一定の面積の農地を配分できる余地を残しておくことによって、農地の転用・収用などの際に、村に一定の収入をもたらすことができるため、村民委員会幹部が意図的に再配置を進めていると語った関係者もいた。このように、各農家への農地利用権の配分は、村民委員会の重要な業務であり、また多くの場合、貴重な財源ともなり得るわけである。

このような要因から、多くの村民委員会では、第二回請負以降も、人口増にともなって数年に一度の再配置が継続されてきたのである。

しかし、農地の再配置は、確かに村内での農地利用権配分における公平性は維持されるものの、利用する農地の一層の零細分散化を促進し、農民の農地への投資意欲を低減させ、農業生産性の向上を妨げる原因となっているのである。

また、こうした不明確な権利実態が、直接的には、近年都市近郊農村で頻発している土地収用時において農民が請負農地についてほぼ無権利状態にあることにも帰結していると考えられる(7)。

②「十七期三中全会」における土地政策

こうした中で、二〇〇八年十月上旬に開催された中国共産党の重要会議である「中国共産党第十七期中央委員会第三回全体会議」（以下「十七期三中全会」とする）では、今後の農村改革の展開方向（特に農業経営組織問題、農地の流動化問題、農村金融問題など）について論議され、会議の締めくくりには「中国共産党中央の農村改革発展を推進する上でのいくつかの重要問題に関する決定」（二〇〇八年十月十二日可決、以下「決定」とする）が発表された。この「決定」では、これまでに見られなかった、一歩踏み込んだ内容の新たな土地政策が提起されている。

A）請負期間の延長：十七期三中全会で可決された「決定」では、「現在の請負関係を安定的に維持し、あわせて長期にわたって不変とする」と述べられている。ここでは「長期にわたって」が、具体的にどのくらいの期間になるのか明示されてはいないが、中国ではかなりの長期間（ほぼ永久に近い）という観測が一般的である。これは農民が現在所有する利用権を財産として確定することを目的としていると考えられる。

B）農地転用の制限：「決定」では、「全国の農地面積の下限を一八億ムー（一・二億ヘクタール）とし、これを「永久基本農地」とする。この永久基本農地の面積が一八億ムーを下回ることを一切認めず、農地転用を厳しく抑制する。各省・市・自治区レベルでこの永久基本農地面積を維持することを基本とし、省間の移動を認めない。万一転用する場合は、まず先に相当する面積の新規開墾・荒廃地の開発を実施し、その後転用することを原則とする」としている。これによって行政機関や開発業者の無計画な農地転用を抑制しようとしているのである。

C）農村の土地に関する権利の確立と流動の促進：「決定」では、「農村土地の利用権の確定、登記、権利証の交付を推進し、土地請負経営権を確定する。この前提の下に、農地利用権の有償移動、期間を限定した短期的な移動、交換、土地株式制などの方式によって農地請負経営権の移動を許可し、大規模経営の形成を促進する」としている。

前半の件は農家の利用権の確定を確認し、後半の大規模経営の形成に関する部分は、これまでの農地の流動化と大規模経営の育成を「容認する」という見解から一歩踏み込んで、農民の自発的意志を尊重しながらも、大規模農家・家庭農場・農民専業合作社などへの流動化を「推進する」という内容となっている(8)。

このように、これまで曖昧であった農民の農地利用権の確定を推進する内容となっていることは農民の権利の確定という点で大きく評価できよう。この決定を受けて、山東省の農村の事例では、今後の農地の再配置を停止する措置をとった村民委員会が多くみられる。中央政府が各農家の請負農地を確定し、大規模経営への農地集中を促進する方針を提起した以上、今後以降、村内での農地の再配置停止は次第に拡大していくことになろう。そしてこの政策の推進は、とりもなおさず村民委員会の役割の低下に直結していくものと考えられる。

ここまで見てきたように、村民委員会におけるもっとも重要な業務の一つである農地利用権の配分もまた、経済発展と自由化の中で、農民の権利を強化し、村民委員会の役割を制限する方向で進展しているといってもいいだろう。村民委員会に最後に残されたともいえる、この重要な役割が形骸化することによって、村民委員会は事実上その役割を終えたといっても過言ではなく、郷鎮政府と同様に、村民委員会も農村における影響力を徐々に喪失しているのである。

三、農村の新経済組織と党支部

ここまで見てきたように、既存の農村基層組織である郷鎮政府と村民委員会の機能低下は否定できない事実であった。こうした事実は、これまでこうした組織を事実上掌握してきた共産党支部組織の基盤を縮小することに必然的に帰結するであろう。

では、現在の中国農村においては、共産党の党支部組織はどのような状況にあり、新たな展開をどのように模索しているのか。この点が次の関心点となる。そこで、以下では、近年の中国農村に陸続と誕生している農民専業合作社の事例を中心に、現地調査結果と関連資料から、新たな党支部建設の実態を見ていく。

(1) 農民専業合作社の展開

二〇〇六年に「農民専業合作社法」が公布されてから、すでに五年が経過し、農民専業合作社（一種の農村協同組合組織）は、農業生産局面、農産物の販売局面において零細分散した小農経済が主流である中国農村の現状を改革する新たな農民組織として、中国農村において次第に大きな位置を占めるに至っている(9)。

農業部農村合作経済管理総ステーションの統計によると、二〇一一年六月末までに、中国の農民専業合作社は四四・六万社を超え、会員は三五七〇万戸と、全農家の一四・三パーセントに達したとされる。総数でみると、二〇〇六年の「農民専業合作社法」公布後、ほぼ三カ月に二万社のペースで増加していることになり、農民専業合作社は急速に中国の農村に普及しているといえる。

また、農業部農村合作経済管理総ステーションの統計によると、農民専業合作社の業種は、耕種農業（野菜、果樹、穀物など）が四七・九パーセント、畜産業三〇・七パーセント（養豚、採卵鶏、ブロイラーなど）と、農業生産部門が主であるが、広くアグリビジネス一般、特に農産物の一次加工、商業、流通業、サービス業、グリーンツーリズムなどの分野にも進出している。また、二〇〇八年の規制緩和によって、一部では、農業保険、資金融通（一種の金融業）などの分野に進出する農民専業合作社も見うけられる。

韓俊［2007］によれば、農民専業合作社の形成過程はおよそ以下の五類型に分けられるという。

①農村技術普及協会が主体となったもの。
②農業技術普及ステーションなどの農村の政府機関、村民委員会幹部が主体となったもの。
③供銷合作社が主体となったもの。
④「龍頭企業」（中核企業）が主体となったもの。
⑤大規模農家、専業農家が主体となったもの。

ここでは特に、②の農村の政府機関、村民委員会幹部が主体となり設立された農民専業合作社の事例を中心に見ていく。

（2）山東省莱州市の事例

本事例は山東省の山東半島北部に位置する、莱州市駅道鎮東周村の東周大姜専業合作社の事例である。前述したように、農民専業合作社は二〇〇六年の法整備によって、誕生したものであるから、その歴史は浅いものである。それ以前は農村においては農業・食品企業が農産物加工、販売、輸出に大きな力を有しており、基本的にそうした構造が現在まで継続している。しかし、それらの企業は基本的には資本の論理に基づいて利潤を追求していることから、農家の利益と企業の利益がしばしば対立することとなる。このような問題を背景に、一連の生産・加工・販売過程において企業の関与が強い作目では、農民は自らの利益を確保するため、農民専業合作社を組織し、企業の傘下から離脱しようとする動きが各地で加速している。

筆者らの山東省の調査においても、こうした事例はしばしば見うけられた。ここでとりあげる莱州市駅道鎮東周大姜専業合作社はその典型的な事例の一つである。

莱州市駅道鎮一帯は古くから生姜の生産が盛んで、特に東周村を中心とする周辺五村では生姜の作付けが二万ムー（一三三三・三ヘクタール）と広大で、年間に生姜を二八万トン生産している。また、この駅道鎮の生姜は品質がよく、水資源や土壌条件に恵まれるなど、生産環境も良好である。しかし、鎮内に有力な生姜加工企業、商人が存在しないため、山東省内の莱蕪市の大型食品加工企業へ販売し、収益を得てきた。

ところが、原料供給基地としての位置づけでは、価格交渉力も乏しく、また個別農家がばらばらに企業と交渉する方法では農家の所得は容易に上がらない。そこで東周村では村民委員会をあげて農民専業合作社を組織することを計画した。この計画の中心人物は駅道鎮東周村の李崇喜共産党支部書記であった。彼は村の生姜生産の振興と村民の所得向上を目的に、自らが合作社理事長に就任し、緑色食品の認証申請を行い、ブランド形成を計画する一方、新たな販売先の開拓に努めている。

このように、企業の傘下から自立し、農家の所得向上を目的として、共産党支部幹部が中心となって生姜生産農民を農民専業合作社に組織したことは、これまで見られなかった新たな動向であるといえる。つまり、村民委員会党支部が前面に出て、経済活動に参画するに至ったのである。

(3) 海南省澄邁県の事例

すでに駅道鎮の事例でふれたように、現在の中国農村において、企業と農民専業合作社の利害関係はしばしば対立しているが、企業農場で生産されることの多いバナナでは、特に企業の大規模生産に対して、小規模の農家の生産が劣勢になりやすい。こうした中で、バナナ生産の盛んな海南省では小規模農家のバナナ生産をサポートする農民専業合作社の役割が注目されている。海南省のバナナ生産において大きな役割を果たしている農民専業合作社は、海南省澄邁県の南宝香蕉専業合作社および福山香蕉専業合作社であり（「香蕉」はバナナの意味）、この二つの合作社で主導的役割を果たしているのは、いずれも村民委員会党支部幹部である。

海南省におけるバナナ生産は、大規模な企業的経営と零細農家の小規模経営に大きく分化しており、大規模な企業的経営は、最大規模層八〇〇〇ムー程度（五三三ヘクタール）、大規模層四〇〇〇ムー程度（二六七ヘクタール）から構成されている。この上層二層は省内に四〇社程度存在し、この上層二層が資金力を利用して規模拡大を続けている。かつて海南省には各所に開墾可能な荒地が展開しており、これを企業が資金を投資して開墾し、企業的バナナ農場経営を拡大してきたのである(10)。

こうした状況の中で、バナナ専業合作社は、大規模企業にたいして資本力、販売力の面で弱点を抱えている零細農家の出荷の効率化と高い品質の生産資材の供給を目的に結成されつつある。

海南省澄邁県の南宝香蕉専業合作社は南宝郷南宝村民委員会事務所内に事務所を開き、二〇〇四年に活動を開始した。二〇〇九年の調査時点では、農民専業合作社としては未登記の任意団体である。年間収入は二〇万元で、これは招聘した商人（産地仲買人）の宿泊費・食事代、パッキング場維持費・水利施設維持修繕費などである。社員は五〇〇人で、南宝村の村民はほぼ村ぐるみで加入している（発足当初は七名であった）。

南宝村では村民委員会幹部が農民専業合作社役員を兼任し、省外から来た産地仲買商人と販売交渉し、村民のバナナ販売を有利に展開させている。こうした動向に省政府も関心を示し、省政府からの補助金二〇万元を獲得し、活動を強化している。

これにたいして、澄邁県の福山香蕉専業合作社は二〇〇八年八月三十日農民専業合作社として（工商管理局に）登記済みである。業務内容はバナナ農家への情報提供、技術指導、統一販売、生産資材の統一購買などである。現在組合員は五二七人（発足当初は一一七人）で、専任職員はおいておらず、農民専業合作社のスタッフはみな村民委員会幹部（村民委員会党支部書記など）との兼任であり、無報酬で運営されている。現状ではバナナの統一販売ルートを確保することによって、組合員の利益を守ることを優先している。この海南省の事例でも、農民専業合作社の主体は村民委員会幹部（その大部分は党支部幹部の兼職）であり、彼らの活躍なしには合作社の発展は不可能であったといっても過言ではない。

(4) 山東省乳山市の事例

前述した二つの事例は、村民委員会幹部（ほとんどの場合党支部幹部でもある）が、農民専業合作社を通じて直接経済活動に参画し、地域経済や農民の利益拡大に貢献している例であるが、次の乳山金橋花生専業合作社の事例は、農民の技術指導を通じて大きな役割を発揮している事例である。

この合作社は山東省山東半島東部の乳山市に位置する。この専業合作社の主な生産物は落花生とリンゴであるが、この専業合作社の最大の注目すべき点は新たな農業技術の普及を広範囲の農民にたいして実施していることである。これまでに受講した農民は延べ三〇万人に及ぶというからその規模は大きい。

この専業合作社の成り立ちは以下の通りである。現理事長の宋吉濤氏は村民委員会の幹部（党支部書記を歴任）として一九九〇年代から農業技術の普及を推進してきたが、二〇〇〇年以降これに専念するために村民委員会幹部を辞し農民技術協会を組織し、農民教育と技術普及に専念した。そして、二〇〇七年に農民専業合作社法が公布されると、いち早く協会を乳山金橋花生専業合作社に再編し、特に落花生の生産技術の普及に努めた。こうして、協会時代から合計して、受講者数延べ三〇万人という指導実績をあげたのである。

乳山金橋花生専業合作社では、農民の受講時には受講料を徴収せず、品質が優れ、安全な肥料や農薬を紹介し、農家への販売を仲介する時に若干の手数料を徴収することで、これを農民専業合作社の収入としているという。

一般に、中国農村では改革・開放政策実施以降、公的な農業技術普及体制が大きく遅滞している。この中で、民間の農民専業合作社がそれに替わる役割を果たし、多くの現地の農民の好評を得ている事実は、農民専業合作社が地域の農業発展においても大きな役割を果たし得ることを示すとともに、改革開放期を通じて極めて弱体であった中国の農業技術普及体制の欠陥を補い、農民専業合作社の技術普及面での存在意義を大きく示しているといえる。この事例では、その原動力は元党支部書記であり、彼の存在なくして、この合作社の発展は考えられない。また、現地でのヒアリングによれば、乳山市では、いくつかの農民専業合作社にすでに共産党支部が組織されているという。これは、ここで紹介したように、そもそも農民専業合作社の設立に村民委員会党支部幹部が深く関与しているのであるからある意味当然のことであるといえる。このように、この事例でも農民専業合作社の発展に党支部組織の貢献が大きいことがわかる。

四、まとめにかえて

ここまで見てきたように、現在の中国農村における諸組織の勢力関係は大きく変化しているといえよう。郷鎮政府と村民委員会は大きくその力量を低下させ、特に村民委員会に至っては、地域によって状況に若干の相違はあるものの、ほとんど機能停止状態に至っている組織も存在する。この一方で、農村の私有セクターや協同組合などの新たな組織の発展は目覚ましい。

こうした大きな趨勢の中で、すでに見てきたように、共産党支部の農村における活躍の場も大きく変化している。これは農村における勢力図が大きく変化する中で、ある意味で当然の変化であり、言い換えれば、共産党支部の組織としての柔軟性と強かさを示しているともいえよう。

今回の山東省と海南省における農村調査を通じて、筆者は多くの農村幹部、企業家、農民専業合作社幹部などと面談する機会を得たが、そこで実感したのは、こうした農村の指導者層の多くを取り込んでいる共産党支部の存在の大きさであった。つまり、実態として、農村のさまざまな局面（行政機関、私営企業、協同組合など）で頭角を現しているこれらの指導者層は、多くの場合中国共産党員であり、党支部組織の構成員である。言うまでもなく、現在では非党員の私営企業、農民専業合作社の幹部も少なくないが、党員の幹部もまた多いのが実態といえよう。

このような状況は、決して調査地域に限定されるものではない。例えば、二〇〇八年三月には、江蘇省射陽県において、中国共産党中央党校党建部主催で、「党支部＋合作社」学術検討会が開催された。ここでは、本稿で述べたような、合作社発展における党支部の役割の検討がなされており、江蘇省射陽県、四川省南充市など各地の事例が報告され、合作社発展における党支部の大きな役割が強調されている(11)。

こうした、農村の多様で優秀な人材を広範に包含するという、党支部の組織としての柔軟性は注目に値するものがあり、党支部がこうした柔軟性と多様性を今後も有することができるのであれば、今後かなり長い期間にわたって、中国農村において重要な位置を占めていくものと考えられよう。

〈注〉

（1）大島一二［1993］では、江蘇省無錫県（当時、現在は無錫市錫山区）の郷鎮企業の発展過程と農村経済における役割についてまとめている。参照いただきたい。

（2）「郷鎮政府何去何従」『中国経済快訊周刊』二〇〇三年第三十七期参照。

（3）三農問題の深化については、大島一二［2011］参照。

（4）この実態については、大島一二［2011］参照。

（5）実施時期は地域によって若干異なるが、一般に、一九八三年前後に実施された請負契約を第一回請負、第一回請負の十五年後の一九九八年前後に実施された請負契約を第二回請負という。

（6）ここでいう「村内農地利用公平の原則」とは、村内の各農家への農地配分に関し、できるだけ公平性を優先するという原則であり、この原則に基づいて、各農家はたんに公平にほぼ同面積の配分を受けるだけでなく、農地条件（豊度、灌漑施設の有無など）の面でも公平さが追求される。つまり、各農家の請負農地は村内の条件の異なる農地を一部分ずつ配分されるのが一般的である。例えば同一村内に生産力が異なるA・B・C・Dの四種の農地があるとすれば、各農家はAからaを、Bからbを、Cからcを、Dからdを請け負い、村内の公平性を保つというものである。しかし、この原則を厳密に実施すればするほど、前述したように、各農家の農地は零細な上にますます分散し、生産性は停滞または逓減せざるを得ないことになる。また言うまでもなく、この「村内公平の原則」は近隣の村には適用されないので、村が異なれば一戸あたり農地面積が大きく異なるという不公平はしばしば発生している。

（7）中国の土地（多くの場合は農地）に関する中央政府や地方政府による収用プロセスは以下のようになっている。中国では、土地収用が計画された場合、事業主体（「用地単位」と呼ばれる、行政機関、都市開発業者、マンション開発業者などがそれにあたる）が国土行政主管部門に用地申請を行い、当該部門は県（市）に設置されている「統徴弁」（統一土地収用弁公室）に審査を申請する。この「統徴弁」が収用を認めた場合、村民委員会・農家に収用が「通知」される。このように、中国では「通知」を受けるまで、基本的に農家は進行する事態の「蚊帳の外」であり、決定に農家が関わることはない。よって、不満や意見を表明する場も設けられていないのが実態である。この点に基本的な問題があるといえよう。こうした状況下で、農民は自らの意思に反する収用および収用時の農村幹部や企業の脱法行為に有効に対応できないため、陳情によって、なんとか意見表出を試みるのであるが、これも多くの場合限定的な効果しか得られない。また、農家が収用に応じるか否かに関して意見を表明できないという問題以外に、収用価格が不当に低価格であるという問題も指摘されている。関係資料によれば、農地収用後の販売価格を一〇〇とすれば、その配分は、地方政府二〇～三〇パーセント、開発企業四〇～五〇パーセント、村民委員会三〇パーセントで、農民にはわずか五～一〇パーセントしか配分されないという。ある研究者の試算によれば、ここ二〇年あまりの間に、土地を収用した各機関（不動産企業など）が農民から奪った利益は少なくとも五兆元に達するという。こうしたことから農民が収用にたいして不満を持ち、前述したように、しばしば争議が発生していることはある意味で当然であるといえる。

（8）次の段階として、農地の流動化を推進する点については、以下の二つの問題が残される。一つは、政府の方針が「容認」から「推進」に転換したとはいえ、経済的に農地利用権の流動化が進展する要因が形成されているのか否か、具体的には、流動化の促進を可能にする貸し手農民の非農業部門への就業をどう促進するのかという点で問題を残している。また、他方で、今後本当に農民個人の意思に基づいての利用権の移動が行われるのか否かという点も大きな問題である。これまでの中国農村でよく見られた状況としては、いったんこうした政策を中央政府が提起すると、地方政府レベルでは、政策の推進が目的化して、強引に大規模経営を作り出そうとする動向が発生しかねない。このように、現在の中国の現状を考慮すれば、貸し手農民の就業機会の確保や社会保障をどのように進めるのかという政策がともなわずに、農地の流動化のみを推進しても良好な成果が得られる可能性は低い。むしろ土地を失った農民の生活保障などにおいて新たな農民問題を惹起する危険をともなっていることに注意する必要があるだろう。こうした状況は、後述するように、二〇〇八年後半以降、世界経済危機の下、移動先で失業し、帰郷を余儀なくされた出稼ぎ農民が、農地を貸し出していたために事実上自らの農地の耕作ができなくなるといった、まさに現在発生している問題として表面化している。

（9）現在の中国農村で農民専業合作社が三農問題解決に果たす役割は以下のようにまとめられるだろう。①現状では、広範な農家が、自らが生産した農産物を販売する手段（出荷調整設備やトラックなどの輸送手段）を基本的にほとんど有しておらず、流通過程において中間商人の活動に依存しているのが実態である。こうした中で、利益の多くが中間商人に移転し、しばしば農民の利益は損なわれている。このため、農家の共同によって出荷経費や流通経費を合理化し、市場での販売力を強化し、利益を農家に還元する仕組みが求められている。②経済発展にともない、市場ではますます高い品質の安全な農産物が求められているが、多くの農家が、これまで農業生産技術の指導や訓練を受ける機会を得ておらず、一般農家の農業技術水準は長期にわたって停滞してきた。こうした状況の下で、農民の共同による技術の相互普及と、専従職員の配置できる組織による技術指導・普及システムの構築が、農民の生産技術の向上に不可欠であると考えられている。③前述したように、今後農地流動が拡大する可能性が高いが、この流動化した農地の受け皿として、高効率の農業経営主体としての農民専業合作社の役割が期待されている。

(10) こうした実態については、根師梓・森路未央・大島一二［2006：60-70］参照。

(11) この実態については、中共中央党校党建教研部［2008］、祝霊君・李正奎［2009］、王炳林［2008］他参照。

〈参考文献〉

・大島一二［1993］『現代中国における農村工業化の展開——農村工業化と農村経済の変容』筑波書房。
・———［2011］「三農問題の深化と農村の新たな担い手の形成」佐々木智弘編『中国「調和社会」構築の現段階』アジア経済研究所。
・根師梓、森路未央、大島一二［2006］「企業的経営によるバナナ生産の再編過程——中国海南省の事例」『農業市場研究』第一五巻第一号　日本農業市場学会。
・韩俊［2007］『中国农民专业合作社调查』上海远东出版社。
・黄志钢他编着［2009］『农村社会经济发展的变迁——山东省陵县边临镇国情调研』中国社会科学出版社。
・李小云［2009］『二〇〇八中国农村情况报告』社会科学文献出版社。
・农业部弁公厅编［2006］『农业部　弁公厅二〇〇五年调研报告集』中国农业出版社。

・王炳林主编［2008］『市场经济条件下　党的基层组织建设研究』人民出版社。
・王习明［2009］『川西平原的村社治理——四川罗江县井村调查』山东人民出版社。
・中国社会科学院农村发展研究所编［2008］『中国农村发展研究Ｎｏ・６』社会科学文献出版社。
・中共中央党校党建教研部［2008］『党支部＋合作社——农村基层党建的创新』中共中央党校出版社。
・祝灵君、李正奎［2009］『小村政事　一个基层党支部的实例』中共中央党校出版社。

第七章　中国共産党権力の根源

――「人材的保障措置」の視点から――

諏訪　一幸

一、問題の所在

文化大革命（文革）で疲弊しきった国土を建て直すことで、自らの統治の正当性を改めて明らかにし、それをもって大衆の支持を得るべく、中国共産党（以下、党、共産党とも呼ぶ）が改革開放路線に舵を切ってから、すでに三十年余りが過ぎ去った。そして、その後の実践は、貧富の格差拡大や環境汚染などさまざまな問題を抱えつつも、転換という決断が間違っていなかったことを証明した。改革開放三十周年記念式典での胡錦濤演説によると、一九七八年から二〇〇七年の三十年間で、ＧＤＰが三六四五億元から二四兆九五〇〇億元に（世界第四位。年平均増加率九・八パーセント）、輸出入額が二〇六億ドルから二兆一七三七億ドルに（世界第三位。同一六・八パーセント）、そして、都市住民一人当たりの可処分所得が三四三元から一万三七八六元へ（同一三・一パーセント）、農民一人当たりの純収入が一三四元から四一四〇元へと（同一二・一パーセント）、目覚しい進歩を遂げた。米国発の金融危機も乗り越えた中国は、世界第二位に踊りあがろうとする経済力と巨大化する軍事力、それらを支えに政治的影響力を拡大せんとする強い国家意志とにより、良くも悪くも、米国と並ぶ国際社会の最重要プレーヤーとなった。

筆者は、改革開放政策の導入によっても、中国共産党は自らがもたらした文革の歴史を、痛みをもって総括し、その傷跡を十分払拭することができたとは認識していない。しかし、中国をこうした大国化の軌道に乗せたのも、同様に党の指導によるところであると考えている。それでは、「政治、思想および組織面での指導を主とする」（第十七期党規約前文）とされる党指導の実態とは一体どのようなものなのだろうか。このような問いに対し、制度論的立場から回答を与えるとすれば、党が人、物（組織）、そして財という三つの要素を独占している点に求められるであろうというのが筆者の仮説である。

本稿は、そのうちの「人」に焦点を絞って考察するものであるが、筆者の具体的な問題意識は以下のようなものである。すなわち、一九四九年の建国以降、

一、党はどのような基準をもって理想の党員像を定義し、新党員を取り込んできたのか、

二、党機関専従党員職員（以下、党機関職員とも呼ぶ）の採用と昇進はどのようなシステムで行われているのか、

三、その結果、党は党員構成や党員管理などに関して、どのような変化を遂げたのか、である。

こうした視点からの分析作業を通じることで、党による統治の構造やその維持強化における課題の一端を浮き彫りにすることができると考える。

二、新党員の確保

唯一の支配政党である中国共産党は、自ら定めた目標の実現を保証するための人的措置として、前衛党構成員として適切であると判断された非党員の入党工作を積極的に進める方針をとってきた。本節は、そうした入党工作の制度

と実態を解明しようというものである。具体的には、各時期の時代背景や党規約に見られる入党方針を確認した後、実践において党員はそのような方針でリクルートされたのか、その結果党員構成はどのように変化、推移したのかを検証することにポイントが置かれる。

(1) 七大期（一九四五年四月〜一九五六年九月）

一九四五年四月、前回大会（六大。モスクワで開催）から約十七年の年月をへて、中国共産党第七回全国代表大会（七大）が延安で開催された。当時の党にとっては、抗日戦争勝利の可能性が強まる中、国民党との内戦突入の危惧をも抱えるという状況の下で、毛沢東を指導者とする強力な全国的組織をつくることが重要課題の一つだった。

①規定と実践

大会で新たに採択された党規約では、中国共産党は「労働者階級の先進的な、組織を持つ部隊」であると定義づけされ、「毛沢東思想を一切の活動指針」とし、「現段階では新民主主義制度実現のために奮闘する」との方針が示された。

そこで、党は「マルクス・レーニン主義と毛沢東思想の基礎を会得し、革命事業の中で模範的役割を果たす」ことのできる党員を求めた。そして、入党に関しては、六大路線に沿った従来からの「唯成分論」を改め、「職業や出身（「社会成分」）には当然注意を払わなければならないが、主要な基準ではない。党の示した主張のために断固奮闘できるかが重要である」との方針に従った。その結果、労働者、クーリー（「苦力」）、雇農、貧農、都市貧民、革命兵

図 7-1　党員の年平均増加率

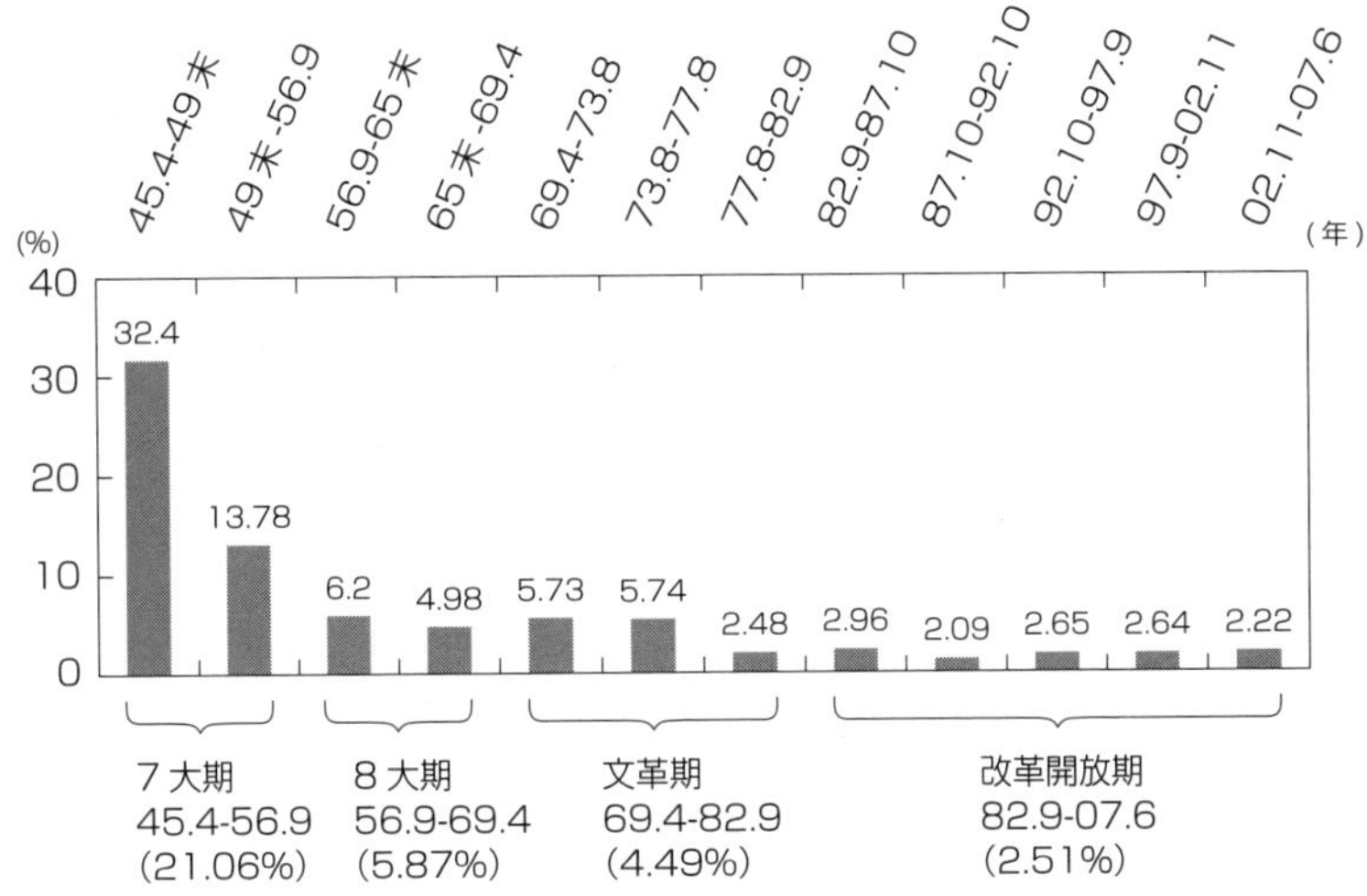

出所：参考文献に基づいて筆者が作成

士（以上、「甲類」）を優先的入党対象としつつも、中農、職員、知識人および自由業者（同、「乙類」）なども対象とされた。ただし、正式党員となる前の候補期間については、「甲類は半年、乙類は一年」という相違が設けられた。

その後の実践に目を移すと、七大時は一二一万人だった党員数（全人口比〇・二七パーセント）が四年半後の一九四九年末には四四八・八万人（同〇・八三パーセント）に上昇している。この間の年間平均増加率は図7-1にあるとおり、三二・四パーセントにも上っている。また、四九年末の党員構成を見ると、図7-2のとおり、労働者一一・二万人（全体の二・五パーセント）、農民二六七・五万人（同五九・六二パーセント）、軍人一〇七・六万人（同二三・九八パーセント）、政府などの職員四九・八万人（同一一・一パーセント）、学生三・六万人（同〇・八パーセント）、その他九万人（同二パーセント）となっている。当時の共産党の中核勢力が農民と軍人だったこ

図 7-2　党員構成

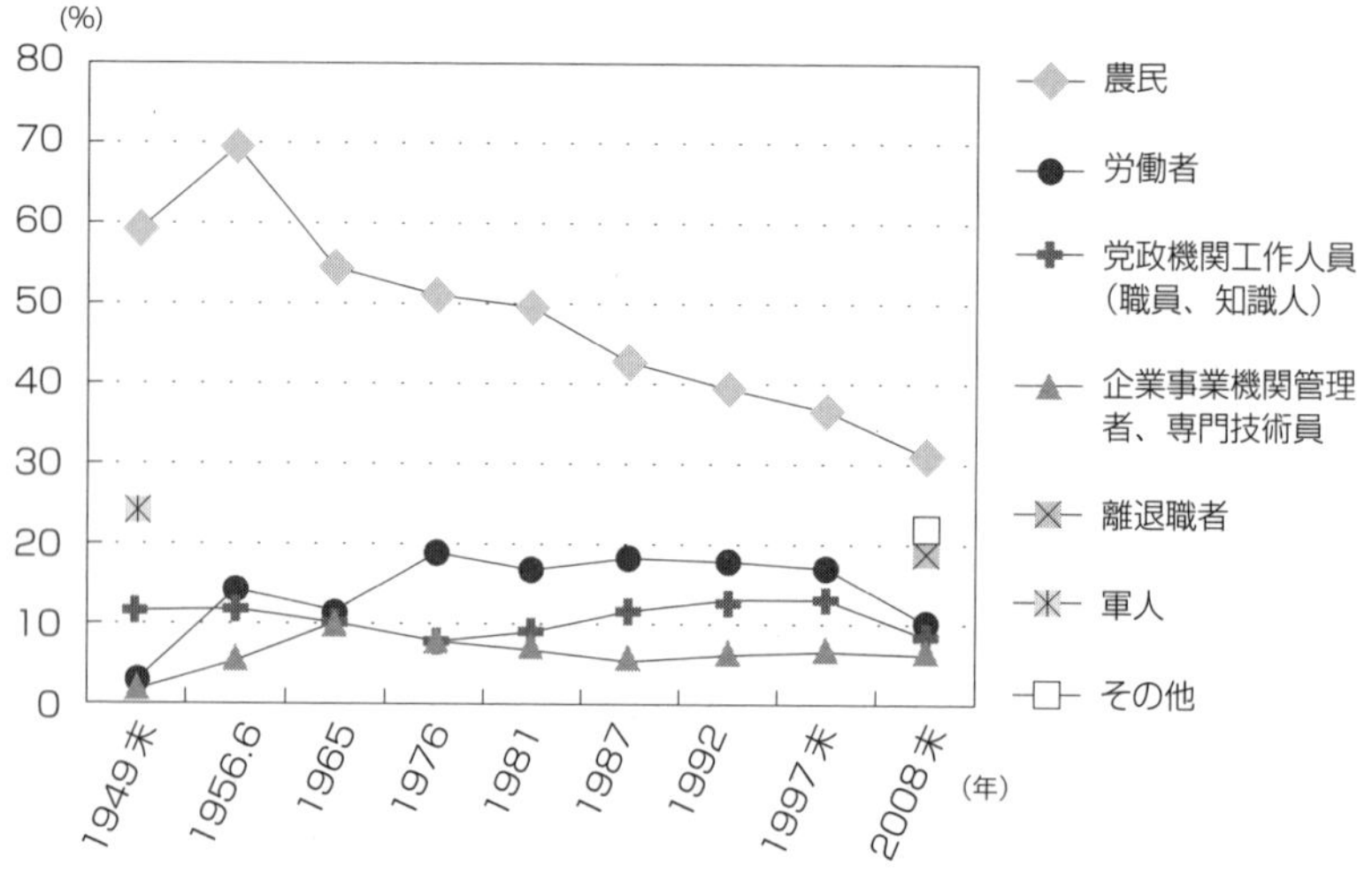

出所：参考文献に基づいて筆者が作成

とがわかる。

それが八大直前の一九五六年六月末になると、全党員数一〇七三・四万人（五〇年以降の年間平均増加率は約一三・八パーセント）中、労働者一五〇・三万人（全党員の一四パーセント）、農民七四一・七万人（同六九・一パーセント）、知識人一二五・六万人（同一一・七パーセント）、その他五〇・八万人（同五・二パーセント）へと変化している。

ここでは二つの点について説明が必要であろう。

第一に、七大期を一九四九年で前後に分けたのは、建国という大きな節目があったこともさることながら、それ以上に、統計数字が毎年発表されているわけではない中、同年の数字が公表されているからである。

第二に、一九五六年時点で一二五・六万いるとされた「知識人」の定義である。ところがある資料によると、「高卒以上の学歴を有する知識人」は一九五五年時点で約二七万人となっているので、二つの数字はそれぞれ異なる定義によって算出されたものだと考えられる。そこで筆者は、確認できた統計で「知識人」概念が使用されたのは五六年に限定されること、「一化三改」（社会主義工業化。農業、手工業、資本主義商工業の社会主義改造）政策の完了を受け、中国社会が「二つの階級と一つの階層」（労働者階級、農民階級、知識人階層）から構成されると認識されるようになったこと、さらに数値的に近いことから、一九五六年の「知識人」は一九四九年の「職員」にほぼ該当する概念だと判断する。

②評価

党員数がそもそも絶対的に少ないこともあり、共産党はこの時期、積極的な入党政策をとった。図7-1にあるとおり、七大期を通じた党員の年間平均増加率は、もともとのパイが小さいこともあり、二一・一パーセントと極めて高い（建国前に限定すると三二・四パーセント）。その結果、総人口に占める党員割合も〇・二七パーセントから一・九八パーセントへと上昇した。

この時期の入党キーワードは「職業と出身」および「党への貢献」である。

そこで、一九四九年（四五年のデータなし）と五六年の党員構成を比較すると（図7-2）、主要グループである労働者と農民の構成割合が前者は二・五パーセントから一四パーセントへ、後者は五九・六パーセントから六九・一パーセントへと、いずれも大きく上昇した点に最大の特徴を求めることができる。このような結果がもたらされたのは、「三年から五年をかけて、産業労働者の三分の一を党員とする」（党中央、一九五〇年五月）や「一九五五年から三年間で、農村党員を二〇〇～三〇〇万人増やす」（中央組織部、一九五四年十二月）との指示が大きく影響したからであると思われる。一九五一年四月に開かれた第一回全国組織工作会議も、産業労働者の入党促進に重点を置く決議を採択した。ただ、四九年に党員総数の二四パーセントを占めた軍人党員（約一六二万人）の項が五五年と五六年にはないことから（図7-2）、両グループの比率上昇は、軍人の復員作業が進んだ結果にもよるのであろう。実際、一九五〇年から五六年にかけて、計五〇〇万人の軍人が生産建設部隊に所属替えあるいは復員したことなどで、一九五〇年代初め、全軍党員数は激減した。また、「軍隊は軍服を着た農民」集団なのであった。

一方で、表7-1から判明するように、職員（一九五六年は知識人）の割合に大きな変化は見られない。また、学歴（教育水準）を見ても、一九四九年に〇・九二パーセント（高校〇・六一パーセント、大学〇・三一パーセント）だった高卒以上の党員割合は、多少は上昇したものの、五五年当時で二・八八パーセント（同二・〇五パーセント、〇・八三パーセント）に止まっている。

八大開催時、一九四九年以降入党した新党員が全党員の六〇パーセント以上を占めたが、基本的に彼らはいずれも「過去数年の大衆革命闘争と社会主義労働の中から現れた先進積極分子」だったという。この時期が国共内戦や朝鮮戦争という非常事態、あるいは社会主義改造という社会的大変動期にあったこと、そもそも党への忠誠心や忠誠度を判断する客観的基準を定めることは困難であること（また、そのような作業が行われた形跡はないこと）などから、この時期の入党工作は、基本的には職業や社会的出身といった要素を重視するという従来からの方針に従って行われたと見るのが妥当であろう。

(2) 八大期（一九五六年九月〜一九六九年四月）

第八回大会（八大）は、建国後初の全国代表大会である。実質的に唯一の与党として、共産党は七年近く新国家建

表 7-1　党員数と職業構成割合

	1949年末	1956年6月	1965年	1976年	1981年	1987年	1992年	1997年末	2007年末	2008年末
党員総数（万人）	444.8	1073.4	1871.0	3507.8	3965.7	4775.5	5279.3	6041.7	7415.3	7593.1
労働者※1（以下、%）	2.5	14.0	11.1	18.9	16.9	17.8	18.0	17.4	10.1	9.7
農民※2	59.6	69.1	53.9	51.4	49.0	42.8	39.6	36.9	31.4	31.1
職員	11.1									
機関職員			10.0	7.6	8.5					
機関幹部									7.5	
国家政党社会団体						11.0	12.3	13.2		
党政機関工作人員										8.2
知識人		11.7								
企業事業機関管理者・専門技術者									22.4	22.2
軍人※3	24.0								2.1	
学生	0.8								2.5	2.7
基本建設			2.4		2.9					
交通郵政			2.7	3.0	3.0					
商業生活サービス			5.0	5.5	5.2					
都市公共サービス			0.3		0.4					
科学技術文化衛生			4.4	5.1	6.5					
金融			0.9							
地質調査						0.4	0.5	0.6		
建築						2.1	2.1	2.0		
交通郵政						3.4	3.6	3.8		
商業						5.5	5.9	5.8		
不動産						0.6	0.8	1.2		
衛生スポーツ社会福祉						1.9	2.1	2.2		
教育文化芸術放送						6.3	6.2	7.0		
科学研究技術サービス						0.8	0.9	0.9		
金融保険						1.0	1.4	1.8		
離退職者									18.9	18.8
個人労働者・自由業者等									5.1	
その他	2.0	5.2	9.3	8.5	7.6	6.1	6.6	7.2		7.3
合計	100.0	100.0	100.0	100.0	100.0	100.0	100.0	100.0	100.0	100.0

※1　1987 年と 1997 年は「工業」
※2　2007 年末と 2008 年末は「農牧漁民」
※3　2007 年末は「軍人・武装警官」
※4　小数点以下第二位の数字を四捨五入によって調整したため、合計が 100.0%にならないものについては、「その他」の項目で調整し、合計を 100.0%とした

出所：参考文献に基づいて筆者が作成

設にあたってきたが、その後半は、毛沢東が半ば唐突に打ち出した「過渡期の総路線」による急進的社会主義改造期にあたった。このような情勢を受けて開催された八大は、階級闘争の基本的終結を宣言し、経済建設を最大の政策課題とした。

①規定と実践

党規約では、中国共産党の「任務は、計画的に国民経済を発展させ、中国に強大で近代的な工業・農業・交通運輸業・国防を備え付ける」ことであり、党の「あらゆる工作の根本目標は、人民の物質的文化的需要を最大限満足させる」ことであるとされた。

そこで、入党は「労働に従事し他人を搾取しない中国公民」であれば可能であるとした。経済発展につながる「労働」という用件さえ満たせば（もちろん、搾取は否定されたが）、入党対象となり得ると、その間口を拡大したのである。また、職業や出身によって異なる入党規定を統一することで、それまでの階級優先方針を改めた。

実際、積極的な入党工作がなされたことは、数字となって表れた。八大時に一〇七三万人だった党員数は九大時には二二〇〇万人に拡大している。図7-1のとおり、年間平均増加率にすると五・八七パーセント、前半に限定すると六・二パーセントとなっている。もちろん、解放直後の党勢拡大期とは比べるべくもないが、それでも高い増加率であるといえよう。もっとも、当初はこれよりも高い増加率が目指されていた。一九五六年一月に示された六七年末の目標値は二六〇〇万人となっているのである。この場合、平均増加率は年間約七パーセントにまで上昇する。

この期間中の党員構成比率の変化を知るために比較可能な統計数字を提供してくれる年は一九五六年、一九六四年および六五年のみである。そこで、五六年と六五年の構成比の変化を見ると、農民党員は六九・一パーセントから五三・九パーセントへ、労働者は一四パーセントから一一・一パーセントへ、知識人（六五年は「機関職員」）は一一・七パーセントから一〇パーセントへといずれも減少している。しかし、この減少分の多くは、五六年時点では分類になかった基本建設や交通郵政など（計一五・七パーセント）で吸収されているものと思われる。したがって、六五年時の労働者割合は公表された数字よりも多めに考える必要があろう。

②評価

八大期の入党工作におけるキーワードは「知識人」である。前述のとおり、統計上の党員構成が労働者、農民、知識人の三つに大きく分類されていることも、少なくとも大会開催時には経済発展という目標実現のため、知識人の入党が重視されていたことを物語る（これは改革開放期と基本的に同じ発想であるといえよう）。例えば、党大会開催約半年前の一九五六年一月に開催された省級党委組織部長座談会で、安子文・中央組織部副部長は一九六二年末と六七年末の構成目標値をそれぞれ、農民は五二・六パーセントと四六パーセント、労働者は一八・四パーセントと二一・一パーセント、知識人は二三・七パーセントと二九・三パーセント、軍人は五・三パーセントと三・五パーセントと定めている。七大期においてもそれ相応に重視されていたが実施に移されたとはいえない、知識人を対象とした積極的な入党工作の必要性が改めて強調されたのである。

しかし、党大会翌年の一九五七年六月に反右派闘争が始まると、この方針はあっけなく否定される。「わが国知識人の絶対的多数はすでに労働人民の知識人となった」というそれまでの認識が、同年九～十月に開催された八期三中全会で、「わが国知識人の多くは資産階級に属する」と改められたため、知識人の入党は実質的に不可能となったのである。さらに、一九六一年六月から六四年末までの党員増加数はわずか六〇万人余りに止まっている（年間平均増加率は約一・七パーセント）点にも注目したい。それは、五八年～六〇年（大躍進期）の間に六四二万人にも上った（五六年～六一年の年間平均増加率は約一〇・七パーセント）入党者の質が低かったため、六一年以降は新規の入党者を認めないとの方針がとられたからである。また、六二年には、そうした影響を受け、党員再登録作業が終わるまでは原則入党は認めないとの方針も示された。知識人重視の政策はまたしても実行に移されなかったのである。実際、上述のとおり、知識人（機関職員）党員割合は減少している。

一方で、一九六二年に毛沢東が継続革命論を提起して以降、政治がさらなる急進化を見せる中、一九六五年八月二十一日、党中央に提出した報告書の中で中央組織部は、「今後六年間で農村党員を現在の一〇〇〇万人から二五〇〇万人に増やす」（年平均増加率約一六・六パーセント）と、入党工作の主要対象を再び農民に移す方針を示した（ただし、後述のように、それは実施に移されなかった）。さらに、文革が始まると、党中央と中央文革は一九六七年十二月二日、毛沢東思想に忠実な「労働者、貧農、紅衛兵中の先進分子」を中心に入党工作を進めるよう指示を出した。

このように、八大路線が示した知識人重視路線は早くも一年後には否定され、それに代わり、文革期につながる極左路線が提起されたのである。

（3）文革期（一九六九年四月～一九八二年九月）

本稿では党規約に示された方針に基づいて時期区分を行っているので、九大期（一九六九年四月～）と十大期（一九七三年八月～）に加え、十一大期（一九七七年八月～一九八二年九月）も文革期と規定する。その根拠は、九大党規約が八大路線を否定し、十大、十一大ともにその方針を継承しているからである。

それぞれの党大会に反映された、当時の政治状況をひと言で表すと、九大は「文革の熱狂」、十大は「林彪失脚を受けての『四人組』台頭と米中接近」、十一大は「文革の終結」（周恩来、毛沢東らの死と「四人組」逮捕）ということになろう。

①規定と実践

九大では文革路線の基調——階級闘争と個人崇拝——が定められた。第一に、「階級敵と戦う」党であるとされるように、継続革命論に基づく極端な階級闘争路線に大きな特徴がある。第二の特徴は、国際政治において、「米国を主とする帝国主義とソ連修正主義叛徒集団を中心とする現代修正主義」を打倒することを要求している点にある。そして第三に、毛沢東崇拝とその「親密な戦友であり後継者である」林彪への賞賛があげられる。その後、十大規約では林彪事件を受けて個人崇拝の色彩はなくなったが、文革のような「革命はこれからも何度も行わねばならない」と、文革路線の継承がうたわれた。十一大では毛沢東への賞賛が復活した。毛の威光なしには指導力を発揮することができない華国鋒の意向なのかもしれない。

こうした影響を受け、この時期に入党が期待されるのは「中国の労働者、貧農、下層中農（十一大では「貧下中農」と両者を統合）、革命軍人およびその他の革命分子」に限定されることとなった。そして、党員には「マルクス主義、レーニン主義、毛沢東思想の実践（「活学活用」）」などが求められた。党員数は九大開催時の二二〇〇万人から十二大開催時の三九六五万余に増加、年平均増加率にすると約四・四九パーセントとなる。

ところで、本稿では十一大期は党規約上文革期と位置づけているが、党大会開催以降の実践（歴史的事実）から判断すると、同期は改革開放期への移行期でもあった。それは二つの理由による。第一に、党員増加率の低さである。図7-1で示したとおり、九大期、十大期ともに年間平均増加率が五・七パーセント台だったのに対し（この二期については、党規約に候補期間の規定がない）、十一大期は二・五パーセントにすら達しなかった。これは、同期の対党員工作が、新たな党員獲得ではなく、むしろ失脚中の党員に対する名誉回復作業を含む党内基盤の強化に主たる力が注がれたためだと思われる。この作業によって、約四七万人の党員が党籍を回復したのである。第二に、党員構成率の変化に見られる特徴が挙げられる。文革直前期（一九六五年の統計）と文革末期（一九七六年および一九八一年の統計）の党員構成を比較すると、労働者割合の高止まりと農民割合の一貫した減少という特徴が見られる（図7-2）。これらは後述のとおり、改革開放期（「三つの代表」以前）の大きな特徴の一つである。

②評価

文革期の主たる入党対象は労働者、農民、軍人など、伝統的理解に基づくと、いわゆる革命的地位にある、あるいはそのような出身である人々だった。毛沢東自身、党における労働者の基盤を拡大するような入党工作を行うよう求めている。また、一九七三年五月に開催された十大開催準備工作会議では、「産業労働者三〇パーセント前後、貧下層中農二五パーセント前後、解放軍一六パーセント前後、その他労働人民五パーセント前後、革命幹部一九パーセント前後、革命知識分子五パーセント前後」という大会代表比率（一種の「三結合」）が示された。これは、当時目指した将来的な党員構成を示しているとも考えられる。しかし、表7-1から判断すると、この時期においても、党規約にある方針が実行に移されたようには思えない。つまり、文革の混乱は、こうした急進的な入党政策の実行にも影響を及ぼした――その実行を妨げた――のである。

(4) 改革開放期（一九八二年九月〜現在）

文革を否定するところから生まれた経済建設第一主義が改革開放期を貫く唯一の方針である。ただし、共産党統治の正当性が経済発展に頼る度合いが強まり（とりわけ、「六・四」以降）、従来の支持基盤では不十分との認識が強くなるにつれて、入党奨励対象も拡大し、「労働者階級の政党」という党存立のイデオロギー的基盤の変更が迫られるようになった。

①規定と実践

十二大規約（一九八二年九月）は、「わが国社会の主要矛盾は、人民の間で日々高まる物質的文化的需要と遅れた社会的生産の間の矛盾である」、「中国共産党の現段階における最大の任務は、工業、農業、国防および科学技術面での近代化を徐々に実現することである」といった、今日まで続く改革開放政策の基調を明示した。そして、当然の帰結として、入党を求めるべき対象に「知識人」が追加された。

さらに、十四大規約（一九九二年十月）では、「わが国社会主義建設の根本的任務はさらに生産力を解放することである」として、いわゆる「先富論」が提起された。「富を生み出す知識人」というエリート像が示されたわけである。そして、十六大（二〇〇二年十一月）で「三つの代表」が提起され、入党奨励対象に私営企業主らを念頭においた「その他の社会階層の先進分子」が加わることになる。

党員数は十二大時の三九六五万余人から十七大時の七三三六万人に拡大した。二十五年間の年平均増加率は約二・

五パーセントで、各五年の間に増加率のばらつきはない。表7-1に基づいて算出すると、十七大開催の翌年にあたる二〇〇八年の党員増加率も約二・四パーセントとなっている。入党工作の安定を物語る事実である。

②評価

改革開放の歴史は共産党自身の変容の歴史でもある。その変容に見られる特徴を党員構成の変化という視点からいくつか指摘したい。

第一に、党官僚化の進行である。一九九七年と二〇〇七年を比較すると、全国各級機関の全幹部中の党員割合は六七パーセントから八〇・八パーセントへと大幅に上昇した。県長・処長級以上の指導的ポストに限定すると、いずれも九五パーセント以上となっている。中国の政治社会で実権を握るのはこのクラス（わが国でいうと、中央官庁の課長クラス）以上であると考えられるので、中国で実質的権限を有する幹部になるためには党員であることが必須の条件となる。

第二に、党員構成基盤の多様化である。二〇〇一年以降、「新社会階層」に属する人々が入党対象に仲間入りし、二〇〇四年には「私営企業主中の積極的人物の入党工作を通常工作化する」方針が示されたことで、同年、この階層に属する人々が一・一万人入党したが、うち八九四人が私営企業主だった。量的にはわずかだが、「三つの代表」という新たな入党方針がもたらした重大な理念的修正である（ただし、「三つの代表」には、すでに私営企業主となっていた党員に政治的お墨付きを与えるという意味もあった）。その一方で、一九九七年までは一八パーセント前後を保ってきた労働者党員の割合が十六大以降低下しており（表7-1）、二〇〇八年新規入党者に占める割合は七・四パーセントにまで下がった。改革開放は党からの労働者排除という結果ももたらしたのである。

第三に、高学歴化である。一九八五年時点でわずか六パーセントしかなかった高等専門学校卒業以上の学歴・教育水準を持つ党員割合が二〇〇八年末には三四パーセントまで上昇した。また、八五年の統計には比較可能な数字はないものの、テクノクラート（各種管理者・技術者）の割合が二二・二パーセントに達した。

そして第四に、高齢化である。現有の統計資料によると、そもそもそれまで設けられていなかった「離退職者」の項が二〇〇四年以降設けられるようになったが、その時点ですでに全党員の一八パーセントを上回っていた。今後の入党工作如何にもよるが、党自身の高齢化傾向は当面続くであろう。

三、党機関専従党員職員の採用と昇進

前節では新党員のリクルートについて考察したが、それは、中国共産党が優秀な人材を常に確保することを支配政党としての正当性確保の一手段として位置づけているという点で重要だからである。ただ、日常の党・国家運営に目を向けると、その担い手は約七八〇〇万に上る全党員というわけではなく、主として一部のエリート層――「幹部」という曖昧な中国語で表現される一群の人々――である。

そこで、本節では、幹部候補者の主要輩出源である党機関専従党員職員の採用と昇進システムおよびそれぞれの試験内容に関する考察を通じて、共産党統治における人的保障措置のもう一つの側面を明らかにする。ただし、以下で

の検討から明らかなように、党機関職員を対象とした採用・昇進制度は一九九〇年代中頃まで存在しなかったため、それ以前については国家機関職員を考察対象とすることで、一種の代替措置とする。代替措置とすることの妥当性は論述の中で明らかになろう。

（1）採用の制度化プロセスと党政合一体制の確立

巨大な官僚組織であり、また古くから高級官僚採用のための試験制度（科挙）を有していた国家の支配政党であるにもかかわらず、新中国誕生から一九九〇年代中頃に至るまで、中国共産党には党機関職員の採用（および昇進）に関する制度らしい制度が存在しなかった。したがって、制度に対する考察には制度構築のプロセスに対する考察も含む必要があろう。なぜなら、そこには当時の政治的思惑が反映されていると思われるからである。そこで、ここではまず制度化について考察するが、結論を先取りすれば、それは無から有へのプロセスであり、党政分離と党政合一のせめぎあい、そして、党機関職員採用制度（広くは、中国の人事管理制度）における党政合一体制確立の歴史でもあった。

①閉鎖的採用期（一九四九〜七八年）

解放直後から改革開放初期に至るまで、共産中国の国家機関職員は、主として「大学生・専門学校卒業生を対象とした国家統一分配」、「退役軍人を対象とした組織的斡旋」、「一般社会からの計画的採用」、「現職幹部子弟からの採用」など独特の方式によって採用されてきた。こうした閉鎖的な制度以外にも公開採用が行われたこともあったが、制度として定着しなかったため、紆余曲折や混乱も少なくなかった。

例えば、建国前後の時期は、新たな国家建設のため、大衆運動の過程で優秀な成績を収めた者を対象に、長くてもせいぜい数カ月程度の訓練を行った後、大量の職員を採用し、昇進させていた。その結果、人余りや質の低下といった問題を招くこととなった。また、文革期には、こうした採用方式が機能しなくなったため、それぞれの機関の必要性に応じた人事管理制度が、いわば「勝手に」導入された。

②公開採用萌芽期（一九七九年～八四年）

一九七九年十一月から十二月にかけて、人事部門の全国会議としては十三年ぶりに全国人事局長会議が国務院の主催で開催され、四つの近代化建設という要求に合致した幹部採用制度を政府として策定する方針が決定された。これを受けて、全国各機関での新規採用が始まったが、例えば、中国銀行が一九八〇年九月に示した採用方針によると、その対象者は「高校卒業程度の学力を有する失業青年、国家機関・企業・事業単位の在職幹部、除隊幹部」となっている。当時が文革終結間もない混乱期にあたったことに鑑みれば、この方針には失業対策的色合いが感じられる。また、試験も課すとしているが、その内容は採用する各支店の裁量にかなりの部分任されていた。

十二大終了直後（一九八二年九月）、労働人事部は「幹部の採用問題に関する若干の規定」と題する通達を出したが、これは改革開放期初の実質的な公務員採用規定だといえよう。これによると、国家機関職員は、当該地域・部門の現有幹部と国家が統一分配する除隊幹部から、大学・専門学校卒業生の中から、そして、「これらによっても解決できない場合」、労働者やその他（都市部の知識青年、職のない専門技術者、自習で能力を伸ばした者など）から補充・採用するとした。また、中央機関が全国を対象とした文書としては初めて、試験採用制度の導入についても言及した。しかし、新卒者（統一分配）と除隊者を主たる対象に採用するという方式に根本的変化はなかった。

③「狭義の公務員」採用制度構築期（一九八四～九三年）

一九八〇年代半ばになると、公務員採用制度構築へ向け、以下のような作業が始まった。第一に、法整備の動きである。一九八四年、党中央組織部と国務院労働人事部が中心となって、「国家工作人員法」（間もなく「国家行政機関工作人員条例」へ、その後「国家公務員暫定条例」に名称変更）の起草が始まった。この作業は一九八六年に設けられた「幹部人事制度改革専題組」に引き継がれ、八七年の十三大において、国家公務員制度の構築が正式に提起されるに至る。第二に、これまで曖昧だった「国家」の定義を開始したことである。すなわち、十三大改正党規約が「国家機関」を実質的に国務院と地方政府に限定したことを受け（1）、全国三〇の省級政府において、治安、司法、税務などの部門を対象とした大規模な職員採用試験が始まったのである。それは同人事部門が中心となって行う統一公開試験だった。

以上の経緯の後、一九九三年に「国家公務員暫定条例」（以下、暫定条例）が施行されたが、試験採用対象は「各級国家行政機関の主任科員以下の非指導的職務」（第三条、第一三条一項）とされた。そして翌年、中央レベルとしては初の国家公務員採用試験が実施され、国務院弁公庁、国家計画委員会など二六の「中央の国家行政機関」が計四六二名の主任任科員以下の国家公務員を採用した。これ以降、党機関職員の採用制度構築が射程に入ることになった。

なお、大学卒業生の就職問題に関し、一九九三年二月に党中央と国務院の連名で出された「中国の教育改革と発展綱要」は、今後「自主的選択」方針を導入するとの方針を示しているが、これは公務員改革（公開統一試験の導入）

と大学教育改革（就職における「分配」制度の将来的廃止）の連動を示す事例である。

④「広義の公務員」人事制度構築期（一九九三年～二〇〇七年）

このように、公務員の対象を各級政府機関に限定する暫定条例は、党政分離を進めようとした十三大方針に基づいて制定されたといえよう。ところが、まさにこれとほぼ同じ時期に出された「参照試行通達」と「参照管理通達」が、暫定条例で示された「狭義の公務員」概念を骨抜きにした。暫定条例が国務院サイドで出されたのに対し、これらはいずれも党中央サイド（中央組織部など）で出されたものだが、二つの通達のうち前者は党、全人代常務委、全国政協などの機関を、後者は工会、共青団、婦女聯など一八の組織をそれぞれ指定し、暫定条例を参照して職員を採用・管理するよう指示している（諏訪［2004：111-112］）。こうして、暫定条例で限定されたはずの公務員概念が大幅に広がり、党政分離をうたった十三大方針が事実上否定された。

そこで、一九九四年以降、党・大衆機関と人代・政協機関職員を対象とした試験採用方法の制定を研究しはじめていた中央組織部の主導により、一九九六年の第三回国家公務員採用試験は同部と人事部の共管となり、中央紀律検査委員会、全人代、政協機関、民盟中央機関、全国総工会など六一の部門と単位が七三七名の主任科員以下の「党の機関工作者、国家公務員およびその他機関の工作人員」を採用するに至る。「広義の公務員」（すなわち、現在一般的に「党政機関幹部」と呼ばれる人々）採用制度の雛形がこの時点でできあがったのである。

それから十年後の二〇〇六年に「国家公務員法」が、翌二〇〇七年には「公務員採用規定（試行）」が施行に移されたが、二〇〇六年四月九日、党中央と国務院の連名で通達された「公務員法実施方案」とその付属文書は、中国の公務員には共産党、政協、民主党派や工商聯などの各級機関職員も含まれることなどを明らかにした。これを以って、人事管理という領域において、党と国家が一体化した「骨格」が制度として確立されたのである。因みに、二〇一〇年の中央公務員採用試験には国務院を構成する各中央省庁以外に、中央弁公庁、中央組織部、中央宣伝部など一四の党中央直属機関、一部大衆団体など一三〇余の組織が参加している。なお、中国以外の社会主義国に目を向けると、ベトナムでも一九九八年（つまり、中国に先行）に出された公務員法令の中で「幹部および公務員」の範囲が定められており、「国家機関、政治組織および政治・社会組織で、任期に従って、職務を担うために選挙で選ばれた者」なども対象とされている。政治組織とは共産党を、政治・社会組織とは祖国戦線、労働総連盟などを指すとされる（白石［2000：159］）。

以上で見てきたとおり、党機関職員の採用制度の構築は、中国という国における党機関職員の政治的位置づけ作業でもあった。その結果、一九九〇年代中頃には党機関は公的機関とされ、その職員は国家公務員として明確に位置づけられるに至り、したがって、彼らは公務員試験制度を通じて採用されるようになった。また、残るもう一つの課題である昇進の制度化作業もそれと並行して進められ、後述する「党政指導幹部選抜任用工作暫行条例」などによって、その目指す方向性が示されることとなった。

(2) 採用

一九九五年の第二回試験に中央弁公庁などが参加して以降、党組織は公務員採用試験制度を通じた新規職員採用を行ってきた。

①対象ポストと受験資格

暫定条例によると、採用対象は「主任科員以下の非指導的職務に就く国家公務員」となっている。つまり、暫定条例では未だ対象とされていなかった党機関職員も、前述の参照施行通達に従い、同条例に基づいて採用されていたのである（公務員法では「主任科員以下およびそれに相当する職務」となっている）。一方、対象外の指導的職務と副調査研究員以上の非指導的職務に欠員が出た場合は、内部昇格か国有企業などからの採用によって補充される。

暫定条例は受験資格を定めていないが、公務員法第一一条は「中華人民共和国国籍を有する満十八歳（以上）の者」などとしている。ただし、その採用にあたっては、「省級以上の党政機関が公務員を採用する場合は、二年以上の基層工作経験を持つ大学卒業生の比率が三分の一より少なくてはならず、またこの比率を年々高める」との方針が示された。その結果、二〇一〇年度の採用試験に際して、中央党政機関とその省級直属機構は全採用者中の七〇パーセント以上はこうした経験を持つ受験生から採用するよう求められている。近年、大学生の就職難と農村での人材欠如という課題の解決を抱える党にとっては一石二鳥の妙案である（現代版下放）である。

②採用主管機関とレベル

では、採用は一体どのレベルで行われているのだろうか。前述の「公務員法実施方案」付属文書一によると、公務員とされるのは中央から郷鎮に至る各級機関の職員とされている。一方、採用主管機関は中央に始まり、「区を設けている市級以下に至る各級公務員主管部門」までとなっている（公務員採用規定（試行）第八条～第一〇条）。したがって、これらの規定とこれまでの考察から判断すると、最上位の主管機関は党中央組織部と国務院人事部（二〇〇八年の機構改革以降は人力資源・社会保障部）である。また、最下位は「区を設けている市級以下」であるが、組織としての規模と実態から判断して、これは原則的には市級より一つ下の県級であると思われる。例えば、浙江省（主管は省党委組織部と省政府人事庁）は二〇〇九年、一一三三名の郷鎮機関職員を募集しているが、募集にあたる直接の担当機関は県級の党委組織部と同政府人事局だった。なお、これまで人事管理の対象外であった非公務員の村幹部に対しても、二〇〇八年、極めて限定的ながらも郷鎮機関の公務員として採用される道が開かれた。

③試験内容

現行の採用試験は筆記（一般共通（「公共」）、専門）と面接からなるが、ここでは一般共通科目である「行政職業能力試験」と「申論」について簡単に考察する。前述のように、第一回国家公務員採用試験は一九九四年に行われたが、中央組織部と人事部がこの二つを採用試験中の筆記試験一般科日に決定したのは、数年に及ぶ試行錯誤を重ねた後の二〇〇一年十一月のことであった。

まず、行政職業能力試験であるが、これは、「現有能力ではなく、潜在的行政処理能力如何について問う」ものとされる。直近の二〇〇七～二〇〇九年試験では一二〇分間で一四〇題（四択）に答えることが要求されている。内容については、「言語理解と表現」（全体の二九パーセント）、「数量関係（数字推理、数学運算）」（一四パーセント）、「判断推理（図形、ロジック、類推など）」（二五パーセント）、「常識判断」（一八パーセント）および「資料分析」（一四パーセント）の五分野から構成されている。これらのうち、常識判断については、二〇一〇年の試験では、従来から行われてきた法律に関する知識を問う設問に加え、政治（マルクス主義、共産党）、経済、管理、人文、科学技術なども試験対象分野に含まれることになっている。したがって、政治分野では今後、社会主義に関する一般知識や党・国家建設に関する時事問題なども重視されることになろうが、むしろ、党機関職員を含む公務員の採用試験で、これまで政治的知識があまり問われたなかったことの方に違和感がある。

次に、読解力、総合分析力、問題解決力および文章力の考査を行うのが「申論」である。「大衆の利益に直結する社会問題」について、提示された課題の要旨をまとめ、その問題点を指摘し、解決策を提示させるといった内容となっている。過去の国家公務員採用試験においては、例えば二〇〇六年は「突発性公共事件」、二〇〇七年は「土地資源の持続的利用」などが題材とされた。即戦力になり得る人材が求められていることがわかる。

(3) 昇進

党機関職員（を含む幹部一般）の昇進にあたっては、建国以来長期にわたって、政治思想（「紅」）と専門性（「専」）という二つの指標のいずれかが、あるいは双方が採用されてきたが、その客観的基準が示されることは一度たりともなかった。ところが、本節で筆者が「広義の公務員」人事制度構築期と規定する時期には、党機関職員の昇進を規定する文書もいくつか制定・施行された。

①対象

まず、昇進の対象となる具体的ポストであるが、最も興味深いのは、昇進問題の根幹を司る二つの文書のいずれもが「党政指導幹部」を対象としているにもかかわらず、その対象の「扱い」に微妙な相違がある点だ。

第一の文書である「党政指導幹部選抜任用工作暫行条例」（一九九五年二月）が定める対象は、「党中央、全人代常務委、国務院、全国政協、中央紀律検査委員会、最高人民法院と最高人民検察院の工作部門の指導メンバー、県級以上の地方各級党委、人代常務委、政府、政協、紀律検査委、人民法院、人民検察院およびその工作部門の指導メンバー」である（第四条一項）。二〇〇二年七月に正式施行された「党政指導幹部選抜任用工作条例」も概ねこれを踏襲している。つまり、広義の公務員中の部長級（上記各中央機関の工作部門のトップは概ね部長級）から科長級（県級機関の工作部門のトップは概ね科長級）ポストとなる。

第二の文書は、二〇〇四年四月に中央組織部から出された「党政指導幹部公開選抜および競争的任用（「競争上崗」）試験大綱」（以下、試験大綱）である。公開選抜とは文字どおり、社会一般に広く門戸を開いて優秀な人材を募ろうとする制度であり、主として「地方党委、人代常務委、政府、政協、紀律検査委の工作部門あるいは工作機構の指導メンバーあるいはその他」を対象とする。一方、競争的任用とは、適切な人材を内部（職場内部あるいは系列部門）で抜擢しようという制度で、その対象は「中央、国務機関内部の司局長・処長級機構の指導メンバー、県級以上の地方各級党委、人代常務委、政府、政協、紀律検査委、人民法院、人民検察院機関あるいは工作部門内設機構の指導メンバー」となっている（第三条一項）。

つまり、部長級（地方では省長級）ポストは「選抜」対象ではあるが、「公開」対象ではないのである。中国式民主化の推進を標榜し、政策決定過程の透明性向上を一定程度図る共産党であるが、部長級という高位ポストの選抜プロセスの透明性はまだまだ低いといえよう。

②試験科目と内容

局長級以下の党機関職員の昇進に際しては、次のような試験が課せられることになっている。

二〇〇〇年一月施行の「党政指導幹部全国公開選抜試験大綱（試行）」の定める試験は共通一般科目、専門科目、面接の三つである。共通一般科目は政治（全体の約二五パーセント）、経済（約二〇パーセント）、法律（約二〇パーセント）、管理（約二〇パーセント）、科学技術（約一〇パーセント）、歴史、国情国力、公文作成と処理（計五パーセント）からなる。採用試験に比べ、政治の占める割合が高い。具体的に問われるのはマルクス主義、毛沢東思想、鄧小平理論、党史、党理論などとなっている。また、面接は一般的能力（論理的思考、表現力。計二〇パーセント）、指導能力（計画力、判断力、組織調整力、意思疎通力、創造力、臨機応変性、その他。計七〇パーセント）、個性（一〇パーセント）を問うことに主眼が置かれている。

二〇〇四年四月以降の昇進試験は、この改訂版である試験大綱による。政治分野の考査対象に『「三つの代表」』という重要思想」、国情国力に「生態環境状況」や「社会経済構造」（地域格差や貧困問題）が追加されている点が目立つ。政権（前政権）への忠誠度と「調和ある社会」実現への手腕をより求めているものと考えられる。後者については、二〇〇九年十月に出された文書「科学的発展を促進する党政指導グループおよび指導幹部の考査評価制度構築に関する意見」（中共中央弁公庁）の中で、「人口資源、社会保障、省エネ排出削減、環境保護、安全生産、民生改善、社会安定、党風廉政、幹部任用、大衆の満足度」や「重大災害、重大な突発性事件、重要・重点プロジェクト、個人的利益に及ぶ問題」などへの適切な対応が評価基準として追加された。

③選抜プロセス

部長級（地方では省長級）から科長級に至る「党政指導幹部」の任用（解任を含む）は前述の「党政指導幹部選抜任用工作条例」によるが、そのプロセスは民主的推薦、考察、協議、討論による決定の四段階に分けている。

本条例によると、全プロセスで党機関幹部職員（およびその他公的機関の幹部職員）の任用に際して唯一最大の影響力を行使できるのは、対象となる任用ポストを抱える組織より一級上の党委員会である。一方で、条例は、指導グループの任期満了にともなう後継メンバーの推薦過程に非党員の参与を認めることで、「民主的」であることを強調している（第一二条）。しかし、非党員は絶対的少数者であろうし、そのプロセスを主宰するのが一つ上級の党委員会組織部門である（第一三条）ことから、彼らの参与によっても、党の意志に実質的修正を迫るほどの効果は期待できそうにない。

四、おわりに

中国共産党は建国以降、その時々の情勢認識によって定義は異なるものの、「優秀な」人材を党内に取り込み、自らの指導思想に基づいて彼らを教育し、後の指導者に育成するという方針をとってきた。しかし、その方針と実践が一致するようになったのは改革開放が始まってからであったことを本稿は明らかにした。もっとも、社会全体の恐るべき弱肉強食化によって、共産党は結党時の理念とは大きく異なり、自らの階級基盤であるはずの労働者や農民らとますます距離を置くエリート政党に化してしまったように思える。

本稿でいうところの「人材的保障措置」によって、党は支配政党としての正当性と権威を保とうとしているが、そうした努力は党内「法規」や「指示」、「決定」、「通達」といった彼ら独特の制度化によって進められたきた。例えば、入党工作に関しては、一九九〇年九月に「中国共産党発展党員工作細則」（試行）が施行された。また、昇進に関する直近の決定について見ると、二〇〇九年九月の十七期四中全会で採択された「新たな情勢下で党建設を強化改善することをめぐる若干の重要問題に関する中共中央の決定」の中には注目すべき記述がある。すなわち、幹部人事管理分野での、「徳」を「才」に優先させる方針の堅持や、住居、投資、配偶者・子女の就業状況といった個人関連情報の報告制度の徹底である。党員幹部の汚職や腐敗に対する一般大衆の厳しい目を意識したものであろう。

本稿では第二節で新党員のリクルートを、第三節で党機関職員らの採用・昇進制度を考察したが、ここで改めてそれぞれの論旨を確認するとともに、若干の補足を行いたい。

中国共産党は、各大会で採択された党規約において、入党が期待される党員像を明らかにしてきた。実態はともかく、マルクス・レーニン主義を信奉する前衛党と自らを規定しているが故、いつの時代においても一種の「革命性」が求められたが、何をもって革命的とするかは時代によって異なっていた。

既述のとおり、入党者に求められる資質をひと言で表現すれば、七大は「職業・出身と党への貢献」、八大は「知識人」、九大～十一大は「職業・出身と階級敵との闘争」、十二大以降は「富を生み出す高学歴者」となろう。こうした方針に従い、例えば、階級闘争から経済建設への転換を宣言した八大の直前（一九五六年二月）には、「一九六二年には高級知識人の三分の一を党員に」との方針が示された。しかし、文革が始まるや、この方針は否定され、今度は毛沢東や林彪の指示を根拠に、労働者や貧農らを主たる対象に入党工作を進める方針へと大転換がなされた。やがて、文革が終結し、改革開放開始から二十年余りが過ぎて開催された全国発展党員工作座談会（二〇〇一年七月）では、「民営科学技術企業や外資企業の技術者など新たな社会階層中の一部の入党政策と手続きを労働者や農民と同じものとする」との方針が提起されるに至る。さらに、二〇〇四年六月には、「積極的人物の入党工作を通常化する」

との方針が示され、私営企業主の入党に門戸が開かれた。

建国六十年間の党員リクルートの実践結果は以下のとおりである。

第一に、八大と九大、十一大と十二大の間に見られるように、入党方針やエリート像の断絶がしばしば生じた。

第二に、八大で示された「知識人の入党を積極的に進める」との党方針が瞬く間に反故にされたように、党規約で示されたリクルート方針は常に遵守されてきたわけではなかった。しかも、方針転換は新たな党大会開催を待つことなく、それ以前から行われていた。

第三に、改革開放期に限定すれば、「富を生み出す高学歴者」を主たる対象として入党工作を進めるという党の方針はかなりの程度一貫し、しかも、基本的にはそれに従って実施されてきた。もっとも、十二大で追加対象とされた「知識人」像は三十年近い改革開放の流れの中で徐々に変容を遂げてきた。すなわち、知力（知識人）、権力（官僚）、財力（企業家）の一体化である。一体化とは、一個人によるこのような資質の独占と三者の協力関係という二つの意味を持つ。

その一方で、長期にわたって共産党としての階級政党性を支えてきた農民と労働者が徐々に隅へと追いやられていった。これは改革開放の必然的結果であり、その副産物でもある。一九八〇年代に入ると、農民党員割合は直ちに減少しはじめた。これに対し、前衛政党の母体であるはずの労働者について、共産党はその党員割合を九〇年代半ばまではほぼ一貫して微増あるいは高止まりさせることで、労働者の利益代表であるとの建前をどうにか保ってきた。六・四天安門事件直後の一九八九年八月二十八日に出された「党建設強化に関する中共中央の通知」は、産業労働者を主たる対象とした入党政策をとるよう呼びかけている。しかし、二〇〇〇年前後には両者の合計がついに五〇パーセントを切る。恐らく、「三つの代表」提起が重要なきっかけとなったのであろう。それ以降、極めて慎重にではあ

表7-2　新党員の数と割合

	2003年末	2004年末	2005年末	2006年末	2007年末	2008年末
新党員数（万）	223.5	241.8	247.0	263.5	278.2	280.7
労働者（以下、%）	10.5	9.6	9.1		8.0	7.4
農牧漁民	22.2	21.2	19.9		20.1	19.9
機関幹部	10.1	8.9	8.1		5.0	
党政機関工作者						4.4
企業事業組織・民間非企業組織の管理者・専門技術者	27.5	25.1	23.1			
企業事業組織の管理者・専門技術者					21.4	20.7
個人労働者・自由業者等			1.5		1.6	
軍人・武警			8.8		8.1	
学生		24.7※2	29.7	32.6	35.8	38.0
生産・工作の第一線				50.2※3		
その他※1	29.7	10.5				9.5
合計	100.0	100.0	100.2	82.8	100.0	99.9

※1　内訳は、2003年が軍人、武警、学生等、04年が軍人、武警等
※2　前年比19.5万人増。したがって、03年は40.2万人で、全体の約18%
※3　前年比9万人増

出所：参考文献に基づいて筆者が作成

るが、「新たな社会階層」の取り込みが行われてきている。

　第四に、ここ数年、学生入党者が増えているという事実である。表7−2にあるとおり、全党員に占める学生党員の比率は二〇〇八年末時点で二・七パーセントに止まるが、同年新たに入党した党員に占める学生割合は三八パーセントにも達している。より多くの学生を入党させるとの方針は、党の高学歴化と若返りにも資する、時代の要請である。学生党員が党内で量的に重要な割合を占めるという状況の出現は当面考えられないが、新社会階層に属する人々とあわせ、彼らの入党によって「党としてのエートス」にどのような影響が出るのか、今後注意深く考察していく必要がある（2）。

　次に、党機関職員の採用と昇任という分野では、改革開放以降その制度化が進んだ。大きな特徴は以下の二点である。

第一に、十三大以降、国家概念の明確化作業が進んだ。そして、その過程で、国家における（占める）党の絶対的重要性が改めて認識され、党政合一を保障する制度構築の努力が積み重ねられた。その象徴こそ、共産党機関職員らを含む「広義の公務員」概念の確立と公務員法の施行である。

第二に、その結果、国家の指導的ポストに就くためには、党員・非党員を問わず、共産党の指導方針を忠実に理解し、実行することが従来以上に求められるようになった。それは、採用や昇進時の試験方式と内容によって確認できる。非制度的で、恐らく時には恣意的、人為的であった党政高級官僚への登用制度の規範化は、中国共産党という巨大な支配政党にどのような内部圧力をもたらすのであろうか。将来の党指導部は、このような制度で採用され、昇進を重ねてきた官僚らによって構成されるのであろうか。もちろん、このような問いかけは、制度が制度として十分機能することを前提としてはじめて成立するものである。

本稿での検討結果は、改革開放期の入党政策と幹部管理政策が従来に比し総じて順調に執行されており、党の優越性を保証する制度化も進んでいることを明らかにした（例えば、公務員法制定に際して見られた、党の指導による、党の国家機関化）。しかし、それは、共産党による国家統治制度のさらなる強化が同時進行していることを意味しない。なぜなら、本稿が明らかにしたのは共産党を含む広義の国家機関内部の制度的強靭化の一端であり、非国家領域を対象とした検討は行われていないからである。この点に関し、筆者は、改革開放の過程で、党の非国家領域における影響力や支配力は相対的に縮小、低下しつつあると認識している（諏訪［2006：123］）。したがって、仮にそうであるならば、この二つの小結から導かれる結論とは、「党国体制の中核に位置する中国共産党は内部（広義の国家機関）での凝集力を強めてはいるものの、外部との関係においては自らを疎外し、その影響力を弱めている」といったものになるのではなかろうか。

唯一の支配政党である中国共産党の権力基盤が果たして長期的に見て盤石であるかについて結論を下すのは、今しばらく慎重であった方がよさそうだ。

〈注〉

（1）党と政府の関係を考える際、第十三回党大会は一つの転換点だった。大会初日の政治報告で、総書記の趙紫陽は「政府各部門」に設けられた党グループの撤廃を主張した。そして、この方針に従い、同大会は、党グループを設ける対象を「中央と地方の国家機関、人民団体、経済組織、文化組織あるいはその他の非党組織の指導機構」から、「中央と地方の各級人民代表大会、政治協商会議、人民団体およびその他の非党組織中の選挙で選出された指導機関」へと修正した（党規約第四六条）。つまり、従来は人代や政協も含まれるものとして認識されてきた「国家機関」は国務院と各級地方政府に限定され、党グループを設置する対象から除外されたのである。

（2）Dickson［2008：163］によると、このような変化、つまり、幹部党員と新社会層党員に見られる思考傾向の同一性現象はすでに起きている。

〈参考文献〉

・家近亮子他編［2009］『改訂版　五分野から読み解く現代中国――歴史・政治・経済・社会・外交』晃洋書房。
・佐々木智弘編［2009］『現代中国の政治的安定』アジア経済研究所。
・白石昌也編著［2000］『ベトナムの国家機構』明石書店。
・諏訪一幸［2004］「中国共産党の幹部管理政策――「党政幹部」と非共産党組織」アジア政治学会『アジア研究』第五〇巻第二号。
・――［2006］「胡錦濤時代の幹部管理制度――「人材」概念の導入から見た共産党指導体制の変容可能性」日本国

際政治学会編『国際政治』第一四五号。
・高橋伸夫［2006］『党と農民　中国農民革命の再検討』研文出版。
・日本国際問題研究所中国部会編［1974］『中国共産党史資料集　第八巻』勁草書房。
・菱田雅晴編著［2010］『中国――基層からのガバナンス』法政大学出版局。
・三宅康之［2006］『中国・改革開放の政治経済学』ミネルヴァ書房。
・毛里和子［2004］『新版　現代中国政治』名古屋大学出版会。
・Bruce J. Dickson [2008] *Wealth into power: the Communist Party's embrace of China's private sector*, Cambridge University Press.
・程连昌主编［2009］『《党政领导干部公开选拔和竞争上岗考试大纲》复习指南（下册）』国家行政学院出版社。
・国家人事局编［1986］『人事工作文件选编（Ⅰ）』劳働人事出版社。
・国家统计局国民经济综合统计司编［2005］『新中国五十五年统计资料编』中国统计出版社。
・金榜教育公务员研究中心组织编写［2009］『行政职业能力测验』中共中央党校出版社。
・――［2009］『申论』中共中央党校出版社。
・劳働人事部政策研究室编［1984］『人事工作文件选编（Ⅳ）』劳働人事出版社。
・――［出版年不明］『人事工作文件选编（Ⅴ）』劳働人事出版社。
・李楯主编［1997］『中国共产党党内法规制度手册』红旗出版社。
・林弋主编［2006］『公务员法立法研究』党建读物出版社他。
・吕澄他主编［1991］『党的建设七十年纪事（一九一九－一九九一）』中共党史出版社。
・人事部政策法规司编［1989］『人事工作文件选编（第一一卷）』学苑出版社。
・――［2001］『人事工作文件选编（第二三卷）』出版社不明。

・徐才厚主编［1994］『当代中国军队的政治工作（上）』当代中国出版社。
・徐颂陶主编［2001］『新编　国家公务员制度教程』中国人事出版社。
・杨光斌［2007］『中国国内政治经济与对外关係』中国人民大学出版社。
・杨宏山［2002］『当代中国政治关係』经济日报出版社。
・杨士秋他主编［2008］『公务员法配套政策法规文件汇编』党建读物出版社他。
・杨士秋他主编［2009］『公务员录用』党建读物出版社他。
・赵博他主编［1991］『中国共产党组织工作大事记』中国国际广播出版社。
・中共中央党校党章研究课题组编着［2004］『中国共产党章程编介（从一大到十六大）』党建读物出版社。
・中共中央文献研究室编［1992］『建国以来重要文献选编（第二册）』中央文献出版社。
・――――［1994］『建国以来重要文献选编（第八册）』中央文献出版社。
・――――［1994］『建国以来重要文献选编（第九册）』中央文献出版社。
・――――［1994］『建国以来重要文献选编（第十册）』中央文献出版社。
・――――［1991］『十三大以来重要文献选编　上』人民出版社。
・――――［1991］『十三大以来重要文献选编　中』人民出版社。
・赵生晖［1987］『中国共产党组织史纲要』安徽人民出版社。
・中共中央组织部编［2009］『中国共产党组织工作辞典（修订本）』党建读物出版社。
・中共中央组织部他编［2000］『中国共产党组织史资料（一九二一－一九九七）　第七卷（下）』中共党史出版社。
・中共中央组织部研究室（政策法规局）编［2007］『干部人事制度改革政策法规文件选编』党建出版社。
・中共中央组织部组织局编［2007］『党的基层组织工作常用文件选编（六）』党建读物出版社。
・中共中央组织部弁公厅编［2009］『改革开放三十年组织工作大事资料摘编』党建读物出版社。
・中央弁公厅法规室他编［1996］『中国共产党党内法规选编（一九七八～一九九六）』法律出版社。
・编集者不明［1970］『毛泽东选集　第三卷』人民出版社。

第八章　党政分離の政治過程

——中ソ比較の試み——

中居　良文

一、はじめに

一九八〇年代、中ソ両国は相前後して政治体制改革に取り組みはじめた。改革を主導したのはいずれも両国の改革派のリーダーであり、当時彼らは党のトップの地位に就いていた。彼らとは、ソ連では共産党書記長のゴルバチョフ、中国では共産党総書記の胡耀邦と国務院総理の趙紫陽である。彼らは一九八〇年代後半に党と政府の機能を分離し、危機に陥った国家経済を立て直す作業に着手した。

趙紫陽は、一九八七年十月二十五日、中国共産党第十三回全国大会の政治報告において、「党政分開」(1)――党と政府の分離――を政治体制改革の目玉として打ち出した。趙紫陽は同年一月に総書記を辞任した胡耀邦に代わって、代理総書記を勤めていた。一九八〇年以来、趙は国務院総理として政府のトップの地位にいたが、党内序列は胡耀邦、葉剣英、鄧小平に次ぐ第四位であった。胡耀邦の失脚により、政府から党のトップに昇格した趙が、いわば満を持して持ち出した提案は党を政府の活動から切り離すことであった。趙によれば、党は憲法と法律の範囲内で活動すべきで、政府の機能を代行（中国語では「以党代政」）してはならない。

党と政府の分離提案の時期はさておき、その実施に関しては、ソ連が一歩先行した。ゴルバチョフは一九八五年三月に書記長に就任するが、その二年前の一九八三年三月以降、党組織全般に強い影響力を持つ地位に就いていた（上野［1990：150］）。一九八八年五月、ソ連共産党中央委員会総会は「第十九回全連邦党協議会のためのテーゼ」を採択し、「党委員会と国家機関、経済機関との分離を考慮して、党付属部局の構造と成員に必要な変更を加える」とした（上野［1990：163］）。ゴルバチョフは「テーゼ」採択の四カ月後、彼の考える「必要な変更」を実行に移した。一九八九年までに従来二一あった党中央委員会付属部局は大幅に削減され、総数一〇に減少した（上野［1990：164］）。

われわれは趙紫陽の党政分離提案が辿った運命を知っている。一九八九年六月四日未明、中国人民解放軍は戒厳令下の北京・天安門広場を「反革命暴乱」から解放した。いわゆる、天安門事件である。趙紫陽・総書記は六月二十四日の中央委員会総会で、「動乱を支持し、党の分裂をはかった」(2)とされ解任された。趙の党政分離の試みは一見、潰えたように見えた。趙紫陽に代わって総書記に就任した江沢民は八月二十八日、党から趙紫陽の影響を一掃し、党の国家と社会生活における「領導的作用」を強化するよう全国に指令した(3)。党は国家と切り離されるどころか、機能強化されたのである。

一方、ソ連の党政分離は中国とは異なった展開を遂げた。一九八九年にはバルト三国における人民戦線のような疑似政党的政治団体が活動を強め、共産党内部にも非公式の集団が公式の党組織を横断するかたちで成立していた（上野［1990：161］）。これら改革派は、国家機関に対する党の干渉を排除する手段として、徹底した党政分離を求めたのである。天安門事件の五日後の一九八九年六月九日、ソ連邦人民代議員大会において、大会の三カ月前の直接選挙で代議員に選出されたアンドレイ・サハロフはソ連邦憲法第六条の廃棄を要求した。第六条はその第三項でソ連共産党は国家機関を代行してはならず、憲法に違反してはならないと規定していた。しかし、エリツィンやサハロフら改革派は同条第一項の規定に噛みついた。すなわち第一項はソ連共産党に「ソヴェート社会の指導的および先導的勢力、ならびにその政治システムおよび国家組織と社会団体の中核」（上野［1990：185］）としての地位を認めていたからである。改革派は第三項の規定が党の関連機関による有形無形のサボタージュにより、全く実行されていない事実を暴露し、党の優位を根本的に覆そうとした。決議は採択され、憲法第六条は削除された。

ほぼ同時期に共通の目標を持って打ち出された党政分離が、中ソで異なる展開を遂げたのはなぜか。中ソ両国の共産党のその後の運命を見ると、この問いはさらに興味深いものとなる。周知のように、一九八九年には二〇〇〇万人近い党員を抱えていたソ連共産党は一九九一年八月に事実上消滅した。一方、中国共産党は一九八九年以降も毎年一五〇万人以上党員を増やし続け、二〇〇九年末には七八〇〇万人の党員を抱える巨大政党となった。この結果は党政分離政策と何か関係があるのだろうか。

大いに関係がある、というのが本稿の結論である。この結論に加えて、本稿にはもう一つ別な狙いがある。それは中国共産党の研究にソ連との比較を活用することである。筆者はいわゆる中国研究者であり、ロシア語は全くできない。また、ソ連邦は一九九一年十二月に消滅しており、現在のロシア研究者には「何をいまさらソ連なのか」と過去の政治体制を比較の対象として扱うことに疑問を呈する意見も多い。一九八〇年代の出来事を現代の文脈に引きつけて記述することには、歴史的類推（アナロジー）の危険がつきまとう。

それにもかかわらず、本稿があえて比較に踏み込んだのには理由がある。それは比較することの利点が欠点を上回ると筆者が考えているせいである。本稿は以下に、まず、筆者が中国共産党の研究に中ソ比較を持ち込むことにどのような利点を認めているかを述べる。次に、党政分離のソ連における展開を主に日本人研究者たちの先行研究に基づいて叙述する。そして、党政分離の中国における展開を日本語の先行研究および中国語文献に基づいて分析する。最後に、中ソ比較を踏まえて、中国の現政治体制が抱える問題点を指摘し、いくつか論点を提供することとする。

二、中ソ比較の利点

筆者が考える利点は大別して三つある。以下、順次とりあげる。

(1) 唯我独尊的議論の回避

一般に、政治研究において、比較研究は王道である。一国の政治体制の分析にも比較の観点が使われているのが普通である(4)。一方、比較の観点を欠いた研究は、分析対象国の政治の特長をその歴史や社会、あるいは文化に求める蛸壷的解釈に陥る危険が大きい。中国のように歴史が長く、多様な文化を持っている国は、そのユニークさを強調することに力点を置きがちである。中でも、中国の権力保持者たちが政治的意図を持って特定の政策を推進する時には、その根拠を新中国建国以来の経験に置くことが多い。

趙紫陽は一九八七年の政治報告を「中国的特色を持つ社会主義の道に沿って前進しよう」と名付け、彼の改革プログラムの「中国的特色」を強調した。しかし、趙の改革プログラムをゴルバチョフのそれと比較してみると、共通する部分が圧倒的に多いことに気づく。つまり、趙の改革プログラムには優れて「中国的」なものなどほとんどないということである。もちろん、ゴルバチョフの改革プログラム、いわゆるペレストロイカもソ連共産党の歴史的経験がもたらした革命的な提案などではなく、東欧諸国が試行してきたプログラムの焼き直しにすぎないと考えることもできる。政治家がどのようなスローガンを使おうが勝手だが、研究者がそのような雑な概念を分析枠組みとして採用することは慎むべきである。

筆者は、アジアの地域研究にはこうした唯我独尊的傾向が強く、それ故アジア諸国の政治分析において比較研究が大きな威力を持ち得ると考えている。例えば、最近ではあまり言及されなくなったものの、つい最近まで東南アジア諸国の指導者たちは、アジア諸国間の地域協力の有り様を、「ＡＳＥＡＮ　Ｗａｙ」と称してアジアに独自なものと喧伝していた(5)。しかし、内政不干渉原則の遵守や、コンセンサスの重視といった「ＡＳＥＡＮ　Ｗａｙ」の構成要素がアジアに独自なものである保証は全くない。事実、ＡＳＥＡＮをＥＣＯＷＡＳ（西アフリカ諸国経済共同体）と比較検討した若手研究者は、いわゆる「ＡＳＥＡＮ　Ｗａｙ」には特にユニークな点はないという結論に達した（湯川［2010］）。

（２）比較の有用性

資本主義の比較分析を行った山田鋭夫は、「あまりにかけ離れた諸国間では意味ある比較はむしろ成立せず、ある程度共通の基準を当てはめ得る諸国間でこそ意味ある比較が成立する」と指摘する（山田［2008：10］）。山田はあまりに経済社会構造の違う国を比較する例として、日本とナミビアを、あるいはアメリカとブータンを比較する場合を挙げている。中ソには共産党による専制的統治システムや計画経済の残滓という共通の基準があるから、山田の基準にはとりあえず合格すると考える。

また、直感的にも中ソ両国は実によく似ている。両国の長い関係を考えれば似ているのは当たり前というべきかもしれない。中ソ関係が中国社会に及ぼした影響を子細に検討した中国人研究者は、スターリンが一九三八年に出版した党史教科書が中国では一九八〇年代まで半世紀にわたって使われ続け、その影響は計り知れないと指摘している（孔寒氷［2004 : 119-120］）。毛沢東は社会主義建設の先輩、「ソ連に学べ」キャンペーンを一九五三年に開始し、中ソ両国は一九五四年から一九五八年まで蜜月を迎えた。この頃に学校教育を受けた中国人が現在の中国指導層の中核にいる。鄧小平は若き革命家としての一年をモスクワで過ごしたし、天安門事件で総書記に就任した江沢民は一九五五年から一年間モスクワのスターリン自動車工場で実習していた。また、江沢民政権の外相・銭其琛は外交部のロシア・スクール出身者であった。

では、中国政治をいわゆる西側諸国と比較検討する場合はどうか。共通の基準に基づいた、意味ある比較はできるのであろうか。「アジアの時代を見据えた最新中国講義」と銘打った『最新教科書　現代中国』（朱建榮ら編、柏書房、一九九八年）は日本の各大学で中国に関する講義を担当している中国人教員が日本語で書いた概説書である。本書の章立ては西側諸国を扱う政治学概説書と同じである。第一章に中国の近現代史が置かれ、以下第二章現代中国の政治、第三章経済、第四章社会と文化となっている。第二章の現代中国の政治は、政治体制、立法と司法制度、行政制度、人事管理と国家公務員制度、国防と軍事制度、香港特別行政区、台湾、対外関係の八つの節に分けられている。

この本では、党は独立した節や章としては登場しない。党はあたかも、政治体制のごく一部として、あるいは行政制度の一部として存在しているかのように扱われている。多くの西側諸国にとって、政党とは所詮そのようなものなのかもしれない。しかし、中国は違う。党はまさに政治の「核心」であり、有名な唄にあるように、「共産党がなければ、新中国はない」(6)のである。著者たちは、党中心の中国の政治体制を三権分立がすでに成立している西側民主主義体制の枠に押し込むという無理な作業を行った。そのため、中国政治の本質的特長が記述から漏れてしまったのである。

中国の政治体制と西側諸国との比較をより意識的に行ったのは、シンガポール在住の中国人研究者、鄭永年である。鄭は近著で文化、生産活動、組織を含めた本格的な比較研究を繰り広げている（Yongnian［2010］）。しかし、鄭の結論、中国共産党は「組織的皇帝」である、は説得力不足といわざるを得ない。鄭は中国共産党が持つ文化的、組織的特長は西側諸国の政党には見られないと主張する。本稿はそのような特長は中国に独自のものではなく、かつてのソ連にはごく普通に見られたものであると考える。鄭はあまりに経済社会構造の違う国を比較したため、上述した唯我独尊論の罠に落ちてしまったのである。いわゆる中国特殊論には比較研究によって歯止めをかける必要がある。

(3) 政治過程比較の可能性

では、論を一歩進めて、比較の結果、中ソ両国が党政分離に関して異なった対応をし、その結果、異なった状況が発生したことが判明したとしよう。こうした違いはどのように説明されるべきであろうか。前出の山田の言い方をかりれば、「異なるが故に比較が意味を持つ」からである（山田［2008：10］）。本稿の比較はどのような意味を持つのか。より一般的に、「二つの異なったケースに現れている同一の状態を把握するかぎり、私はその状態一般について一つの概念を持ち、したがってより深い知、より完全な知を所有する」(7)のだとすれば、われわれが本稿の比較研究から得ることができる「深い知」とは何か。

三つの「可能性」を指摘したい。

①党政分離をめぐる政治過程は、中ソ両国の指導者たちが主張するほど合理的なプロセスではなかった可能性。彼らには完全な情報もなかったし、時間もなかった。彼らは切羽詰まった経済危機を回避するため、その効果を検証する暇もなく、とりあえず最も実現可能性の高い政策を選択した。その選択が成功だったか、失敗だったかは、当時の文脈では判断がつかない。

このような政治過程では、政策選択は「暫定性」を持つ。政策の重要性はその後の事態の進展を見た後で事後的に「あの時のあの判断が転機であった」というように、政策決定者によって解釈される。だとすると、そのようなプロセスでは、指導者たちの個性、価値観、世論の動向、といったものよりも、経済危機の緊迫性、時間の有無、前例の有無、突発的事態の起きた前後関係、といったものがより重要であったのではないかと考えることができる。

②党政分離をめぐる政治過程が、後に続くさらに大きな政策変更のための「鍵となる選択（critical choice）」であった可能性(8)。中ソ両国において、党政分離の実行あるいは不実行が、後に続く一連のいわゆる改革政策の進展にとって決定的な要素であった可能性がある。決定的ということの意味は、党政分離とその後の政策が直接的な因果関係で結ばれているということではない。むしろ、改革政策の時系列の中で、かなり早い時期に党政分離が登場し、党政分離をどう実現したか、あるいはしなかったかが、後の展開に重大な違いをもたらしたと考えることである。党政分離を短期に徹底的に実行したソ連共産党はその後急速に崩壊し、極めて限定的にかつ部分的にのみ実行した中国共産党が生き残ったという見方ができるのではないか。

③党政分離が、中ソ両国の内政だけでなく対外関係にとっても重要な違いをもたらした可能性。例えば、中ソ両国

関係は一九六〇年代に入ると、急速に悪化した。悪化の理由は、公式見解によれば、核兵器の有効性に対する評価、社会主義イデオロギー、指導者の個性などの「相違」に起因する。しかし、ある中国人歴史研究者は、両国を決裂に導いたのは両国が共有していた党政関係の特殊性にあると指摘する。すなわち、党と政府が一体化されている政治体制の下では、国家関係と党間関係が常に混同され、そのため社会主義同盟の中の各国の主権を保障することは困難となり、同盟関係は破壊される（韓鋼［2008：118］）。

であるとすれば、一九六九年にはダマンスキー島の領有をめぐって戦闘を繰り広げた中ソ両国が、一九八〇年代の中盤以降急速に接近し、一九八九年には国交正常化がなされた原因の一つを両国における党政分離の進行に辿ることも許されよう。党政関係をそれぞれ「調整」した両国は、党間関係を棚上げにして、国家間関係をとりあえず修復することができた可能性がある。

三、ソ連における党政分離の展開

(1) 党政分離の開始

筆者は一九八五年夏、約十日間かけてソ連邦をシベリア鉄道で横断した。当時すでにゴルバチョフは政権に就いていたが、ソ連の街の様子には改革開放政策の進展をうかがわせるものはほとんどなかった。フィンランドからの鉄路での入国検査は厳密を極め、筆者が持参した英語版ジョージ・オーウェルの『一九八四年』は没収された。ナホトカからの出国も緊張感に満ちたものであった。入国を認められた英語版ボリス・パステルナーク著『ドクトル・ジバゴ』が禁書だとしてこれまた没収されそうになったのである。食堂車のメニューは名前ばかりで、半分以上は現物なし。常時あるのは黒パンと乾燥肉がかすかに浮いたボルシチだけであった。しかし、貧しいからといって、社会不安があったわけではない。街の様子はのどかで、人々の態度ものんびりしていた。筆者は至る所で、既視感におそわれた。当時のソ連の様子は筆者が一九八一年に滞在した北京の様子と酷似していたからである。後になって、われわれはソ連と中国に音もなく静かな危機が迫っていたことを知ることになる。

ゴルバチョフは、一九八五年三月に書記長に就任して以来、何者かに魅入られたかのようにペレストロイカ（改革）に邁進した感がある。彼を改革に突き動かした直接の原因は何であったろうか。最大の原因は経済危機、中でも原油価格の暴落であった(9)。ただでさえ停滞していた国民経済の破綻が現実的になったのである。原油価格は一九七九年にイランに革命政権が誕生し、一九八〇年にはイラン・イラク戦争が勃発したことにより、暴騰した。いわゆる第二次オイル・ショックである。一九七〇年代後半はバレル当たり一〇ドル前後で推移していた原油価格は、一九八〇年には一気に三〇ドル台に上昇し、一九八五年までその水準を維持した。後期ブレジネフ時代とそれに続くアンドロポフ、チェルネンコ政権下の「甘い腐臭のただよう生活」（亀山・佐藤［2008：45］）を支えたのは原油輸出がもたらす収入であった。

一九八六年、原油価格は一気にバレル当たり一〇ドル台に暴落した。ソ連の国家財政は深刻な危機に直面した。原油輸出以外にめぼしい収入源がなかったからである。原油価格は一向に上昇する様子を見せなかった。事実、原油価格は一九九〇年末から一九九一年年初にかけての湾岸戦争時を除けば、一九九九年まで一三ドルから一九ドルの間で推移した(10)。十年以上にわたる原油低価格時代が到来した。痛みをともなう改革などしなくても、安定した生活が保障された時代は終わったのである。

ここで、当時のソ連共産党によるソ連社会の支配は、「それなりの正統性」（上野［1993：27］）を持っていたことを確認しておこう。スターリン時代の恐怖に基づく支配という側面は日常生活ではほとんど見られなくなっていた。また、ブレジネフ期において、人事管理におけるノーメンクラトゥーラ・システムは洗練され完成されたものとなり、党の持つ、人材の選抜、教育訓練、配置という機能は、ソ連社会においてそれなりに合理的な人事採用と昇進のシステムとして定着していた。またソ連共産党中央委員会政治局を頂点とする政策決定機構は、ソ連社会における多様な利益集団の利害を集約・調整し、それなりに合理的な慣例化した手続きに従って政策決定機能を遂行していた（上野［1993：27］）。

問題は、こうした政治体制では変化する社会の欲求に応えられなくなってきた点にあった。ソ連社会は一九七〇年代を通じて、都市化、国民の教育水準の向上、消費欲求の高度化などによって大きく変容し、いわゆる「市民社会」化してきた（上野［1993：27］）。原油価格の暴落という経済危機に直面して、スターリン期にその基盤が築き上げられた中央集権的計画経済メカニズムと行政的・命令的システムの混合体である共産党支配体制は大きく動揺した。党は改革をサボタージュし、戦後、持続的に変容してきたソ連社会に対応することを怠ってきたからである。

では、何から改革に着手すべきか。上野俊彦の先駆的な研究によれば、ゴルバチョフが真っ先にとりあげた政治改革は、共産党地方党委員会書記の複数候補制・秘密投票選挙導入に関わる提案である（上野［1990：148］）。上野はこの提案を一九八七年一月の中央委員会総会まで辿っている。上野によれば、党の地方ボスたちを民主的競争に曝すことになるこの提案は、簡単には実行に移されなかった。当然であろう。地方ボスたちにしてみれば、自分たちの権力基盤を切り崩しかねない選挙などあっては困るのである。ゴルバチョフは自分に同調する一部の地方で競争選挙を試験的に実施し、一九八八年五月には中央委員会の同意をとりつけた。しかし、複数候補制・秘密投票選挙が州レベルの選挙に導入されたのは一九八九年八月以降のことであった。地方ボスたちは競争選挙の導入をサボタージュしたのである（上野［1990：154-155］）。

何かより手っ取り早く、比較的抵抗なしに実施できる改革はないか。ゴルバチョフが推進したのは二種類の改革であった。ゴルバチョフは一九八八年五月、上は中央委員会政治局から下は地区委員会に至るまでのすべての党内被選出ポストに二期十年という任期を導入することに成功した。ゴルバチョフは自らの任期を十年に制限するという代償を払いながらも、すべての党指導者に定期的な交替を義務づけたのである。党の最高指導者の交替が制度化されたのは、ソ連の歴史上初めてであり、極めて画期的なことであった（上野［1990：158］）。

ゴルバチョフは同時に二つ目の改革を進めた。それは党委員会第一書記とソヴェート議長の兼任である。一見、党の強化に繋がりかねない提案が実は党政分離を推し進める原動力となった。それは、以下のメカニズムによる。まず、ソヴェートが弱体化し、形骸化している原因は、ソヴェート閣僚会議、省庁、地方ソヴェート執行委員会が同レベルの党委員会の付属部局に従属しており、党委員会の指令待ち状態にあるか、何もしないところにある。実際には党委員会の付属部局が行政を「代行」しているのである（上野［1990：159-160］）。

こうした「党の代行主義（以党代政）」(11)は、最高ソヴェートを全国人民代表大会（以下、全人代）、ソヴェート閣僚会議を国務院、党委員会の付属部局を党グループ（党組）と読み代えると、一九八〇年代までの中国の統治形態と全く同じであることをここで確認しておこう(12)。

ソヴェート執行部の党への従属を打破するには、ソヴェートの権威を高めるとともに、党委員会の権力を弱めればよい。冒頭に述べたように、ゴルバチョフは連邦共和国以下のレベルの党委員会付属部局を大幅に削減した。一九八九年までに党委員会の組織的抵抗力は大きく削がれたのである。そして、一九八九年五月にはゴルバチョフが自らソ連邦最高ソヴェート議長に就任した（上野［1990：160］）。上野によれば、ゴルバチョフによるこうした動きは、中央官庁が独占していた経済分野の指揮命令権を地方ソヴェート執行委員会が取り戻すことを意図したものであった。ゴルバチョフはそうすることで、ペレストロイカに対する抵抗の温床である中央官庁の経済官僚の権力を弱めようとした。つまり、中央レベルでの党政分離の試みが、経済的権限の地方への委譲へと結びついたのである。ここでも、われわれは全く同じ動きを同時期の中国に見ることになる。

ゴルバチョフの意図が少なくとも表面的には、党の強化にあり、弱体化ではなかったことに注目しておこう。では、党から政府の機能を奪うことが、どうして党の強化に繋がるのか。ゴルバチョフは、党機関がソヴェートその他の国家機関にとって代わり、経済・行政を直接管理したことが党の政治的・思想的影響力を弱めたのだと主張した（上野［1990：163］）。確かに、党がこまごました行政的業務のすべてに関わるのは効率的ではない。では、党本来の機能とは何か。上野によれば、それは例えば次のようなものである。人材の育成と適切な配置、長期的な政策の立案、啓蒙宣伝、種々の企業、国家機関その他の社会団体の縦および横方向での人材と情報の流通（上野［1990：167］）。確かに、党がこうした機能に特化・専念できれば、党はその本来の政治的機能を果たすことになろう。

しかし、われわれは問題がそれほど簡単ではなかったことを知っている。党と政府は実際には複雑にからみあっていたからである。分離は口で言うほど簡単ではないし、分離したからといって急速に効率が改善される保障はない。分離がうまくいったとしても、党にとっての問題は残る。それは、経済や行政から切り離された党、つまり権力の直

表8-1　ソ連共産党の財政

単位：億ルーブル

年	収入	支出	備考
1989　決算	25.7	23.9	
1990　予算	27.0	21.0	
1990　決算	9.0	19.7	推定赤字 10～16
1991　予算	23.6	21.0	
1991　概算	13.9	24.9	赤字 11

出所：大串敦「ソ連共産党崩壊過程と要因の分析——財政赤字と営利事業を中心として」2000年、115-118頁より作成

接的行使をしなくなった党は、生き残ることができるのか、である。次に、この問題を見ていくことにしよう。

（2）党政分離の進展

ソ連共産党の崩壊過程を党財政の面から包括的に分析したのは、大串敦である。以下、大串論文に沿ってソ連共産党の財政状況を見ていくことにしよう（大串［2000：114-129］）。ソ連共産党の財政について具体的な数字が示されたのは一九九〇年三月であった。つまり、ソ連は共産党が崩壊する直前にようやく党財政の状況を公開したことになる。さて、この情報が正しいとすると、一九八九年の時点では共産党の財政は健全であった（大串［2000：115］）。しかし、その後党財政は急速に悪化した。

一九九一年一月時点の報告で、党が深刻な財政問題に直面していることが明らかになった。党費と出版からの収入が激減し、支出は減らなかったからである。当時の党財政はその収入を党費に大きく依存していた。一九九一年の予算では収入の八四・一パーセントを党費が占め、出版利益が一二・二パーセント、経済活動からの利益は三・六パーセントを占めていた。一方、支出の九〇・二パーセントは「党組織の活動への融資、およびそれらの物質的基盤の発展のための支出」

であり、そうした支出の中で五五・三パーセントを占めるのが「党委員会および党使節の活動への融資のための支出」であった（大串［2000：116］）。一九九〇年の予算では党費の割合が五九・七パーセント、出版利益が三九・八パーセントとなっていた。他の収入は〇・五パーセントである。支出のうち最大の割合を占めるのは「地方党組織および党施設維持のための支出」であり、総支出の七五パーセントであった（大串［2000：115］）。

大串は、党と国家の分離が党財政の破綻に影響したと考える（大串［2000：119］）。まず、一九八八年に党と国家の分離が明確にされたため、国家資産から党への資金流用が難しくなった。また、グラスノスチ（情報公開）の中で虚偽の情報を出しにくくなった。そもそも、経済や行政を実質的に担ってきた党組織を党費主体で運営することが可能かどうかは疑問であった。結果から見ると、党がその機能を縮小する前に、財政危機が表面化した。党政分離は党の崩壊を促進したことになる。

党政分離はまた党が自ら保有する資産で財政破綻を乗り切ることをも困難にした。党は膨大な不動産その他の資産を持っていた。しかし、情報公開の結果、そうした党による資産の保有が不正利用や汚職の根源となっていることが明らかになった。党政分離は、党が保有する資産を国家組織や地方ソヴェートが分捕りに行くことを可能にした。大串は、東欧諸国の共産党資産が国有化された流れを受けて、ソ連でも党とソヴェートとの間で資産の帰属に関して「綱引き」があったと指摘している（大串［2000：116］）。一九九〇年までに党はその資産のかなりの部分をすでに失っていた可能性がある。党中央書記長代理は、一九九〇年十二月の報告で、党の総資産が二〇〇億ルーブルという噂は「神話」であり、実際には建物・保養施設など四九億ルーブルであると述べた。また、一九九一年八月のクーデター後には、党の資産はおよそ四〇億ルーブルであると発表された（大串［2000：117］）。党の財政危機が明らかになった時点で、党はすでに自己資産の大半を失っていた可能性が高い。

党は財政再建をはかったが、再建策はいずれも失敗した。まず、一九九〇年三月ゴルバチョフは、党支出の抑制策の一環として、集められた党費の五〇パーセントを初級党組織に残すという決定をした。党中央が独占していた財政権を下部組織に委譲し、支出の合理化をはかろうとしたのである（大串［2000：120］）。党中央の資産が潤沢にあり、下部組織への支出が党全体の支出の五〇パーセント以下に抑えられていたのであれば、この抑制策は効果があったかもしれない。しかし、事態はよりいっそう悪化した。党全体の財源が枯渇する中で、権利だけを委譲された下部組織は資金不足に見舞われた。また、上述したように、一九九〇年の予算では、下部組織への支出は総支出の七五パーセントを占めていた。つまり、権限委譲といいながら、実際の下部党組織の収入は大幅減となったのである。地方党組織の中には、専従職員が削減され、党組織そのものが廃止されるものも出てきた（大串［2000：122］）。

党は収入の増加を試みた。共産党はまず、党費徴収の圧力を強めた。一九九〇年十月時点で、一〇〇万人以上の党員が党費を払っておらず、かなりの数の党組織が党費を自己の用途のために勝手に手元に置いているという状況にあったからである（大串［2000：119］）。党費は下部組織が一括徴収していたが、一九九〇年七月にロシア共和国共産党が成立すると、ロシア共和国内の下部組織の中には、ロシア共和国共産党への上納を拒否し、ソ連共産党中央委員会に直接納付したり、滞納したりするものが発生した。権限を委譲された下部組織が上納をサボタージュしたのである。出版事業も不振を極めた。大串は『プラウダ』の購読者が一九九〇年一月の六八〇万人から十月には五〇万人に激減したと指摘している（大串［2000：120］）。

収入増加策として、党費の徴収より効果的なのは資産の営利利用であった。党財政の逼迫が明らかになった一九九〇年八月以降、共産党の資産を用いて営利事業を開始すべきであるという提案がなされたと大串は記録している（大串［2000：123］）。実際にどの程度の投資がなされ、どの程度の収入があったかは不明であるが、党が営利事業を開始したことを示す断片的な証拠は存在する。大串は党がレニングラードに資本金三〇〇万ルーブルを用意して商業銀行を開設した例、またペルミにおいて党員たちが商業会社を設立し、ホテル経営やレンタカーサービスを開始したと報告している（大串［2000：123］）。営利事業の開始によって、党財政が好転するきざしが見られた。一九九〇年度の予算では党費、出版収入以外の収入は総収入の〇・五パーセントしか見込まれていなかったが、一九九一年予算では経済活動からの利益として三・六パーセントが見込まれていた。

党資産の営利利用は、結果的に党を救うことができなかった。営利利用を始めてから一年ほどで、共産党は崩壊してしまう。財政危機を救うためには、党資産の営利利用は実施時期が遅すぎたし、規模も小さすぎた。しかし、この時期のソ連が党資産の営利利用を始めた意味は大きい。大串が指摘するように、ペレストロイカの一環として、共産党員がそのまま「資本家」になることが実際に起きたからである（大串［2000：124］）。大串は営利利用を名目にして、党の資産が企業や個人、さらには海外に移転した可能性を指摘している。ソ連崩壊の混乱期に表面化した、元党員たちによる、党資産や国家資産の私物化、いわゆる「ノーメンクラトゥーラ民営化（大串［2000：124］）」はこの時期にすでに始まっていたことになる。

大串は党資産の営利利用が財政の地方への分権化とあいまって、共産党の財の細分化をもたらし、共産党ヒエラルキーの崩壊に繋がったと考える（大串［2000：125］）。さまざまなレベルの党組織はただでさえ党費の納入をサボり、資金を自己の目的のために用いていた。党の下部組織にとって、新たな営利事業を行う権利とは党の資産を自己のために利用することの公認を意味した。党の下部組織は自己の財政基盤を手に入れ、不動産売買やホテル経営に乗り出した。こうした営利事業に党中央は介入しないし、介入できない。党の下部組織は党中央の管理に服する必要がなくなったのである。党の下部組織にとって、党中央は金もないのに文句ばかり言う、邪魔な存在となった。共産党ヒエ

表8-2　ソ連共産党党員・候補数（1986-1991）

年	党員(千)	増減率(%)	党員候補(千)	増減率(%)	総数(千)	増減率(%)	人口(百万)*	人口比(%)	党員のみ(%)
1986	18,289	9.3	715	2.5	19,004	9.0	276	6.89	6.6
1987	18,567	1.5	701	-2.0	19,268	1.4	278	6.93	6.7
1988	18,827	1.4	642	-8.5	19,469	1.0	280	6.95	6.7
1989	18,976	0.8	512	-20.2	19,488	0.1	287	6.79	6.6
1990	18,856	-0.6	372	-27.3	19,228	-1.3	290	6.63	6.5
1991					16,516	-14.1	293	5.64	

* 1989は国政調査、1991は推定実数、それ以外の年は1979国政調査262を基に、年平均増加率0.9%を掛けた推定値

出所：上野俊彦「ソ連邦共産党解体過程の分析――統計と世論調査から」1993年、18頁、統計で見るロシア

ラルキーは末端から崩壊していくことになる。

次に、ソ連共産党の崩壊過程を見ていくことにしよう。

(3) 党政分離の結果

上野俊彦によれば、ソ連共産党解体の要因は複数ある。以下、上野の記述を筆者なりに三つの流れとして整理してみよう（上野［1993：31-32］）。この整理の目的は次節でとりあげる中国の事例との比較を効率的に行うためである。ソ連において、一九八八年に実行された党政分離はどのような経過を経て一九九一年八月の党解体へと繋がったのか、そして、そのような繋がりは中国にもあったのか、を見ていくことにしよう。

①党の内部的な弱体化の流れ

かつては強固な支配力を誇り、二〇〇〇万人近くの党員を擁していたソ連共産党は、一九九一年八月ゴルバチョフが発令した一連の法令によっていとも簡単に解体してしまった。上野によれば、この事態は不可解なものではない。なぜなら、上野の見るところ、ソ連共産党は当時すでに団結力や支配力を失っていたのであり、一九九一年八月以降の一連の措置は、弱体化していた巨大組織

表8-3　ソ連共産党党員・候補数（1946-1991）

年	党員(千)	党員候補（千）	総数（千）	増減率（%）	党員のみ(%)
1946	4,128	1,383	5,510		
1951	5,658	804	6,462	17.3	37.1
1956	6,768	406	7,173	11.0	19.6
1961	8,472	803	9,276	29.3	25.2
1966	11,548	809	12,357	33.2	36.3
1971	13,746	627	14,373	16.3	19.0
1976	15,029	609	15,639	8.8	9.3
1981	16,732	698	17,430	11.5	11.3
1986	18,289	715	19,004	9.0	9.3
1991			16,516	-13.1	

出所：上野俊彦「ソ連邦共産党解体過程の分析――統計と世論調査から」1993年、18頁に基づき作成

に最後の審判を言い渡したにすぎないからである。上野は、ソ連共産党の解体は短期間に起きたものではなく、数年間にわたって持続的に進行していった弱体化の帰結だと指摘する（上野［1993：17］）。

弱体化が最も早く表面化したのが、党員の離党傾向と心理的動揺、さらには国民の党に対する信頼や支持の喪失といった内部的な動きである。上野はこうした内部的な弱体化が党員数の減少に反映したと考えた。ソ連共産党の党員数の減少は一九八九年以降に始まり、一九九〇年には危機的状況に陥った。ただし、党員数の減少はこの二年間で突如起きたものではなく、その前兆は一九八六年、すなわちゴルバチョフが書記長に就任した翌年にさかのぼるのだと上野は指摘する。将来の党員予備軍である党員候補が一九八六年以降減少に転じているからである（上野［1993：17-18］）。

党員数に関しては、上野とはやや違った見方をすることも可能であろう。長期的な視野から見た場合、ソ連共産党の党員数は人口増加にともなって増加の一途を辿り、一九八〇年代を通して、つまり解体の直前まで、人口比にして七パーセント弱程度のプレゼンスを保っていた。つまり、党は迫り来る危機をうすうす察知しながらも、解体に追い込まれる直前まで自己増殖を続けていたことになる。一九八〇年代には確かに党

員の増加率は低下している。しかし、それは、党がいわゆるリストラを進めたわけではなく、一九八〇年代にはソ連の人口増加率が年平均〇・九パーセントという低成長期に入ったことに由来すると見ていいだろう。

したがって、ゴルバチョフが党政分離の提案をした一九八八年五月の時点では、彼は党の長期低落傾向は認識しつつも、一九九〇年に見られるような急激な党員の減少を予想していなかったと考えられる。党政分離が実現した一九八九年以降になって、党員数が激減しはじめた。党政分離の結果、独立採算を迫られた党財政は一気に逼迫した。前項で見たように、党員の離脱、つまり党費の激減が党財政を破綻に追い込んだのである。党政分離は、党員数の減少から、党の財政難、そして党の分裂と解体へと続く破壊の連鎖の引き金になった。

上野は一九九〇年の党員減少に関する統計を検討し、いくつか興味深い発見をしている。まず、党員の減少の中で共産党の中核をなす労働者の減少が激しかったこと。つまり、共産党は一般労働者にとって魅力のない党になっており、共産党員であることにメリットがなくなっていたのではないかと上野は推測する（上野［1993：20］）。次に、一九九〇年の離党者には党歴も長く、三十歳から五十歳までの働き盛りで、比較的教育水準の高い知的労働者が多かったこと。ここから、上野は、そもそも彼らが共産党に入党する目的が政治活動を行うことではなく、職場における昇進やキャリアを重ねるためであったのではないかと推定している（上野［1993：22］）。

上野の推測が正しいとすると、党政分離は党の弱体化に大いに貢献したことになる。党が果たしていた経済・行政機能が政府に移転した以上、労働者たちは国家公務員であればよいのであって、党費を徴収される党員であり続けるメリットはない。事実、上野は一九九〇年の離党者へのアンケートで、離党に至った理由の中で最大だったのは、「党活動に参加することにメリットがない」という項目であったと指摘している（上野［1993：22］）。ソ連共産党はその威信で党員を繋ぎ止めておくことはできなかったのである。

②いわゆる民主化の流れ

党の内部的弱体化に続いて起きたのは、党代表を競争的選挙で選ぶという動きである。前述したように、ゴルバチョフは共産党地方党委員会書記の複数候補制・秘密投票選挙導入を一九八七年に提起した（上野［1990：148］）。その後、多くの抵抗にあいながらも、一九八九年三月には直接選挙による人民代議員大会が開催され、共産党の優位をうたった憲法六条は削除された。翌、一九九〇年にはソ連共産党は一党独裁を放棄し、複数政党制を許容した。ソ連は大統領制を採用し、三月には人民代議員による選挙でゴルバチョフが大統領に選出された。

先に引用した一九九〇年の党員減少に関する統計はまさにこのような時期のものである。党による検閲が廃止されたため、われわれは解体直前のソ連共産党の姿をいわばスナップショットのように見ることができた。われわれはまた一九九〇年にソ連共産党が突然、議会政党へと変身を遂げたわけではないことを知っている。一九九〇年春の民主化とは、一九八八年以降存在していた事実上の複数政党併存状況の追認であった（上野［1990：161］）。さらに、われわれはソ連における民主化が一九九〇年三月時点で終わったわけではなく、七月にはエリツィンが離党し、ソ連共産党が分裂し、一九九一年には崩壊に至ったことを知っている。

もっとも、複数政党制が共産党の解体を即座に引き起こしたわけではない。一九九〇年十月に実施された政党支持率調査では、ソ連共産党は第一位の三四パーセントの支持を獲得していた（上野［1993：29］）。ソ連共産党にとっての問題は、一九九〇年十一月の世論調査で「共産党の権威はない、または低下している」と答えた国民が八八パーセントにのぼったことであった。では、党から機能を奪ったはずのソヴェートはどうか。同じ世論調査によれば、「ソヴェートの権威はない、または低下している」と答えた国民は七三パーセントにのぼった（上野［1993：29］）。上野は、共産党を見限り、ソヴェートも信用しないソ連国民の期待の受け皿となったのはエリツィンであったと指摘する。一九九一年三月のモスクワでの世論調査ではエリツィン支持母体「民主ロシア」が五三パーセントの支持を獲得したのに対し、ソ連共産党は一一パーセントであった（上野［1993：29］）。

いわゆる民主化と党政分離の関係について、本稿がここで確認しておくべきは次の三点である。まず、ペレストロイカの進展にともない、ソ連共産党内部の勢力構成が変化し、党政分離に対する抵抗を削いだこと。上野は、一九八八年六月に四十七年ぶりに開催された全連邦党協議会の構成を、一九八一年と一九八六年の党大会と比較し、学者・文化人のカテゴリーに含まれる代議員の割合が一・八倍となっていることを発見した（上野［1990：172-173］）。また、上野は、比較的民主的な選挙によって選出された一九八九年三月のソ連邦人民代議員大会の代議員と、それ以前のソ連邦最高ソヴェート代議員とを比較し、最高国家権力機関に占める党員の中で、勢力を増しつつあるのは党機関の勤務員ではなく、いわゆるインテリゲンツィアとさまざまな職業分野で働いている下級管理者と専門的技術者であったことを発見した（上野［1990：175-180］）。彼らのような人々、つまり管理者、技術者、知識人たちは国家機関にとっても必要な人材であり、必ずしも党を必要としない。彼らにとって、党政分離は極めて抵抗の少ない改革である。

第二点は、いわゆる民主化が新たな国家機関の出現を促し、党政分離の組織的基盤を提供したこと。改革者たちは党に代わる新たな組織的基盤を求めた。ゴルバチョフが権力基盤としたのは、全連邦党協議会であり、ソ連邦人民代議員大会であり、最後は大統領府であった。党政分離は大統領府と大統領会議（安全保障会議）、さらには実質的な審議を行い立法機能を果たすようになった常設最高ソヴェートなどの新しい国家機関が、党政治局から利益調整機能や政策決定機能を奪うことを奨励した。

最後に、選挙がノーメンクラトゥーラ制を破壊したことを確認しておこう。党の代表が競争的選挙で選ばれる以上、党の序列に従って仕事を割り振るシステムは不要になった（上野［1990：155］）。例えば、地方の党組織の第一書記は、これまでとは異なり選挙区の選挙における勝利を保障されてはいない。彼は、当選するためには、選挙民に対し、モスクワではなく彼の選挙区の利益を擁護することを訴え、アメリカ帝国主義を非難するのではなく、住宅や学校を建設することを選挙民に約束しなければならない（上野［1993：33］）。いわゆるノーメンクラトゥーラ制は一九九〇年に廃止され、党書記局は人事管理・選抜・配置機能、情報収集機能を失った（上野［1993：31］）。

③分権化の流れ

われわれはすでに、党財政の危機が表面化したのは、上述した二つの流れに続く時期、すなわち一九九〇年になってからであることを確認した。一九八九年までの党財政は少なくとも表面上健全であった。前述したように、ゴルバチョフが党支出の抑制策の一環として、集められた党費の五〇パーセントを初級党組織に残すという決定をしたのは、一九九〇年三月のことであった。ゴルバチョフは、党中央が独占していた財政権を下部組織に委譲することにより、支出の合理化をはかろうとしたのである（大串［2000：120］）。下部組織への財政権委譲に続いて、一九九〇年八月以降には、共産党の資産を用いて営利事業を開始する動きが出てきたのはすでに見たとおりである。

ソ連の場合、これらの分権化の試みは、政権分離がほぼ定着し、民主化が進展し、そして党財政の破綻が深刻化した段階でようやく登場した。ソ連における分権化は党下部組織、地方国家組織、企業、個人の独立傾向を強め、党の解体を早めた。

では、分権化が党政分離や民主化に先立って試みられた場合、党は生き続けることができたであろうか。ソ連共産党が持つことができたのは、たかだか一年半ほどの時間であった。もし、下部組織の共産党員が資本家になることを許されるだけでなく、政府に権限を奪われる心配もなく、また自らの再選をかけて選挙運動をする必要もない場合、彼らは一体どういう行動をとるのであろうか。そして、彼らが三年ほどの時間を与えられ、その間の行動を党中央から称賛された場合、それでも彼らは党を離れるのであろうか。この仮定に対する答えを知るために、われわれは次に中国における党政分離の展開を見ることにしよう。

四、中国における党政分離の展開

(1) 党政分離の開始

一九八七年十一月、趙紫陽は中国共産党第十三回党大会において、中央委員会総書記に選出された。同年一月に総書記の地位を追われた胡耀邦に代わって、党のトップに就いたのである。党のトップといっても、趙はゴルバチョフとは異なり、人事を含めた最終政策決定権を持っていたわけではない。最終政策決定権を握って離さなかったのは、鄧小平ら党長老たちであった。党長老たちは、一九八二年の第十二回党大会以来、現役からの引退が奨励され、引退までの経過措置として顧問委員会に押し込められていた。しかし、一九八六年末、全国各地の大学で学問の自由を求めるデモが発生すると、長老たちは胡耀邦の対応が甘いとして、総書記からの辞任を強要した。党のトップを引きずり下ろすために長老たちが使った口実は、胡が「資産階級自由化」に対して旗幟鮮明に反対しなかった、というものであった（廖蓋隆ら［1991：941］）。以後も引退したはずの党長老たちは、彼らが体制の危機と感じた状況が発生するたびに、政策決定に介入し続けた。

趙紫陽政権は、初めから大きな制約を抱えて出発した。まず、趙は長老たちの不興を買いそうな政策、中でも党の分裂に繋がりかねない動き、を注意深く避けなければならなかった。胡耀邦の支持者たちは胡を、「偉大な民主主義者」（李鋭ら［2009：179］）と讃えていただけでなく、趙と胡の政治姿勢に違いはないと考えていた。事実、一九八〇年の総理就任以来、趙は胡と一体となって改革開放政策を進めてきた。明らかに、長老たちは趙もまた自由化や民主化に取り組むのではないかと疑っていたのである。党のトップとなった趙の言葉使いから、民主化や自由化は消え、党の公式文献は「社会主義」をあたかも万能の枕詞のように繰り返すようになる。

趙が当時何を意図していたかは公式文献からは知ることができない。しかし、後に香港で出版された、軟禁状態の中で記録された談話の中に趙の本音を垣間見ることは許されるであろう。趙は一九九一年十月の記録で、「党の干渉を排除しなければ、改革は難しい」とした上で、「しかし、凝集力がなければ（改革は）さらに難しい」とし、党の存在そのものを否定する意図はなかったと述べている（宗鳳鳴［2007：26］）。趙は続けて、「私は政治思想の「改造」を提案したが、各省委の書記がすべて反対にまわったため、うまくいかなかった。結局私ができたのは、「党の領導を強めるとともに改善する」ことを提案することだった」と述べている（宗鳳鳴［2007：26-27］）。ゴルバチョフに関しては、「彼は大統領直属の委員会を設けたり、選挙を取り入れたりして直接改革を指導した」と評価している（宗鳳鳴［2007：27］）。

次に趙は党のトップといえども、容易に踏み込めない領域があることを知らなければならなかった。中国人民解放軍は共産党の軍隊である。したがって、本来ならば軍は趙の指揮監督下にあるはずである。しかし、実態は違った。鄧小平は華国鋒を追い落として以来、党や政府のトップの地位には就かなかったものの、一九八一年六月以来、中央軍事委員会主席として軍のトップの座に就いていた。一九八七年十一月鄧小平は中央軍事委員会主席に留任し、趙紫陽は鄧小平の下で第一副主席となった(13)。軍は政府から独立し、党にも睨みを利かす存在であった。つまり、いかに包括的な党政分離を進めても、軍は最初から対象にはならないのである。

では、こうした制約にもかかわらず、趙が党政分離に踏み切ったのはなぜか。第一の、そしておそらく最大の要因は経済である。われわれはゴルバチョフを党政分離に駆り立てたのは原油輸出価格暴落による経済危機であったことを知っている。中国もまた一九八六年の世界的不況の影響を被った。中国の一九八〇年代の工業総生産を見ると、一九八三年からの急速成長が一九八六年には前年比の半分まで減速したことがわかる。趙は減速の原因が原油価格の暴落だけではないことを知っていた。一九八〇年以来、国務院総理として経済を担当してきたからである。最大の問題は国有企業の不調であった。一九八五年時点で工業全体の総固定資産の八六・四パーセント、労働力の五八・四パーセントを占めていた国有企業が生産額では六四・九パーセントしか占めていなかった(14)。しかも、工業生産額全体に占めるシェアでは、地方政府が経営する集体企業が一九八〇年の二四パーセントから、三五・一パーセントまでシェアを伸ばしてきていた。

趙はこの世界的不況を梃子にして、中国の国有企業が抱える構造的な問題、すなわち構造的非効率を解消しようとした。労働者からは「鉄飯椀（働かなくとも食べていける状況）」をとりあげなければならない。賃金を労働に見合ったものにし、生産も市場の需要に応じたものにしなければならない。では、そういった作業は誰がするのか。企業に党から派遣されている幹部がそのような作業に取り組む可能性は低い。なぜなら、彼ら党幹部自身が「鉄飯椀」

表 8-4　工業総生産に占める国有企業シェア（1978-1992）

年	工業総産値(億元)	伸び率（%）	国有企業	シェア（%）	集体企業	シェア(%)
1978	4,237	13.6	3,289	77.6	947	22.4
1979	4,681	8.8	3,673	78.5	1,007	21.5
1980	5,154	9.3	3,915	76.0	1,231	24.0
1981	5,400	4.3	4,037	74.8	1,329	25.2
1982	5,811	7.8	4,326	74.4	1,442	25.6
1983	6,461	11.2	4,739	73.3	1,663	26.7
1984	7,617	16.3	5,262	69.1	2,263	30.9
1985	9,716	21.4	6,302	64.9	3,117	35.1
1986	11,194	11.7	6,971	62.3	3,751	37.7
1987	13,813	17.7	8,250	59.7	4,781	40.3
1988	18,224	20.8	10,351	56.8	6,587	43.2
1989	22,017	8.5	12,342	56.1	7,858	43.9
1990	23,924	7.8	13,063	54.6	8,522	45.4
1991	26,625	14.8	14,954	56.2	8,783	43.8
1992	34,599	24.7	17,824	51.5	12,135	48.5

出所：中国統計出版社『新中国五十五年統計資料匯編』2005 年、48 頁より著者作成

状況の最大の受益者だからである。したがって、まず何よりも、企業の経営を社長（経理）あるいは工場長にまかせ、党幹部には経営から手をひかせなければならない。これが趙の党政分離の第一の狙いであった。

趙が一九八七年に党政分離を取り上げた第二の理由はその提案の政治的リスクの低さにあった。趙は一九八六年九月までには、党政分離について、鄧小平の同意をとりつけていたのである。趙は二年ほどの時間をかけて、党政分離を党の政策決定手続きの流れに乗せていた。趙は一九八四年十月に党の三中全会が下した「経済体制改革に関する決定」の中に、企業の活力を増強するために、企業経営における「政府と企業の職責を分離する（政企分開）」という規定を盛り込むことに成功した（廖蓋隆ら［1991：907］）。政府と党は実際には一体であるから、この政企分離から党政分離への移行は、飛躍ではあるものの、論理的な矛盾ではない。鄧小平の支持があれば、一気に党政分離に踏み込めると趙は考えた。

鄧小平は一九八六年九月から十一月にかけて、政治体

制問題に関する四つの発言を行った。これらのうちの二つが日本からの訪問者（公明党委員長の竹入義勝と首相の中曽根康弘）に対しての発言であること、一つはポーランドのヤルゼルスキー第一書記に対しての発言であることが興味深い。鄧小平が当時西側世界で話題となっていた、ゴルバチョフのペレストロイカを意識していたことは確実であろう。鄧小平は言う、「現在、われわれの経済体制改革は基本的に順調に進んでいる。しかし、政治体制は経済体制改革の要求に応えることができていない。この点が重要だ」（鄧小平［1993：176］）。鄧小平は、政治体制改革はゴルバチョフが始めたのではなく、実は、鄧小平がすでに七年前に始めていたのだと言いたかったのかもしれない。鄧は続ける、「われわれが始めた改革の中には、すでに政治体制改革も含まれていた。経済体制改革が進んだ今ほど、政治体制改革が必要とされる時はない。政治体制の改革をしなければ、経済体制改革の成果を保障することはできない」（鄧小平［1993：176］）。

政治体制改革の必要を訴える一方で、鄧小平は改革によって党が動揺するのが心配でならなかった。鄧小平の懸念には確かに十分な根拠があった。ちょうど二十年前、毛沢東の発動した、いわゆる文化大革命で党中枢は麻痺状態に陥ったからである。鄧小平には、一九七六年の毛沢東の死後、崩壊寸前だった党を再建してきたのは他ならぬ自分たちだったという自負があった。鄧小平は言う、「政治体制改革の内容は現在まだ討議中だ。この問題は影響が大きく、しかも影響する範囲が広い。改革は必ず多数の利益に触れ、多くの障害に出会うことになる。したがって、慎重に進めなければならない。われわれはまず政治体制改革の範囲を定め、そこから着手すべきだ。まず一・二件に着手することから始めるべきで、一気に大きなことを始めてはならない。そんなことをすれば、事態は混乱するだけだ」（鄧小平［1993：176-177］）。

鄧小平は政治体制改革の目的をどこに見ていたのであろうか。鄧小平によれば、「政治体制改革の目的は、まず官僚主義を取り除くことにあり、社会主義民主を発展させることにあり、人民と基層単位の積極性を引き出すことにある。改革を通して、法治と人治の関係をうまく調整し、党と政府の関係もうまく処理（処理好）すべきだ」（鄧小平［1993：177］）。鄧小平にとって、党と政府の関係は「うまく処理」すべきものだったことが確認できる。では、どうすれば党と政府の関係を「うまく処理」することができるのか。鄧小平によれば「党の領導には動揺があってはならないが、党の領導を改善すること（善于）が必要だ。党政分離は、近く議事日程に載せる」（鄧小平［1993：177］）。趙紫陽が党政分離を進めるにあたって実感した制約は、まさに鄧小平が課したものであったことが見てとれる。

鄧小平の狙いは党と政府の共存であり、勢力均衡であった。Ezra Vogel は鄧小平には党が弱体化することへの恐怖と、国際社会では国家利益が優先されるという認識の両方が存在したと指摘する（Vogel［2010］）。Vogel によれば、前者は鄧小平が毛沢東の代理として、フルシチョフによるスターリン批判の衝撃を実感した体験に由来し、後者は周恩来の代理として、アメリカや日本と国交正常化交渉をした経験に由来する。鄧小平については、その民主的傾向と専制主義的側面の二面性を指摘する論者が多い(15)。党政分離に関しても、同様の二面性が存在したと考えることは無理がない。

党政分離に関しては、一九八六年九月に鄧小平が中央財経領導小組で行った談話が参考になる。中央財経領導小組は、後述するように党の準公式な最高政策決定機構である。中央財経領導小組は一九七九年の三中全会で設置が決定され、組長には一九八〇年の設置以来、趙紫陽が就いていた。ここでの鄧小平の指示が、一九八七年十月の趙提案の骨格となった。鄧小平はまず、「党政分離は必要であり、分離は政治体制改革に及ぶ」（鄧小平［1993：177］）と述べ、改革が党の体制に及ぶことを示唆した。一九八四年の段階では、政府と企業の間に止まっていた機能分離の動きは、党に波及することになったのである。では、国家機能を手放した党組織は何をすればよいのか。鄧小平の回答は次のようなものであった、「党委員会は大きなこと（大事）だけを管理すればよい、細かいこと（小事）に関わってはならない」（鄧小平［1993：177］）。鄧小平が特に言及したのは、経済活動への党の関与である。鄧小平は「党委員会は経済管理部門を設置してはならない、そのような部門の仕事は政府にまかせるべきであるのに、現在はそうなっていない」（鄧小平［1993：177］）と述べ、経済分野における党政分離を擁護した。

鄧小平によれば、政治体制改革は党政分離から着手すべきである。まず、党政分離を実施し、党が領導の問題をどのように解決するかを見る。次に、権力の地方への委譲（下放）を実施に移す。そして、第三に機構の整理縮小（精簡）をはかる。鄧小平の指示は続く、「改革は一定の期限内に進められなければならず、時間をかけすぎてはならない。来年の党大会までに基本的設計図（藍図）を用意するように。改革において、西側のやり方をそのまま輸入してはならないし、自由化をしてはならない」（鄧小平［1993：177］）。

趙が一九八七年十月に行った政治体制改革提案はこの設計図に他ならない。では、この設計図に含まれていた党政分離提案がどのようなもので、それらがどのように実行に移されたかを次に見ることにしよう。

(2) 党政分離の進展

趙政権の開始と同時に執筆が進められ、天安門事件の二年後の一九九一年に出版された『当代中国政治大事典』は、趙の政治体制改革提案とその展開を詳細に記録している(16)。編集者は趙に近い、いわゆる改革派の人たちである。執筆項目は改革プログラムの解説が中心となっている。執筆したのは中央党史研究室の研究者たちである。彼らの見解が当時の主流かつ正統であったと考えてよい。以下、この『当代中国政治大事典』（以下『政治大事典』）の記述に沿って、党政分離提案を検討しよう。

まず、趙の政治体制改革提案とはどのようなものだったのか。『政治大事典』によれば、それは以下の七つの改革を含んでいた。

1、党政分離：党は憲法と法律の範囲内で行動しなければならない。党の領導とは政治領導である、すなわち政治原則、政治方向、重大な政策の決定、国家機関への重要幹部の推薦である。

2、権力の下部への委譲：すべての決定は現地の事情を考慮し、下部組織が行い、執行するのを原則とする。中央は地方組織に徐々に権限を委譲する。政府は自主経営、自主管理の原則に従い、徐々に経営管理権を企業に委譲する。

3、政府機構の改革：政府組織の膨張を防ぐため、国務院の経済管理部門を縮小整理し、政府の企業管理を直接管理から間接管理に切り替える。政府のマクロ経済調整機能は強化する。

4、幹部人事制度改革：国家公務員制度を実施する。国家公務員を政務と業務の二種類に分け、前者は任期制とし、社会的公開監督を受けるものとする。後者は試験で採用し、公開競争を行う。人事管理は分類管理を行う、すなわち党組織の人事は党委員会が管理する、国家権力機関、裁判所、検察の人事は国家が管理する。（傍点は中居）

5、社会協商対話制度の設置：国家、地方、基層の三層において住民との対話機構を設置する。

6、社会主義民主制度を改善する：全国人民代表大会の常務委員会を設置し、徐々に委員の若年化と専門化をはかる。民主党派とは長期共存をはかる。

7、社会主義法制建設を進める：徐々に党と国家組織との関係を制度化する（廖蓋隆ら［1991：954-956］）。

これらの改革案はどこまで実現されたのか。具体的な検討に入る前に、この提案の特徴をいくつか指摘しておこう。まず、「徐々に」あるいは「一歩一歩」といった言葉使いが頻出することが挙げられる。ここからわれわれは、この提案は改革の設計図、理想的完成図にすぎないということを知ることができる。鄧小平と趙は、これらの提案が実現するまでに相当に長い時間を想定していた。どの程度の時間か。それは、この政治体制改革提案に先行する部分で趙が展開した、いわゆる「社会主義初級段階論」に見てとることができる(17)。趙は新中国成立以来の四十年間を振り返り、数多くの成果にもかかわらず、中国がいまだ貧しく、社会主義を実現するためには、長期にわたる経済発展が必要だと論ずる。したがって、趙がこれらの政治改革の実現のために想定していたのは、数年といった単位ではなく、数十年の単位だったと考えてよかろう。『政治大事典』は趙がこの提案の草稿を鄧小平に見せたこと、鄧小平が一言「この設計でよろしい」とコメントしたと伝えている(廖蓋隆ら［1991：952］)。

この改革案の第二の特徴は、選挙の実施に関しては臆病といえるほど慎重なことである。幹部人事制度改革項目の傍点部、社会的公開監督、に見られるように、選挙という言葉は使われていない。われわれは前節で、ソ連の党官僚たちがゴルバチョフの党政分離提案をサボタージュしたことを見てきた。党官僚らは選挙には本能的に抵抗する。彼らは社会的公開監督に曝されてはじめて、すなわち党代表の直接選挙が全国規模で実施されてはじめて抵抗を止めた。抵抗を止めたというより、抵抗どころではなくなったのである。選挙に負ければ彼らはただの党員になってしまうのであるから。趙の党政分離提案は、遅かれ早かれ、党幹部たちから経済的実権を奪うことになる。趙と『政治大事典』の著者を含む彼の支持者たちは、政治改革が下からの支持なしに、上からの指導力だけで実現できると考えていたのであろうか。ソ連の例は、党幹部たちの存在基盤を突き崩すことなしには、ペレストロイカに対する抵抗を打破することができなかったことを示している。

　改革案の第三の特徴は、改革案の一見素っ気ない記述の中に、中国政治の根本的変化を起こしかねない改革が隠されていたことである。例えば、幹部人事制度改革の傍点部、がそれである。改革案のように、人事管理は分類管理を行う、すなわち党組織の人事は党委員会が管理する、国家権力機関、裁判所、検察の人事は国家が管理する、ことが実現すれば、党による人事の一元管理、いわゆるノーメンクラトゥーラ制は崩壊する。ソ連ではノーメンクラトゥーラ制は、段階を追って解体していった。まず、党の威信が失われ、次に、党のライバルである国家機関が登場し、最後に、党代表の競争的選挙が導入され、ノーメンクラトゥーラ制はとどめを刺された。趙はこうした段階を経ることなく、ノーメンクラトゥーラ制を打破しようとしたことになる。

　また、第二項の権力の下部への委譲も危険な改革である。文化大革命の最中、毛沢東の「司令部を砲撃せよ」という指示に従い、地方幹部たちは地方の党組織からの「奪権」を試みた。中央からの締め付けが緩めば、独立傾向の強い地方は中央の言うことを聞かなくなる。ただでさえ独立傾向の強い少数民族自治区、すなわちチベット、新疆、内蒙古はどうなるのか。彼らは、ソ連邦の独立共和国のように、中央政府からの離脱を目論んでいるのではないか。案の定、改革案は少数民族自治地方と辺境地区を改革の対象から実質的に外している。それらの地域での改革は「現地の状況に応じた、妥当で穏健かつ実際的な歩みをとるべきである」（廖蓋隆ら［1991：956］）とされた。一方、一九八〇年に香港に隣接する広東省に三カ所、台湾に近い福建省に一カ所設置されていた経済特区においては、改革は、「よりいっそうの積極性を持って構わない」（廖蓋隆ら［1991：907］）とされた。

　『政治大事典』によれば、一九八八年末までの政治体制改革の進展は以下のとおりである。

1、党政分離：各省、市、自治区の党組織が規則を制定中。党委の下部組織として、実質的に行政を担ってきた対口部と、政府部門内に設置されていた党組（党グループ）が、続々と廃止されている。各級政府における行政首長責任制は進展中（有所加強）。各地方は企業における党政分離を重点的に実施しており、全国の大多数の企業はすでに工場長（経理）責任制を採用している。工場長の中心的地位と企業内党組織の監督保証作用は、確立しつつある（初歩落実）。

2、権力の下部への委譲：一九八八年三月に制定された企業法が工場長（経理）と企業内党組織の職能を明確に規定。

3、政府機構の改革：国務院の簡素化をはかるとともに、若干の部門を増設。経済管理部門の縮小整理は当面取りやめ。

4、幹部人事制度改革：国家公務員制度の確立に向けた「国家公務員条例」を起草中。人事の民主化、公開化を目指す。

5、社会協商対話制度の設置：党の領導は政治領導であるという原則に基づき、党と民主党派、大衆組織との間で、調整中。

6、社会主義民主制度を改善する：党委が人民代表大会の業務に直接干渉する現象はいくらか減少し（有所減少）し、人民代表大会の常務委はその憲法上の権利を獲得しつつある（開始落実）。一九八八年三月の全国人民代表大会における差額選挙の導入。大会では、人民代表たちが省級の指導者たちを複数名推薦するという差額選挙が行われ、大会は未曾有の民主的雰囲気に包まれた。

7、社会主義法制建設を進める：企業法、中外合作経営企業法、保密法などの制定（廖蓋隆ら［1991：959-960］）。

改革案の提示後一年間しか経っていないとはいえ、いかにも小さな成果である。それでも、政治体制改革の突破口とされた党政分離に関しては、具体的進展が見られる。党による行政介入の手先であった党グループが廃止されたからである（唐亮［1997：28］）。全国人民代表大会における差額選挙の導入も一歩前進といえよう。しかし、引用文中の傍点部が示すように、これらの成果は暫定的なものにすぎなかった。党政分離をはじめとするすべての政治体制改革は、長期にわたって継続的に追求されることが前提とされていた。われわれは趙の失脚により、そうした継続性が失われたことを知っている。次に一九八九年六月の天安門事件という断絶を経て、党政分離に何が起きたかを見ることにしよう。

（3）党政分離の挫折

趙失脚後、真っ先にひっくり返されたのは、企業における党活動の制限であった。趙によって企業の経済活動から切り離されそうになった党組織は、実権を取り戻したのである。一九八九年八月の中央通知は、党組織を全面的に立て直す一環として、国家と社会生活に対する党の領導を強化することを宣言した。党は企業において「政治核心的地位」（十三大以来（中）［1991：595］）を持ち、企業が社会主義を目指すように領導しなければならない。企業の党委は企業の重大問題に参画し、工場長の経営管理、生産指揮、技術開発などの問題に関して建議し、支持する。工場長と党員は党内選挙を経て党委の活動に参加する。企業党機構の設置と人員の配置は、党活動を強化するものでなければならない。

企業活動における実権、つまり、財源の確保こそが党幹部たちが一番守りたかったものであることがうかがわれる。趙の党政分離提案は彼らの痛いところを突いていたのである。では、趙によって経営自主権を与えられたはずの工場長（経理）の権限はどうなるのか。一九八九年八月の中央通知は、明確に言い放つ、「企業内の工場長（経理）などの行政幹部を含むすべての党員は、党の強化をはかり、党員の義務を履行するとともに、党組織による人事配置を承認し、自覚的に党組織の監督を受け入れ（接受）なければならない」（十三大以来（中）［1991：596］）。企業の独立性は失われ、企業活動は党の監督の下に行われることになった。

次に、政府部門内に設置されていた党グループの廃止が取り消される。一九九二年十月の第十四回党大会は、行政機関における党グループの設置を決定した（唐亮［1997：28］）。趙の政治改革の目玉であり、一九八八年末時点での数少ない成果の一つであった、党の行政への関与を制限する動きは挫折した。党は行政に干渉するために必要な組織的足がかりを再度確保した。

党が取り戻したのは、経済活動と行政に関与し続ける権限だけではない。われわれはソ連の例から、ゴルバチョフが党政分離の一環として実施した党財政と国家財政の分離が党財政の破綻をもたらし、党を弱体化させたことを知っている。ゴルバチョフ提案とは対照的に、趙は党財政の分離に関しては全く触れていない。党の行政活動と経済活動への関与が復活した今、党財政の独立を迫るのは事実上不可能となった。党の機能と政府の機能が入り混じったままでは、いわゆる線引きが不可能だからである。党は党費収入や出版事業に依存することなく、必要に応じて、いつでも、好きなだけ国有資産を流用することができる。中国共産党は、ソ連共産党を突如襲ったような独立採算にともなう財政危機からは無縁となった。一方で、財政の一体化は、党を国家経済と緊密に結びつけた。この点は後述する。

党政分離と並んで、政治体制改革の目玉であった幹部人事制度改革は一九八八年末の段階ですでに難航していた。難航は当然であった。趙の提案は国家公務員制度の導入にあたって、民主化と公開化をはかるという政治的なテーマを含んでいたからである。『政治大事典』の著者たちが辿り着いた苦肉の提案は以下のようなものであった。まず、既存の枠内で実行できることを徹底する。それらは、党幹部の若返りと高学歴化、老幹部たちへの退職勧奨、地方政府における任期制導入奨励などであった（廖蓋隆ら［1991：961］）。次に、新たな国家公務員制度を「中国的特色を持つ」制度にすることであった。中国的特色とは、『政治大事典』の著者たちによれば、「党の領導を堅持すること」ならびに「社会主義制度を堅持すること」（廖蓋隆ら［1991：962］）である。

われわれはここで、『政治大事典』の著者たちがいう「中国的特色」とは、中国特有のものではないことを確認しておこう。党を守れとか、社会主義を守れ、というのはペレストロイカに抵抗したソ連の党官僚たちの叫びと同類のものである。中国の党官僚たちの主張する保守的見解と中国の歴史的経験とは直接的関係はない。

一九九三年、中国政府は国家公務員の公開試験の試験的導入に踏み切った。つまり、それまで党が独占していた政府の役職（幹部）へのルートを、国が独自に開拓することにしたのである。国家公務員は原則上中国共産党員とはかぎらない。試験に当たって党への忠誠を誓う必要もない。一方で、国家公務員の地位・職域・待遇は法律で定められる。国家公務員の定年は明確に規定され、厳格に実施されることになる。ただし、この試みは長い間「試験的実施」に留まった。国家公務員法が正式に公布されたのは二〇〇六年一月である。試験的導入から十三年経過していた。公表されている公務員数は、一九八九年時点で八一七万人、当時の人口の〇・七六パーセントであった。試験的導入から三年後の一九九六年の公務員数は一〇一九万人、人口の〇・八七パーセントであった（顔廷鋭ら［2004：20］）。現在六〇〇〇万人以上と考えられる幹部を、国家公務員で置き換えるには文字通り長い時間が必要である。

では、こうした党政分離の挫折は中国政治に何をもたらしたのか。ソ連との比較を念頭に、次に見ていくことにしよう。

五、ポスト天安門時代の党政分離

(1) ポスト天安門時代の党

以下の表8-5は、中国共産党の党員数と人口比を党大会が開催された五年ごとに区切って表にしたものである。ここで、ソ連との比較のために、前出したソ連共産党の表（表8-3）と並べてみよう。

これらの数字は、中国とソ連では党大会が開催された年がずれているために、同年比較ではない。また、ソ連共産党の分析は、すでに解体してしまった党、いわば死体解剖であるのに対し、中国共産党のほうは生きている党、いわば生身の身体の分析である。ここでは、解剖分析から得られた知見を基に、生きている身体の健康診断をしてみよう。ソ連共産党を死に追いやった病は、中国共産党をも侵しつつあるのか。あるいは、中国共産党は違った種類の病に罹っているのか。あるいは、中国共産党は全く健康なのであろうか。

長期的な党員の増減傾向を見るかぎり、ソ連と中国に大きな違いはない。両国の党員数は長期低落傾向にある。そして、党員数の減少は総人口の増加率の低落に連動している。つまり、両国では人口あたり党員数を一定に保つような慣性が働いている。ソ連の場合、この慣性が働かなくなったのは党崩壊の二年前、潜在的に働かなくなったのは五年前である。いったん減少が始まると、急速に減少が進行した。中国でもソ連で起きたような急激な党員数の減少が

表 8-5　中国共産党・党員数（1949-2007）

年	党員数(万人)	増加率（%)	総人口（万人)	増加率（%)	党員比率(%)
1949	449		54,167		0.8
1956	1,073	239.0	62,828	16.0	1.7
1961	1,700	58.4	65,859	4.8	2.6
1964	1,738	22.4	70,499	7.0	2.5
1969	2,200	26.6	80,671	14.4	2.7
1973	2,800	27.3	89,211	10.6	3.1
1977	3,500	25.0	94,974	6.5	3.7
1982	3,965	13.3	101,654	7.0	3.9
1987	4,600	16.0	109,300	7.5	4.2
1992	5,200	13.0	117,171	7.2	4.4
1997	6,000	15.4	123,626	5.5	4.9
2002	6,636	10.6	128,453	3.9	5.2
2007	7,239	9.1	132,129	2.9	5.5

出所：党員数は『中国共産党大事典』『人民日報』などから、総人口は『中国統計摘要 2009』より

表 8-3　ソ連共産党党員・候補数（1946-1991）

年	党員(千)	党員候補（千)	総数（千)	増減率（%)	党員のみ(%)
1946	4,128	1,383	5,510		
1951	5,658	804	6,462	17.3	37.1
1956	6,768	406	7,173	11.0	19.6
1961	8,472	803	9,276	29.3	25.2
1966	11,548	809	12,357	33.2	36.3
1971	13,746	627	14,373	16.3	19.0
1976	15,029	609	15,639	8.8	9.3
1981	16,732	698	17,430	11.5	11.3
1986	18,289	715	19,004	9.0	9.3
1991			16,516	-13.1	

出所：上野俊彦「ソ連邦共産党解体過程の分析――統計と世論調査から」1993 年、18 頁に基づき作成

起きるかどうかは予断を許さない。ソ連で党員の急激な減少が起きたのは一九八七年以降であり、それまでは九パーセント程度の増加を記録していた。ソ連における党員の過剰が党の解体を早めたという仮定にたてば、中国の人口当たり党員が占める割合は、増加しつつあるとはいえ五・五パーセントであり、崩壊直前のソ連の六・五〜六・七パーセントに比べまだ余裕がある。

もっとも、この五・五パーセントという数字が中国にとって過剰であるかどうかは別問題である。増加率が低下傾向にあるとはいえ、中国の党員は毎年一二〇〜一八〇万人のペースで増え続けている(18)。このままのペースで党員が増え続ければ、人口の増加率が減少しているので、党員比率がかつてのソ連を抜くのは時間の問題である。中国の研究者の中には、党員数の増大は党の安泰を意味せず、むしろ党の分裂、解体を助長すると考えるものもある（陳継勇・栄仕星［2003：601-602］）。

ソ連で一九八〇年代に起きたような党内部の変化は起きているのであろうか。すでに見てきたように、ソ連では、従来党員の中で多数を占めていた肉体労働者の割合が減少し、代わって知識人、専門的労働者、知的専業労働者の割合が増加した。中国の公表データでは詳しい内訳を知ることはできない。しかし、大まかな流れとして、一九八〇年以来、労働者・農民の割合が少しずつ減少しているのは確かなようである。絶対数からいえば、二〇〇八年時点では、農牧漁民が二三六一・二万人と最大のシェアを持ち、これに労働者（工人）の七三三・六万人を加えると、合計シェアは四〇・八パーセントとなり、形式的には中国共産党は労働者の党であるということになろう。一方、退職者を除く職業カテゴリーの合計シェアは四〇・五パーセントとなる。知識分子（知識人）の割合は増加を続け、最近増加率が急上昇しているから、労働者・農民が多数派の地位を明け渡すのは時間の問題である。

二〇〇八年度のデータで、党員構成に関するいくつかの詳細が明らかになった。まず、従来「その他」のカテゴ

表8-6　中国共産党・党員構成

単位：%

年	工人	農牧漁民	知識分子＊	軍人	その他	企事業単位管理・専業	党政機関工作人員	離退休	学生
1978	18.7	46.9	25.8	6.9	1.6				
2000	11.3	32.5	30.4	-	25.9				
2003	11.6	32.5	29.3	-	26.6				
2008	9.7	31.1	34.0	-	7.4	22.2	8.2	18.8	2.7

＊現在の定義では大学・専門学校卒業以上

出所：2008度は『人民日報』2009年7月2日、それ以外は中岡まり氏提供

リーに属していたと思われる、企業における管理・専業人員と党政機関工作人員の総数とシェアが明らかになった。上記表の知識分子のシェアはこれら二つのカテゴリーと重複している。従来のデータとの比較のため、あえてそのようにした。これら両者の合計、三〇・四パーセントの党員、総数にして二三〇八・四万人がいわゆる党幹部である。圧倒的なシェアというべきであろう。次に、二〇〇八年度のデータで、党員の中に占める退職者の数が明らかになった。シェアにして一八・八パーセント、総数にして一四二八・二万人である。党員は、約四人に一人の割合で存在する退職者たちを彼らが死ぬまで支えていかなければならない。かなり重い財政負担というべきであろう。

こうした分析は、いわゆるマクロ・レベルの現象を見ており、必ずしも党の現状を正確に反映したものではないことに注意が必要である。中国において、全体像は常に把握しにくい。中でも、党の有り様は地域による偏差が大きいと考えられる。地方レベルでの党組織の研究が望まれる(19)。

ここでは、資料的制約を踏まえた上で、とりあえず二つのことを確認しておこう。まず、長期的には、中国共産党はソ連共産党と同じ流れの中にいること。つまり、全体の党員数の伸びは鈍化しつつあり、党員の構成も徐々に労働者・農民中心から知的職業従事者（社会主義的定義だとプチ・ブルジョア）と専業管理人員（社会主義的定義だとブルジョア）中心になりつつあることである。第二に、

中国では、ソ連で起きたような、急激な党員数の減少が少なくとも現在までは起きていないという点である。こうした状況が、党政分離とどのように関係しているのかを次に検討する。

(2) ポスト天安門時代の経済

以下(図8-1~4)にポスト天安門時代の中国経済を示す代表的指標をいくつか挙げておく。党解体後、十年間にわたる長期経済停滞を経験したロシアに比べて、中国が目眩いばかりの経済発展を遂げたことは一目瞭然である。これらの指標を見ると、本稿の扱っている時期、すなわち趙紫陽が党政分離提案を打ち出した一九八七年から、ソ連共産党が解体した一九九一年までの時期が、中国経済発展のいわば助走期間にあたることがわかる。

一方、われわれの眼を趙が党政分離提案をした時期に転じると、中国の爆発的成長はまだ起きていなかったことがわかる。一九八六年度経済成長率は前年比八・八パーセントと低い水準に止まった。趙がこのタイミングで党政分離導入に踏み切ったことは前述した。趙が党政分離を進めていた一九八七年と一九八八年、成長率はそれぞれ一一・六パーセント、一一・三パーセントと改善を見せた。しかし、趙は経済体制改革にともなう苦い薬を飲まなければならなかった。人工的に低く抑えられていた物価を市場に合わせて「調整」したために、中国をインフレが襲ったのである。一九八七年までは経済統計が不備であったため、インフレ率の計算ができなかった。計算してみると、一九八七年のインフレ率は八・九パーセント、一九八八年は二七・九パーセントにのぼった(20)。社会主義経済にはインフレなどあり得ないと信じていた中国の一般消費者は強い不安にとらわれた。物価上昇に対する不満が、一九八九年六月

図 8-1　国内生産総値

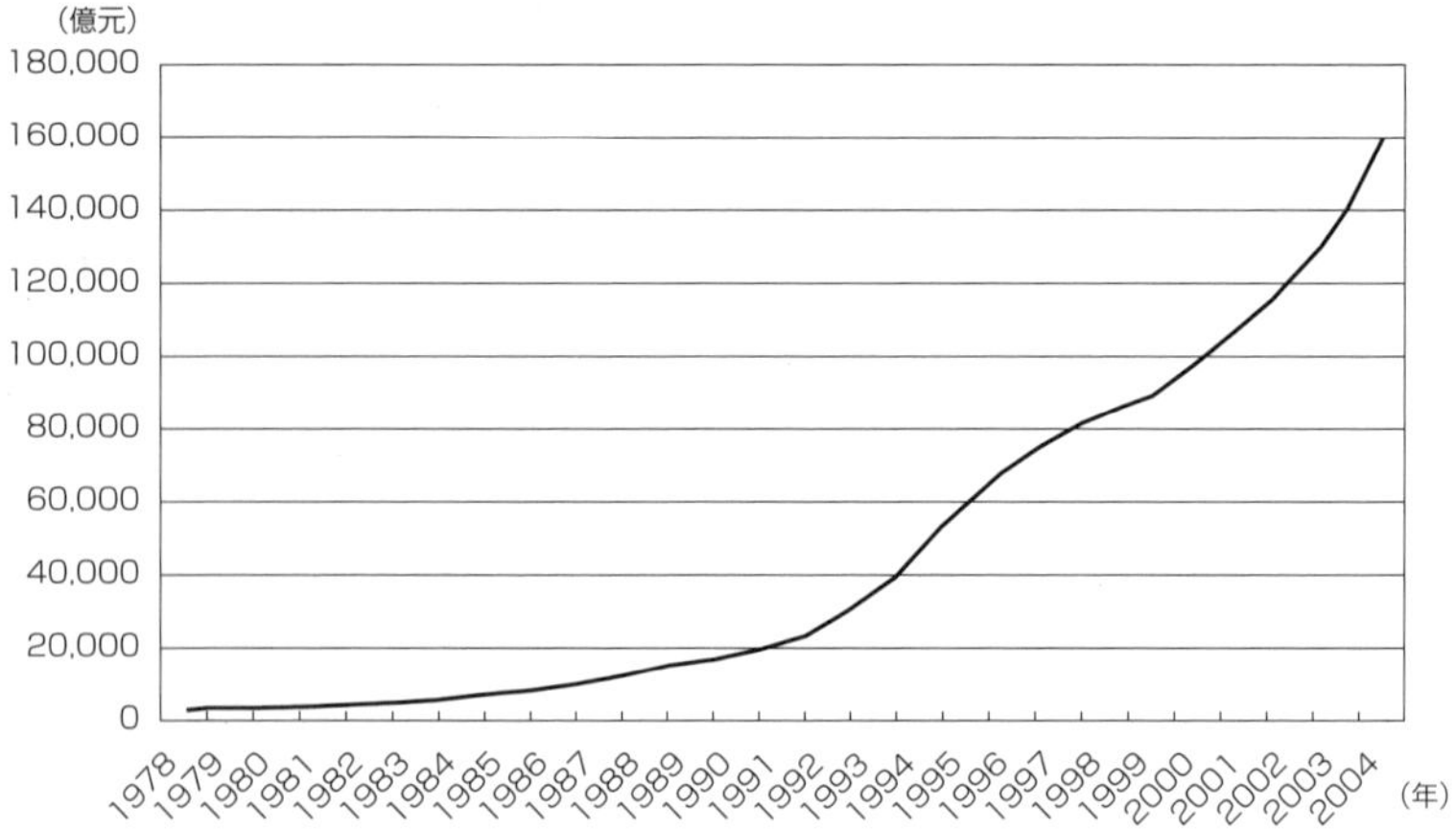

図 8-2　実際利用外資額

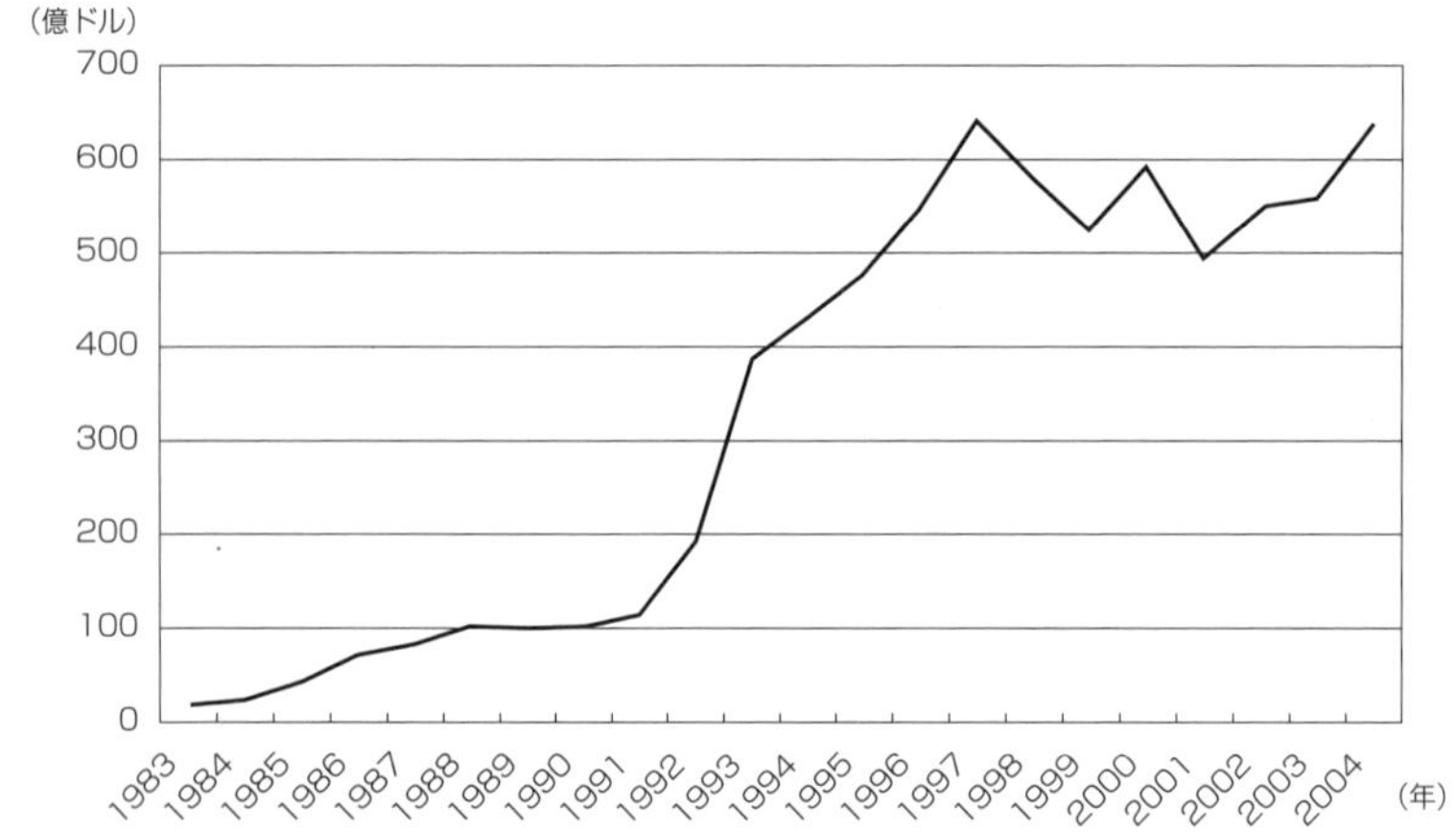

の天安門事件の背景にあったことは確実である。

一九八九年、中国の経済成長率は前年比四・一パーセントと過去十年で最低となった。天安門事件とそれにともなう経済制裁の影響があったことは明らかである。一九九〇年、経済はさらに悪化した。インフレ率こそ四・三パーセント程度に抑えたものの、経済成長率は前年比三・八パーセントま

図8-3　中国の財政収入

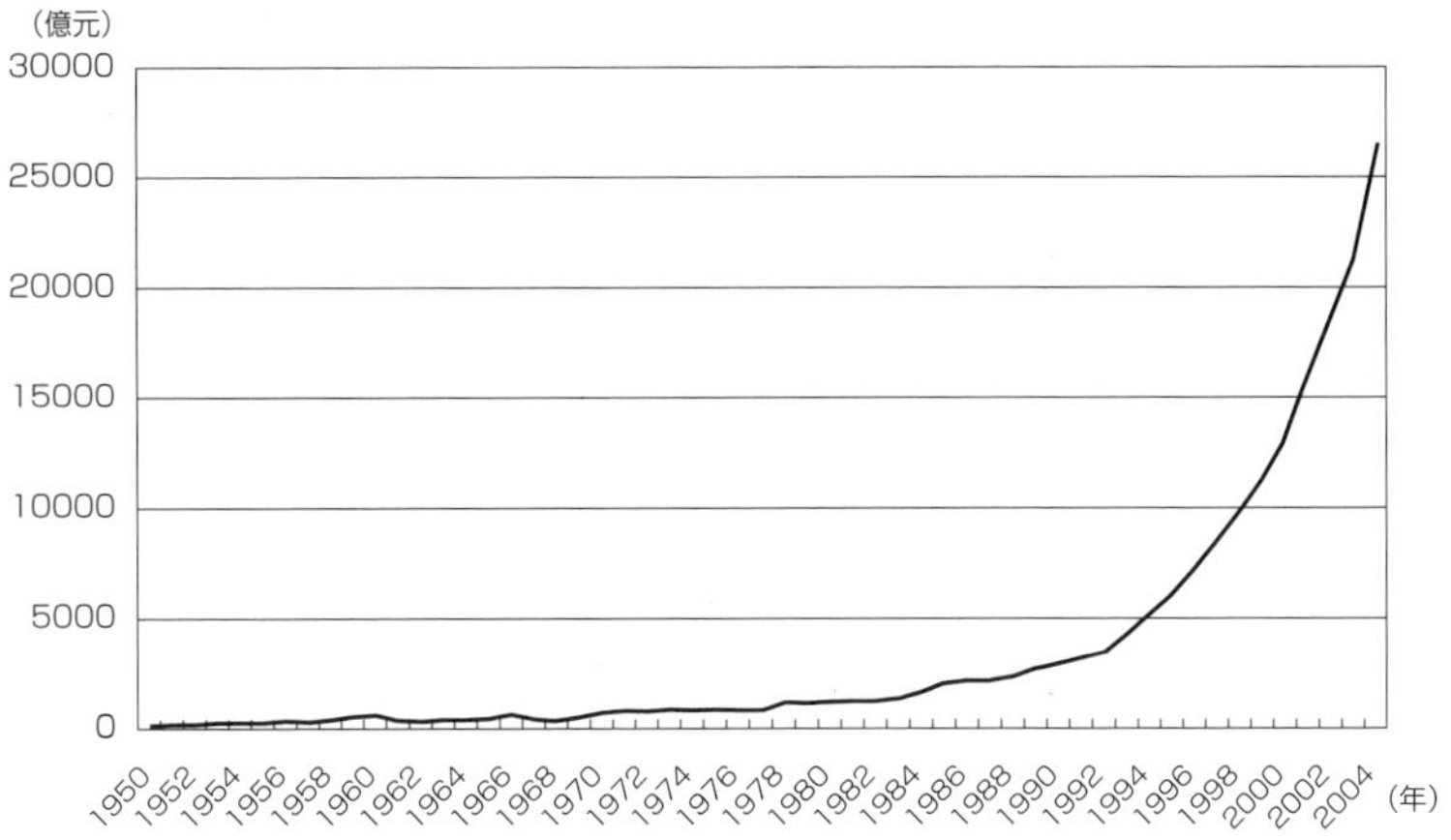

図8-4　党員一人あたり財政収入

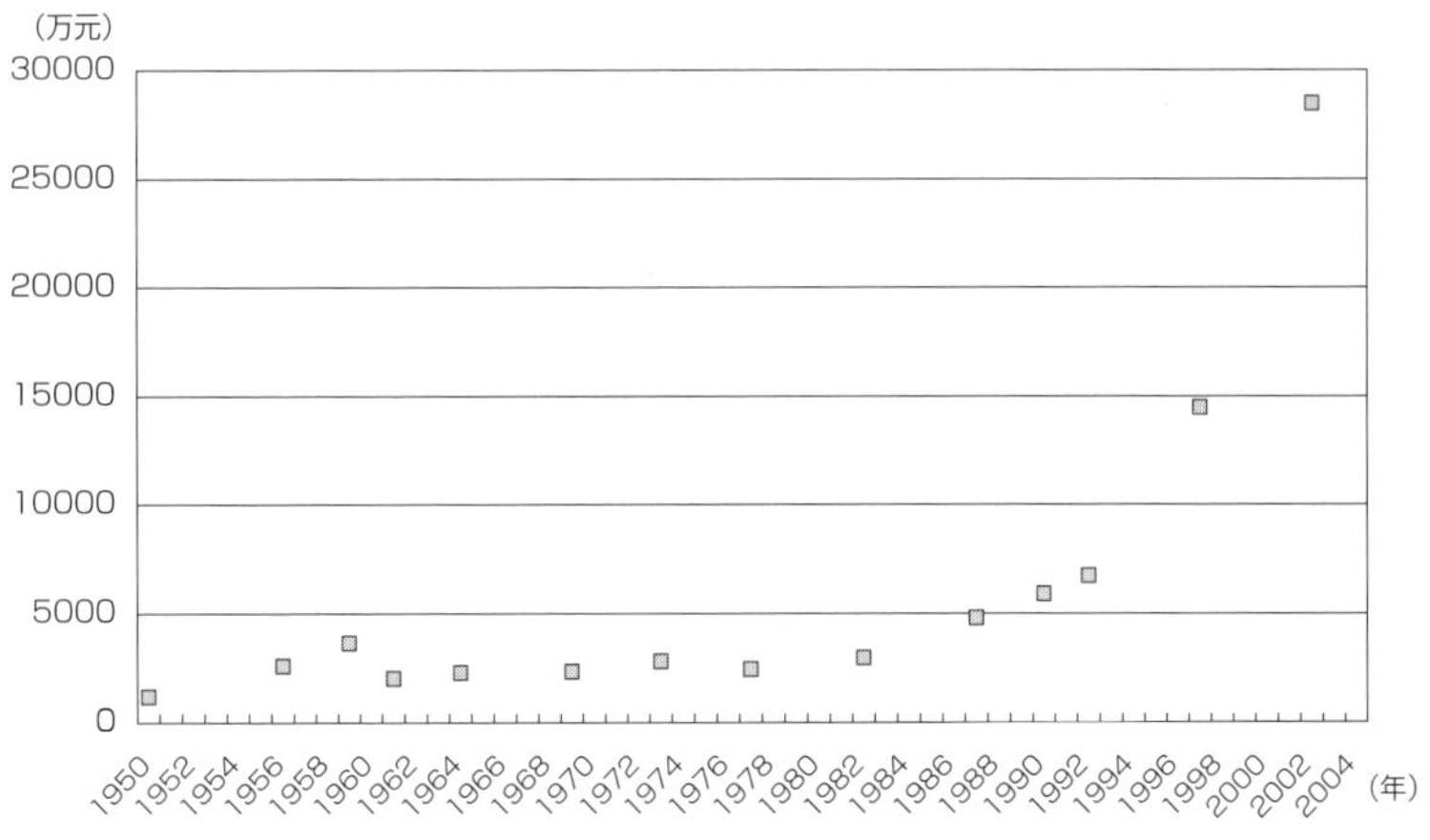

で下落した。鄧小平ら長老たちは、趙の政治体制改革を捨て去るとともに、経済発展の芽を摘みとってしまったかのように見えた。

では、この一九八九年から一九九一年にかけての時期に一体何があったのか？

一九九〇年以降の中国経済の目覚ましい発展はこの時期の党政分離と何か関係があるのか？　次に見ていくことにしよう。

(3) ポスト天安門時代の党政分離

①土地使用権の販売

われわれは、三節で、財政逼迫に悩むソ連共産党が、文字通りあらゆる手段を試みたことを知った。一九九〇年八月以降、ソ連共産党は地方の党組織が党の資産を用いて営利事業をすることを黙認した（大串［2000：124］）。党員にビジネスをさせることは、まさに党員を資本家にすることであり、社会主義政権としては禁じ手であったはずである。しかし、ソ連では地方の党組織が実際に営利事業を開始した。中国はどうであったろうか？

一九八八年四月の中国全国人民代表大会は、二つの憲法修正案を可決した。第一条は「国家は法律の範囲内において私営経済の存在と発展を許す」と規定し、第二条は「土地の使用権は法律の規定に従ってその譲渡（転譲）を許す」(21)とした。ソ連が党の営利事業を黙認する二年も前に、中国は資本主義経済へと舵を切っていたのである。

この規定が当時はほとんど注目を浴びなかった点に注目したい。四節で見たように、一九八七年の趙の政治体制改革の目玉は、国有企業と行政機構における党政分離であり、人民代表選出における差額選挙の導入であった。一九八七年の改革案には「権力の下部への委譲」が含まれていたが、一九八八年末時点での成果はほとんどなかった。自らの改革案が、党長老や地方幹部の強い抵抗にあい、遅々として進まない中で、趙は上記の規定を憲法に書き込むことに成功した。これらの規定は一見したところ、経済改革の範疇に属し、党の弱体化には直接繋がらないように見えたに違いない。

趙はどこから土地使用権の譲渡という、優れて資本主義的な発想を得たのか。天安門事件でアメリカに亡命した元幹部、許家屯によれば、それは許本人である（許家屯［1993：272-273］）。許は新華社香港分社社長（実際には党の香港代表機関）として、総理の趙紫陽と一九八〇年代中盤に何度も接触し、香港経済の仕組みを説明した。許は、土地には所有権とは別に使用権というものがあり、所有を脅かすことなしに、売却が可能であること、香港では本来イギリスの女王陛下に属する土地が、使用権というかたちで売買されていること、そして、香港での使用権売買で巨万の富を得ているのは、中国出身の華人たち(22)であること、を伝えたという。許によれば、許の提案は一九八七年に中央財経小組秘書長だった張勁夫がとりまとめ、おそらく中央財経小組に提出され、一九八八年初頭に中央の決定として全国に通知された（許家屯［1993：279-280］）。

使用権の譲渡が認められたからといって、中国の土地が一斉に販売されたわけではない。党は土地使用権の切り売りには極めて慎重であったし、地方幹部に党資産売買の自由を与えることの危険を認識していた。いったん地方幹部に利殖行為を認めれば、彼らの行動に歯止めをかけることは極めて難しいであろうことは十分に予想された。天安門事件までは、使用権の譲渡は極めて限定された一部の地域で認められたにすぎない。それはどこか。われわれは、一九八七年の改革案が経済特区については、権力の下部への委譲を積極的に進めるとしたのを知っている。使用権の譲渡は、経済特区を三つ抱え、香港に隣接した広東省南部でひっそりと開始された。売れ行きは芳しくなかった。インフレに加え、中国の政治情勢が混乱していたからである。そうした中、天安門事件が発生した。

天安門事件は香港の華人資本家たちに大きなビジネス・チャンスをもたらした。事件のあおりで、売り出されたばかりの広東省南部の土地使用権価格が暴落したからである。華人資本は一斉に使用権買い占めに走った。彼らは少ない資本を選択的かつ、先行的に投資し、転売を繰り返すことにより、確実に増やすという手法をとっており、そうしたビジネスのためには、いわゆる「土地ころがし」は理想的であった。

一九九二年一月、鄧小平が広東省の経済特区に突如現れ、その地で起きていたビジネスを激賞した。いわゆる、鄧小平の「南巡」である。鄧小平の「南巡」以後の中国の経済発展は上記の各指標のとおりである。そのメカニズムについては、すでに多くの先行研究があるので、ここでは触れない(23)。ただ、天安門事件をビジネス・チャンスと捉えたのは、華人だけではなかったことを指摘しておきたい（佐藤［1997］）。政治的危機に金儲けのチャンスを見るのは、ビジネスの世界においては普遍的な現象であり、中国に特有なものではない。

②トップレベルでの党政分離

われわれはすでに、趙の政治改革の目標の一つが国有企業と行政機構における党政分離であったことを見た。趙はこの目標を達成できなかった。また、われわれは党政分離の挫折にもかかわらず、一九九一年以降の中国経済が高度成長を遂げたことを見た。では、経済発展のためには、党政分離は必要なかったのであろうか。

鄧小平は天安門事件後も、党政分離の必要を感じていた形跡がある。ただし、鄧小平の考えた党政分離は、極めて大まかな政治と経済の分離であった。鄧小平は、大事は党、小事は政府、といったような大まかな考えしか提示していなかった。党政分離の中身を具体的に検討したのが趙だった。では、趙なき後、鄧小平はどのような党政分離を考えたのか。

鄧小平がまず実行したのは、党のトップにたとえ無能でも、「党の言うことを聞く人」(24)を据え付けることであった。ここでいう党が鄧小平を含む、党長老であることは言うまでもない。趙紫陽の後釜に選ばれた江沢民は、まさにそうした基準で選ばれた。趙のように、総理として行政の細部を知る人物を党のトップにするのは危険である。そのような人物は、ゴルバチョフのように、トップダウンで政治改革を強行するかもしれないからである。しかし、無能なトップにも心配がある。それは、党の言うことを聞くだけのトップが、実力ある総理に実権を奪われる可能性があることである。そのような可能性を防ぐためには、軍を党のトップにまかせ、長老たちは党の軍事委員会を通して影響力を行使すればよい。鄧小平は一九八九年九月、中央軍事委員会主席を辞任し、後任に江沢民を指名した。軍歴のない江沢民を補佐するために、中央軍事委員会には党長老たちが就任した(25)。

問題は総理のポストである。趙が党総書記に昇格した後に、総理に就任したのは、党長老の信任の厚い李鵬であった。李鵬は、天安門事件の最中、党長老たちの側に付き、趙の失脚と学生デモの鎮圧を指令した。総理である李鵬があたかも党のトップであるかのように振る舞ったことになる。江沢民・李鵬体制は、天安門事件とそれに続く経済制裁、湾岸戦争、ソ連邦の崩壊といった一連の危機に対処するための、いわば危機管理政権であった。彼らは党の分裂を防ぐことには有能であったが、経済に関しては無能であった。天安門事件後の一九八九年と一九九〇年の中国経済が急速に悪化していたのは前項で見たとおりである。

鄧小平の解決策は、総理に有能な経済官僚を抜擢することであった。一九九一年四月に鄧小平が上海市市長兼市委書記から国務院副総理に引き抜いた朱鎔基がそれである。朱の党員としての経歴には大きな傷があった。一九五七年のいわゆる反右派闘争で、一度は失脚していたからである。鄧小平は朱を抜擢した時点で、経済を彼に委ねることを決定していたと思われる。前述した一九九二年一月の「南巡」で鄧小平は、改革に後ろ向きな幹部たちを強く批判した。批判の対象には当然中央指導部、つまり江沢民と李鵬が含まれていた。以後、経済運営は実質的に朱の手に委ねられた。朱は一九九八年三月には李鵬の後任として、総理に就任した。李鵬は、党のナンバー二の序列を保ったままで、全国人民代表大会の委員長に就任した。全国人民代表大会委員長のポストは実権のない名誉職である。

朱鎔基が副総理に就任した時点、すなわち一九九一年四月には、経済は政府がやり、軍事、外交、党務は党がやるという体制が固まった。以後、現在までこの体制は維持されている。

③領導小組

トップレベルでの党政分離体制が固まった一九九二年時点での、中央財経領導小組の構成は以下のようなものであった(26)。

組長：江沢民
副組長：李鵬、朱鎔基
秘書長：温家宝
副秘書長：曽培炎

領導小組の存在が知られるようになったのはごく最近のことであり、現在でもその成立時期、構成員に関しての詳細は不明である。しかし、この組織が実質的な最終政策決定機構であることをうかがわせる状況証拠はいくつか存在する。まず、党と政府のトップを網羅するその構成である。当時まだ副総理にすぎない朱が副組長であること、さらに、二〇〇三年には朱の後任として総理になった温家宝が秘書長であるのが興味深い。次に、領導という名前である。中国において、領導する主体は常に党である。つまり、この小組は党と政府の間の最終「調整」を司る組織ではないかと思われる。トップレベルでの党政分離が実行された場合、政府と党の利害が衝突することが考えられる。事実、趙の党政分離提案は中央と地方の党幹部から強い抵抗を受けた。

趙紫陽は中央財経領導小組の組長を一九八〇年から失脚する一九八九年まで務めたとされている。趙はこの小組を上からの改革の総本部として位置づけた可能性がある。前述した鄧小平の政治体制改革支持発言がこの小組でなされたことが、そうした動きの一つの証拠となろう。当時の領導小組が持っていた機能の一つとして、人事が挙げられるかもしれない。許家屯は、朱鎔基を趙紫陽に推薦し、上海市副市長への就任を斡旋したのは、かつて朱の上司であり、一九八九年から中央財経領導小組の秘書長をしていた張勁夫であったと指摘している（許家屯［1993：223-224］）。

趙失脚後、領導小組はその役割を変化させ、党と政府の利害調整機関となったように見える。そうすることで、領導小組はトップレベルでの党政分離を保障することができる。党と政府の利害が対立しても、党は政策決定の最終段階でその意思を反映させることができる。現在のところ、領導小組の存在が確認されているのは、いずれも党政の境界線を引くのが困難な分野である。すなわち、対台湾工作、外事工作、宣伝・思想工作、農村工作である。これらの、ともすれば政府の利害が優先されがちな政策領域において、党がすべての政策決定の段階に介入することは難しい。党は、通常の行政を政府に委ねるが、党の利害がからむ重要な案件については、政策決定の最終段階で介入する(27)。中央領導小組とは、重要な政策決定における党の領導を確保する場である。

六、おわりに

結びにかえて、中ソ両国における党政分離の政治過程を比較してみよう。両国において党政分離が展開していく様子は、「大変似ているが、ちょっと違っている」と要約することができる。まず、違っている点から始めよう。

①党政分離がもたらしたもの

現在の中ロ両国における党政分離の意味は大きく違っている。現在のロシアにおいて、党政分離は政治的争点（イシュー）ではない。ロシア憲法は三権分立を規定しており、大統領と首相の権限も明確に分離されている。多党制の原則も確立している(28)。軍はソ連時代から国軍としての自己意識が強く、現在でもそうである(29)。一方、中国では党政分離は確立されておらず、党政分離はいまだに政治的に「微妙な問題」である。共産党の優位は憲法前文で明言されているだけでなく、組織的に保障されている。国家公務員制度は未発達で、党による人事システムは残存しているだけでなく、巨大化し、精緻化している（諏訪［2004：107-125］［2010］）。中国では軍はいまだに党の軍隊である。最近注目を浴びた劉暁波らによる民主化提案、いわゆる「〇八憲章」は権力の「分権と均衡」（李暁蓉・張祖華［2009：13］）をその基本主張として掲げている。

②党政分離の進め方

ゴルバチョフの急進的な進め方は、結果的に党の解体をもたらした。党という重症患者に劇薬を与え続け、その死を早めてしまったといえる。こうしたやり方は、後にビッグ・バン（Big Bang）アプローチ、あるいはシュンペーター流の「創造的破壊」（竹森［2007：208-209］）と呼ばれるようになる。一方、趙紫陽と鄧小平の進め方は、漸進的であり部分的であった。彼らが優先したのは、とにかく患者を生かし続けることであり、病気の根本的治療は先送りされた。竹森によると、このような対症療法的取り組みは、経済不況からの脱出には効果的である（竹森［2007：212］）。ただし、構造改革は後回しにされ、不況をもたらす根本的問題は解決されない。

③党政分離のイメージ

ゴルバチョフにとって、党政分離は彼がイメージするペレストロイカを実現するための手段の一つにすぎなかった。したがって、党政分離がペレストロイカの主要目的であったわけではない。ペレストロイカの目的は広義の民主化であり、グラスノスチ（情報公開）がその主要な手段であった。党政分離は、ゴルバチョフにとって一つの通過点にすぎない。一方、趙紫陽にとって、党政分離は彼がイメージする政治体制改革の中心テーマであった。趙は政治体制改革案から、民主化に繋がる措置を注意深く取り除いた。経済危機を脱出するためには、権力の下部組織への委譲のほうが効果的であった。しかし、趙紫陽と彼の側近たちは党政分離にこだわり続けた。彼らは党政分離のほうが、政治的リスクが低いと考えたのである。広東省における土地使用権の譲渡が経済発展の起爆剤となったのは、趙紫陽と彼の側近たちが失脚した後のことであった。

中ソ両国における党政分離の政治過程に共通している点は以下である。

④上からの改革

中ソ両国における党政分離の提案を比較してみると、その似たような中身と似たような論理付けに驚かざるを得ない。改革者というものは、似たような発想をするものなのであろう。さらに興味深いのは、彼らの改革案の根底にある論理は、わが国の政治改革案とも共通しているという事実である。共通の論理とは、小泉政権が打ち出した「構造改革なくして景気回復なし」（竹森［2007：14］）に他ならない。本当にそうなのか。構造改革をしなかった中国が目覚ましい経済発展を遂げ、党政分離を達成したソ連経済は崩壊したではないか。この事実は、上からの改革としての党政分離が経済発展のための特効薬ではないことを示している。

上からの改革は下からの要求と合致するとはかぎらない。経済危機を実感しつつあった、一九八〇年代後半のソ連と中国の市民は、党政分離を要求したであろうか。そのような形跡は見られない。党政分離とは優れて上からの発想であり、下からの要求に呼応したものではなかった。ソ連共産党の一般党員たちは、党政分離の成功にもかかわらず、いやむしろ党政分離がもたらした、党の財政危機を実感すると、大挙して党から離脱した。北京の学生たちは趙紫陽の党政分離を支持したわけではなく、彼らにとってより切実な問題、すなわち民主化を要求したのである。

⑤制約された合理性

ゴルバチョフも趙紫陽も、あらゆる選択肢を検討し、最善の選択として党政分離を取り上げたわけではない。ほとんどの選択肢が新たな試みであり、特定の選択をした場合の結果についての情報は不足していた。ゴルバチョフは党員代表の選挙にこだわったが、それは必ずしも彼が趙紫陽よりも民主的であったわけではない。ソ連では、党が自らビジネスに乗り出した経験がなく、党資産を資本主義的に運営することについては不安があった。趙紫陽は、党資産を運営することにかけては経験を持っていた。中国は一九八〇年に広東省と福建省に経済特区を設け、資本主義経済の実験を始めていたからである。しかし、趙紫陽には、選挙の経験が欠けていた。鄧小平は選挙そのものを恐れていた。彼らからは、ゴルバチョフのように、選挙を突破口にして党政分離を実施するという発想は出てこなかった。

⑥時間の制約

時間は二重の制約となってゴルバチョフと趙紫陽を苦しめた。まず、絶対的時間の制約があった。ゴルバチョフも趙紫陽も、党政分離だけに関わっていたわけではない。彼らは常に忙しく、特定の政策をじっくり検討する暇などなかった。彼らの政策選択は、短時間になされなければならなかった。経済危機が迫っていたからである。彼らには十年先のことを考える余裕はなかった。彼らは目先の差し迫った問題に手持ちの手段でなんとか処理するしか選択はなかった。党政分離はそのような手段として登場した。ゴルバチョフは、党財政を国家財政から切り離した。趙紫陽は企業に置かれた党の出先機関を廃止した。

第二の時間制約は、改革措置の時間的前後関係である。最初の選択が次の選択を拘束し、それに続く選択をも拘束する。事後的に措置の順番を入れ替えることはできない。ゴルバチョフの場合、党政分離の初期に採用した党財政と国家財政の分離が、党にとって致命傷となった。財政分離が、党財政を急速に悪化させ、党員の離脱を招いたからである。ゴルバチョフは、その後、党資産を利用した営利事業を許容したが、党財政を建て直す時間はなかった。党政分離は成功したが、党も政府も崩壊してしまったのである。

趙紫陽の場合、党政分離の実行手段として、選挙や言論の自由を取り入れる選択肢は初めからなかった。彼の前任者が失脚したばかりだったからである。趙紫陽が最初に取り組んだのは、企業から党の影響力を排除する試みであった。この試みは、趙紫陽が失脚したため、一年半で挫折し、党政分離は失敗した。しかし、党政分離が失敗し、党が企業経営の実権を握り続けたことが、中国の高度経済成長の引き金となった。党は国有資産を独占的に管理し、土地使用権の譲渡を手始めに、自らビジネスに乗り出したのである(30)。

党政分離に成功したソ連共産党は崩壊し、失敗した中国共産党は残存した。しかし、ゴルバチョフがそして趙紫陽が指摘した党政一体化の非合理性が消失したわけではない。党が肥大化するにつれて、その組織効率は低下する。中国の指導者たちは八〇〇〇万人にのぼる党員たちを統一管理するという気の遠くなるような作業に従事し続けることになろう。

〈注〉

（1）趙紫陽「沿着有中国特色的社会主義道路前進」（『十三大以来（上）』［1991：36］）。中国語の「党政分開」を以後本稿では「党政分離」と訳す。

（2）「中国共産党第十三期中央委員会第四次全体会議公報」（『十三大以来　（中）』［1991：544］）。非公式な文献によれば、趙の逮捕は鄧小平の自宅で五月二十七日に開催された長老会議で決定された（Andrew Nathan and Perry Link eds.［2001：308］）。

（3）「中共中央関于加強党的建設的通知」（『十三大以来（中）』［1991：594］）。

（4）古典的な例は、新興国アメリカの政治を母国フランスとの比較を念頭に置いて記述したトックヴィルが挙げられよう（Alexis de Tocqueville［1945］）。

（5）ＡＳＥＡＮ Ｗａｙを明記したＡＳＥＡＮ憲章の改訂をめぐる最近の動きについては、湯澤武「ＡＳＥＡＮ憲章の制定とその意義」日本国際問題研究所「コラム」二〇〇八年二月二十五日参照［http://www.jiia.or.jp/column/200802/25-yuzawa_takeshi.html］。

（6）「没有共産党、就没有新中国」

（7）「著作と文体」（ショウペンハウエル［2010：120］）

（8）ある決定が時系列の中で特別な重要性を持つことの意味については、Paul Pierson［2004］を参照のこと。このような考え方を中国に応用した例としては、中居良文「Path dependent processとしての中国政治――権威主義体制における政権交代と時間」［2007］を参照。

（9）河東哲夫氏の指摘による。

（10）経済産業省資源エネルギー庁『エネルギー白書二〇〇六年版』二〇〇七年［http://www.enecho.meti.go.jp/topics/

hakusho/2006]。
(11)「共産党の変容と政治改革の拡大」(唐亮［2001：29］)
(12)「中国の行政機関における党グループ」(唐亮［1997：chap.1］)
(13)趙は前述した非公式な回顧録の中で、一九八九年六月の天安門事件直前に、鄧小平から中央軍事委員会主席に就任するよう要請があったとしている。つまり、趙は事件の直前まで鄧小平と趙とは完全に意見が一致していたと主張しているのである(宗鳳鳴［2007：61］)。
(14)中嶋誠一編［2002］より。生産額に占めるシェアは中居が算定。
(15)杜光「一位偉大的民主主義者」(李鋭ら［2009：214］)。趙紫陽は非公開の回顧録の中で、毛沢東と鄧小平の晩年の歴史的相似性を論じている(宗鳳鳴［2007：57-61］)。
(16)廖蓋隆ら［1991］。翻訳はすべて中居。
(17)趙紫陽「沿着有中国特色的社会主義道路前進」(『十三大以来(上)』［1991：9-16］)。
(18)二〇〇八年末の共産党員総数は七五九三・一万名、二〇〇七年比一七七・八万名増えている(『人民日報』二〇〇九年七月二日、四面)。
(19)例えば、先駆的研究として加茂具樹・土屋大洋［2010］を参照。
(20)Material notebook of world economy［http://ecodb.net/country/CN/imf_inflation.htn］
(21)「中華人民共和国憲法修正案」(『十三大以来(上)』［1991：216］)
(22)許が列挙したのは当時の香港の代表的財界人、包玉剛、李嘉誠、ヘンリー・フォックらである(許家屯［1993：273-275］)。
(23)例えば、日本貿易振興会［1992］。
(24)「改革開放政策穏定、中国大有希望」(鄧小平［1993：317］)。江沢民の選出に関しては、拙稿「台頭中国とアメリカ」(中居［2009：155-156］)を参照。
(25)第一副主席・楊尚昆、副主席・劉華清、秘書長・楊白氷。

(26)『中国組織別人名簿一九九四年版』ラジオプレス、一九九三年、二四頁。
(27) そうした例として、中国のＷＴＯ加盟をめぐる政策決定がある。拙稿「江沢民の米国――ＷＴＯ加盟の政治的含意」（高木誠一郎［2007：189-212］）。
(28) だからといって、多党制がうまく機能しているというわけではない。現在のロシアにソ連時代との継続を見る研究者には、例えば、Stephen White, "Russia: The Revenge of the Superstructure" (David Lane ed.［2002：53-67］)。
(29) 河東哲夫氏の指摘による。
(30) 国有企業における党の「壟断」を指摘するのは、例えば、許知遠「第三種忠誠？」『亜洲週刊』二〇一〇年十月二十四日号、三五頁。

〈参考文献〉

・上野俊彦［1990］「ゴルバチョフ政権下におけるソ連邦共産党の変化」『法学研究』慶應義塾大学法学研究会。
・―――［1993］「ソ連邦共産党解体過程の分析――統計と世論調査から」日本国際政治学会編『国際政治』第一〇四号。
・大串敦［2000］「ソ連共産党崩壊過程と要因の分析――財政赤字と営利事業を中心として」『ロシア研究』日本国際問題研究所。
・亀山郁夫、佐藤優［2008］『ロシア：闇と魂の国家』文春新書。
・加茂具樹、土屋大洋［2010］「現代中国地方政治における人民代表大会：政治的「つながり」の可視化の試み」アジア政経学会、二〇一〇度全国大会報告。
・韓鋼［2008］辻康吾訳『中国共産党史の論争点』岩波書店。
・経済産業省資源エネルギー庁［2007］『エネルギー白書二〇〇六年版』。
・佐藤正明［1997］『望郷と訣別を：国際化を体現した男の物語』文芸春秋。
・朱建榮ら編［1998］『最新教科書　現代中国』柏書房。

・ショウペンハウエル［2010］斎藤忍随訳『読書について他二篇』岩波文庫。
・諏訪一幸［2004］「中国共産党の幹部管理政策：「党政幹部」と非共産党組織」『アジア研究』第五〇巻第二号。
・――［2010］「中国の党・国家体制――その国家機構」日本国際政治学会全国大会における報告。
・高木誠一郎編［2007］『米中関係――冷戦後の構造と展開』日本国際問題研究所。
・竹森俊平［2007］『経済論戦は甦る』日経ビジネス人文庫。
・唐亮［1997］『現代中国の党政関係』慶應義塾大学出版会。
・中居良文［2007］日本政治学会自由論題「政治と時間をめぐって」報告。
・中居良文編［2009］『台頭中国の対外関係』御茶の水書房。
・中嶋誠一編［2002］『中国長期経済統計』日本貿易振興会。
・日本貿易振興会［1992］『華南経済圏――香港でみるアジアボーダーレス時代と中国』。
・山田鋭夫［2008］『さまざまな資本主義：比較資本主義分析』藤原書店。
・ラジオプレス［1993］『中国組織別人名簿一九九四年版』ラジオプレス。
・湯川拓［2010］「分析概念としての「ＡＳＥＡＮ Ｗａｙ」とその有用性」アジア政経学会、二〇一〇年度全国大会、報告論文。
・Lane, David ed., ［2002］ *The Legacy of State Socialism and the Future of Transformation*. New York: Rowman & Littlefield.
・Nathan, Andrew and Perry Link eds., ［2001］ *The Tiammen Papers: The Chinese Leadership's Decision To Use Force Against Their Own People-In Their Own Words*. New York: Public Affairs.
・OGUSHI, Atsushi ［2005］ "Removing the Core of Power: The Reorganizations of the Party Apparat under Gorbachev",『ロシア・東欧研究』第三四号
・――［2007］ "Why did CPSU reform fail? The 28th Party Congress Reconsidered", Europe-Asia Studies.

・――― [2011] "Money, property and the demise of the CPSU", *Journal of Communist Studies and Transition Politics.*
・Paul Pierson [2004] *Politics In Time: History, Institutions, And Social Analysis.* Princeton: Princeton University Press.
・Tocqueville, Alexis de [1945] *Democracy In America.* New York: Vintage Books.
・Vogel, Ezra [2010] "Deng Xiaoping and New Alliances, 1978-1989", 二〇一〇年十月三十日、日本国際政治学会 Cold War Alliances: East and West 部会における報告。
・*Zheng, Yongnian* [2010] *The Chinese Communist Party As Organizational Emperor: Culture, Reproduction and Transformation.* London: Routledge.

・陈继勇、荣仕星编 [2003]『二十一世纪中国现实问题研究报告』北京：中央民族大学出版社。
・邓小平 [1993]「关于政治体制改革问题」『邓小平文选第三卷』北京：人民出版社。
・孔寒冰 [2004]『中ソ关係及其对中国社会发展的影响』北京：中国国际放送出版社。
・李锐ら [2009]『胡耀邦与中国政治改革――一二位老共产党人的反思』香港：晨钟书局。
・李晓蓉、张祖华编 [2009]『零八宪章』香港：开放出版社。
・廖盖隆ら编 [1991]『当代中国政治大事典』长春：吉林文史出版社。
・许家屯 [1993]『许家屯香港回忆录（上）』台北：连合报。
・颜廷锐ら编着 [2004]『中国行政体制改革问题报告』北京：社会科学文献出版社。
・宗凤鸣 [2007]『赵紫阳软禁中的谈话』香港：开放出版社。
・『十三大以来（上）（中）（下）』[1991] 北京：人民出版社。
・『人民日报』
・『亚洲周刊』

第九章　現代中国における維権運動と国家

呉　茂松

一、はじめに

「維権」という言葉が中国国内で汎用されるようになってすでに久しい。さまざまな分野で、諸アクターが、異なるイシュー、争点をめぐり、自分の利益、権利を擁護、主張するための行動を説明する際に使われているこの言葉は、現代の中国社会を理解するためには、重要なキー・タームとなっているといっても過言ではない。だが、「維権」という言葉の適用範囲は拡大し、メディア、学術論文、あるいは政府の公式用語の中にも頻出しているとはいえ、それがきちんと説明され、その個別の行為、または理念としての「維権」に共鳴して展開する「維権運動」(1)が丁寧に定義されているとは言い難い。

本論の目的は、維権行為、維権運動の全体像を描いた上で、その定義を行うことにある。本稿ではまず、「維権」というキーワードが提起され、適用範囲が拡大すると同時に、市民に定着する経緯とその発生の時代背景と必要条件を概説する。次に、各領域で見られる維権行為の内容、争点、特徴などを、事例分析の結果に基づいて紹介し、「維権」の意味とその変化について指摘する。そして、ケーススタディで導いた演繹的な結論に基づき、現段階に見られる維権行為、維権運動についての帰納的な定義を行う。さらに、「維権観」をめぐる社会と国家の議論を紹介した上で、簡単な比較を行い、現段階に見られる維権運動の様相を整理したい。

維権の内容を把握し、その定義を行うための事前作業として、表9-3の「維権行為の比較表」で取り上げる事例に対する分析を行った(2)。個別の作業において、社会運動論と政治過程論の分析枠組みを提示し、各事例にかかわるアクターの行為とその行為の政治への影響について論考を加えたが、ここでは誰が、なぜ、何のために、何に対して、どのように行動するのか、その行動はどのような効果があり、どのような性質を持つのかという問いに回答することに努めたい。換言すれば、維権運動を、主体、原因、争点、目標、標的、方式、正当性基盤、資源、政治参加との関係などの要素をもって説明し、その定義を試みたい。

維権行為に関する先行研究は、大きく事例分析と理論化の作業の二つに分類できる。二〇〇三年を境に、「維権」というキーワードが広がりを見せ、農民工、家屋所有権者、農民、労働者、環境保護運動、ＨＩＶ感染問題など広範囲に拡大し、それぞれの事例、関連法律を紹介する書籍、学術論文(3)が続出した。とりわけ、学術的な研究は、社会運動と政治機会との相関関係の文脈で議論を展開するものが一般的である。つまり、各アクターの権益の侵害への抵抗、政策への異議申し立てと集団的な抗争事件（『群体性事件』）に見られる集団行動および行政、司法への訴えかけなどの発生原因、メカニズムと戸籍制度、利益表出チャンネル、組織基盤などの政治制度との相関・因果関係に分析の焦点を当てている。

他方、自由主義者、あるいは憲政主義者であると自称する一部の独立知識人たちが、インターネットを主な言論空間にして行う理論化の作業がある。論者たちは社会で見られる権利を擁護するための人々の動きに対して肯定的な見方を持ち、ある種の期待を投げかける意味で、市民の権利そのものを理論化し、権利を擁護するための行為に正当性を与えようとしている。研究というよりも、維権行為に価値を賦与する作業を通じて理論武装化を図る内部的な運動論と表現した方が適切かもしれない。また、これらの作業は精密な社会調査、または事例分析に基づいていない。その詳細については第三節の社会側の維権観のところで説明することにしたい。日本における中国の維権運動の研究には、阿古智子が維権運動の背景、手法、内容について社会側の視点から紹介した論文（阿古［2010］）があるが、阿古自身も指摘している通り、形成条件、性質および国家との関係などについてはさらなる調査と分析が必要である。

二、「維権」の提起から定着

(1) 用語の説明（語義、品詞、関連用語）

「維権」（WEIQUAN）は中国語の「維擁利益・権利」の略語であり、「権益（4）を守る、擁護する」意味でよく使われる。文法的にいえば、この言葉は、「維護」を動詞とし、「権益」を目的語とする「権利を擁護する／保護する／守る」意味のフレーズである。動詞となる「維護」は、「保護」の類義語として「守る、保つ、擁護する」意味を持つ（5）。本稿では、中国語の「維護」の訳を「擁護」に統一する。付言すれば、「維権」は「人権」「公民権」「民権」のような権利を特定した名詞ではなく、行動の主体、争点、目的を問わず、権利侵害行為に対する対抗、または権利を要求する行為そのものを指す表現である。ほかのものに頼るより、自ら主張、行動する意味でその自主性が強い言葉ということと、動詞句という品詞的な属性を有するが故に、この言葉は、領域、主体、イシューを問わず、利益侵害行為に立ち向かう、または権利を擁護する行為、高まる権利意識などを解釈する表現、スローガンとして普及するようになった。つまり、この言葉には、異なる主体、異なるイシューが「維権」という同じスローガンを持ち、または解釈されるようになった品詞的な属性がある。

関連用語には、権益侵害を意味する「侵権」（不法行為）、権利の賦与を意味する「賦権」（エンパワーメント）がある。まず、当初多く見られた維権行為は、ある利益主体の権益侵害に対する抵抗であり、その「侵権」に抵抗する表現として「維権」が現れた。維権を提唱する際に、合法性がよく強調されるが、その合法性の条件として「賦権」という概念が登場する。これについては、背景の紹介で詳述する。維権の日本語の適訳はないが、憲法を守る意味で使用される「護憲」の「憲」を「権利」の「権」に置き換え、造語にした「護権」が最も意味が近いと思われる。ただし、中国語的な文脈と維権の含意を尊重すること、またこの語が持つ投企性から日本語に訳さず「維権」をそのまま使用する。

（2）「維権」用語の出現、適用範囲の拡大、「維権元年説」

管見の限り、「維権」という略語は、女性権利保護運動と消費者保護運動の領域で最初に登場した。全国女性大衆組織の指導機関である中華全国婦女連合会の機関雑誌である『中国婦運』では、一九九四年二月ごろから各地の女性権益保護活動を紹介する論文でこの略語が使用されはじめ(6)、一九九六年八月には、全国婦女聯盟維権工作会議が大連で開かれた。消費者問題の領域においても、すでに一九九七年七月に『南方週末』の消費者広場の紙面に、「関注民生、共促維権」（民生に関心を集め、権利擁護をともに促進せよ）のコーナーが開設された。この用語が上記の二つの領域で登場した背景には、「中華人民共和国婦女権益保護法」（一九九二年十月より施行）、「中華人民共和国消費者権益保護法」（一九九四年一月より施行）の制定がある。したがって、一部のメディアが、上記の法の宣伝や普及の際に、合法的な権利を擁護することの略語として「維権」が使用されたのが端緒であったと思われる(7)。中国消費者協会も一九九七年から毎年「消費維権」をテーマに宣伝キャンペーンを行い（楊紅燦［2009］）、『南方週末』が九七年以後、消費者デー（三・一五）を契機に「九八消費者維権群英会」、「九九消費者維権群英譜」など、消費者たちの権利意識を啓蒙する文脈で報道を行っていた(8)。一般市民生活に密接なかかわりのある消費者問題領域から「維権」というキーワードが使用されはじめたことは、この語が市民に定着することに寄与した。維権は、個人同士の利害関係には適用されず、あくまで「権益侵害」に立ち向かう被害者の「利益弁償」または「権利擁護」、「権利主張」を表現するキーワードとして登場した。それと同時に、比較的に弱い立場に置かれていた被害者側の異議申し立てや、利益弁償を求める動きも活発になり、その矛先は個人ではなく、企業、または地方政府に向けられた。そうした動きが公共秩序を脅かす事件、現象につながり、全国各地で見られるようになっていったのである。

法律制定、教育、宣伝キャンペーンなどとあいまって、権利を擁護すべきであるという意識が市民生活に浸透し、維権現象は地理的にも、領域的にも広がりを見せた。メディア、インターネット上で「労働者維権」、「農民工維権」、「環境保護維権」、「業主（家屋所有権者）維権」、「消費者維権」、「芸術維権」(9)などの表現が普及していることが範囲の拡大を証左していよう。しかも、「維権」という表現から派生して、被害者認識の共感、苦労、権利擁護の目標を共有している「維権人士」、「維権弁護士」、「陳情人」などの身分が作られた。それらは地域、領域を超える認識の空間を形成したのである。

そのような中、維権活動家と体制外の理論家たちにより、「維権元年説」が唱えられはじめた(10)。その時期設定については領域によって異なり、見解が一様ではないが、二〇〇三年を元年とする論者が主流である。その主な理由には、二〇〇三年三月広州市で起きた身分証明書を所持しなかった若者が収容所で暴行を受け死亡した「孫志剛事件」(11)が維権運動の端緒を開いたという見方がある。維権運動の発展において、この事件は二つの重要な意味を持つ。一つは、この事件をきっかけに法学者を筆頭とする多くの学者、弁護士が議論に参加し、収容制度の廃止を求め、署名活動、研究、建議活動を展開したことである。それには、許志永、騰彪、賀衛方、秦暉などの有名な学者たちも含まれる。もう一つの意味は、メディアの積極的な報道と知識人の発言によって、従来の侵害された利益を中心に一部の領域で展開していたにすぎなかった維権に関連する世論が、移住の権利、人権などを含む社会全体を舞台とした議論にまで広がったことである。その意味で「二〇〇三年維権元年説」は有力である(12)。

これを裏付ける現象として、権利侵害が社会問題となる中、権利擁護に必要な情報や方法を提供する「維権」をタイトルとした本が多く出版された。書店の法律コーナーには、維権の「しおり」、「手引き」、「入門書」、「成功百例」と題した書籍が多く並ぶようになった。中国最大のネット書店と認識されている『当当網』で、筆者が二〇一〇年七月二十日に「維権」というキーワードで検索をかけたところ、タイトル、サブタイトル、本の要旨にこのキーワードが含まれる図書一五七四冊が検出された。その出版年を見ると二〇〇二年まで数冊しか出版されてなかったが、二〇〇三年以後にその量が急激に増加していることがわかる。もちろん研究書籍も一部見られるが、ほとんどが成功事例を手がかりに、関連法律と政策を紹介、解説する内容が基本的なコンセプトとなっているものである。それに比べ、新聞・テレビメディアで多く取り上げる維権関連内容には、被害の実態、原因、経緯などの事実関係の紹介が多く、その中で政府部門の役割が突出して描かれる傾向が見られる。

(3) 維権が提起された時代背景と必要条件

一九七八年以後の経済改革と対外開放に始まった「転換期」と表現される経済社会構造の変革が大きな時代背景となっていることについては詳説する必要はないだろう。市場化、工業化、都市化、情報化、グローバル化の進展は、多大な富を生むと同時に多くの経済、社会問題をもたらした。

計画経済から市場経済への移行は、新たな利益を創出するとともに、利益、資源の配分メカニズムが刷新され、結果的に利益主体の多様化、多元化をもたらした。これはあらゆる領域に見られる事実である。第二次産業、第三次産業の急速な発展、ならびに都市化の進展は、インフラの整備、新しい産業の創出をもたらし、農村から都市へ、第一次産業から第二、第三次産業への大規模な労働力の移動をもたらした。都市化の急激な進展は、貧富の格差拡大や環境汚染などを起因とする不満を助長し、暴動などの不測の事態が生まれる要因ともなった。

他方で、多元化する利益主体の権益保障メカニズムが欠如し、従来の利益表出チャンネルでは多様化する利益主体の要求をカバーし切れず、利益主体間の争議事件を阻止する制度の構築が遅れていたという制度的な要因も看過できない。また、計画経済時期に作られた戸籍制度などは都市と農村、階層間の格差を拡大し、社会保障整備のアンバランスを生み出す主因でもあった。

それでは、維権行為が発生する必要条件について考えてみよう。概して①法環境の整備、②伝統メディアの部分的な開放、③インターネットの登場にともなう市民による言論空間の形成、④利益主体、権利主体（としての個、私）の確立、⑤権益侵害行為の深刻化、⑥「公共」知識人の登場、⑦草の根NGO組織の出現と活動などが考えられる。以下ではそれぞれの点について検討する。

表9-1　法律の制定、普及の始動

全国政府部門に司法行政機関の設置に関する国務院の決定	1979年
『法制日報』の前身の『中国法制報』が創刊	1980年
全国人民代表大会法制工作委員会の設立	1983年
全国人民代表大会法律委員会の設立	1983年
国務院法制弁公室（国務院法制局）の設立	1986年
法律常識普及キャンペーンの開始	1986年

出所：筆者作成

表9-2　立法状況

期間	法律	行政法規	部門法規	地方法規
1949-1978年	127	319	586	118
1979-2005年	805	4,156	58,797	115,369

出所：朱景文主編『中国法律発展報告』中国人民大学出版社、2頁。
田中信行『中国年鑑2010』中国研究所、2010年、305頁より引用

まず、特記すべきことは法環境の整備である。計画経済時期までの党の方針、決定および政府の政策に依拠していた従来の経済、社会に対する管理方式が、徐々に行政手段も含めて法律に基づいて執行されるようになった。つまり、法治主義へと転じつつあった。一九七九年国務院の全国政府部門に司法行政機関を設置することが決定されたことで、全国法制宣伝教育管理事業は、司法行政機関業務の重要な内容の一つとなった。

また、表9−1で示したように、法律関連部署が全国規模で続々と設立され、法律の宣伝、普及キャンペーンが一九八六年から本格化し、義務教育にも盛り込まれるようになった。改革開放前後の立法件数（表9−2）の比較からも法制度の整備が急速に進んだことが見てとれる。

西洋に比べ、自然法を主張する土台が欠如している中国社会において、法律の制定とその宣伝は人々の権利意識を啓蒙し、法観念を植えつける直接要因であった。それが人々の権利を主張する根拠となり、権益侵害行為の指摘、異議申し立て、権利擁護行為を正当化する基盤になってい

く。この意味で、国家による法律の制定、宣伝、普及は、維権運動の発生において極めて重要な意義を持つ。

次に、メディアの変化も著しい。市場化が浸透する中、メディアの産業化が進み、従来の事業単位の運営から、市場における企業の経営管理が導入された。中国共産党のメディアに対する見方も党・政府の宣伝の役割から、社会主義政治体制を維持しつつも経済的には市場原理を活用するための情報伝達、世論監督の役割へとシフトした。メディアの内容は、量的に増加しただけではなく、質的にも官僚の腐敗、政策への批判が見られるようになった。メディアがイニシアティブをもって社会問題の争点を提示し、学者を巻き込んで公共の場で議論を展開するなど、アジェンダ・セッティング、アジェンダ・ビルディングの機能が大幅に強化された。

第三に、インターネット、携帯電話を含む新たな通信手段の発展も維権運動の重要な情報伝達チャンネルの提供に寄与した。中国インターネット情報センター（ＣＮＮＩＣ）の発表によれば、二〇一〇年までのネット人口は、四億五七〇〇万人に上り、インターネット普及率は三四・三パーセントとなった(13)。維権運動にとってインターネットは重要な言論の空間である。ネットによる情報の発信も活発に行われ、国務院が二〇一〇年六月に発表した「中国インターネット白書」によれば、二〇〇九年までに「博客」(14)の登録数は二・二億人に上り、人々が毎日発信するニュースに対する掲示板、ＢＢＳなどでの発言数は三〇〇万件となり、六六パーセントのネットユーザーがネットを通じて個人的な観点を発言、議論し、利益訴求を行っている(15)。ありふれた情報の中で、「公民維権網」、「呼声網」、「公盟」、「維権網」などのようにもっぱら維権関連の内容を扱うサイトも登場し(16)、海外で有名な「零八憲章」もインターネットを通じて発表され、署名活動もネット上で行われていたことは周知の通りである。ＣＮＮＩＣの同発表によれば、二〇一〇年までの携帯電話利用のユーザーは前年同期比六九三〇万人増の三億三〇〇万人となっている。携帯電話のショートメッセージ機能とネット上のコミュニケーションツール(17)は、集団的な事件、デモ、ストライキが組織される際の情報伝達手段として有効に使われていた。これらの情報化は、市民の知る権利、発言の権利、監督権、参加の権利をある程度可能にした直接要因でもあり、活動の空間でもあった。

第四に、集団の利益を優先する計画経済時期の価値観から部分的に離脱し、私有財産、所有権に対する認識を基盤とする個（の利益に対する認識）が徐々に確立した。とりわけ二〇〇四年の憲法改正において「国家は人権を尊重し保障する」（第三三条第三項）と「公民の合法的な私有財産は不可侵であり、国家は公民の私有財産権と相続権を保護する」こと（第一三条）が明文化されたことは重要な意義を持つ。というのも、これは中国国内における人権、所有権にかかわる議論を質的に変化させた契機であり、同時に、政治的な表現としての「人民」や「個」を無視する「大衆」から「市民」へと変わる動機付けでもあったからである。

第五に、各領域において利益主体は確立したものの、利益主体間の争議が目立った。消費者と生産者、労働者と使用者、農民と土地の開発業者など、利益主体同士の生来の力のアンバランスにより、弱い立場に置かれている者の権益が侵害される現象が深刻化した。維権行為が生まれる最も根本的な直接要因には、「侵権」行為（権利侵害、不法行為）の蔓延がある。「侵権」行為とは、故意または過失により他人の財産または人身を侵害し、法により民事責任を負わなければいけない行為、および法の特別の規定により民事責任を負わなければいけないその他の権利侵害行為のことである。中国では、長い間民法が制定されていなかったため、不法行為を初めて定めたのが一九八六年四月の「民法通則」第六章（民事の責任）第一〇六条であった。二〇〇九年十二月二十六日の第十一期全人代常務委第十二回会議、「中華人民共和国侵権責任法」（以下、『不法行為責任法』と表記する）が通過され、独立法として二〇一〇年七月一日から施行されることになった。これは不法行為が蔓延する現状に対する国家による法治化の動きとしても見ることができる。

これらの不法行為による権益の損害、また貧富の格差によって醸成された社会の弱者側が感じる相対的な剥奪感、国有企業や集団企業からリストラされた労働者たちに顕著に見られる政治的な地位の喪失感などをベースとする不満が中国社会に蔓延したことも維権行為を助長させた要因である(18)。

第六に、体制内部の一部の学者、独立知識人、またはメディアの関係者、弁護士たちが公共問題に関して積極的に発言をしていることである。「公共知識分子」と呼ばれる彼らが登場するためには、①公共性にかかわる重大な問題が存在し、②自由に発言できる言論の空間を有し、③経済的に一定の自立性があるという三つの条件が整えられていた。「新意見階層」、「意見領袖」(オピニオンリーダー)と呼ばれる存在も巨大な世論エネルギーを持っている(19)。これらの公共知識分子と「意見領袖」たちの基本的な論調には、弱者への同情、関心の呼びかけ、権利意識の芽生えと権利を擁護する行為に対する肯定的な評価や支持が底流している。維権運動にとって彼らの発言は、社会的に権利を擁護する行為を支持する世論を形成した意味で重要である。ここで特筆すべきなのは、法律の知識のない弱者たちの訴えに耳を傾け、訴訟を手助けしながら、専門的な知識、弁護士協会などのネットワークを利用し、情報交換を行い、政府または司法機関に働きをかける弁護士たちの活動が枢要な部分となっていることである。各領域において知名度の高い代表的な弁護士がかかわり、しかも活動のリーダーとなっているケースもあるし、比較的に影響力が大きい事件については、弁護士の連盟、あるいは団体の名義で声明を発表するなど、そうした行為は維権運動の追い風を作ったといえる。

最後に、草の根NGO組織などに見られるフォーマル、またはインフォーマルな組織の登場と活発な活動も維権行為に対して大きな要素である。環境保護運動、農民工の生活支援、エイズ感染者の支援、家屋所有権者に対するコンサルティングなどに携わるこれら組織に共通しているのは弱者の生活支援以外に、権利救済にかかわる法律支援、その教育と宣伝などのエンパワーメントである。さらに、これらの組織は比較的強い資源動員能力を発揮している[20]。これらの組織とは別に、弁護士、公共知識人たちが連携して設立した公益団体、研究所などがあり、定期的な勉強会の開催を通じて、維権についての理論化とその発信を行っている。

(4) 維権行為の内容とその変化

以上、維権運動が形成される背景と条件について概観してきた。個別の事例は、主体、原因、争点、目標、資源、正当性基盤、組織、政治過程への影響などの諸説明要素別に、事例毎に表9-3に整理した。これらの事例に対する分析は同時進行で行ったのではなく、消費者運動、農民工、所有権者、タクシーの運転手、労働者という順番で分析を行った。紙幅の関係で、本稿では、各事例に対する詳細な分析と、各分野で見られる維権行為の演繹的な定義、および各事例を比較した分析結果は割愛するが、時間軸での維権行為の変化を若干まとめてみよう。まずは、維権用語の変化ではあるが、当初は法律を宣伝するために、消費者の保護、婦女権利の保護といった限られた領域で生まれた「維権」という表現が、一部のメディアが市民の法意識の向上を目的に、能動的に関連議論を展開した結果、徐々に市民に定着するようになった。その後、さまざまな領域における権益を侵害する行為が蔓延するにつれ、市民たちがそれへの抵抗として、あるいは自らの権益を主張するための行為と解釈し、さらに一種のスローガンとして使われるようになった。その大前提が、権利に対する認識または意識が権利を主張する行為に移ったことである。維権行為そのものは、当初の権益侵害行為への抵抗から、権利擁護、権利保障への要求に変わった。また、それらの一部の事例からは、個別的な行動から集団的暴動事件、集団的訴訟に変わり、さらに、瞬発的な行為から、弁護士、組織が加

表 9-3　維権行為の比較表

	消費者	労働者	タクシー運転手	農民工	家屋所有権者
背　景	市場の出現、消費者主体の確立、法の未整備	国有企業改革、単位制度の崩壊、労働力市場、労使矛盾の深刻化	都市化、工業化、産業政策	都市化、工業化、戸籍制度、労働力の移動	単位制度の崩壊、住宅制度改革、不動産開発
直接原因	消費者問題の深刻化による権益侵害	経済利益の損失、社会福祉の不整備、所得格差による不満	企業の寡占状態、政府の管理不当、利益配分の不均衡	賃金の未払い、労災補償、不十分な生活保障	住宅関連権益の損害、利益表出チャンネルの欠如
争　点	消費者権益保護	生活保護、経済利益、労働契約、政治経済的地位の低下	労働条件、労働環境の向上、車両の所有権、営業権	労働力市場の無秩序、権益メカニズム、代弁組織の不在	財産権、所有権と管理権、利益表出チャンネル
目　標	侵害権益の弁償、権益保護、市場秩序の整然	賃金の引き上げ、労働権利、労働条件、社会福祉、権益表出メカニズムの確立	侵害利益の弁償、賃金の引き上げ、労働条件の向上、労働権利の確保、権益表出メカニズムの確立	侵害利益の弁償、労働権利の保証、労働条件の向上、社会保障、賃金の引き上げ	私的所有権に関連する諸権利の保証、利益の弁償、政治権利の獲得
資　源	メディア、消費者保護組織、弁護士	従来の政治的身分、集団企業における生産手段の所有者、組織基盤、メディア、通信手段	メディア、通信手段、暴力的な動員構造、「全国的なネットワーク」、弁護士	同郷・同業ネットワーク、民間組織、弁護士、通信手段、メディア等	通信手段、メディア、専門知識、生活空間の共有、全国的なネットワーク、海外支援、弁護士
標　的	企業、政府主管部門、メディア等	企業経営者、政府の主管部門、国家資産管理委員会等	タクシー企業、政府の三管部門等	企業、雇い主、政府の主管部門	不動産開発業者、管理会社、政府主管部門、末端の行政組織
方　式	個別交渉、司法解決、消費者協会とメディアに訴える	陳情、デモ、交通妨害、生産妨害、ストライキ、司法訴訟等	陳情、行政再議、司法訴訟、ストライキ、デモ等	個人の反発（自殺、怠慢）、陳情、犯罪、ストライキ、司法訴訟	不動産管理費支払いの拒否、チラシの配布、デモ、司法訴訟、集団抗議
正 当 性	法律	イデオロギー、以理維権、法律、「機会主義圧力政治」	政策、法律、「機会主義圧力政治」	法律、政策、「義理」、「機会主義圧力政治」	法律、政策、「所有権者大会公約」「機会主義圧力政治」
組　織	消費者協会	「学習組」「自発的労働組合」「ストライキ委員会」一部の労働組合	自発的労働組合、「民間組織」、「従業員代表大会」	民間組織（同業・同郷）、支援団体、労働組合	所有権者委員会、所有権者大会、北京市業主協会申請委員会
政治参加	人代代表に立候補	労働組合への参加	「議会路線」による政策提言	労働組合への参加	人民代表に立候補、政策提言

わった計画的な行為になっていったことも観察できた。その過程において、維権運動の標的も具体的な企業、地方政府から、政策、ひいては制度へと移り変わっていくケースも見られた。維権という言葉も、利益弁償、権利保障を求める被害者たち、弱者たちの行動を描写する際の重要な表現として引用されるようになり、多くの人たちも自らの行為を「維権行為」という枠の中で認識し、位置付けたのである。その時に、強調されたのは、侵害された事実とそれに対する抵抗のストーリーであった。民間で流行している「維権ソング」はまさに侵害への抵抗というストーリーを歌っている。ここで、一点、看過してはならないのは、維権行為に対する肯定的な見方、同情、支持するムードに便乗し、一部の人が維権という名目の下で、個別の利益を謀る行為もしばしば見られる事実である(21)。弁償額、ないし救済要求の肥大化などがその表れである。

(5) 維権運動の定義、性質

では、前述の社会側に見られる維権の動きをまとめる意味で、維権行為、維権運動について暫定的な定義を行ってみよう。次節で紹介する「公民維権手帳」では、公民維権について、「市民が現有の憲法と法律に基づいて、さまざまな合法的な方法で、自分の合法的な利益と権利を擁護し、民主化と法治を推進する行為である」と規定している。この概念は、権利擁護行為の目標、正当性基盤、政治的な意義について説明しているが、発生経緯、要因が十分に説明されたとは言い難い。

ここで、上記の説明を踏まえながら、現段階に見られる維権行為について内部的（原因、主体、方式）、外部的（政治的機会）要因との関係で、次のように定義したい。維権行為（狭義的な概念）とは、ある領域において、企業の行為、政府の不当な管理ないし管理不在により、合法的な利益、権利が侵害された利益主体、生活主体である個人、または共通な利益基盤を持っている人々が、さまざまな資源と手段を利用し、さまざまな方式で行う権益擁護行為であり、社会システムの矛盾（不公平）がもたらした生活要件の欠如とそれにともなう社会的不満を契機に、侵害利益の弁償、権益保障システムあるいは権利表出チャンネルの構築を求める準組織的な行為であり、その延長に公正なルールに基づく法治の実現がある。利益・権利侵害への抵抗から始め、発展プロセスにおいて、市民の基本権利（信仰の自由を含む(22)）を求めるようになった。そして、維権の争点も当初の単なる経済的な利益から市民の労働の自由、移動の自由をめぐる基本権利保障の要求へと質的に変化し、その価値もさらに環境問題、宗教の信仰に関する問題など多肢にわたるようになった。さらに、維権の行動も個人的な抵抗から、集団的暴動事件に見られる集団的な行動へと変化し、具体的には個人の交渉から、合法的、制度的なチャンネルを利用し、時には座り込み、ボイコット、公務の妨害、犯罪など非合法的な方法に流れるなどの多様性を見せるようになった。

そして、「侵権」状況に遭遇した諸個人、または一部人々の個別的な「抵抗」としての諸行為が、理念として「維権」のスローガンに共鳴し、当事者のみならず、一部のメディアと知識人、組織が加わり、全社会を舞台に展開した結果、権利擁護運動の総和としての維権運動が台頭するようになった。しかも既成事実として持続的に現れている。広義的な概念としての維権運動は、人々の民生を基盤に、その利益に絡む諸権利の実現と擁護を求める運動であり、その性質は、民生に基づいた「民権」運動であるといえよう。ここでシドニー・タローの「底部にある社会的ネットワークと共鳴力を持つ集合行為フレームに基礎を置き、強大な敵手に対して継続的に挑戦し続ける能力を発展させるたたかいの政治」（タロー［2006：21］）という社会運動の定義に照らし合わせれば、維権運動は一種の社会運動であり、ある種の政治行為でもある。

ここで、維権運動の発生と国家との関係についても考えてみよう。維権行為の萌芽、あるいは発生の初期段階において、国家は、権利の啓蒙者、権利擁護行為の推進者であった。国家による経済改革、法律の制定は、維権運動が形成する必要条件や正当性の基盤を提供した。そして国家のメディア、組織、価値の多元性など部分的な社会に対する諸規制緩和も看過できない要因である。しかしながら、維権運動の発生過程において、国家（主に地方政府）はその運動が訴える対象でもあり、運動の標的にもなっている。それには、経済改革を推進し、経済発展を追求する過程において、政府が従来の利益、資源の調節者から徐々に利益、資源配分への参加者となったこと、そして一部の地方政府や関連部門が特別な利益主体に変身したことがその背後にある。さらに、発展と改革を継続させるために、安定した環境を維持するために行っている社会管理、安定維持システムが、時に維権運動との間で衝突を起こすことが事例で見られた。これらの動きを政治行為という視点で見た場合、現段階に見られる行動レベルにおける維権行為・運動には、現行の政策、既存の政治システム、制度に対する批判は見られるものの、現体制に反対するという性質は見当たらない。しかしながら、今後どのように展開していくのかについては、次節で紹介する社会側の維権観を唱える一部の知識人とリンクできるかどうか、またリンクした場合どのように展開していくのかが問題となってくる。他方、国家がこれらの動きを体制内に順調に定着させることができるかどうかも論点の一つである。

三、維権観をめぐる諸議論

(1) 社会側の維権観

ここでは、前述した維権運動に関する内容、性質を踏まえながら、社会側で浮上した維権観と体制側が提出している維権観を簡単に紹介し、その比較を試みたい。本稿でいう維権観とは、権益を擁護する行為、目標、原則、方法、意義、評価などに関する認識と見方の総称を指し、便宜上、公的権威世界を国家、あるいは体制側と称し、その他の組織的／非組織的ないし、制度的／非制度的なものを問わず、あらゆる社会関係、利害構造のスペクトルの総和を社会側と表現したい（菱田［2000：5-6］）。

社会側の維権観を導くための材料として、ネット上で散見する維権関連理論、各種の維権関連言論、維権手帳、電子マガジン、民間で流れる「維権歌」(23)と、筆者が二〇〇六年九月〜二〇〇八年九月までの三年間行った各領域における維権行為調査のうち、一部の維権活動家、研究者、メディア関係者、弁護士たちに対するインタビューでまとめた調査資料(24)を併用する。各種宣言とは、ネット上発表された次のようなものである。すなわち、「中国公民維権連盟成立宣言」（A）(25)、「零八憲章」（B）(26)、「中国公民維権宣言」（C）(27)「公民維権手帳」（D）(28)、「記念『零八憲章』発表一周年征文」（E）(29)、「中国弱者グループ維権連盟宣言」（F）(30)などである。他方、電子マガジンについては「維権文摘月刊」[31]が主要な発信基地であり、毎回、維権特集、維権理論、維権観察、維権人物などに分類して編集している。なお、紙幅の関係で、これらの詳細な紹介、分析結果は稿を改めて論述することにし、ここでは共通している内容と一部の象徴的な見解のみ紹介することにしたい。

これらの宣言、知識人の見解は、まず、維権行為の原則からいえば、基本的に「合法的な手段により、合法的な権利を守る」という「非暴力」と「合法的」な活動原則で一致するが、中には「維権をもって人権を保障し、抗争で自由を勝ち取ろう」（C）という闘争を示唆するスローガンも見られる。次に、維権運動の目標、あるいは方向性については、民主化と法治の実現であると異口同音で提唱されるが、民主化の内容、法治の具体的な終着点に関するシナリオには相違が見られる。例えば、馮正虎が憲法の修正ではなく、厳守を訴える『護憲維権』[32]と憲法の修正を訴える『零八憲章』では意見が質的に異なる。第三に、これらの言論からは「正義、公正、性善」という道徳的要素を基盤とした「平等、民権、人権、自由」という価値の標榜が共通に見られる。第四に、維権運動の性質については「ポスト全体主義の民主化運動」（陣永苗）、「市民運動」（E）「公民権運動」（E）「自由民権運動の一つの内容」（李凡）、「民主化運動」（E）であるという諸見解が示されている。そして、具体的な戦略は明確に提出されていないが、一際目立つのが範亜峰の「中道理論」と「道、勢、局」戦略である。具体的な方法については、「公民維権手帳」（D）が真相究明、行政再議、司法訴訟、陳情、集会・デモ、ハンスト、罷免と選挙があると総括的にまとめている。複数の組織が連名で出した「中国公民維権連盟成立宣言」（A）では、「中国人の権利を守るために」というスローガンを唱え、「国内の維権運動の情報と資源を集約し、共同維権の勢いを作り、その効率を高め、維権の資源を節約することにより、権利が侵害された者の損失と苦痛を削減すること」を目標としているところから、現状の維権行為がどれほど散逸しているかをうかがうことができる。

ここで注目すべきことは、「維権人士」という身分が作られつつあることである。つまり、いままで各領域において個別に存在していた活動家、活動グループたちが、「維権」というスローガンの下で、「維権人士」としてのアイデンティティを共有し、同じ認識を以て、連携行為を模索しようとしている。ネット上で宣言されたことにより、一種の共通目標が見出され、さらに活動家同士の横のつながりも生まれつつあるといえる。

二〇〇八年十二月十日にネットで公表された「零八憲章」とその関連動きを見てみよう。チェコの「憲章七七」の内容、効果、方式を参考に作成した「零八憲章」は、平等、自由、人権を基本とする市民の権利と民主、共和、憲政を基本とする政治的な権利を訴えている。これはネット上で公布され、ネット上で署名が行われた。署名は、アドレス(33)に氏名、居住地、身分の三項目を報告する形式で実名の署名が行われる。ネットで把握している限り、二〇一一年二月三日の二五回目の統計で一万二四七三人が署名している。二〇一〇年五月十日の二一回目の署名者数は一万一七四一名、そのうち一三〇八人が「維権人士」という身分で署名し、全体の一一・一四パーセントを占めている(34)。この現象から見てとれるのは、「維権人士」が一種のアイデンティティとして同一性、帰属性、共同性を有するようになっている事実と、「維権人士」に自己の存在証明の意味を覚える人々が存在することである。さらに、これらの「維権人士」は「零八憲章」が唱えた価値について賛成をしていることである。

「零八憲章」の提出は分散していた維権行動・運動に一つの共通な政治的な目標を与えたことで重要な意義を持っている。すなわち、第二節で説明した「民生、民権」を標榜する維権行為・運動と「民権、民主」などを基本理念とする「零八憲章」が「接ぎ木」されたともいえる。「零八憲章」発表一周年記念文章の中でも「憲章は、中国の民主化運動と維権運動が高度に結合して生まれた産物であり、それが普遍的な価値となり、民主化運動と維権運動の神経となった」と結論づけている。

表9-4　2010年に開催された草の根維権研究会と参加者

時間	テーマ	主な参加者
2010年3月20日	草の根維権と法治	範亜峰、夏可君、李和平、楊慧文、江天勇、張凱、李方平
2010年4月10日	草の根維権と市民社会	範亜峰、李和平、胡石根、江天勇、黎雄兵、李方平
2010年5月8日	草の根維権とその意義	範亜峰、李和平、李柏光、江天勇、李方平、黎雄兵、張凱
2010年6月26日	聖書と草の根維権	範亜峰 、夏可君、張凱、江天勇、王军
2010年7月31日	個別事例と草の根維権	範亜峰 、夏可君、李蘇濱、李和平

出所：中国公民維権連盟HP「草の根維権」コーナー（http://zhongmeng.org/plus/list.php?tid=6）より作成、最終アクセス［2011年6月10日］

これらの動きは単なる政治的な意味を有しているだけではない。第二節の第二項で紹介した中国国内で出版された多くの本は、権利擁護のために必要な知識（法律・政策の説明、資源の提供）の提供だけではなく、維権行為、運動そのものに関する研究、意義と発展の行方に関する研究と理論化作業が行われている意味においては学術的な意義も持つ。「維権文摘月刊」の創刊の辞(35)でも、創刊は「中国の維権運動の理論研究の水準を向上し、中国維権運動の実践が理性、平和、法治の原則に則って健康に発展することを促進するために創刊した……雑誌の位置付けは高いレベルの維権理論研究の電子雑誌である。中立の原則、理論と実践をともに重視する原則、新人を鼓舞、激励する原則を遵守する。……中国人の権利を守るために闘争し、憲政民主主義に向かって、十数億の人々とともにこの歴史を同行していきたい」と明記している。

表9-4に見られる研究会が設定したテーマからでも、維権運動が憲政、民主という目標を掲げていることと運動に対して理論化しようとする努力が明確に読みとれる。その理論化作業の基盤にあるのが、西洋の政治学理論、民主化理論、中国伝統文化における政治思想、さらには信仰の自由、価値の多元化を軸とした宗教倫理である。もう一つの現象は、この議論に参加しているのは限られた人たちであり、お互いに密度の濃い研究活動で気脈を通じていることである。

これらの宣言、一部の知識人たちの明確な政治的意図とは異なり、民間で流れている「維権歌」には「受侵害、要維権」（侵害を受ければ、維権を行おう）という維権の出発点、被害者の苦境、維権過程の苦衷、政府の無能な対処などへの恨み、嘆きを表現する文句が多く見られる。

ただし、以上で紹介した社会側の維権観にはいくつかの問題点も存在する。まず、目標、原則は提起されたものの、具体的な戦略は提起されてない。次に、目標の合法性と手段の違法性が混在している。さらに、維権の理念と維権の行動、換言すれば、理論家たちと活動家たちの間に乖離が存在する。

インタビュー調査をする際に、「維権運動は社会運動として見てよいのか」という質問にたいして独立した知識人たちは、民間から生まれた自発的な社会運動であるということで口を揃えていたが、メディア関係者、活動家たちは、社会運動であるとの認識には賛成するが、それぞれ活動を展開するときは、極力「運動」という表現を避けている様子がうかがえた。また体制側の学者、政府関係者たちは、「現段階では、個別な領域に発生している現象に見えるが、十年後、二十年後に歴史を振り返ってみれば、これは一種の社会運動として評価されるだろう」という認識を示した。

以上紹介したように、社会側の維権観には共通性が見られるものの、相違もある。今後も継続的に観察し、詳細にその内容を分析しながら、保守、進歩、あるいはその他の基準での分類をしていくことが必要である。本稿では、共通している部分を概観し、その紹介に留めた。

（2）体制側の維権モデルと維権観

①工会の権利擁護活動への参加するプロセス

権利を擁護するという理念、行動が徐々に顕在化する動きを社会側から見た。当然ながら、「合法的な権利を擁護すべきである」という認識は国家側にも存在する。ここで、体制側が提案している維権のモデル、維権観を中華総工会（全国労働組合）の諸活動を中心に紹介したい。工会に絞って紹介する理由は、第二節第二項で説明した婦女連合会、共青団といった大衆組織（人民団体）と消費者協会などが力を入れている権利擁護活動は基本的に工会と同じ文脈であることと、体制側の維権観、維権モデルを最も代表、あるいは集約できるのが工会であるからである。

党・政府が「党委が領導し、政府が責任を持ち、社会が協調し、公衆が参加する」方針で、社会管理を強化する中、「維権」活動の先頭に立ったのは労働者階級の利益を代表する唯一の合法的な組織である工会であった(36)。議論の前にまず、中国独特の工会の事情を認識する必要がある。すなわち、工会の任務は、社会主義の政治体制を擁護し、国家や社会の事務へ参与すること、さらに会員である職員・労働者を動員・組織し、国の経済建設に積極的に参加させることである一方で、企業内の実際の活動と運営面においては、工会は企業の党委員会の直接的指導を受けている。こうしたさまざまな要因により、工会が労働者の権益を代弁できず、労働者とかけ離れている現象がしばしば指摘されている。

市場経済改革以後、工会が労働者の権利を保護する内容を強調しはじめたのが一九八八年十月に行われた総工会第十期執行委員会第六回会議で提出した「工会改革の基本構想」（『工会改革的基本設想』、以下『構想』と表記する）である。「構想」では、「社会主義条件において、職員・労働者大衆には、その他の社会集団の利益と異なる具体的な利益がある。……社会主義初期段階において、わが国の工会は、経済建設を中心としながら、全国人民全体の利益を擁護すると同時に、職員・労働者大衆の具体的な利益をさらによく表現し、擁護する基本原則に従い、自らの社会的な機能を十分に履行する……」ことなどが方針とされ、「……職員・労働者大衆の正当な権益が厳重に侵害され、それが基礎の民主的チャンネルで解決できない場合には、工会が大衆を領導して、摘発、暴露、ひいては各種の合法的な闘争を行い、職員・労働者の合法的な権益を擁護する権利がある」（『中国工会重要文献選編』編輯組［1990：99-110］）という、いわゆる「維権」の具体的な活動方針まで明記していた。

だが、一九八九年六月に発生した天安門事件により、状況は一変し、工会の改革は滞ることになった。同年十二月二十一日に「党の工会、共産主義青年団、婦女連合会に対する指導を強化・改善することに関する中共中央の通知」が通達され、「全国人民の全体の利益は、職員・労働者、青年、婦女の具体的な利益は根本的に一致する」と強調され、工会は党中央と政治、思想、行動を一致させることが要求された。同時に、上記の基本構想の一部が放棄され、同年十二月二十五日に、行われた全国総工会第十一期二回執行委員会会議で倪志福主席が行った報告で、安定維持も工会の重要な工作の目標の一つとし、「……工会は党の統一した指導の下で独立、自主的に活動し、基層に向き合い、大衆を密接に連携し、職員・労働者の利益を代表すると同時に、職員・労働者を、個人利益を国家利益に服従し、局部の利益を全体的な利益に服従し、短期的な利益を長期的な利益に服従するように導く必要がある」とした。その後、「安定維持に貢献する」ことは一貫して工会の活動方針として強調されていく。

労働者の権益擁護者として工会の機能強化が法制化されたのは、一九九〇年代半ばから二〇〇〇年代初めのことである。一九九四年七月に制定された「中華人民共和国労働法」では「工会は、労働者の合法的権益を代表・擁護し、法の下で、独立自主に活動を展開する」（第七条）と規定するとともに「労働紛争の調停・仲裁過程への工会の参加」（第八〇、八一条）についても明記した。また、二〇〇一年十月に改定された現行の「中華人民共和国工会法」での第二条では一九九二年工会法の「工会は職員・労働者が自発的に結合した労働者階級の大衆組織である」とした内容に加え「中華総工会および各工会組織は職員・労働者の利益を代表し、法に基づき職員・労働者の合法的な権益を擁護する」条文が明記され、第六条でも「職員・労働者の合法的権益を擁護することが工会の基本的な職責である」と定めた。

一九九二年工会法に比べ、二〇〇一年に改定された現行のそれは法律の形で工会に維権を行う組織としての合法性を与えた点で意義深い。しかしながら、同六条で「工会は、全国人民の全体の利益を守ると同時に、職員・労働者の合法的な権利を代表し、擁護する」と、「全国人民」と「労働者」の利益の共通性を基礎として、これをともに守っていくことが工会活動の大前提に据えられるようになった（千嶋［2003：26］）。これについては、二〇〇三年一月に中華全国総工会が内外に発表した初めての工会による労働者の合法的な権益擁護の取り組みとその成果を宣伝するものである「二〇〇二年中国工会による職員・労働者の合法的な権益擁護白書」の中でも、「中国工会が強調する擁護とは、全国人民全体の利益を擁護すると同時に、職員・労働者大衆の具大的な利益をよりよく代表し、擁護することである」と、全国人民の利益と労働者の利益は一致し、全国人民の利益を損なう形での権利擁護行為をしてはならないことを前提に、擁護の意味合いが強調された。

このように、工会は維権活動における合法的な組織であるという正当性が法律に定められると同時に、工会活動の大前提もが設定されたことになる。工会の権利擁護の具体的内容が示されはじめたのは、二〇〇三年九月に開催された中華全国総工会第十四期全国大会以後である。二〇〇三年十二月二十一日に開かれた総工会第十四期第三回主席団拡大会議で「組織し、切実に権益を擁護しよう」（組織起来、切実維権）というスローガンが提起された(37)。「組織する」ことはいわば、非公有制企業における工会建設を推進し、労働者の権益擁護に努めようという方針であった。農民工に対しても、総工会第十四回全国大会では「都市部における労働者階級の新たなメンバーである」と労働者としての承認を与え、その後、農民工の入会に力を入れはじめた。

②工会による維権方式の模索と義烏モデルの登場

社会化を標榜する工会の維権のモデルの原形となった浙江省義烏市総工会労働者法律維権センターの実例(38)を見てみよう。改革開放以後、日用雑貨集散地で有名になった義烏市は、二〇〇六年まで人口の七〇パーセント以上が出稼ぎ農民であった。しかし、労働密集と利潤主導の産業環境から、賃金、労働条件、社会保障などの面で農民工の権益が侵害されることに起因する労使争議事件が頻発していた。政府による労働者の権益保護が遅れる中、現れたのが、農民工たちが地縁関係をベースに自発的に結成した「幇」（安徽の定遠幇、江西の玉山幇、衢州の開化幇）などのインフォーマルな組織であり、それを基にした非制度的なチャンネルでの自己利益を守る動きであった。それ自体が社会の安定を脅かす要因となり、政府にとっては、社会管理の懸案となっていた。

このような状況の中、一九九九年、市の党と政府の指導者が陣頭に立ち、関係部門が構成する「義烏市維権工作領導小組」を設置した。それに同調し、市の総工会は、市内の基層工会を団体会員、労働者を自然会員とする「義烏市法律維権協会」を設立し、それは、二〇〇〇年七月には市の民政部門の認可を得て、初めて市の総工会が直接指導する法人資格を有する非営利社団組織となった。法律支援活動を中心とした同協会は、弁護士事務所のオフィスを設置するなど、弁護士と連携しながら、司法チャンネルによる権利救済を図っていた。だが、実際の権利救済に踏み込むに連れ、工会の活動の範囲は行政や司法まで拡大することになり、政府内の関係部門から「業務範囲が広すぎる」、「司法訴訟代理資格はない」などの反発を受けた。結果的に協会の名称を「義烏市職員・労働者法律維権協会」、「義烏市法律支援センター職員・労働者事業部」などに変更することを余儀なくされ、協会の業務活動が大きく制限されていた。工会が能動的に行う活動に対する関連部門の連携が欠如している中、二〇〇四年十一月二十七日、胡錦濤総書記が『内部参考』六六二期「浙江義烏市が模索している職員・労働者の社会化による維権の新モデル」に対して、「工会組織の指導の下で、維権のメカニズムを改善することはとても必要である」との重要な指示を下した。それを受け、二〇〇五年一月に正式に「義烏市総工会職員・労働者法律維権センター」が発足した。市の総工会は、「社会化」をスローガンに、労働、司法部門と工会内部の既存の組織資源の動員だけではなく、社会団体、メディア、業界団体、弁護士とのネットワークを潤滑に構築、活用しながら、運営などの面では実績評価基準を取り入れるなどの工夫を凝らした。胡錦濤主席の通達が出されて六日後の十二月二日、全国総工会は義烏市の工会の維権メカニズムのモデルを現地視察した上で、この模索を「義烏モデル」と評し、二〇〇五年九月には「全国工会の維権メカニズム建設に関する経験交流会」が義烏市で開催され、全国規模で工会部門による維権メカニズムの創新経験を広げることになった。

③「中国特色のある社会主義工会維権観」の提出

中央レベルの維権に関する明確な指示が出されたのが、二〇〇六年十月共産党十六期第六回会議で「社会主義和諧社会建設に関するいくつかの重大問題に関する決定」（以下『党の決定』と略す）である。この決定で、「党と政府が主導する大衆権益擁護メカニズムの建設」が命じられ、具体的には、利益の調整、権益要求の表出、矛盾の調整・処理、権益の保障のメカニズムの構築が提案された。これに迅速に呼応する形で工会も、二〇〇六年十二月八日に全国総工会第十四期第十一回執行委員会拡大会議で、「党と政府が指導し、工会が運営する維権モデル」を提示すると同時に「中国特色のある社会主義工会の維権観」の樹立を要求した。その中では「職員・労働者を核心としながら、能動的で、法律に基づいた科学的な維権」（『以職工為本、主動依法科学維権』）というキャッチフレーズに凝縮された維権の方式が全国規模で発信された。その後『工人日報』が「中国特色のある社会主義工会維権観を堅持することを論じる」と題する論評を二〇〇六年十二月に七回に分けて連載し、工会の維権観の宣伝、学習キャンペーンを本格的に行った。

ここでいう能動的な維権とは、工会が責任意識を強め、問題発生を予見した上で、積極的に労働者たちの難題を解決し、要求を受け入れることで矛盾を解消することである。その際採られる方式は、争議発生後に処理するスタイルではなく、事前に問題を察知し、未然に防ぐ方法である。他方、法律に基づいた維権とは、工会が維権活動の中で法制意識を強め、法律の手段と方法を以て、理性的、合法的な方法で権利を擁護することである。最後の科学的な維権とは、科学的な理論の指導を受け、工会の維権工作を指導し、科学的な方法で維権を推進し、各方面の利益関係を調整し、維権工作の質を向上することである。

工会が提唱しているモデルを一言でいえば、党が指導し、政府が重視し、各部門が支持し、工会が運営し、職員・労働者が参加するという「五位一体の維権モデル」に帰結する。これは工会が党・政府とともに労働者の権利救済を行い、社会の安定に貢献する機能であり、労働運動をリードする役割ではない。党と政府の主導性が強調される中、工会も労働争議の処理過程に参加し、労使間の調停、仲裁を中心としながら、司法解決のための法律支援を提供するといった非対抗的手段のみに依拠した活動に限定しているのが現状である。

二〇〇九年に沿海地域の外資企業で発生した一連のストライキの後、二〇一〇年五月二十九日に総工会は、「職員・労働者隊伍の社会安定工作をよりよくするための意見」を通達し、「権利擁護」は「安定維持」の前提であると指摘しながらも、安定維持の重要性も同時に強調した。工会の活動と同様、同じ性質の婦女連合会も「維権」業務に力を入れている。法制新聞工作部の管轄で「中国維権網」(http://www.zgwq.net/)を設置し、権利擁護のために必要な知識(法律・政策の説明、主管部門の紹介)を発信、宣伝することを基本業務としている。このように、工会を中心としている維権関連の活動はある種の党・政府から与えられた政治的な任務でもあり、「社会管理」をスムーズに行うために行っている政治キャンペーンという側面もある。社会はあくまでも管理の対象なのである。

(3) 維権観に見る国家と社会の隔たり

国家側の維権モデルに比べ、社会側の維権行為には明瞭なルール、モデルが存在せず、分析対象が広すぎるが故に、一律に帰納することが難しい。ここでは、社会側の維権観に共通する部分を抽出し、国家側の維権観と簡単に比較した上で(表9-5を参照)、両者の関係について一考を加えたい。比較の便宜上、社会を権利側、国家を権力側に分別しているが、二元論的、ゼロサム的に捉えているわけではない。国家側の意図と行動については、権力側の固有な政治力学に加え、権利要求に対するガバナンスの原動力をも前提に判断した。

合法的な権利を擁護・保護する命題については、両者が一致している。非暴力的、合法的といった維権の原則も共通し、人権、自由、平等、民生、民権などの価値を両者が共有していることは表9-5から見てとれる。しかしながら、両者が挙げている目標、標榜している一部の価値、政治理念、有している資源には相違が見られる。権力側が党と政府の主導を大前提に、トップダウンの方式で展開している権益擁護のメカニズムの構築、あるいは関連制度と手続きの改革、改善に対して、社会側は、現行の制度的(合法的)なチャンネルはもちろん、非制度的な手段も併用しながら、権利の救済と擁護を求めている。それが権力側から与えられた合法性のみならず、価値の創生、組織の創出

表 9-5　社会と国家の維権観の比較表

基　準	社会（権利側）	国家（権力側）
背　景	利益の多元化、不法行為の蔓延、人々の権利意識の向上、権利救済の要求の拡大	利益の多元化、格差の拡大、社会矛盾の顕在化、争議事件の多発、不法行為の蔓延、和諧社会建設の要求
目　標	侵害された利益の補償、権益の擁護、公正、公平な利益表出メカニズム、権利主張メカニズムの構築とそれに基づいた法治の実現	全国人民の全体利益と局部の具体的な利益を同時に保護し、発展、改革、安定を確保する。和諧社会の建設と大衆権益擁護メカニズムの構築
価　値	自由、平等、人権、民生、民権、民主	人権、平等、民主、科学、社会主義法律体系
政治理念	民主、法治、憲政（共和、多党制）	四つの基本原則、民主集中制
原　則	合法的、非暴力な手段による維権	党と政府が主導し、能動的で、法律に基づいた科学な維権
正 当 性	法律、政策、市民の基本権利、民間の「理」、機会主義	法律、和諧路線、発展是硬道理、穏定圧倒一切、国情特殊論
手段、メカニズム	日常的抵抗、行政再議、司法訴訟、陳情、集会・デモ、ストライキ、集団行動、政策提言、地方選挙への立候、世論に訴える等	人民、行政、司法による調停を中心とする法律、政策、経済、行政手段による解決;利益調整、訴求表出、矛盾調整・処理、権益保障メカニズムの構築
モ デ ル	すべての市民による維権（明確なモデルなし）	党が指導し、政府が重視し、各部門が支持し、工会が運営し、労働者が参加する社会化の維権モデル（工会の維権モデル）
資　源	一部の開放的なメディア、インターネット、海外組織、草の根 NGO、維権団体、独立した知識分子、弁護士	党の主導力（イデオロギーの解釈権を含む）法律、政策、経済、行政、世論、大衆組織のネットワークと動員能力
ベクトル	価値の創生、組織の創成を求める張力	圧力による制度と手続きの改革、改善
性　質	ボトムアップ式の社会運動	トップダウン式の政治キャンペーン

※社会側の内容は、各種の維権関連宣言、理論を含む言論とインタビュー資料を併用して整理。国家側の内容は、『2002 年中国工会維護職工合法権益藍皮書』（総工会 2003 年 1 月）、「関於加強党的執政能力建設的決定」（党中央、2004 年 9 月）「王兆国：全国工会維権機制建設経験交流会議上的講話」（王兆国、2005 年 9 月）「関於加強協調労働関係、切実維護職工合法権益、推動構建社会主義和諧社会的決定」（総工会 2005 年 12 月）、「関於構建社会主義和諧社会若干重大問題的決定」（党中央 2006 年 10 月）、「樹立中国特色的社会主義工会維権観」（王兆国 2006 年 12 月）「論堅持中国特色社会主義工会維権観（1－7）」（『工人日報』2006 年 12 月）「認真学習和牢固樹立中国特色社会主義工会維権観」（『中国工運』2008 年 10 月）などを参照して作成。

を求める下からの力として、時には社会の安定に影響を与えながら、既存の政治理念に疑問を投げかけている。さらに、四つの基本原則、民主集中制などを固守しようとする権力側(39)に対し、社会からは未熟とはいえ、多党制を含む民主化の要求の萌芽も見えていることは確かである。

維権運動の発生と国家との関係についてはすでに言及した。ある意味で、権力側の権益擁護メカニズム構築への取り組みなどは、社会側の権利要求への国家の対応でもあると解釈できる。そして「不法行為責任法」(40)を含む関連法律の制定を通じて、人々が主張、擁護すべき権利の「合法性」を規範し、不法行為を追及する行為に対する「合法性」を与えている。

ところが、権力側が提示しているシステムが社会側の要求をカバーし切れないのが現状である。一部の維権行為がストライキ、デモ、集団的な暴動のような非制度的な行為に流れる現象は、まさに現行のメカニズムの機能不全に起因する。これらの非制度的な行為に対して、権力側は決して順応的に受け入れることではなかった。維権行為の要求、ひいては維権運動の射程が民事の枠を超え、その影響が社会の安定を脅かし、さらに「国家の核心的な利益——国体、政体、政治安定、すなわち共産党の指導、社会主義制度、中国特色をもつ社会主義の道」(41)に触れた時に、権力側は「聚衆攪乱社会治安罪」(刑法二九〇条)、「国家政権転覆扇動罪」(刑法一〇五条)などの罪名の下で、断固たる処置を取っている。現行の国家の政治体制のあり方に異議を唱えた「零八憲章」の起草者である劉暁波が「国家政権転覆扇動罪」で、懲役十一年の実刑判決を受けたことはその典型的な出来事である。

四、結びに代えて

以上、維権運動について暫定的に定義した上で、その様相を見てきた。ここで簡単におさらいしておこう。「維権」というキーワードの意味、それが提起されて市民に定着する経緯を説明した。つまり、メディア用語から市民用語になり、政治用語化、そして準学術用語化している過程が浮かび上がった。そして、維権用語が社会側に定着しながら、徐々に適用範囲が広がる過程を、イシュー別、分野別に行った実証研究を手がかりに、維権運動が生まれた背景、条件および定義を行った。そこから、維権行為は権益侵害への抵抗から始まり、権利、ひいては政治権利への要求、主張に集約されて、現在は既成事実となっていることがわかった。

そして、維権行為発生の初期段階においては、国家は権利の啓蒙者、権利擁護行為の推進者であった。しかし、維権運動の発生過程において、国家はその運動が訴える対象でもあり、運動の標的にもなっていった。なお、発展と改革の資する安定した環境を維持するために行っている社会管理、安定維持対策、その制度は、時には維権運動と相克するケースも見られる。

次に、権利擁護に関連する社会側の言論などを材料に、すでに既成観念となったと見てとれる社会側の維権観の全体像を素描した。結論として、維権運動は、民生を基盤に、それに絡む民権を求める運動から、体制外の知識人たちの理論化作業により、自由、人権などの価値が融合するようになり、さらに民主、憲政という政治的な価値と「接ぎ木」するようになった。すなわち、民生、民権を求める維権運動が、「零八憲章」などに見られる民主を目標とする政治的な目標を含むようになった。しかしながら、これらの動きが必然的に民主化運動につながるとの結論を導くことはやや尚早であり、その蓋然性は判断し難い。ともあれ、維権運動は民主化運動の一部であることは間違いない。その意味で、維権運動は民主化の十分な条件ではないとしても必要条件ではある。これらの動きは必然的である。その意味で、維権運動という概念は、中国社会の変革の可能性を高め、民主的プロセスを深化させ、また権威主義体制に挑戦するため、民主化の文脈で積極的に使用できるものであろう。蔡定剣も遺稿の中で、中国の政治体制改革の新しい原動力として維権運動を位置付けた（蔡定剣［2011］）。筆者も同じ文脈で、中国政治社会の変化をもたらすある種の投企（未来に向かって価値が多様化し、意義の重要度が増す能動的な側面を持つ開かれた可能性）として維権運動を位置付けたい。

本稿では、社会側の動きに対して、体制側の維権活動への本格的な参加過程と宣伝、教育に力を入れている体制側の維権観を、工会の活動を中心に紹介した。そして、維権観に見る社会と国家の比較と関係を簡単に整理した。その結果、利益をめぐっては「共棲関係」という定説は依然として有効であるが、人々の権利を擁護する方法、価値認識、最終的な目標をめぐっては社会と国家は「同床異夢」ともいえる。

社会に対する国家の管理が徐々に重視されるようになってきている。その重要な動きとして、近年力を入れている「安定維持」体制の構築が挙げられる。この動きと維権運動との相関関係については、次の課題にしたい。本稿の考察から、ある種の明確な政治的な目標を内包していると捉えることができる、社会運動としての「維権運動」を紹介し、それへの対応としての国家側の動きを概観した。この新しい現象は、いままで中国の国家・社会関係を解釈する際の基本的な視座であった「市民社会論」あるいは「コーポラティズム論」にどのような影響を与えるのか。こうした中国の国家・社会関係の研究における新たなインプリケーションについても稿を改めて考察を行いたい。

〈注〉

（1）この現象について必ず「維権運動」という表現が統一されているとは言い難い。よく見られる表現には維権行為、維権活動、維権抗争、維権運動がある。政府、学者、多くのメディアでは「運動」という表現の使用について忌避の傾向が見られる。それと対照的に、自由主義を自称する独立知識人たちは好んで「運動」と表現する。本論では、個別行為、あるいはキャンペーンとは異なる社会運動（Social Movements）という文脈で「運動」と表現する。

（2）消費者問題をめぐる消費者の事例、賃金の未払い・遅延問題をめぐる農民工の事例、家屋の所有権、財産権、管理権などをめぐる都市部の家屋所有権者（業主）の事例、賃金の引き上げ、労働条件などの改善を求める労働者の事例、車両の所有権と営業権、労働条件、営業環境の改善をめぐるタクシー運転手の事例である。分析対象が現在進行形であり、中国の社会運動を手がかりとする先行研究がまだ手薄であるため、二〇〇六年九月から二〇〇九年九月まで、六回にわたって行った現地調査から収集した一次資料と二次資料を併用して各事例を分析した。詳細な分析結果は学会誌への掲載、学会・シンポジウムなどで研究報告を行った。

（3）代表的な研究者には、于建嶸（農民、労働者問題）、呉毅、応星、宋維強、O.Brien、Li lianjiang、董海軍（農民）、唐娟、鄒樹彬、陳英芳、張磊、陣鵬、毛寿龍、孟偉、沈原（家屋所有権者）、李艶紅（消費者）、常凱、陳峰（労働者）、阿古智子（エイズ感染者、農民、労働者の問題）らがいる。

（4）権益（rights and interests）とは、字義通り権利と利益を合わせた表現である。日本語の文脈において、この言葉は主に、ある国が他国の領土内で得た権利と利益を指す（広辞苑の解釈による）が、中国では、民生、民事にかかわる利益・権利にも広く適用できる。権利に比べ、権益の概念が外延的に広いわけではないが、利益を強調する意味で、権益を用いる傾向が見られる。維権という単語がその意味を確立するプロセスにおいて、文脈によって権利と権益に分かれていたが、二〇〇三年以後、権利がより多く使われる傾向が見られる。

(5)「維護」は「破壊されないように守ること」、「保護」は「一生懸命面倒を見て、損害を受けないようにすること」とされ、後者に比べ、前者の使用範囲は狭く、その対象は比較的広く、抽象的な事物であることが多い（小学館『中日辞書』の解釈による）。

(6)「献出一片愛心、獲得一片真心——安徽省婦聯維権工作花絮」『中国婦運』一九九四年二月。

(7)管見の限り、最初に維権の用語を研究対象に取り上げたのが新聞学を専攻する李艶紅である。医療事故、電信、運賃など消費者問題関連事例の分析を通じてメディアと消費者運動について論じた。李艶紅「故事、表現、表達——当代中国伝媒与消費者運動研究」(http://ihome.cuhk.edu.hk/~sooo356/identity/LYH/LYH02.htm) 最初のアクセス日二〇〇三年八月十二日。

(8)詳細は李艶紅の論文と拙稿「中国における消費者運動の台頭とマス・メディア——『王海現象』を事例として」を参照されたい。

(9)北京市郊外の芸術村——「創意正陽芸術区」のアーティストたちが、二〇一〇年二月二十二日、立ち退きを強要する暴力行為に抗議し、抗議デモを行った際に抱えたスローガンである。

(10)ここでいう元年とは、言葉の起源ではなく、広範囲にわたって人々が維権を意識し、行動しはじめた時期を指す。

(11)四月二十五日『南方都市報』によってスクープされ、その後『人民網』、『南方週末』、『中国経済時報』などの主力紙のほか、全国のネットでも注目され、世論の的となった。結果的に、主犯の死刑を含む二〇人近くの関連容疑者の懲役、広州市政府の職員二三名の免職、過失記録の判決が下され、遺族に五〇万元の賠償金を支払うよう命じられた。さらに、知識人の働きかけにより、国務院温家宝総理が六月二十日に、「収容送還規則」の廃止を意味する新規定の「城市生活無着的流浪乞討人員救助管理弁法」の公布にサインすることにまで至った。

(12)社会側の維権観を説明する際に紹介する各種の維権関連宣言と陳永苗、馮正虎、劉生敏、郭玉閃、艾未未たちに対するインタビュー調査の中でも、維権運動と孫志剛事件との関連性、元年の時期設定について筆者と共通な見解を持っていることを確認した。阿古も二〇〇三年以後、維権運動は大きな盛り上がりを見せていると指摘している。

(13)「中国互聯網絡発展状況統計報告二〇一一年一月」一三頁。（中国インターネット情報センターホームページ、

http://www.cnnic.net.cn/dtygg/dtgg/201101/t20110118_20250.html より、二〇一一年三月三日にダウンロード）。

(14) Blog の中国語、その他、Mini Blog は「微博客」または「微博」で訳する。

(15) 中華人民共和国国務院新聞弁公室「中国互聯網状況白皮書」（二〇一〇年六月八日）http://www.gov.cn/zwgk/2010-06/08/content_1622866.htm。

(16)「零八憲章」の発表以後、これらのサイトに対する取り締まりが強化されて、その閉鎖が目立つ。

(17) 例えば、ＱＱ空間、人人網、新浪ＵＣ、開心網、百度空間などがよく利用されるシステムである。

(18) 不満の内容、不満による群体性事件などについては、于建嶸［2009］、于建嶸［2010］などを参照されたい。

(19) 彼らは、中国社会における不健全な現象や不公平に対して黙っておらず、特に突発的な事件が起きた時などは、瞬時に凝集力を発揮して認識と感情をともにし、行動を誘発し、そして社会の安定に多大な影響をもたらす（遠藤誉［2011：50-55］）。

(20) 筆者も農民工の支援活動に携わっている北京市協作者文化伝播センターのボランティアとして諸活動に参加したが、弁護士、メディア、学者、そしてボランティア、企業、政府、海外の人権団体など非常に広いネットワークを有し、潤滑に動員していること確認した。その他、古賀章一［2010］などを参照。

(21) 具体的には、田先紅［2010］を参照されたい。

(22) 今回の作業では信仰の自由、権利をめぐる地下教会、家庭教会の事例は行ってない。だが、実際には彼らも維権というスローガンの下で活動を行い、その価値も多様化している。

(23) 管見の限り、「西安整流変圧器場維権歌」、「農民工維権歌――『三字歌』（別名、農民工維権常識三字歌）」、「労働維権三字歌」、「業主維権歌」、「維権路」、「上訪歌」、「信訪歌」などがある。

(24) 筆者は取材にあたった人を、自称自由主義と憲政主義を目標としている独立知識人、維権活動家（事件当事者、弁護士、学者、アーティスト）、学校または政府機関に所属している体制内部の知識人、メディア関係者の四つに分類していている。紙幅の関係で詳細な分析は別の形で発表する。なお本人たちの政治的なリスクを配慮し、本稿で、紹介する際には名前を挙げない。

（25）二〇〇七年三月十日発表、三年前にアクセスしたURLは見つからず。http://bbs.wangjing.cn/thread-80262-1-1.html で転載されている（最終アクセス日二〇一一年六月十一日）。
（26）二〇〇八年十二月十日発表、http://indymediacn.blogspot.com/2008/12/blog-post_10.html（最終アクセス日二〇一一年六月十二日）。
（27）中国公民維権連盟、中国キリスト教維権弁護士団、中国キリスト教家庭教会連合会、中国冤民大同盟、中国農民維権協会準備委員会、中国人権フォーラム、中国公民監政会、中国維権弁護士注目組、対華援助協会が連名で、二〇〇九年四月二日に発表、二〇〇九年六月十日にアクセスしたURLが見つからない。
（28）二〇〇九年八月二十五日に、中国公民維権連盟HPに掲載、http://www.wqyd.org/bbs/viewthread.php?tid=10511&extra=page% 3D2。最終アクセス二〇一一年六月十日）。
（29）二〇一〇年四月二十八日発表、http//www.2008xianzhang.info/Reviews/20100428zhang-hui.html（二〇一〇年六月八日アクセス）。
（30）http://gongfa.org/bbs/viewthread.php?tid=3488&extra=page% 3D2。最終アクセ二〇一一年六月十五日）。
（31）二〇〇七年四月十五日創刊、二〇一〇年九月の第三十八期まで閲覧できる。編輯委員：範亜峰、王治晶、杜導斌、温克賢、秦耕、李柏光、張星水、丁谷泉（http://www.wqyd.org/bbs/）。
（32）馮正虎が作成した『護憲維権』http://fzh999.com/index.asp（最終アクセス二〇一一年六月十七日）。
（33）最初に提示されたアドレスが（2008xianzhang@gmail.com）である。その後何度も変更された。
（34）「維権人士」と「人権擁護者」三人を合わせた数。「零八憲章」に関する取り締まりが強化されるにつれ、国外の署名者が多くなっている。単純に国内署名者数で計算すれば、維権人士の割合はより高い。
（35）http://zhongmeng.org/a/wqwz/20100904/111.html（二〇一一年六月十五日最終アクセス）。
（36）工会が労働者の権利擁護を基本任務と位置付けるに至るプロセスについては、游正林［2010］、小嶋華津子［2009,2010］、中国労工通迅研究報告［2010］、塚本隆敏［2007］などを参照。
（37）その後、中華総工会と各地の工会のホームページに「切実維権」また「各地維権」の名目で各地の労働者の権益を擁護する実例などを紹介するコーナーの開設が多く見られた。

(38) 韓福国［2009］、韓福国・駱少俊・林榮日・葛海有［2008］、小嶋華津子［2010］などを参照。

(39) 第十一期全人代第四回会議第二回全体会議（二〇一一年三月十日）でも、呉邦国全人代常務委員長は、「中国の国情から出発し、われわれは多党制による政権交代、指導思想の多元化、三権分立と両院制、連邦制、私有化を導入しない」と表明した。

(40) 「民事主体の合法的な権益を保護し、権利侵害責任を明確にし、権利侵害行為を予防し、かつ、制裁し、社会の和諧・安定を促進するために、本法を制定する」（第一条）

(41) 『人民日報』二〇一〇年十二月十三日。

〈参考文献〉

・阿古智子［2010］「現代中国における維権（権利擁護）運動――その実態と影響」『国際問題』四月。
・遠藤誉［2011］『ネット大国中国――言論をめぐる攻防』岩波新書。
・古賀章一［2010］『中国都市社会と草の根NGO』御茶の水書房。
・小嶋華津子［2009］「労働者の権益保障をめぐるガバナンス」『現代中国の政治安定』アジア経済研究所。
・――――［2010］「中国工会の課題――人民団体から利益団体への模索」『現代中国研究』第二五号。
・シドニー・タロー［2006］（原著、一九九八年、大畑裕嗣監訳）『社会運動の力――集合行為の比較社会学』彩流社。
・塚本隆敏［2007］『中国の労働組合と経営者・労働者の動向』大月書店。
・千嶋明［2003］『中国の労働団体と労使関係――工会の組織と機能』（財）社会経済生産性本部・生産性労働情報センター。
・菱田雅晴編［2000］『社会――国家との共棲関係』〈現代中国の構造変動〉第五巻、東京大学出版会。

・于建嵘［2010］「社会的「泄憤事件」とガバナンスの苦境」『中国――基層からのガバナンス』法政大学出版局。
・呉茂松［2006］「中国における消費者運動の台頭とマスメディア――『王海現象』を事例として」『法学政治学論究』弟七〇号。
・蔡定剑［2011］「政治体制改革的歴史与现状」『炎黄春秋』第二期。
・韩福国［2009］「工会转型与组织资源整合――义乌工会社会化维权模式」『中国地方政府创新――案例研究报告（二〇〇七―二〇〇八）』北京大学出版社。
・韩福国、骆少俊、林荣日、葛海有［2008］『新型产业工人与中国工会』上海人民出版社。
・田先红［2010］「从维权到谋利――农民上访行为逻辑变迁的一个解释框架」『开放时代』六月。
・杨红灿［2009］「服务民生依法维权――写在中国消费者协会设立二十五周年之际」『求是』第二十三期。
・游正林［2010］「六十年来中国工会的三次改革」『社会学研究』第四期。
・于建嵘［2009］『底层政治――对话与演讲』中国文化出版社。
・中国劳工通迅研究报告［2010］「谁来维权、为谁维权――论全总维权的政治化及中国工会运动的出路」中国劳工通迅（http://www.clb.org.hk/schi/node/1300726より、二〇一〇年三月二日に、简体ＰＤＦ版ダウンロード）。
・「中国工会重要文献选编」编辑组［1990］『中国工会重要文献选编』机械工业出版社。

第三部　社会の中の党

——ミクロ調査の分析結果

第十章　エリート層における党の存在

――中国エリート層意識調査（二〇〇八～九）に基づいて

小嶋　華津子

一、はじめに

中国では、改革・開放から三十年、冷戦崩壊から二十年を経た現在もなお、中国共産党による一党支配体制が続いている。市場経済化、グローバル化の波に柔軟に対応してきた中国共産党は、どのような集団であるのか。一党支配体制は将来にわたり盤石なのか。中国という国家の屋台骨を支える中国共産党の生存能力に、内外の中国研究者の関心が集まっている。

デイヴィッド・シャンボー（D. Shambaugh）は、旧ソ連・東欧など各国の経験との比較に基づき、果断なる改革と「適応（adaptation）」を継続してきた点に、中国共産党の生存能力を見出した。シャンボーは次のように述べる。すなわち、中国共産党が存続するならば、それは、自らを古典的なレーニン主義政党から新種のハイブリッドな党へと適応させるという、他の共産主義国家が成し得なかったことを達成するときであろう、と（Shambaugh［2008：6］）。ブルース・ディクソン（B. J. Dickson）は、こうした「適応」の手段を、「包摂（cooptation）」と「コーポラティズム（corporatism）」という概念で整理し、中国共産党が、一九九〇年代以降、社会団体に対する統制管理を維持する一方で、知識エリートと企業家の党への包摂を積極的に進めてきた経緯を論じた（Dickson［2010, 2000/2001］）。

事実、一九八〇年代末の民主化運動で大学生ら知識エリートによる体制批判に晒された中国共産党は、天安門事件直後の一九九〇年より毎年、全国高等教育機関党建設工作会議を開催し、大学などにおける党建設と党員の獲得に力を注ぐとともに、入党した大学生が「正しい世界観・人生観・価値観をうちたて、中国の特色を持つ社会主義という偉大な事業に身を投じ、自覚的に中国の特色を持つ社会主義理論を学習し、青年マルクス主義者になるよう」(李源朝［2008：12］）党員教育の強化に努めてきた。また、アンドリュー・ウォルダー（A. G. Walder）が指摘したように、大学教育の普及が幹部ポストをめぐる大卒者間の競争を激化させる中、入党は大学生にとって、幹部ポストへのキャリアパスとしての重要性を有するようになった（Walder［2006：23-25］）。その結果、一九九〇年当時はわずかに一・二パーセントにすぎなかった大学生の党員比率は（Walder［2006：23］）急速に高まり、二〇〇七年十月十八日の中央電視台の報道によれば、入党申請を提出済みの大学生の比率は全体の三分の一以上、一部の高等教育機関では申請率が八割に達した（中央電視台ホームページ　http://news.cctv.com/xwlb/20071018/106886.shtml［最終閲覧日、二〇一〇年二月十八日］）。

上記の経緯を経て、中国共産党は、労農階級の前衛政党から知識エリートの政党へと、党員基盤を急速に移行させつつある。中共中央組織部が発表した統計によると、二〇一〇年末時点で、中国共産党党員数は八〇二六・九万人に達したが、そのうち大学卒業以上の学歴を持つ党員は二九七七・五万人（三七・一パーセント）であった（中国通信社　http://www.china-news.co.jp/node/78976［最終閲覧日、二〇一一年八月八日］）。また、二〇一〇年の新規入党者は三〇七・五万人であったが、中でも大学生の入党者の増加が顕著であり、その数は一二三・六万人（四〇・二パーセント）に達した（新華網　http://www.ah.xinhuanet.com/news/2011-07/01/content_23138141/htm［最終閲覧日、二〇一一年八月八日］）。

このような状況は、中国共産党の現在と将来を把握する試みにおいて、知識エリート層の価値観や行動原理を理解することの重要性を示している。本稿は、文部科学省科学研究費補助金プロジェクト「中国共産党に関する政治社会学的実証研究」（研究代表者、菱田雅晴）の一環として実施された中国エリート層調査のデータの一部を紹介しながら、知識エリート層における中国共産党の求心力の現状を浮き彫りにしようとするものである。

二、先行研究と本調査の意義

中国共産党が大学生の党員獲得に力を注いできたこともあり、知識エリートの中でも、こと大学生を対象とした政治意識調査は数多く存在する。中には本稿で扱う調査と同様に、社会主義や共産党の領導についての考え方、入党の動機などについて、単刀直入に問うている調査もある。ここではそうした調査のいくつかを紹介しながら、本研究の独自性を示したい。

まず、大学生一般を対象とした調査には、西北大学、西安理工大学、陝西師範大学の学生に対するアンケート調査（回収サンプル数：四七六、有効サンプル数：四六八、党員：二一四、「入党積極分子」：一二八、一般学生：一三四）がある(1)。同調査の設問――「社会主義と資本主義のいずれが優れているか」に対し、「社会主義」と回答した比率は六割強にとどまった（「社会主義」：六一・〇八パーセント、「資本主義」：一八・二四パーセント、「わからない」：二〇・六八パーセント）。また、「現段階の党と国家の方針政策に同意するか」との設問について、「同意する」と回答した比率は七割弱であった（「同意する」：六八・四七パーセント、「同意しない」：四・〇二パーセント、

「わからない」：二七・五一パーセント）。こうした結果は、社会主義イデオロギーが大学生の間で、もはや問答無用の国是としての求心力を有していないのみならず、三割強の学生が党・国家の政策に納得のいかない思いを抱いていることを示した（劉穆曳・趙華朋［2005：6］）。

レーニン主義的価値に対する認識の揺らぎは、党員学生に対象を絞った調査からも見てとれる。浙江大学の党員学生を対象としたアンケート調査（回収サンプル数：九七一、有効サンプル数：九六四）によれば(2)、「資本主義は社会主義によりとって代わらねばならない」との命題に対し、「同意する」「基本的に同意する」と回答した比率がそれぞれ五九・二四パーセント、二五・一〇パーセントであったのに対し、「同意しない」は五・六二パーセント、「わからない」が一〇・〇四パーセントであった。また、党の領導についても、「社会主義建設においては一貫して党の領導を堅持しなければならない」との命題に対し、「同意する」「基本的に同意する」と答えた比率はそれぞれ七二・四九パーセント、一九・六八パーセントであり、党員であるにもかかわらず「同意しない」と回答した比率は四・〇二パーセント、「わからない」が三・八二パーセントであった。さらに「多党制は中国の国情に適さない」という命題に「同意しない」「わからない」と回答した比率はそれぞれ一四・九二パーセント、八・二七パーセントに達した。同調査では入党の動機についても問うている。それによれば、動機の第一に選択された順に、「共産主義を信仰する」（三九・八九パーセント）、「国家や社会のために貢献する」（二九・〇七パーセント）、「個人の才能をいっそう発揮する」（二〇・七三パーセント）、「入党は光栄なことであり個人の価値を体現できる」（四・二七パーセント）、「精神的な拠りどころが欲しかった」（三・〇五パーセント）、「就職などに有利である」（二・二四パーセント）、「党の現状を変えたい」（一・〇二パーセント）という結果であった（李金林・周文文・姚莉［2002：86］）。また、吉林大学が「入党積極分子」の学生を対象に実施した調査（有効サンプル数：一三五〇）も、その一〇・〇パーセントが共産主義を信奉せず、一〇・八四パーセントの学生が就職などの実利を得るため、九・七一パーセントの学生が自らの虚栄心を満たすために入党を希望している現実を明らかにした（中共中央組織部党建研究所［2008：289-291］）(3)。こうした統計結果からは、党員学生の内部でも社会主義イデオロギーや党の領導、一党支配体制について若干ではあるものの懐疑的な見方が存在し、党員であることに多様な意味づけがなされている現状が推察される。

以上の調査結果はいずれも、大学生あるいは党員学生に対し「正しい」教育を行う必要を主張する文脈で紹介されたものであり、それぞれの大学のある一時点における学生あるいは党員学生の価値認識を断片的に捉える材料は提供しているが、同一大学に属する党員・非党員の間にどのような認識の相違があるのか、すなわち党員が知識エリートコミュニティの中でどのような存在であるのかを示した研究は管見のかぎり公表されていない。また、知識エリート党員集団にどのような価値認識の変化が生じているのかをデータで示した研究も、少なくとも公表されていない。そこで本稿では、調査データを紹介するとともに、回答者の所属政治組織別にデータを分析することにより、知識エリートコミュニティにおける共産党の存在について考察したい。また、党員の回答を、回答者の世代別に分析することにより、知識エリート党員内部の価値認識の変容の傾向を捉え、党の将来を展望したい。

三、調査の概要

本調査は、二〇〇八年十二月から二〇〇九年五月にかけて、北京大学の大学生・大学院生および北京大学ＭＰＡ

図10-1　性別

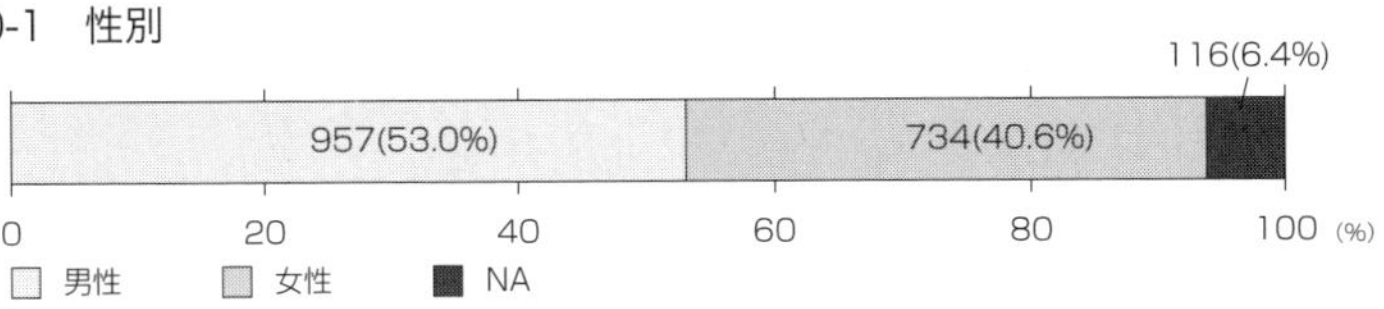

図10-2　年齢

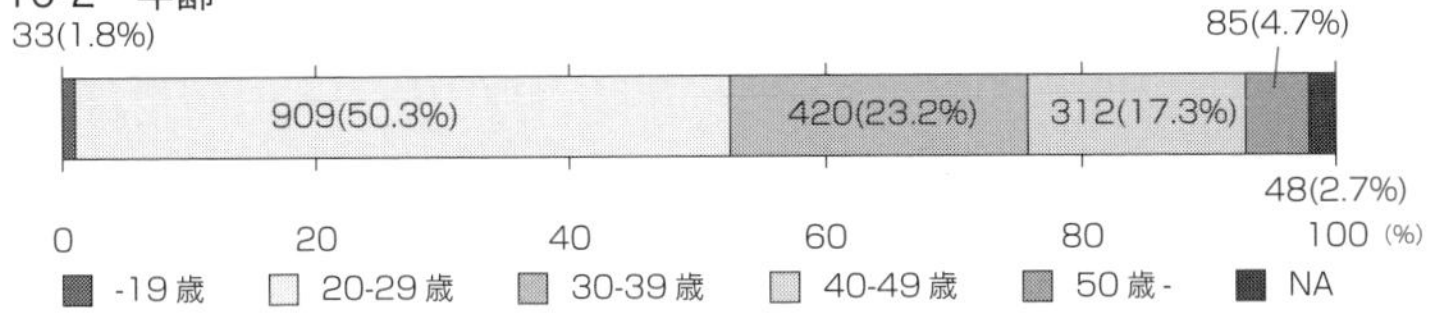

図10-3　職業

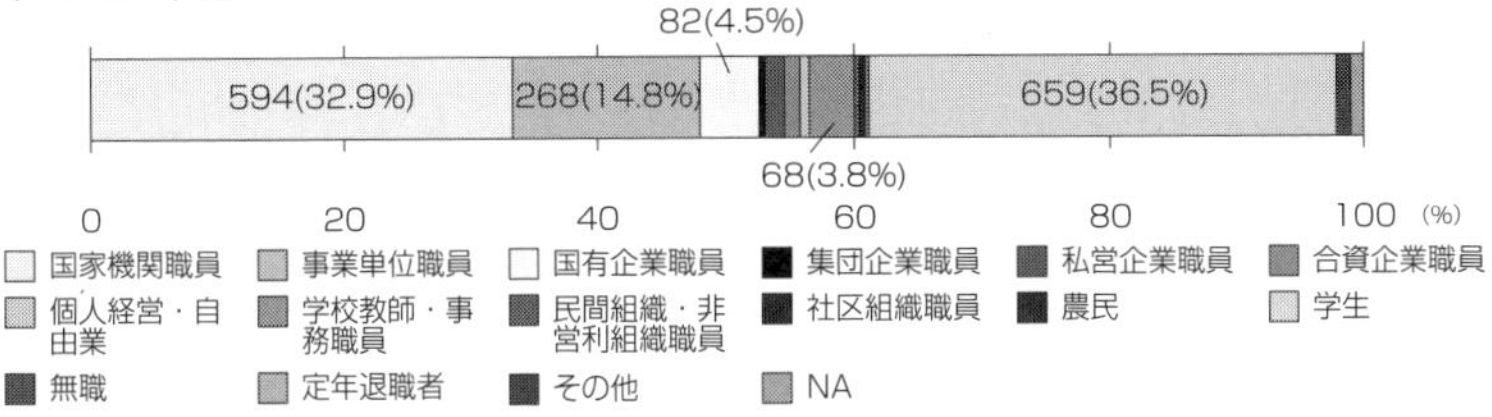

図10-4　学歴

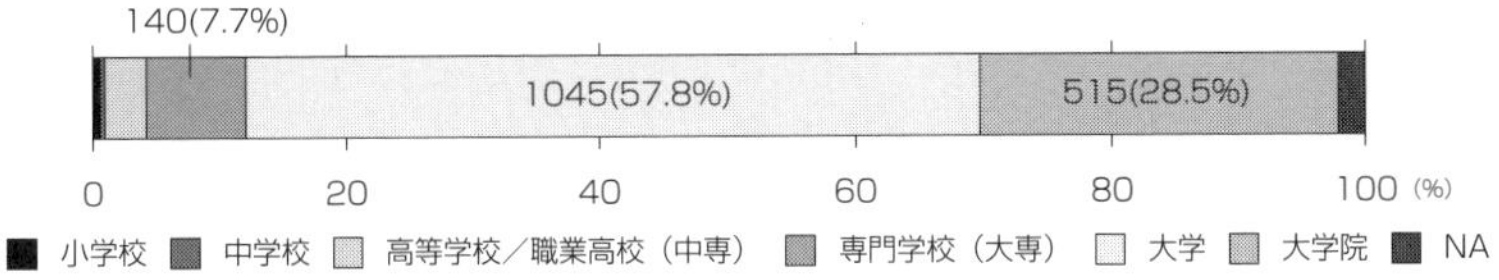

図10-5　所属政治団体

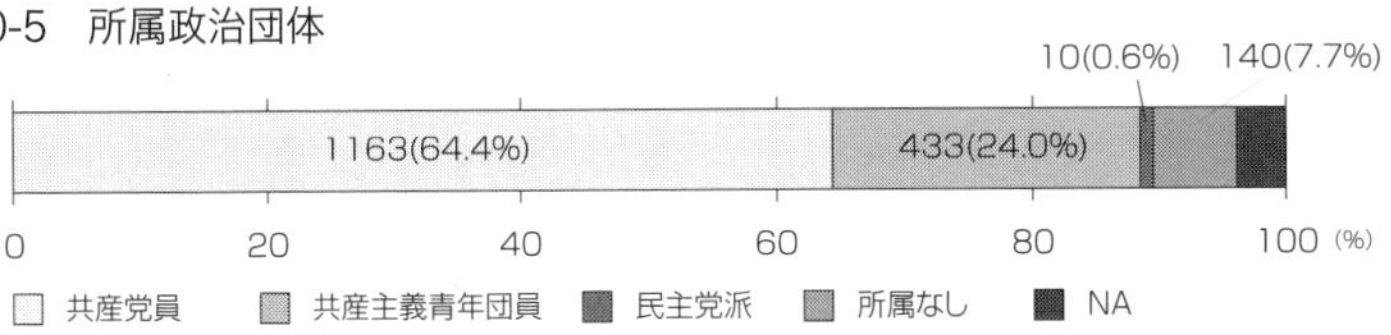

コース（行政修士課程）で学ぶ幹部とその同僚を対象に実施した政治意識調査（調査サンプル数：一八六四、回収サンプル数：一八〇七、回収率九六・九パーセント）である。図10－1～5に、有効サンプルの各種構成比を示す。

四、調査結果

調査により、「社会主義」および共産党の支配体制に対する認識において、回答者全般に揺らぎが生じていると同時に、党員エリート—非党員エリート間、異なる世代の党員間に隔たりが存在することが明らかとなった（4）。

（1）知識エリート集団における「社会主義」認識の揺らぎ

第一に、「社会主義」のとらえ方については、回答者全般にわたり混乱が見られた。「社会主義はある種の美しい理想であり、現実からかけ離れている」との命題に対し、「非常に同意する／同意する」の選択率は、共産主義青年団（以下、共青団）員で八二・二パーセント、無党派で七五・五パーセント、共産党員ですら七〇・九パーセントに達した（図10-6参照）（5）。また、「社会主義を放棄するならば、たとえ現代化を実現しても意味がない」について「全く同意しない／あまり同意しない」と回答した比率は、共青団員で五七・九パーセント、無党派で五〇・八パーセント、党員で五〇・七パーセントであった（図10-7参照）。さらに「わが国の現代化建設は、社会主義でもなければ資本主義でもない第三の道である」について「非常に同意する／同意する」と回答した比率は、無党派で五四・一パーセント、共青団員で五三・八パーセント、党員で四九・〇パーセントであった（図10-8参照）（6）。しかしながら他

図10-6　社会主義はある種の美しい理想であり、現実からかけ離れている

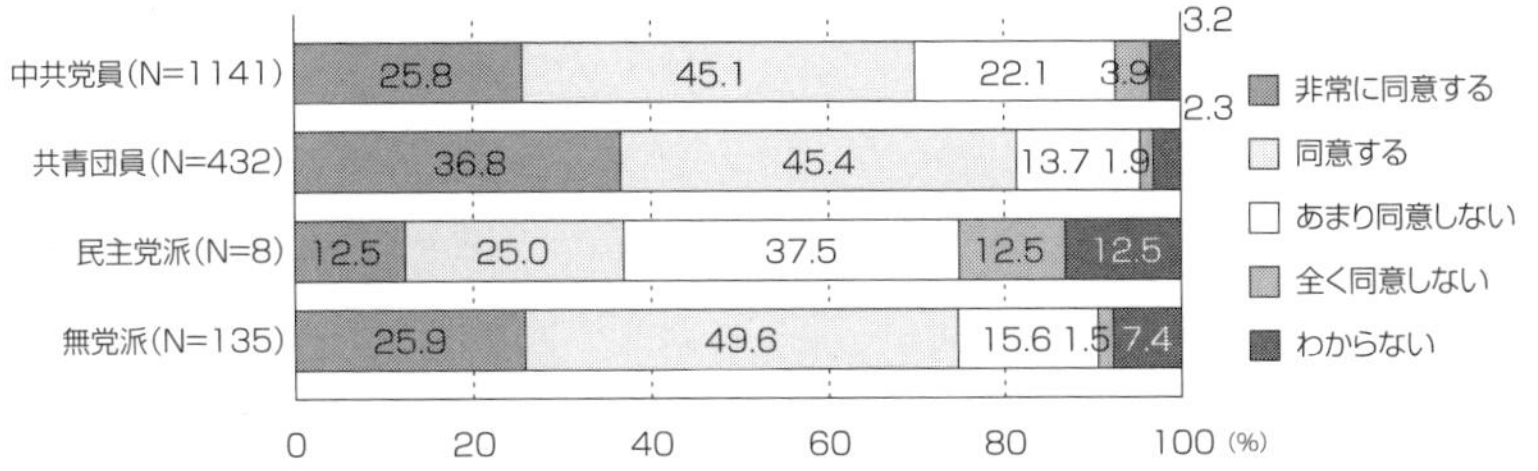

図10-7　社会主義を放棄するならば、たとえ現代化を実現しても意味がない

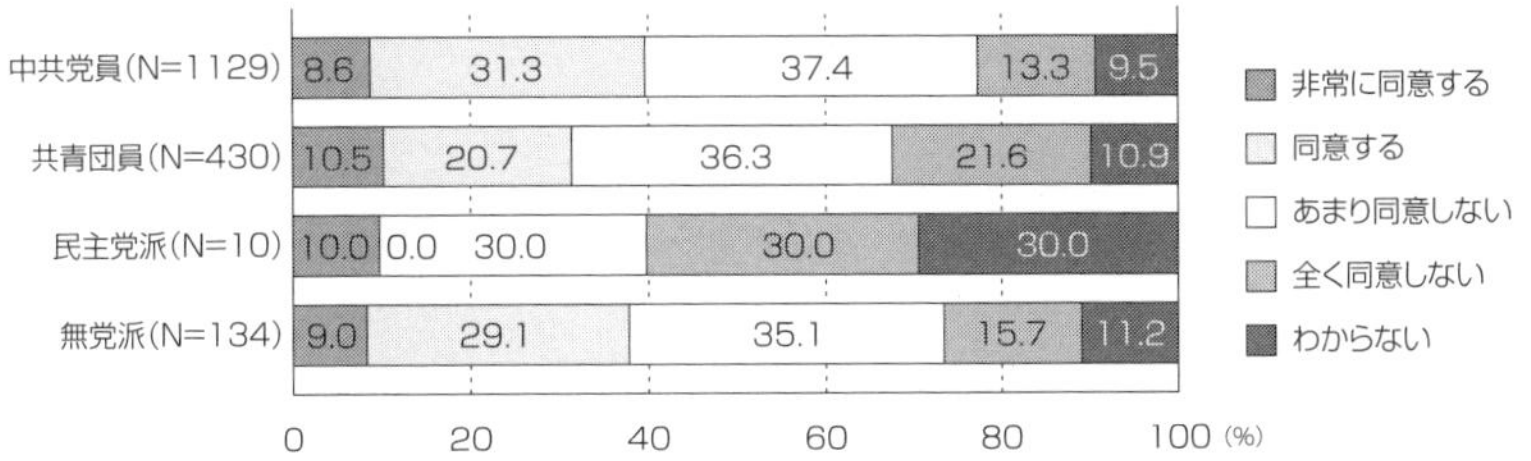

方で、「社会主義体制の堅持は、和諧社会構築の前提条件である」については、「非常に同意する／同意する」との回答が、党員で八一・八パーセント、共青団員で七二・一パーセント、無党派で七一・一パーセントに達した（図10−9参照）。

こうした結果から見えてくるのは、社会主義イデオロギーを非現実的であると認識し、現代化建設を優先させるためには、その放棄さらには第三の道の選択をも否定しない一方で、現胡錦濤政権が提唱する「和諧社会」の構築という今日的政治課題と「社会主義」のレトリックが結合したとき、知識エリートの多くがそれに賛同するという興味深い現状である。市場経済化以降、レトリックとしての「社会主義」が中国の政治用語に氾濫する中で、知識エリートはこうした矛盾を至極自然に受容しているか

図 10-8　わが国の現代化建設は、社会主義でもなければ資本主義でもない第三の道である

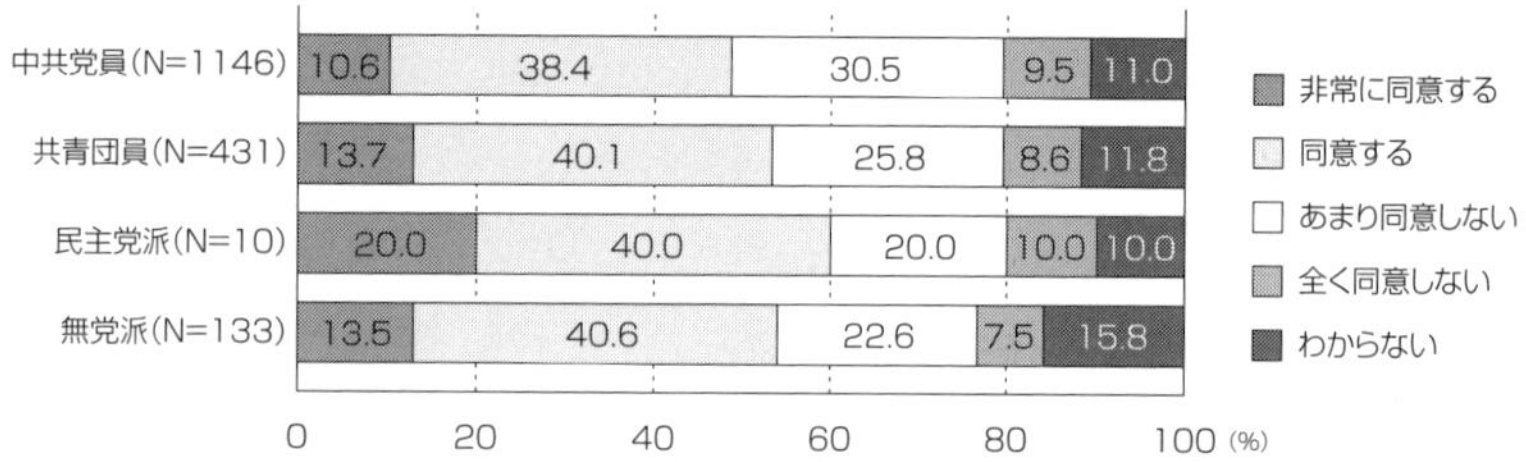

図 10-9　社会主義体制の堅持は、和諧社会構築の前提条件である

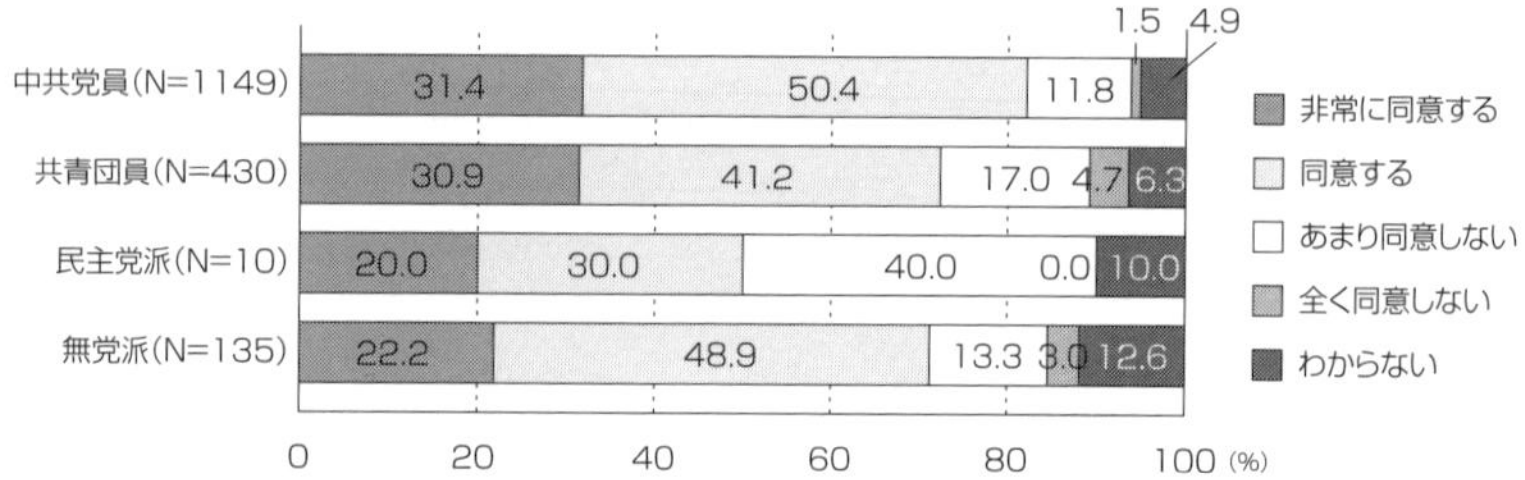

のように観察される。また、十四歳から二十八歳までの若きエリートで構成される共青団員が、「社会主義」への執着の希薄さにおいて高い数値を示していることは、後述する党員内の世代別傾向とあわせて、今後の中国共産党の変化を展望する際、留意すべき現象といえよう。

(2) 共産党の領導に対する党員―非党員間の認識の相違

第二に、共産党の領導に関しては、党員の認識自体に揺らぎが存在すると同時に、党員とそれ以外の集団との間に著しい認識のギャップが存在することが明らかとなった。

例えば、「共産党の領導の下にあってこそ、はじめて現代化が実現できる」について「非常に同意する／同意する」と回答した比率は、高い順に、共産党員（六五・八パーセント）、無党派（四八・五パーセント）、共青団員（四二・九パーセント）、民主党派（四〇・〇パーセント）（図10-10参照）、「愛国とは、中国共産党領導下の社会主義中国を熱愛することである」については、同様に共産党員（六六・〇パーセント）、無党派（四九・七パーセント）、共青団員（四六・〇パーセント）、民主党派（四〇・〇パーセント）（図10-11参照）、「中国共産党以外に、中国を領導できる組織は存在しない」については、共産党員（六五・一パーセント）、無党派（四四・四パーセント）、共青団員（四四・〇パーセント）、民主党派（三〇・〇パーセント）（図10-12参照）、「社会主義現代化の時期全般をつうじて、中国共産党の領導を堅持しなければならない」については、共産党員（八四・三パーセント）、無党派（六七・五パーセント）、共青団員（六五・一パーセント）、民主党派（五〇・〇パーセント）であった（図10-13参照）。これらのデータから読み取れるのは、共産党の領導を「堅持しなければならない」ということについては共産党員の八割以上、各類別の回答者の六割以上が同意を表明しているのに対し、「現代化」や「愛国」といった特定の国家的テーマと共産党の領導の関係に関するより一般的な命題については、共産党員の三割以上、他の類別の五割以上が懐疑的な姿勢を有し、共産党以外の領導主体登場の可能性をも視野に入れているという驚くべき現状である。先述の「社会主義」認識と同様、共産党の領導についても、共産党員を含む知識エリートの間に揺らぎが生じていることは明らかで

図10-10　共産党の領導の下にあってこそ、はじめて現代化が実現できる

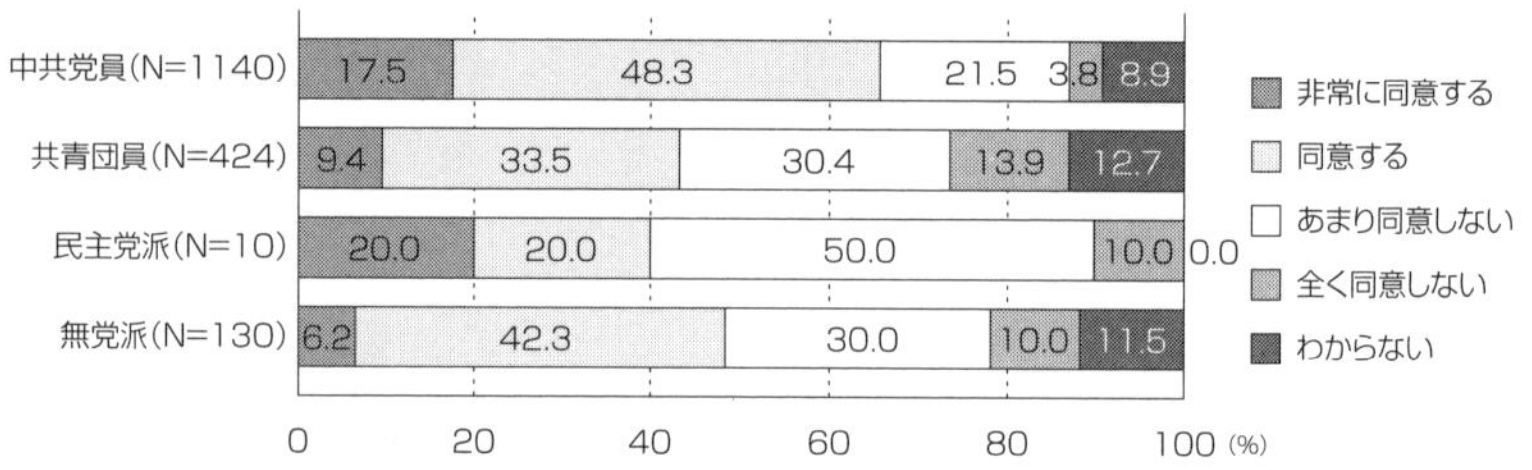

図10-11　愛国とは、中国共産党領導下の社会主義中国を熱愛することである

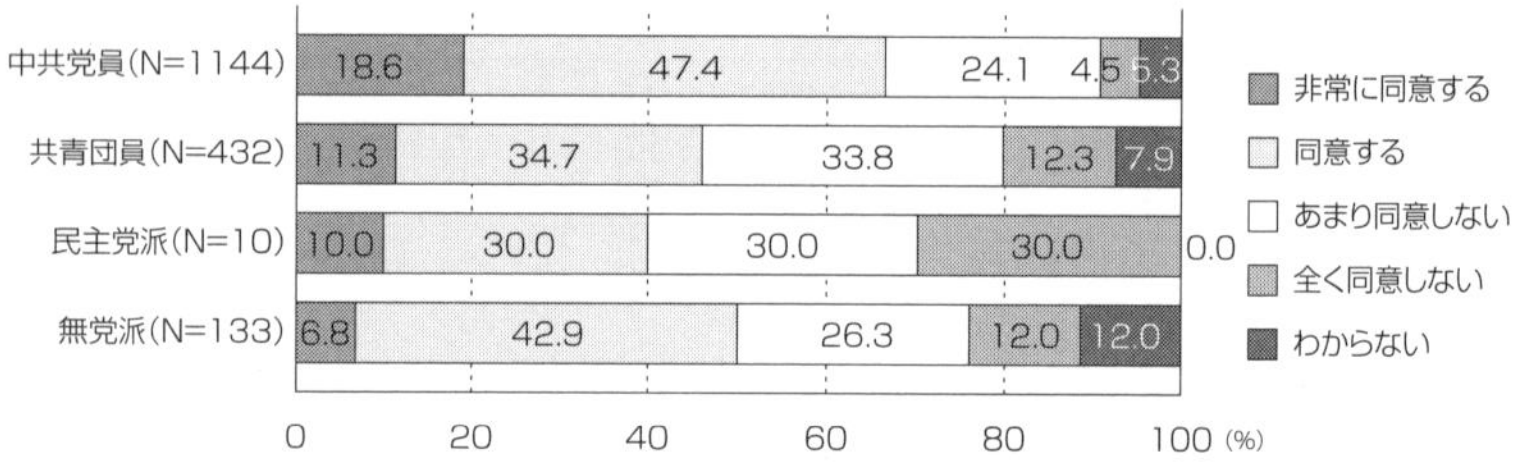

あろう。加えて、これらの命題すべてについて、党員と非党員の間に約二〇ポイントに相当する認識の差異が存在することも見逃せない。思想の自由化、多様化が進んでいるとはいえ、党員エリート集団は、やはり非党員集団に比べ党の領導を守るのに必要な人材を多く包摂した集合体なのである。そしてここでも留意すべきは、共青団員の共産党の領導に対する執着心が無党派以上に希薄であるということである。将来の党員候補たちが、共産党の領導についても現党員とは異なる価値認識を有していることが推察される。

　党員と非党員の間の認識のギャップは、党の性格や能力にかかわる設問項目のデータにも見られる。江沢民前総書記が提唱し、党規約にも盛り込まれた「三つの代表」思想のテーゼから抜粋した命題——「党は、最も広範な人民の根本的利益を代表している」に対

図10-12　中国共産党以外に、中国を領導できる組織は存在しない

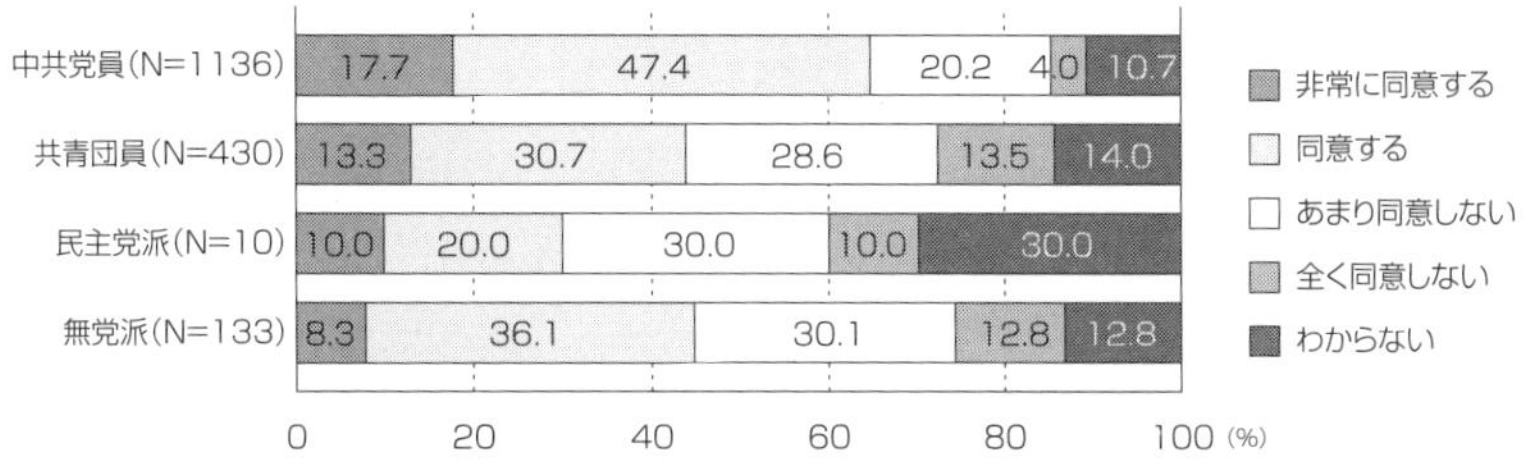

図10-13　社会主義現代化の時期全般をつうじて、中国共産党の領導を堅持しなければならない

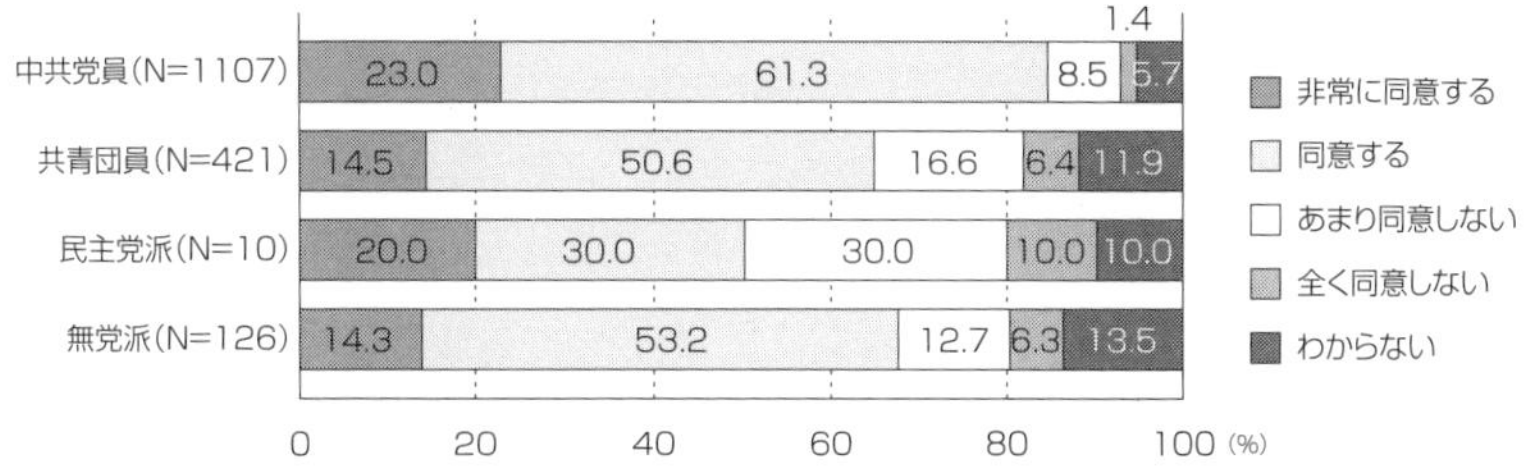

し、「非常に同意する／同意する」の合計は、共産党員で七五・八パーセントであったのに対し、非党員では高い順に民主党派（七〇・〇パーセント）、共青団員（五六・九パーセント）、無党派（五六・六パーセント）であった（図10-14参照）。また、「党は依然として中国人民と中華民族の先鋒隊である」に対しても同様に、党員が八五・〇パーセントであったのに対し、非党員の回答は、無党派（六七・四パーセント）、共青団員（六七・〇パーセント）、民主党派（六〇・〇パーセント）であった（図10-15参照）。さらに、「中国共産党は、自らを立派に建設する力を有している」については、共産党員（八四・〇パーセント）、共青団員（六八・四パーセント）、民主党派（六〇・〇パーセント）、無党派（五九・七パーセント）であった（図10-16参照）。これらのデータは、「広範な人民」

図 10-14　党は、最も広範な人民の根本的利益を代表している

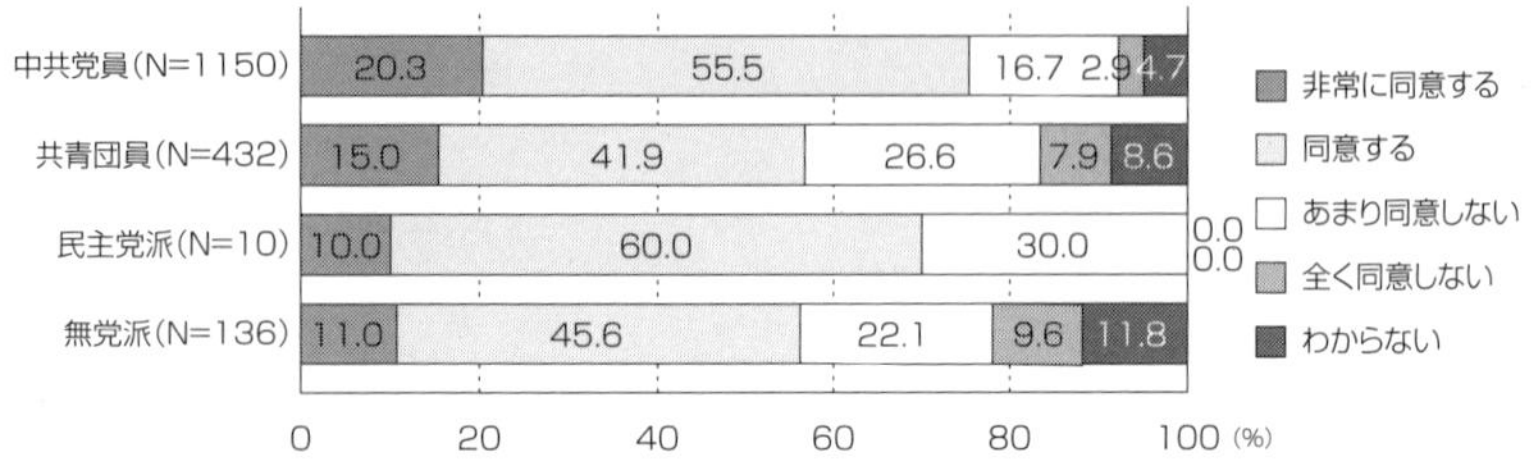

図 10-15　党は依然として中国人民と中華民族の先鋒隊である

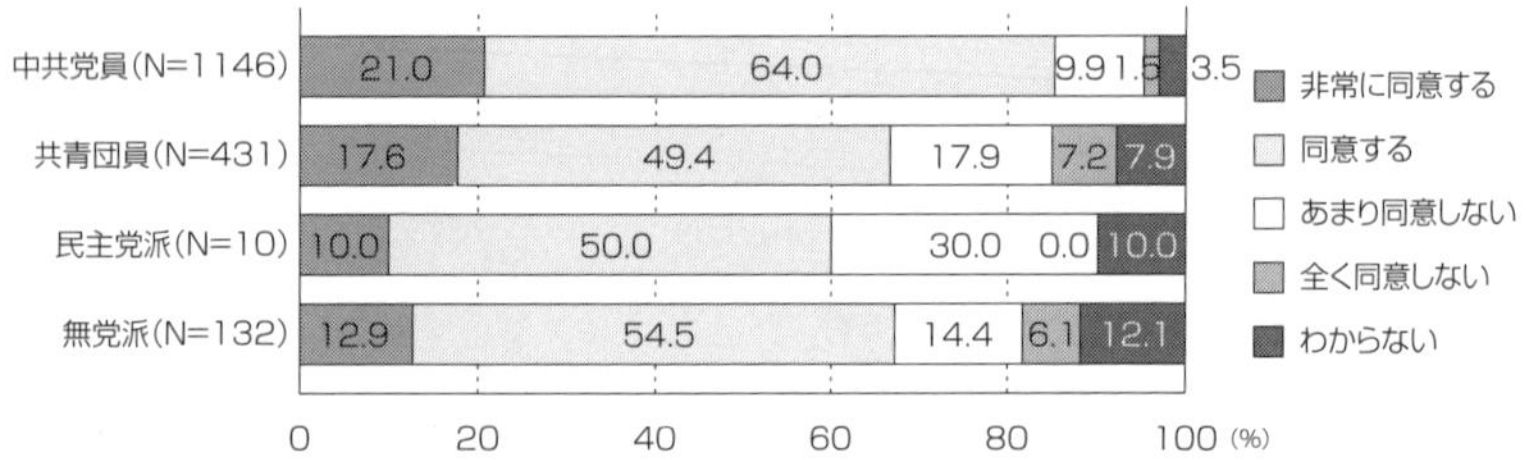

図 10-16　中国共産党は、自らを立派に建設する力を有している

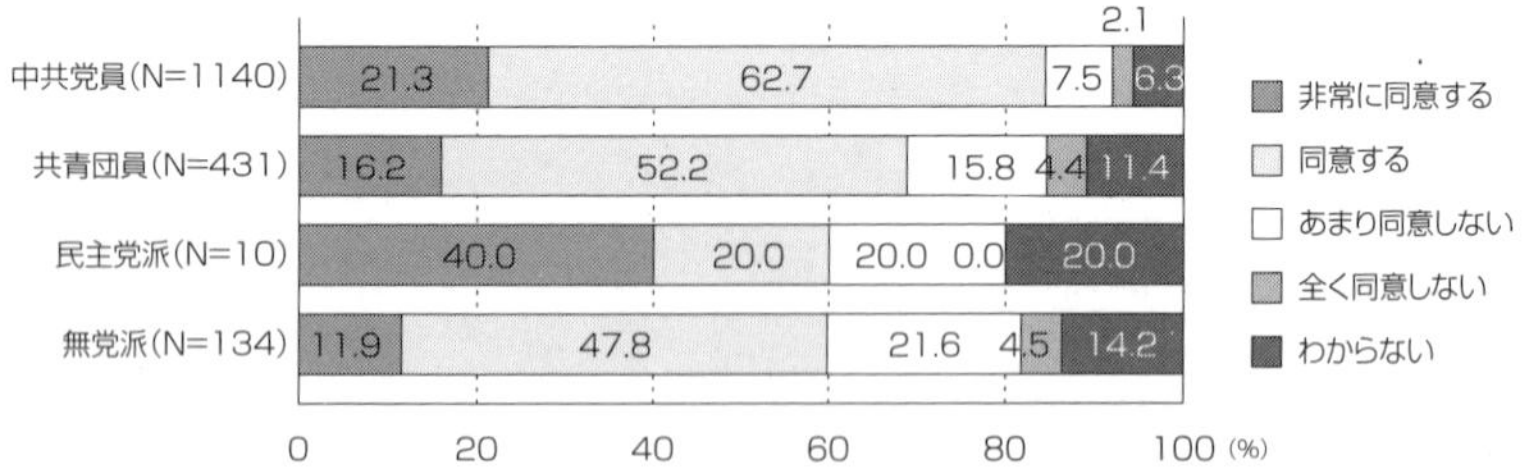

の利益代表、「中国人民と中華民族の先鋒隊」といった一党支配の正当性にかかわる党の性格、さらには党の自己改革能力について、比較的楽観的な党員と、それほど楽観視していない非党員の間に認識の差異が存在している現状、言いかえれば党の肯定的な自己認識が、共青団員を含む非党員の間に必ずしも共有されていない状況を示している。

(3) 党員世代間の認識の隔たり

以上に述べたように、「社会主義」および共産党の領導については、共産党員を含む知識エリートの間に認識の揺らぎが顕著に見られると同時に、若き共青団員の認識に、無党派以上の多様性があることが確認された。それでは、共産党員内部にも、年齢別に異なる認識の傾向が確認されるのだろうか。

党員にサンプルを限定し、世代別の比較を行ったところ、「社会主義」および共産党の領導に対する認識のいずれにおいても、若い世代ほど執着を持たず、多様な考えを受容していることが明らかとなった。例えば、「社会主義はある種の美しい理想であり、現実からかけ離れている」との命題に「非常に同意する／同意する」と回答した比率は、五十代以上（五七・七パーセント）、四十代（六五・九パーセント）、三十代（六八・五パーセント）、二十代（七七・一パーセント）（図10-17参照）、「社会主義を放棄するならば、たとえ現代化を実現しても意味がない」について「全く同意しない／あまり同意しない」と回答した比率は五十代以上（三九・一パーセント）、四十代（五一・九パーセント）、三十代（四八・一パーセント）、二十代（五五・五パーセント）（図10-18参照）、「わが国の現代化建設は、社会主義でもなければ資本主義でもない第三の道である」について「非常に同意する／同意する」と回答した比率は五十代以上（三六・六パーセント）、四十代（四六・九パーセント）、三十代（四八・六パーセント）、二十

図10-17　社会主義はある種の美しい理想であり、現実からかけ離れている（党員）

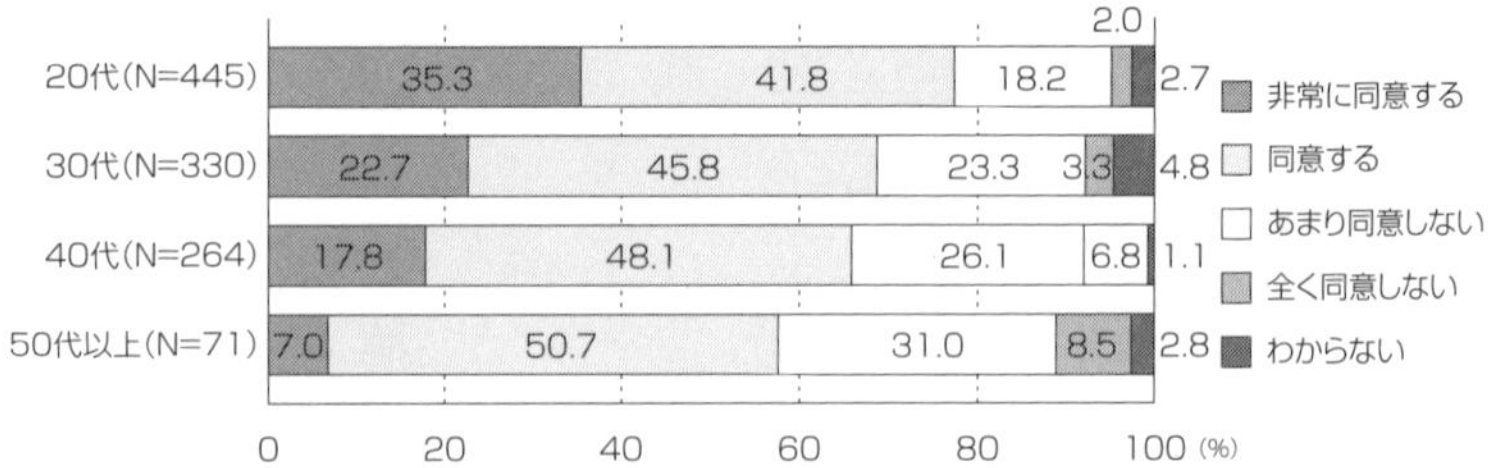

図10-18　社会主義を放棄するならば、たとえ現代化を実現しても意味がない（党員）

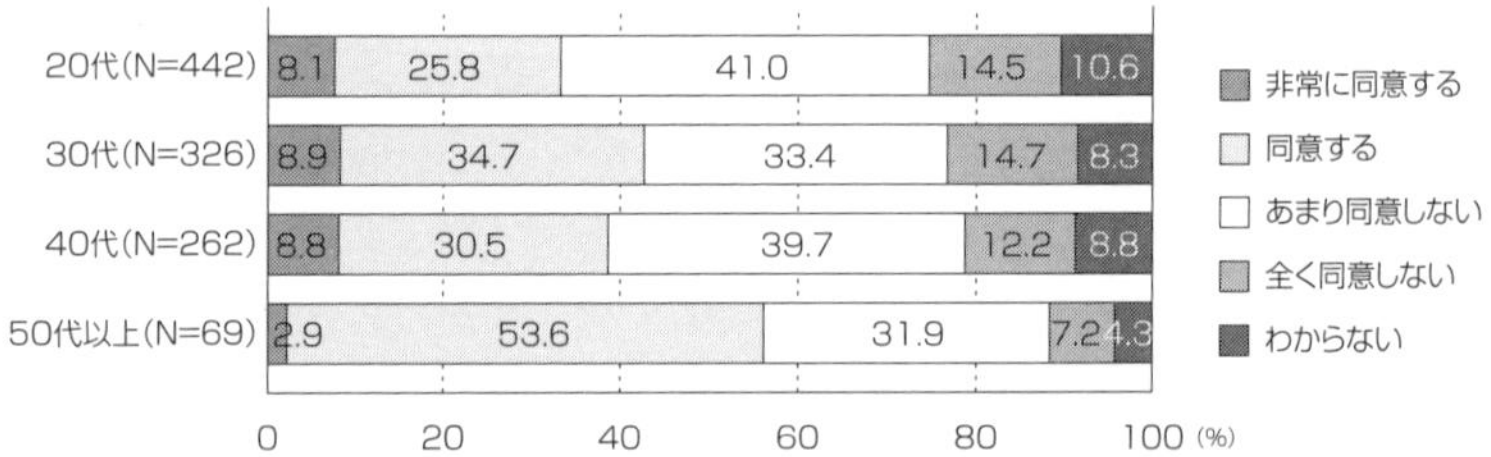

代（五二・五パーセント）であり（図10－19参照）、多少の前後はあれど、若い世代ほど、社会主義の堅持について自由な発想を有していることが浮き彫りとなった。しかしながら他方で、「社会主義体制の堅持は、和諧社会構築の前提条件である」については、「全く同意しない／あまり同意しない」との回答が、五十代以上（一・四パーセント）、四十代（一三・四パーセント）、三十代（一四・〇パーセント）、二十代（一五・二パーセント）と（図10－20参照）、五十代が突出して低い以外に、世代間の顕著な差異は見られなかった。このこともまた、「社会主義」が現政権のスローガンと結びついた時、人々の思考を縛る現実を示しているといえよう。

若者ほど自由な発想を有するという傾向は、共産党の領導についても観察された。「共産党の領導の下にあってこそ、はじめて

図10-19　わが国の現代化建設は、社会主義でもなければ資本主義でもない第三の道である（党員）

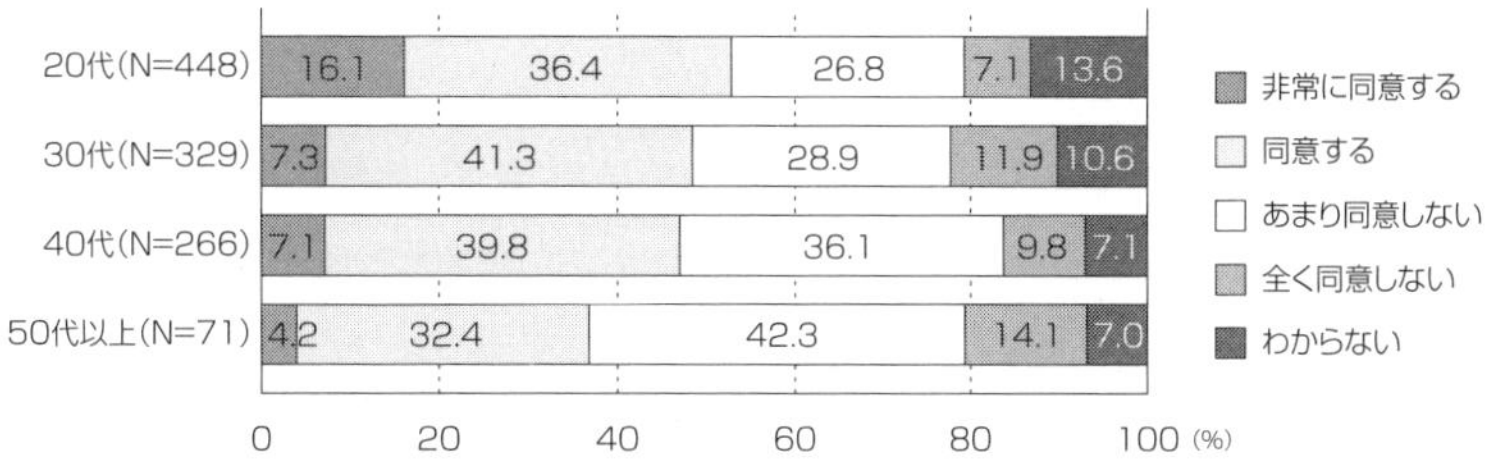

図10-20　社会主義体制の堅持は、和諧社会構築の前提条件である（党員）

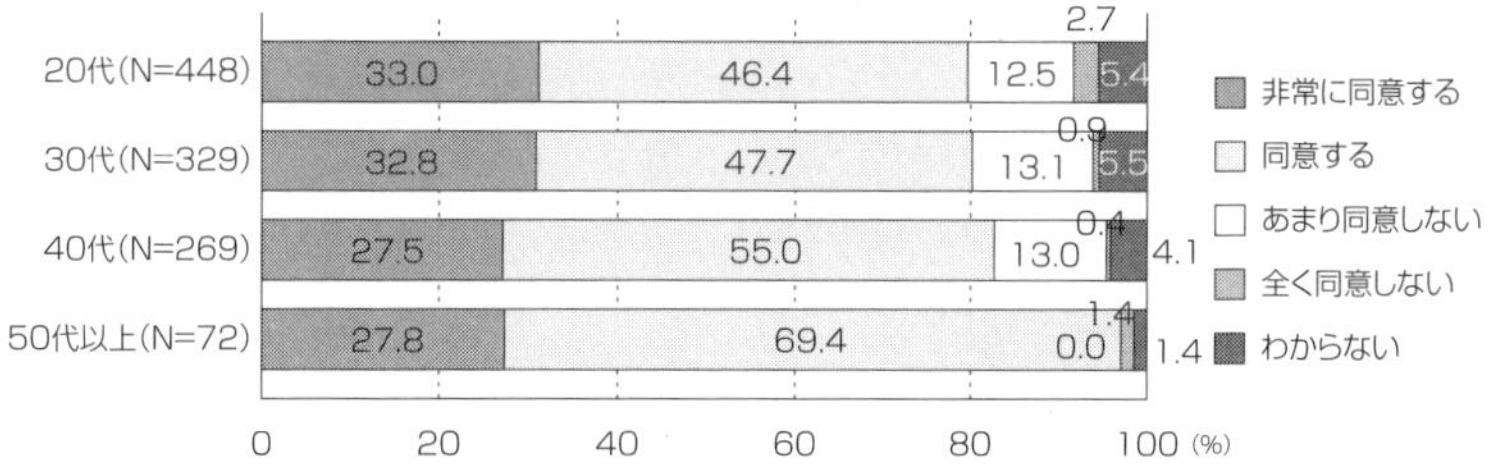

現代化が実現できる」について「全く同意しない／あまり同意しない」と回答した比率は、五十代以上（一一・三パーセント）、四十代（二六・〇パーセント）、三十代（二六・四パーセント）、二十代（二七・一パーセント）（図10‐21参照）、「愛国とは、中国共産党領導下の社会主義中国を熱愛することである」については、同様に五十代以上（二一・一パーセント）、四十代（二四・五パーセント）、三十代（二七・六パーセント）、二十代（三四・二パーセント）（図10‐22参照）、「中国共産党以外に、中国を領導できる組織は存在しない」については、同様に五十代以上（一五・三パーセント）、四十代（二四・六パーセント）、三十代（三二・八パーセント）、二十代（二六・八パーセント）（図10‐23参照）、「社会主義現代化建設の時期全般をつうじて、中国共産党の領導を堅持しなけ

図 10-21　共産党領導の下にあってこそ、はじめて現代化が実現できる（党員）

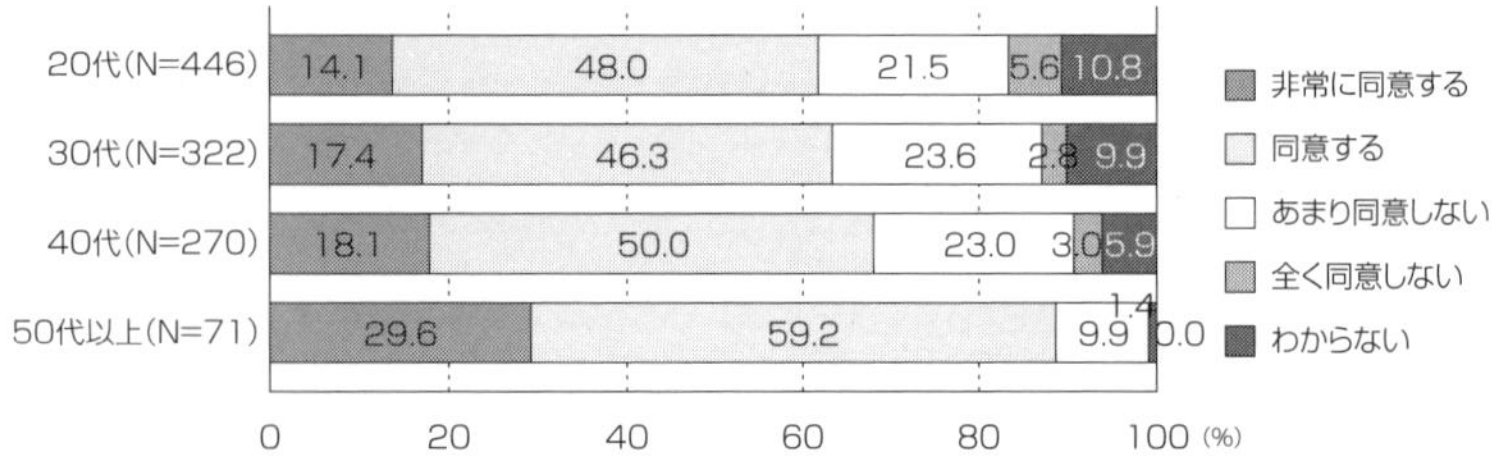

図 10-22　愛国とは、中国共産党領導下の社会主義中国を熱愛することである（党員）

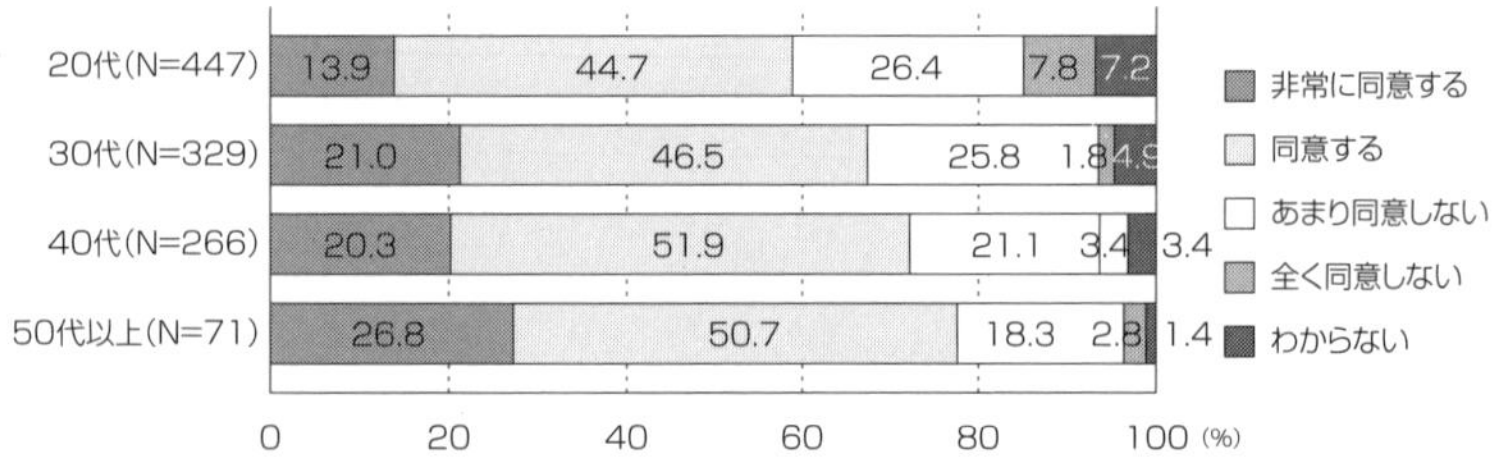

ればならない」についても同様に五十代以上（一・五パーセント）、四十代（七・二パーセント）、三十代（一一・一パーセント）、二十代（一一・九パーセント）となっており（図10-24参照）、いずれも二十代と五十代以上の党員の間には、一〇ポイント以上の値の開きがあった。

党の性格や能力にかかわる項目についても、相対的に否定的・悲観的な二十〜三十代と肯定的・楽観的な五十代以上の間に大きなギャップが見てとれた。「党は、最も広範な人民の根本的利益を代表している」に対し「全く同意しない／あまり同意しない」と回答した比率は、五十代以上（一・四パーセント）、四十代（二四・四パーセント）、三十代（二四・〇パーセント）、二十代（三三・九パーセント）（図10-25参照）、「党は依然として中国人民と中華民族の先鋒隊である」に

図 10-23　中国共産党以外に、中国を領導できる組織は存在しない（党員）

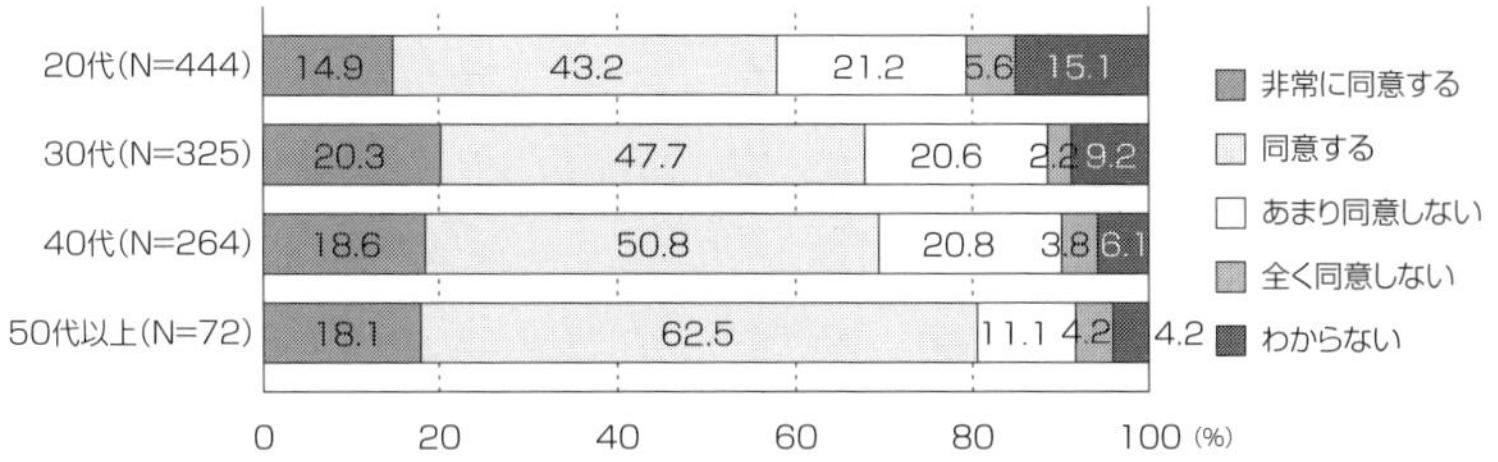

図 10-24　社会主義現代化建設の時期全般をつうじて、中国共産党の領導を堅持しなければならない（党員）

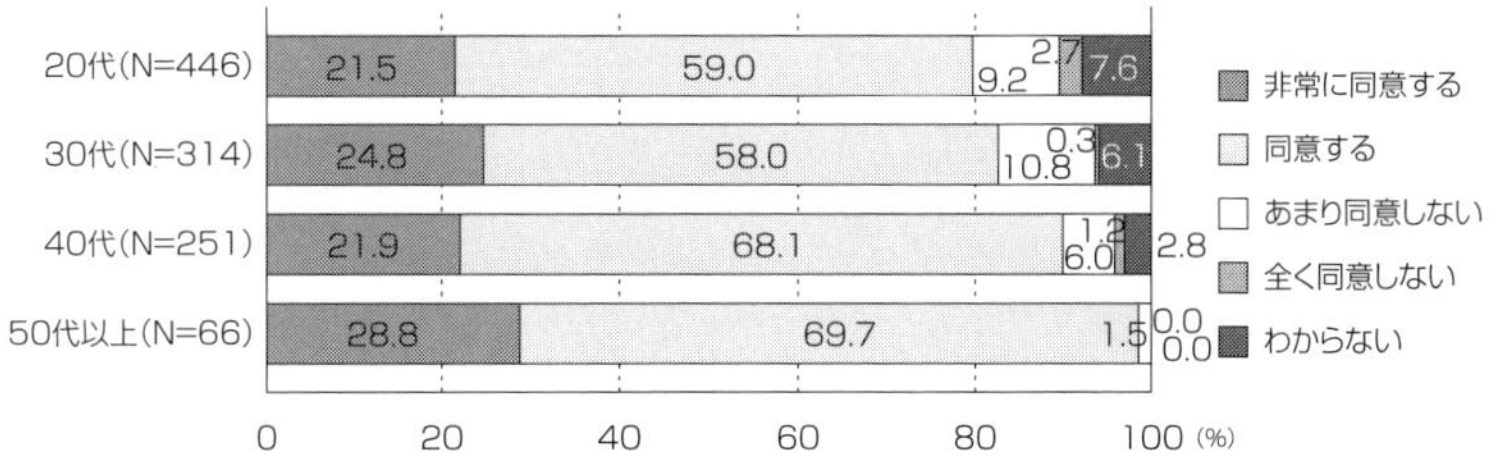

図 10-25　党は、最も広範な人民の根本的利益を代表している（党員）

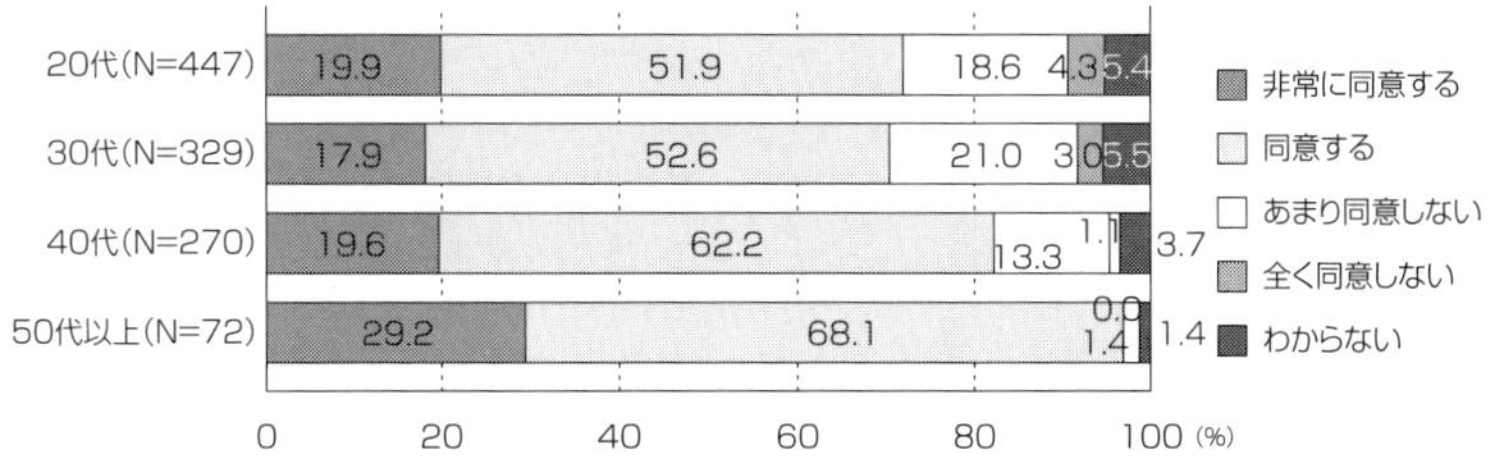

図10-26　党は、依然として中国人民と中華民族の先鋒隊である（党員）

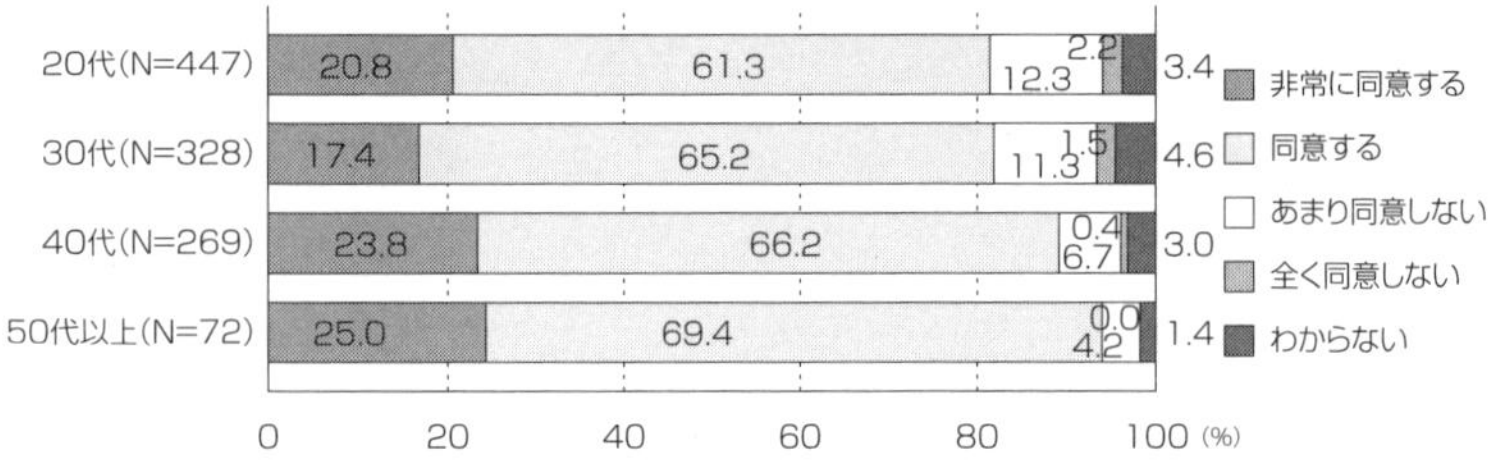

図10-27　中国共産党は、自らを立派に建設する力を有している（党員）

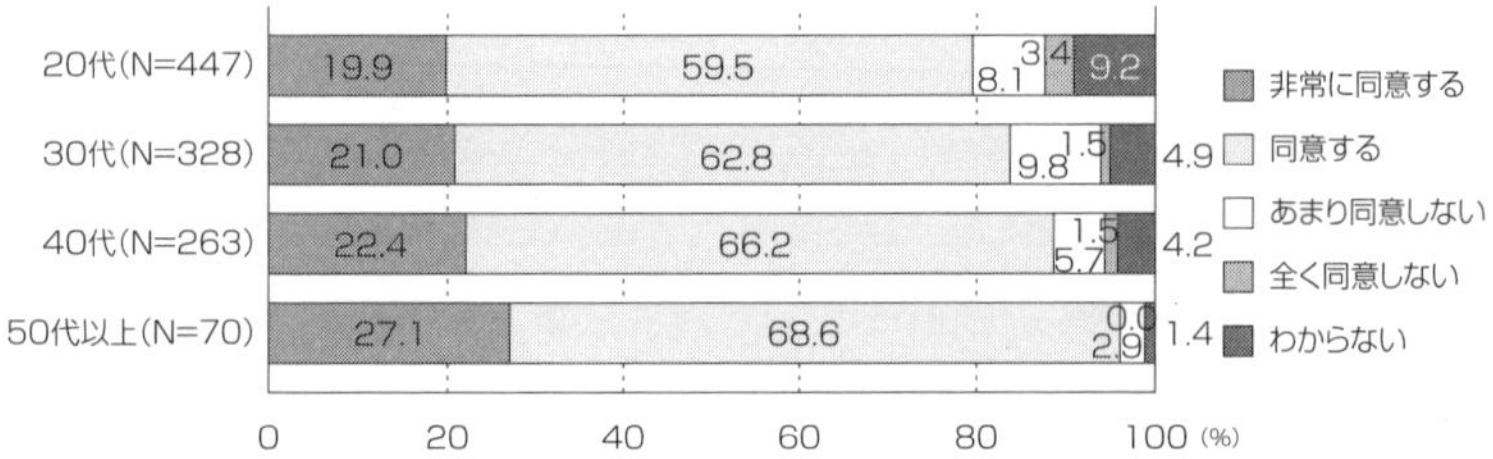

対しても、同様に五十代以上（四・二パーセント）、四十代（七・一パーセント）、三十代（一二・八パーセント）、二十代（一四・五パーセント）（図10-26参照）(7)、「中国共産党は、自らを立派に建設する力を有している」についても同様に五十代以上（二・九パーセント）、四十代（七・二パーセント）、三十代（一一・三パーセント）、二十代（一一・五パーセント）であった（図10-27参照）。

　では、「社会主義」や共産党の領導ひいては統治に対し、執着心の薄い若手党員は、党に何を求めているのだろうか。本調査においても、入党理由（第一位から第三位まで選択）を問うた。各世代の入党の理由（第一位）を多い順に見ると、五十代以上は高い順に、①共産主義の信念（五一・二パーセント）、②共産党は先進的組織である（一九・

図10-28　入党の理由（第一位）（党員）

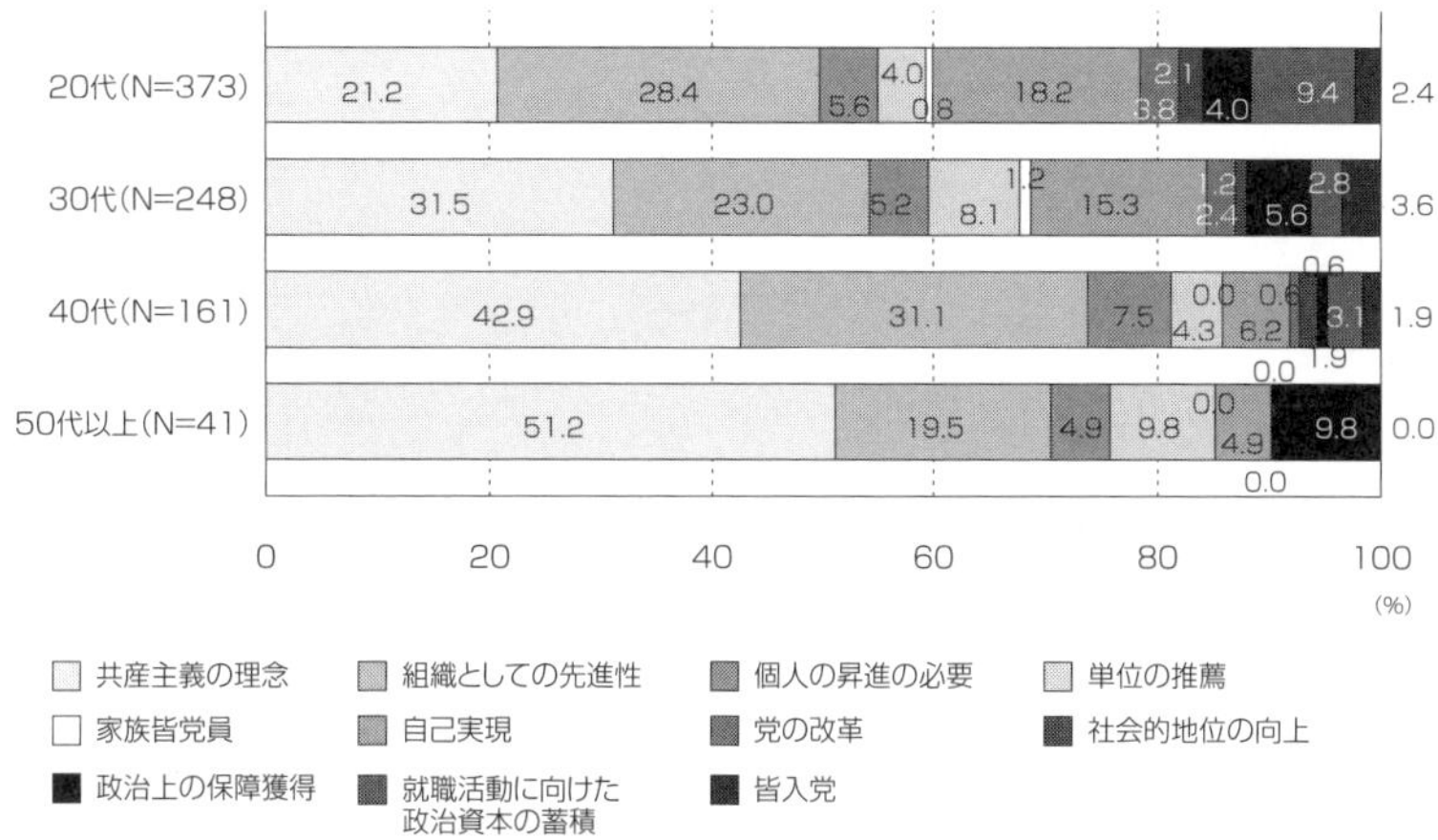

五パーセント）、③単位の推薦／政治的保障が得られるから（ともに九・八パーセント）、四十代では高い順に①共産主義の信念（四二・九パーセント）、②共産党は先進的組織である（三一・一パーセント）、③個人の昇進の必要（七・五パーセント）、三十代では①共産主義の信念（三一・五パーセント）、②共産党は先進的組織である（二三・〇パーセント）、③自己実現のため（一五・三パーセント）、二十代では①共産党は先進的組織である（二八・四パーセント）、②共産主義の理念（二一・二パーセント）、③自己実現（一八・二パーセント）という結果であった（図10-28参照）。世代間の比較から、以下三つの顕著な傾向が見てとれた。第一に、「共産主義の理念を信奉するが故に入党した」党員の比率が、世代を経て激減の傾向にあることである。五十代以上の党員について五一・二パーセントを占めていたその比率は、四十代では四二・九パーセント、三十代では三一・五パーセント、二十代では二一・二パーセントと、世代ごとに約一〇ポイントずつ減少している。第二に、代わって、顕らかな増加傾向を示しているのが、党に「自己実現」の場を求める比率

である。五十代ではわずか四・九パーセントを占めるにすぎなかったその比率は、三十代の党員では一五・三パーセント、二十代では一八・二パーセントに達している。第三に、二十代の党員の間には、他の世代ではあまり見られなかった「就職活動に有利だから」という理由での入党が一〇パーセント近くを占めているということである。以上の結果から、共産党の求心力は、「共産主義の理念」から、「自己実現」の場・就職など実利を得る場としての価値へと変化しつつあることが推測される。

五、おわりに

本稿では、アンケート調査のデータとともに、共産党員を含む知識エリート集団において、イデオロギーとしての社会主義・共産主義が求心力を失いつつあり、党の領導についても多様な考えが受容されつつある現状を論じた。また、共産党員の中でも若い世代ほど、こうした傾向を強く有し、党を共産主義理念発揚の場ではなく、自己実現の機会と実利を得られる場として認識していること、将来の党員候補である共青団員が、「広範な人民」の利益代表、「中国人民と中華民族の先鋒隊」といった、一党支配の正当性にかかわる党の性格や党の自己改革能力について、党員ほど肯定的、楽観的な認識を持っておらず、共産党の領導の絶対性に対し無党派以上に懐疑的であることを示した。これらの調査結果は、中国共産党という巨大組織の組織原理のみならず、中国の政治体制そのものが、世代交代を経て変わってゆく可能性を示唆するものである。

イデオロギーという比較的容易な統合手段を失いつつある共産党が、一党支配体制の絶対性に懐疑的な若き知識エリートを体制側に包摂（coopt）し続けるためには、彼らに均しく自己実現の機会と実利を提供し続けることが必要となる。しかし、ミンシン・ペイ（M. Pei）が指摘したように、これまでエリート層を束ねてきた、共産党のすそ野の広い利益供与システムは、ひとえに経済の高度成長に支えられたものであり、将来長期にわたる経済停滞が生じ、党・政府が従来通りの大盤振る舞いができなくなれば、エリート層の体制への支持と忠誠が揺らぐ可能性もある（Pei［2009］）。中国共産党は、失敗の許されない難しい組織運営を迫られているといえよう。

〈注〉

（1）具体的な調査実施期間は不詳。
（2）具体的な調査実施期間は不詳。
（3）具体的な調査実施期間は不詳。
（4）本節で扱うデータ（図10-6～図10-28）については、図10-8、図10-26を除き、いずれもカイ二乗検定の結果、五パーセント水準で有意であることが確認された。
（5）民主党派についてはそもそもサンプル数が著しく少ないため、あまり信頼に足るデータとはいえない。以下同様。
（6）但し、同項目については、注（4）に示したとおり、統計的に有意な結果が得られなかった。
（7）但し、同項目については、注（4）に示したとおり、統計的に有意な結果が得られなかった。

〈参考文献〉

・Dickson, Bruce J.［2010］Dilemmas of party adaptation: the CCP's strategies for survival, Peter Hays Gries and Stanley Rosen eds., *Chinese Politics: State, society and the market*, Routledge, London, New York.

・――――［2000/2001］Corporatism in China: The Logic of Party Adaptation, *Political Science Quarterly*, Vol.115, No.4, pp.517-533.

・Pei, Minxin［2009］Will the Chinese Communist Party Survive the Crisis?, *Foreign Affairs*, March 12, 2009.

・Shambaugh, David［2008］*China's Communist Party: Atrophy and Adaptation*, Woodrow Wilson Center Press, Washington, D.C., University of California Press, Berkeley, Los Angeles, London.

・Walder, Andrew G.［2006］"The Party Elite and China's Trajectory of Change", Kjeld Erik Brodsgaard and Zheng Yongnian eds., *The Chinese Communist Party in Reform*, Routledge, London, New York.

・李金林、周文文、姚莉［2002］「从大学生党员思想状况看高校党建对策――大学生党员思想状况调查分析」『山西高等学校社会科学学报』第一四卷第五期。

・李源潮［2008］「以改革创新精神推进高校党的建设」『求是』二〇〇八年第四期。

・刘移曳、赵华朋［2005］「加强学生党建工作　确保学生党员先进性」『陕西青年管理干部学院学报』二〇〇五年第四期（总第七二期）一八卷四号。

・中共中央组织部党建研究所［2008］『党建研究纵横谈（二〇〇七）』党建读物出版社。

第十一章　一般党員の意識・行動から見る中国共産党の執政能力

——上海市民調査から——

南　裕子

一、はじめに

現在の中国は、目覚ましい経済発展の一方で、周知のとおり問題は山積している。社会的不公平や不公正に対する人々の不満は高まり、また市場経済化により競争社会となったが、これと同時に用意されるべきセーフティネットの整備の立ち遅れも目立つ。そして、後回しにされている政治改革に対して、市民としての自由の権利を求める人々もいる。こうした諸問題は社会不安につながるものであり、時には民衆の不満が集団争議のような具体的な事件として顕在化している。さらには、市場経済化にともなう構造変動により、新たな社会空間や社会階層が出現しているが、それは共産党の執政基盤に影響を与えずにはいられないだろう。このような状況に対して、極端な場合は、党の崩壊といった深刻な危機のシナリオも出現している。

しかし、むしろ筆者が注目したいのは、一三億を超える人口規模の国で、なおかつこれほどの問題を抱えながらも、なおも執政党であり続ける共産党の、さまざまな状況への適応能力である。例えば、Takahara & Benewick は、都市の社区における党の役割に注目し、市場経済化により、本来ならば党のこれまでの指導が相対化される状況であるにもかかわらず、かえって社会への共産党のグリップがより強化されていることを論じている（Takahara & Benewick [2006]）。また、菱田雅晴も、後述するように共産党組織の危機を指摘しながらも、それは危機に巻き込まれているのではなく、むしろ自らが自らの変容において積極的なアクターとしてその変容過程をコントロールしていることを指摘している(1)(菱田［2010］)。

中国共産党が存在し続けることの背後に、この組織のトップに立つ指導層の能力、組織の舵取りの巧みさがあることは、まず指摘されることであろう。だが他方で、この巨大な組織を構成する一般党員の存在にも目を向けてみたい。彼らはこうした共産党のしなやかともいえる執政能力の構築にいかにかかわっているのか。一般党員の党員としての日常的な行動や意識というミクロなレベルの状況が、どのように全体としての共産党の執政能力と結びつくのであろうか。

この問題を考える際に、参考になるのは、黒田由彦による現代中国の秩序創出モデルの議論である。黒田は、寺田浩明に依りながら伝統的な中国の秩序創出のメカニズムを明らかにした上で、現代中国においてもその構造は継承されているとする。それは、統治者の正統性が、選挙といった手続き上の合理性により担保されるのではなく、「民衆の生活の場での日常的な支持に依存する」というものである(黒田［2009：263］)。現代は、現代化を推進することが共産党の課題であり、生活の向上を民衆に実感させながら、その過程で生じる民衆のさまざまな言い分に対して、党が呈示する方針、政策を、民衆が「自ずと行き着く結論」と見なし、支持するかどうかが問われるという。このため、「民衆の支持を獲得する最も効率的な方法の一つが、党が民衆の思いを汲んで率先してボランタリスティックに活動するということだと考えられる」とした(2)(黒田［2009：263］)。

本稿でも、この「民衆の生活の場での日常的な支持」という点に注目して、共産党の執政能力の基礎をなすものの一端を、今後の展望も含めて、基層から探ることを試みたい。具体的には、上海市民調査データを用いながら、以下の問題を考察する。一つ目は、党という組織は、実際にそのメンバーを、少なくとも形式上は自発的に社会参加、社会奉仕する存在として活動させて、民衆にボランティア組織のような性格を見せることが可能であるのか。また可能であれば、その源となる組織の求心力はどのような特徴を持つのか。二つ目は、こうした党員に非党員はいかなるまなざしを向けているのか。そして、今日、共産党は「民衆の思いを汲む」ことができているのか、別の言い方をすれば、党は民衆からかい離してしていないのかどうか。

以下、第二節では、まず、共産党員にかかわる既存研究を整理しながら上記の問題を再構成し、第三節以降で調査データの分析を行い、まとめの考察を行う。

二、共産党員をめぐる先行研究と本稿の課題

一般の共産党員を分析対象に含む調査研究には、（1）党員の社会的経済的特徴（とその変化）を計量的手法で実証研究したものと、（2）党員の政治意識、社会意識についての研究がある。

（1）党員の社会的経済的特徴について

中国社会科学院経済学研究所の全国世帯調査を用いて、Dickson & Rublee そして Sato & Eto はそれぞれ、共産党員の社会的経済的特徴の分析を行っている。

Dickson & Rublee は、一九八八年のデータを用いて次の点を明らかにした（Dickson & Rublee [2000]）。まず党員の構成の変化について、高学歴者が党員（特に幹部党員）になっていること。次に、党員であることのメリットは、高収入、官職を得ることにあるが、全体として党員としてのこうしたメリット（特権）は減少傾向にあること。しかし、このメリットがあることで、党は優秀な人材を引き付けることがなお可能であるという。そして、キャリア形成における政治的資本（党員）と人的資本（教育）の優位性の分析からは、社会的地位の高い職業に就くのに、共産党員になる以外のキャリアパスも存在することを明らかにした。

Sato & Eto においては、都市を分析の単位として、その社会経済的属性が地域の党員の構造変化（一九九五年と二〇〇二年の比較）にどのような影響を与えているのかを分析し、以下の点を明らかにしている(3)（Sato & Eto [2006]）。第一に、市場化の進展が、より教育レベルが高く専門的な資格を持った若者を、共産党にリクルートすることを難しくしている。その理由は、非公有セクターの発展と公有セクターの再構築により、党籍がなくても、若い世代は社会的経済的に成功する可能性があるためである。そしてこのことにより、第二に、党の党員リクルートの方針に加えて、個々人が抱く入党動機も党員構造を決定する重要な要因となっていることも示された。この点に関しては、党員リクルート方針にはないが、党員であることが世代間で継承されていること（父親の党員率の高さを指標とした）が、実は、党の歴史的な基盤となり、都市部党組織の弱体化を阻止する重要な役割を、今日担っていることが指摘された。第三に、以上の結果、テクノクラートによる党の再編成は、新たに生じた専門職のエリートによるよりも、従来からの政府・国有セクターの官僚エリートを通じて進展していることが示された。これは党の組織的基盤の弱体化の可能性を示すものである。二〇〇二年以降、党は体制外のハイテク企業などの専門職や技師の吸収を図るべく新たな党員リクルート方針をうち出しているが、これはこうした状況に対応するものとして理解することができるとされた。

この他に、園田茂人は自身の都市調査データから、共産党員は高学歴、高収入の「改革開放の勝ち組」集団であることを明らかにしている（園田［2002, 2008］）。

（2）党員の政治意識、社会意識について

共産党員の政治意識、社会意識に関して、本稿の課題と関連するものには、菱田、園田による調査研究がある。非党員との比較も行いながら、共産党員そして組織としての共産党の特徴を把握し、さらにその変容を議論して、以下の三点を提起した（園田［2002］、菱田・園田［2005］）。

第一は、党員の特徴が、「同調性と多様性」としてとらえられるということである。同調性とは、現体制に対する肯定意識や政治へのコミットメントが相対的に強いことを意味する。だがこうした同調性や積極性の高さは、具体的な政策的オリエンテーションとは結びついておらず、表面的な党の結束とは異なるイデオロギー的多様性があることが示された。第二に、党員の高齢化と世代間ギャップの存在である。若い党員は市場経済に対する肯定意識と能力主義的傾向が強いことが明らかになり、これが中国共産党の体質を徐々に変えつつあるとした。第三は、一般の人々にとって、党や党員のリーダーシップが相対化されつつあることである。「党員であること」、「中国共産党を擁護する」が、地域リーダーの第一条件として見なされていないことから、このような指摘がなされた。

さらに菱田は、共産党を組織論的アプローチからとらえ、外部環境の変化と内部条件の変化から、「領導核心作用を保持しつつも、この組織は混沌／撹乱相をも裡に胚胎している」ことを明らかにし、この組織的危機の打開可能性

について議論を行っている（菱田［2010：300］）。
外部環境の変化とは、社会主義イデオロギーの失効（正統性疑義）、党支部のない組織の出現、企業の党組織の機能変化（全面的指導、監督機能の喪失）であり、菱田はこれを党が保持してきた磁力、磁場の衰退ととらえている。そして、内部条件の変化は、内部構造の弛緩として把握され、党員の実態に関する各種の既存の調査研究を参照しながら、具体的には組織弛緩（活動の停滞）、入党動機の変化（「功利的組織」への進展）という点からこれを論証した。

こうした危機への解として菱田が可能性を指摘したのは、党自身のモルフォジェネシス＝自律的な秩序生成形態形成であった。また、共産党組織の将来像の鍵は、「党員証」の価値（＝人々の党への依存）如何であるが、それが無価値になる可能性は低く、党自身のモルフォジェネシスが成功裏に行われた場合、新たな存在となった党組織は固定化傾向が持続されることになるであろうとの見解を示した。

（3）本稿の位置づけと課題

以上、本稿のテーマとかかわるいくつかの先行研究を見たが、学歴、職業、性別、収入などの変数を用いながら、党員の社会的経済的属性の一般的傾向はかなり解明されていることがわかる。さらには、党組織と党員の関係性という点においては、党員であることのメリットが客観的に、また党員自身の認識の側面からも明らかにされている。そして、党の歴史的な基盤についての議論は、人々を組織につなぐ社会的ネットワークの存在をうかがわせるものである。

「はじめに」で述べた問題関心からは、基層党員の政治意識や社会意識、そして社区という最も生活に身近なレベルでの政治的社会的行動の側面で、党組織と党員、党員と非党員の関係をより詳細に把握することが求められる。本稿では、上海市を事例に、そこで実施されたアンケート調査の結果分析を行うが、その際に、先行研究（1）から示唆される上海市の事例としての特性を踏まえ、かつ先行研究（2）を継承して以下の点をさらに検討、検証することを課題としたい(4)。

第一は、党組織と党員の関係性にかかわる問題で、これを二つの側面から検討したい。一つは、党の求心力の保持について、①党員にとっての党の魅力について、入党理由および党員としての自己イメージの側面から探ること、②党員の価値意識や行動における固有性を明らかにすること、である。党員の価値意識については、先行研究では、「同調性と多様性」が指摘されていたが、本稿では、党員の「固有性」として、「同調性の高さ」を現在確認できるのかどうかを中心に検討する。

もう一つの側面は、求心力の保持とは逆に、党員を分化させ、党の求心力を弱める方向に作用すると考えられる要素の検討である。党内の世代間、階層間の分化の傾向を分析し、さらには党の体質変化をもたらす可能性について考察する。

第二は、党、党員を、それを取り巻く社会の中で位置付けることである。党が民衆の思いを汲むためには、民衆との接点が必要である。意識や行動の面で、実際に、党員と非党員の境界と接点はどこにあるのか。党員が分化し党員内に多様性が認められる場合、それはいわば社会の縮図のような形で多様であるのか。党員固有の多様性を示すことも考えられ、そうなると、党員を通じて党組織が認識する社会と非党員を含む現実の社会とがかい離している可能性もある。さらに、非党員の党員への評価を測ることで、民衆の生活の場での日常的な支持の状況の一端をうかがうことができるであろう。

三、共産党の求心力

(1) 入党理由——何が人々を引き付けるのか?

質問表においては、入党理由について一二項目の選択肢があった。分析の際には、他の調査結果との比較や大まかな傾向を読み取るために、もとの選択肢の「共産主義の信念」と「先進的な組織である」はそのままに、他の選択肢は統合を行った。図11-1の「個人の向上・利益のため」は、もとの選択肢の「個人の昇進の必要」、「自己実現」、「経済的地位の向上」、「政治上割と保障になる」、「将来仕事を探すときの政治的資本になるから」の五項目の回答を含む。そして、「その他」は、「単位の推薦」、「家族がみな党員」、「みなが入党」、「家族の勧め」、「党の現状を変え、より役に立つため」を統合した。「その他」については、五項目中四項目は受動的な入党理由ということになる。

まず自己の入党理由を尋ねたのであるが、入党理由の第一および第二の結果を見ると、「共産主義の信念」そして「先進的な組織である」ということが主な理由となっていることがわかる(図11-1、2の「本人」)。

ところがこの結果は、もう一つの設問である他人の入党理由(選択肢は本人の入党理由と同じ)の結果とあわせて

図11-1　入党理由（第1位）

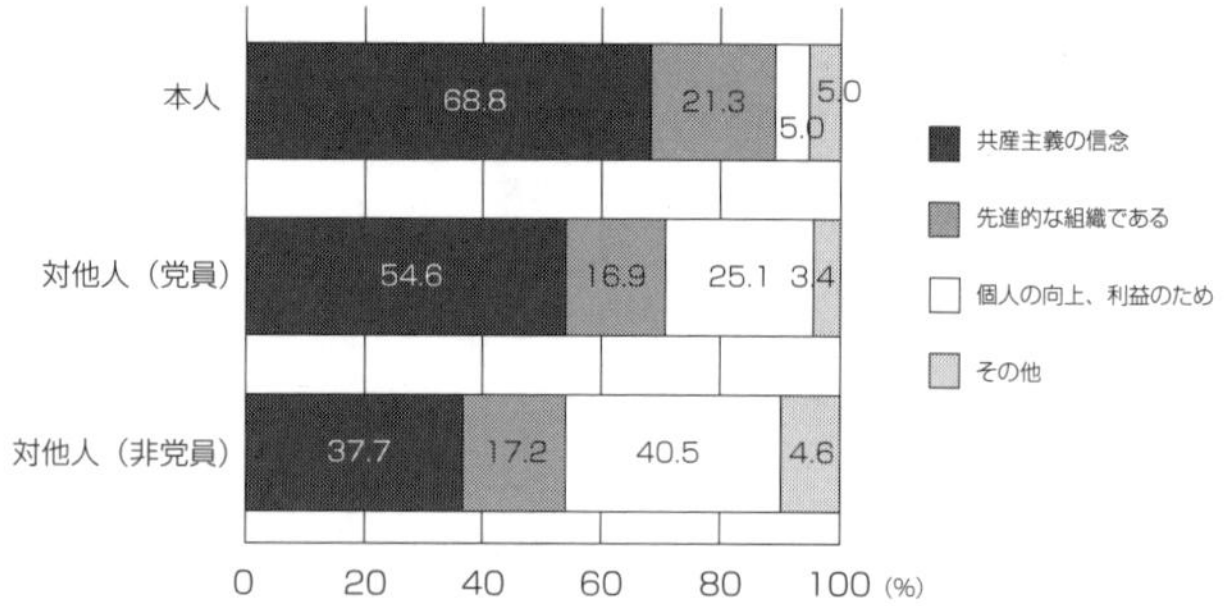

図11-2　入党理由（第2位）

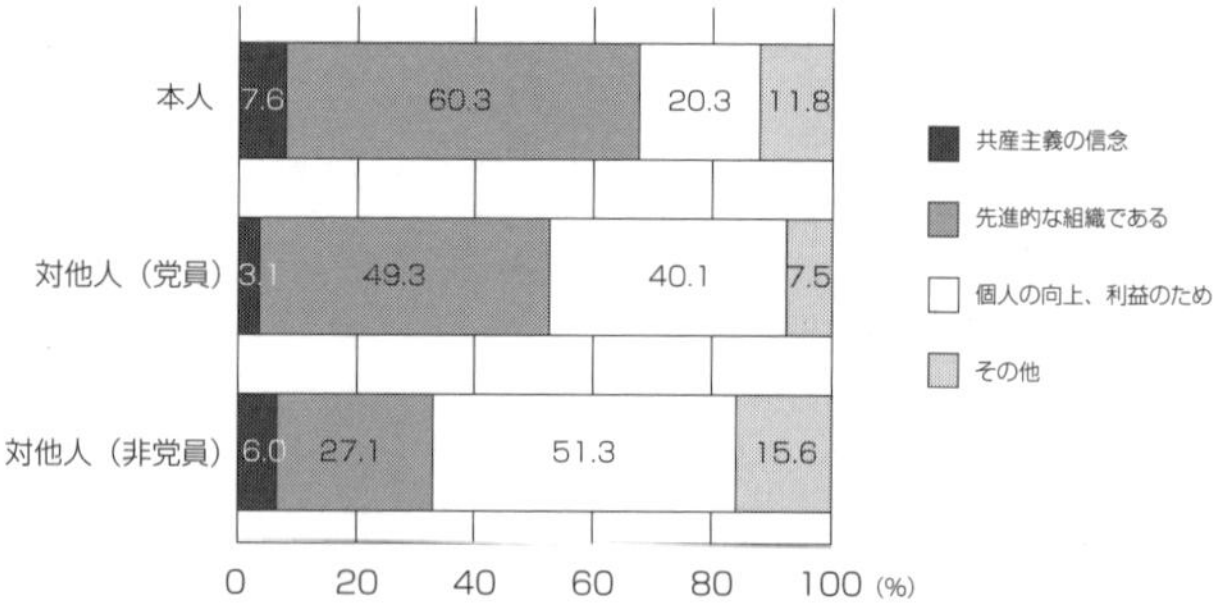

みると、また異なる解釈ができる。他人の入党理由を尋ねると、党員も「共産主義の信念」や「先進的な組織である」が減り、「個人の向上・利益のため」を選択する回答がかなり多くなることがわかる（図11-1、2の「対他人（党員）」）。ここに、自己の入党理由の回答時には出さなかった党員の本音が表れているとも考えられる。

さらに非党員の回答を見ると、「個人の向上・利益のため」が最も多く選択されており、非党員は党員に対して、主として功利的な理由で入党していると見ていることがわかる（図11-1、2の「対他人（非党員）」）。

以上から、党員・非党員ともに、党は個人に対して実利を提供できる組織として認識されていることがわかる。

また、党員には、これに加え、党の先進性や掲げる主義への共感も存在し、二つの種類の求心力（魅力）が混在している状態であるといえる。

なお、入党理由に関する調査は、本調査とは対象が異なるが、これまでもいくつか実施されている。菱田の紹介する調査結果では、本調査と同様またはそれ以上に、実利追求の動機により入党していることが示されている（菱田［2010：310-314］）。

このように個人的な実利を目的として入党する者が一定数存在すると考えられることは、共産主義イデオロギーを掲げてきた共産党にとって、組織の危機を意味するのであろうか。この点については、パーネビアンコが指摘する「政党が釣り合いを図らなければならない、一連の相対立する欲求」のうちの「集合的インセンティヴ」と「選択的インセンティヴ」のジレンマとして理解できるのではないかと考える（パーネビアンコ［1982＝2005：16-18］）。それに依るならば、党は組織としてどちらのインセンティヴも分配しなければならない中で、上述のような個人的実利のための入党動機も、直ちには党組織の危機を意味することにはならないだろう。ただし、その配分のバランスは問題となるのであり、このバランスがどのように変化してきているのか、また将来的にも組織の安定をもたらすのかどうかは検討すべきである。だが、本稿ではこの問題までは議論せず、別の機会にあらためて行いたい。

（2）党員としての固有性

党組織としてそのメンバーに何らかの固有の価値観や思想が共有されているということは、その組織の凝集力の強さのひとつの表れであると考えられる。しかも、その共有されているものが現体制への同調性であればなおさらである。しかしながらこれは一方で、その集団が、自己のおかれている環境からかい離しているという恐れも意味する。共産党の現状はいかなるものであろうか。

本調査では、調査対象者の所属する社区の居民委員会の活動や選挙、現在の中国が抱える政策課題、党や各レベルの行政機関について、それぞれその認識や評価の側面から、また居民委員会については活動への実際のかかわり方も含めて、党員の固有性を探った。

なお、居民委員会の活動や選挙（基層の民主）に関する問題を、党員の固有性を測る指標としてここで加えたのは、単位制度の変容にともなう都市社会の構造変動を踏まえてのことである(5)。都市の社区は、単位との関係が絶たれたり、希薄になりつつある都市民の新たな統合の場として位置づけられている。このため社区建設は、都市における重要な政策課題となり、また党の基層組織の再建という目標もそこには存在している。また、本調査では居民委員会の役員選挙にかかわる設問も多い。役員選挙は基層の民主として社区建設の中心的な内容の一つとされているが、こうした理念の一方で党の指導という現実が存在する。つまり、中国の政治構造の縮図をここに見ることができるのである。そうした意味でも、市民の政治意識を、居民委員会選挙にかかわる設問から測ることには、一定の意義があると考えられる。

以下、価値観や思想、行為の面において党員の固有性が認められた点を見てみよう(6)。

①党の路線・体制への同調性の高さ

調査の結果、党・政府に対する信頼、体制への肯定的意識は、共産党員においてより顕著な傾向があり、現在の党の路線・体制に対する党員の同調性の高さをうかがうことができた。

図 11-3　所得分配問題の解決可能性について

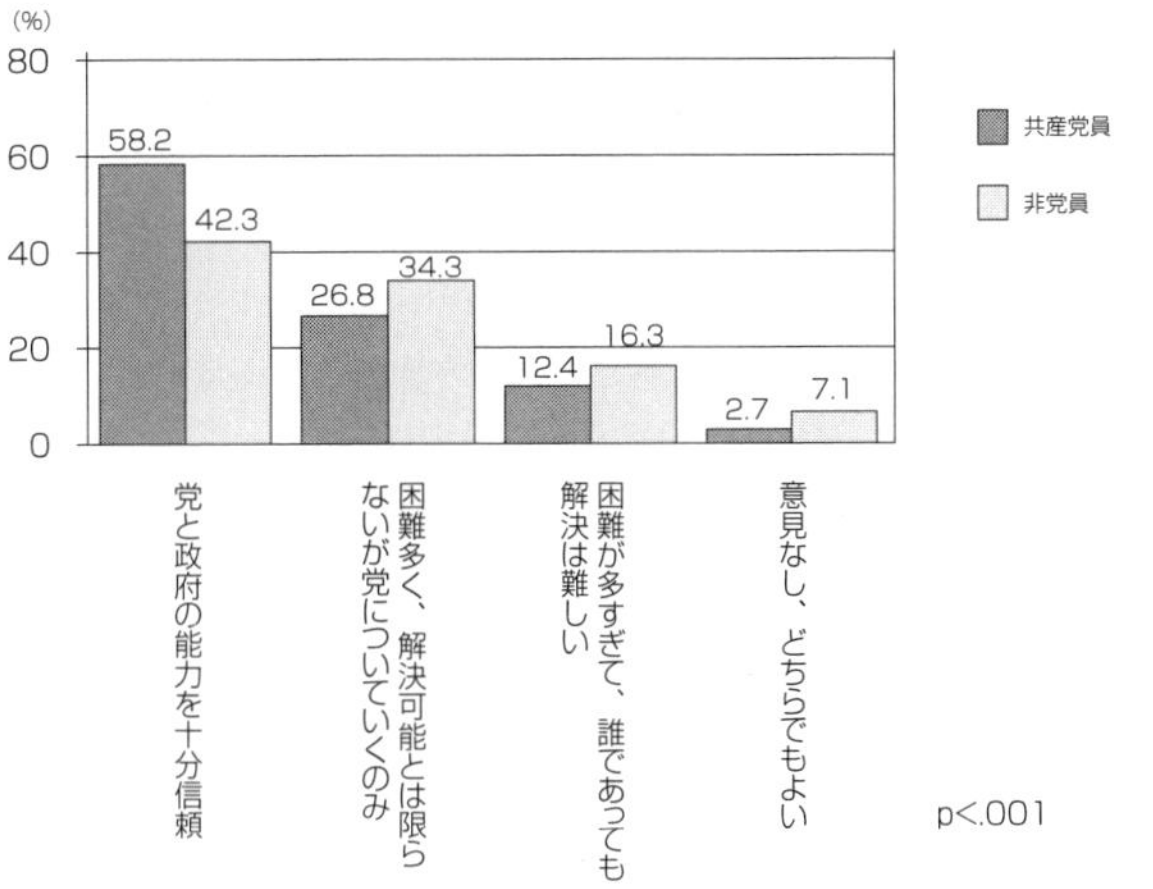

図 11-4　現在政府の最も重要な工作任務（3 つまで選択、選択率）

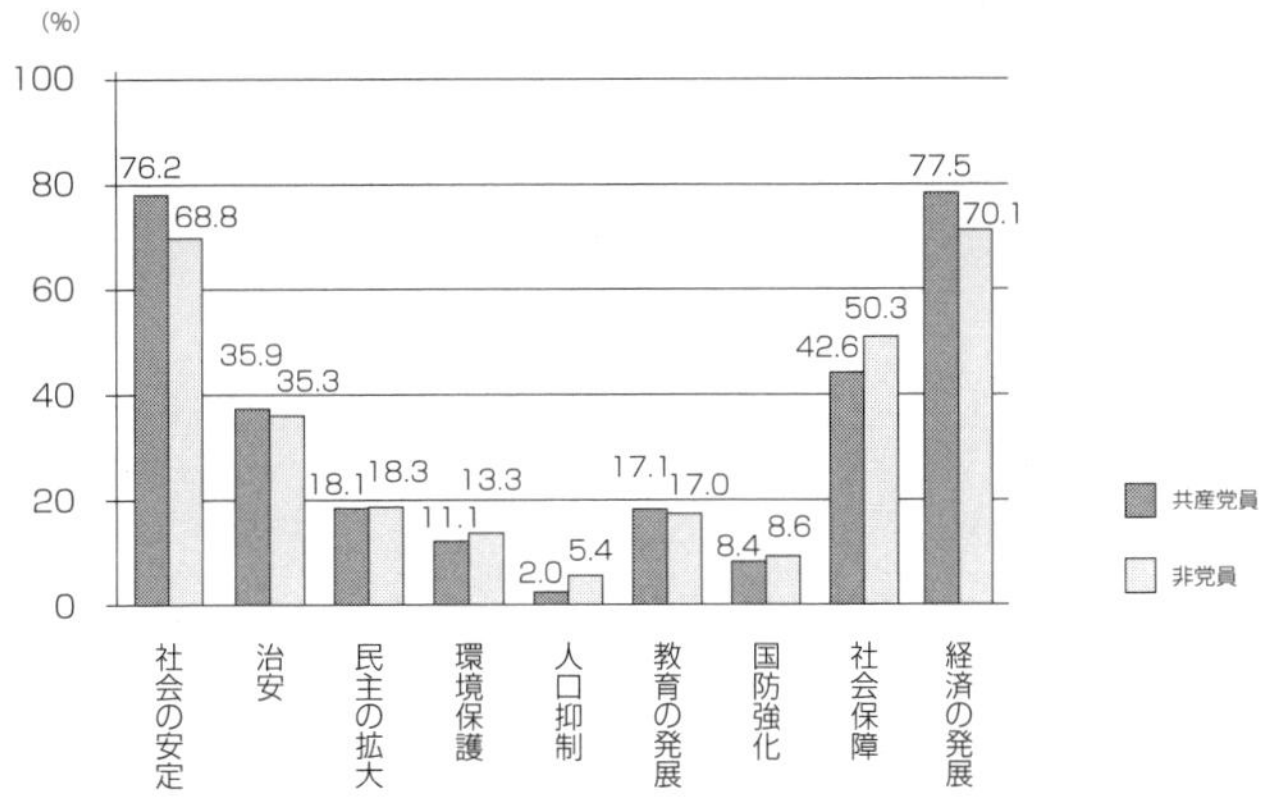

表11-1　仕事ぶりについての評価（平均点）

	中央政府	上海市政府	区人民政府	街道弁事所	居民委員会	業主委員会	所属単位
共産党員	4.53	4.32	3.98	3.81	3.91	3.32	3.81
非党員	4.37	4.12	3.87	3.70	3.81	3.35	3.53

ウィルコクスン検定：中央政府、上海市政府、所属単位において1%有意

表11-2　重要性についての評価（平均点）

	中央政府	上海市政府	区人民政府	街道弁事所	居民委員会	業主委員会	所属単位
共産党員	4.49	4.43	4.21	4.08	4.17	3.80	4.27
非党員	4.32	4.25	4.04	3.94	4.02	3.67	3.84

ウィルコクスン検定：中央政府、上海市政府、単位－1%有意。 区人民政府－5%有意

図11-3は、現在の中国の最大の懸案事項である所得分配の不平等問題の解決可能性について尋ねたものであるが、党員の方がより党と政府に対する信頼が厚いことがわかる。

そして「政府の重要な工作任務は何か」を選択する設問では、党員、非党員ともに一位が「経済の発展」、二位が「社会の安定」となっている（図11-4）。これらは、まさに現政権がそのバランスに苦慮しながら取り組んでいる二大政策課題である。確かに、この設問においては、党籍の有無を問わず各項目が選択された順位は一致している。だが、この一位と二位の選択率を見ると、党員においてより高くなっている点が特徴的である。すなわちこれは現路線との同調をより強く示すものと考えられる。なお、第三位は「社会保障」であるが、これは逆に非党員の方が選択率が高く、セーフティネットの整備を求める意識は非党員により強いようである。

そして、中央から居民委員会、業主委員会まで、その仕事ぶりと重要性について、〇点から五点までの五段階評価で尋ねた結果を見ると、中央政府、上海市政府に対しては、仕事ぶり、重要性の両方で党員・非党員の平均点に有意差が出ている（表

図11-5　居民委員会活動への参加状況

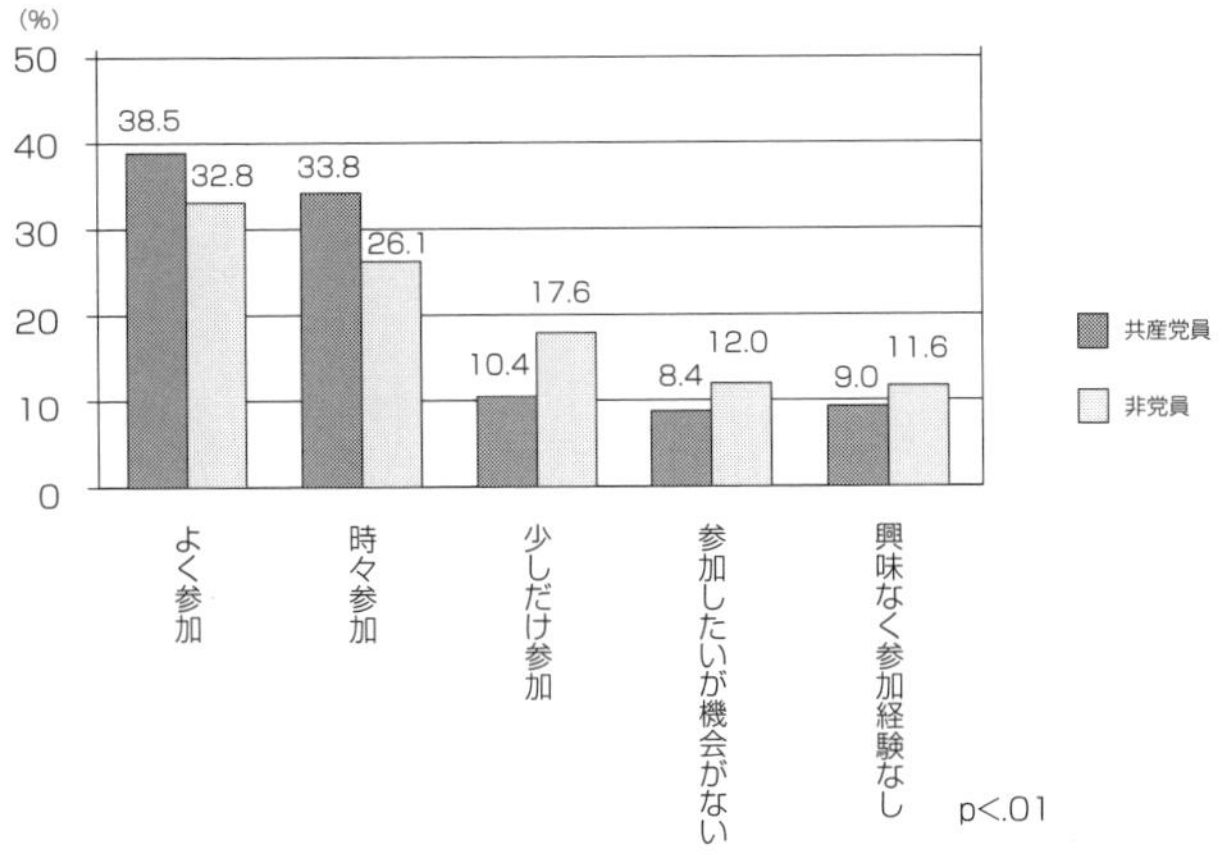

11-1、2)。この結果からは、党員といえどもすべてのレベルの政府に対して、非党員よりも顕著に肯定的にとらえているわけではないことがわかると同時に、大きな枠組みとして、現体制に対しては肯定的意識をより強く有していることが理解できる。

②居民委員会活動への参加、基層自治への認識

居民委員会とのかかわりでは、まず、居民委員会活動への参加に特徴がある。参加状況を見ると、党員の方が積極的であることがわかる（図11-5）。参加している活動（二項目まで）においても違いが見られ（表11-3）、党員では「学習会（政治思想・上級の精神）」が三番目に多い活動となっており、また割合も非党員より約九パーセント多くなっている。

ところがボランティア意識の有無を尋ねた設問からは、むしろ党員の方が、居民委員会へのボランティア意識が消極的であることがわかる（表11-4）。また、満足している活動でも「学習会」の割合が活動参加の割合と同様に高いということはなく、選択された項目の上位は、非党員と同様に「文化・娯楽・

表11-3　参加している活動（2つまで選択）

単位：%

	文化・娯楽・体育活動	環境衛生	治安・パトロール	国家や地方の政策・方針の宣伝	学習会（政治思想・上級の精神）	学習会（技術）	その他
共産党員	37.0	17.8	11.6	10.5	15.9	2.2	4.9
非党員	43.6	19.1	14.5	10.1	7.1	3.6	1.9

*数値は設問への応答者数を分母とする選択率

表11-4　居民委員会の仕事に報酬がなければ、居民委員会の仕事や社区サービスを進んで行うか？

単位：%

	時間がないのでしたくない	したくない	したいがあまり多くはできない	やりたい
共産党員	11.4	18.2	46.8	23.6
非党員	9.7	12.4	41.8	36.1

p<.01

体育活動」、「環境衛生」、「治安・パトロール」である。

以上から、居民委員会という地域社会での党員の活動は、一見積極的であるが、その実むしろ義務的な参加という性格を持つことがわかる。そしてこのことは、党組織がそれなりに党員を「ボランティア」として動員できていることの表れとも見ることができるだろう。

さらに基層の民主にかかわる面では、選挙の手順について、理解しているとする回答者の割合は、党員の方がより高く、また選挙制度自体についても、党員の方がより肯定的にその存在意義を認めていた(7)。

こうした点については、上海市で行われた他の調査でも同様の傾向を確認できる。上海社会科学院社会学研究所の調査結果によれば、社区活動への参加、社区への関心、社区の直接選挙の意義について、党員がより積極的（肯定的）であることが、回帰分析の結果から明らかにされている(8)。

四、党員と非党員との境界の曖昧さ――党員の多様性

一方、以下の項目については、党籍の有無によるクロス分析で有意差が見られず、党員と非党員の境界が曖昧な面も多いことがわかった。そしてこれは同時に党員内部の多様性も示していた。

では、どのような側面において境界が曖昧であり、また党員の多様性にはいかなる特徴があるのかを見てみよう。

(1) 生活にかかわる諸問題解決のための政策の成果についての評価

生活にかかわる諸問題の解決ための政策として、「住宅改革」、「環境保護」、「教育改革」、「収入格差是正」、「食品、薬品の安全」、「医療改革」、「年金制度改革」、「労働者の権益保護」、「失業保障」、「社会治安」の一〇項目についての評価を尋ねた。この中で、党籍の有無による有意差があったのは「医療改革」の一項目のみであった。そして、六項目(「環境保護」、「収入格差是正」、「食品、薬品の安全」、「労働者の権益保護」、「失業保障」、「社会治安」)で、年齢層により回答傾向に有意差があった(9)。また、所得による階層別では、「医療改革」のみ有意差が見られた(10)。

個々の政策について、「成果があった」+「少しは成果があった」の回答を「成果を認める」、「基本的に成果はな

い」＋「悪化している」を「成果を認めない」として大きく二分すると、全体として、「収入格差是正」を除き、「成果を認める」方が「認めない」よりも多く、肯定の割合は、五六・〇パーセント（＝「医療改革」）〜八〇・八パーセント（＝「環境保護」）の幅があった。「収入格差是正」は、「成果を認めない」（五五・五パーセント）＞「成果を認める」（三五・二パーセント）であった。

党員内の分化を見ると、階層差は見られず、「収入格差是正」と「労働者の権益保護」において年齢層での違いが見られた。「収入格差是正」では、被調査者全体（以下、全体とする）と同様な分化の傾向を見せている。すなわち「四十六〜六十歳」のグループで「基本的に成果はない」が他の年齢階層よりも多く、三十歳以下の若い層で「悪化している」を選択する割合が顕著に多くなっている。ただし党員においては、「六十一歳以上」において、「成果を認める」回答の割合が「成果を認めない」よりも多く、この点は特徴的である。

「労働者の権益保護」についても、党員と全体の分化の傾向はほぼ同様である。どの年齢層でも七割以上は成果を認めているが、「三十歳以下」で「成果があった」がより多くなっている。また党員の場合はこれに加え、「六十一歳以上」でも「成果があった」の割合が高い。

(2) 社会の不公平への問題意識——司法の不公平に関する設問

司法の不公平に関する設問から、社会の不公平に対する認識、感情の一端を測ろうとした。「労使対立」、「消費者の権益保護」、「立ち退き」の三つの問題について司法の不公平の程度を尋ねている。まず全体的な回答の傾向を見ると、「立ち退き」以外の二項目では、「基本的にはない」と「少しはある」がそれぞれ三〇パーセント強になって

図 11-6　住居の立ち退き問題について司法の不公平は？（党員・年齢層別）

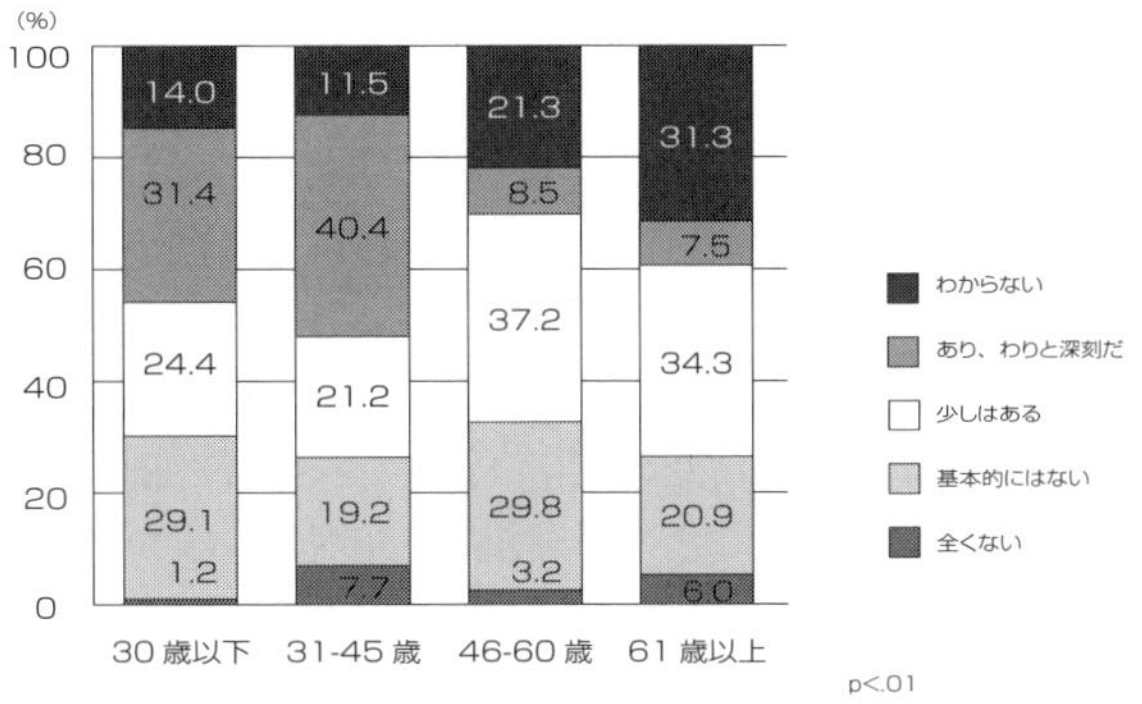

図 11-7　住居の立ち退き問題について司法の不公平は？（党員・階層別）

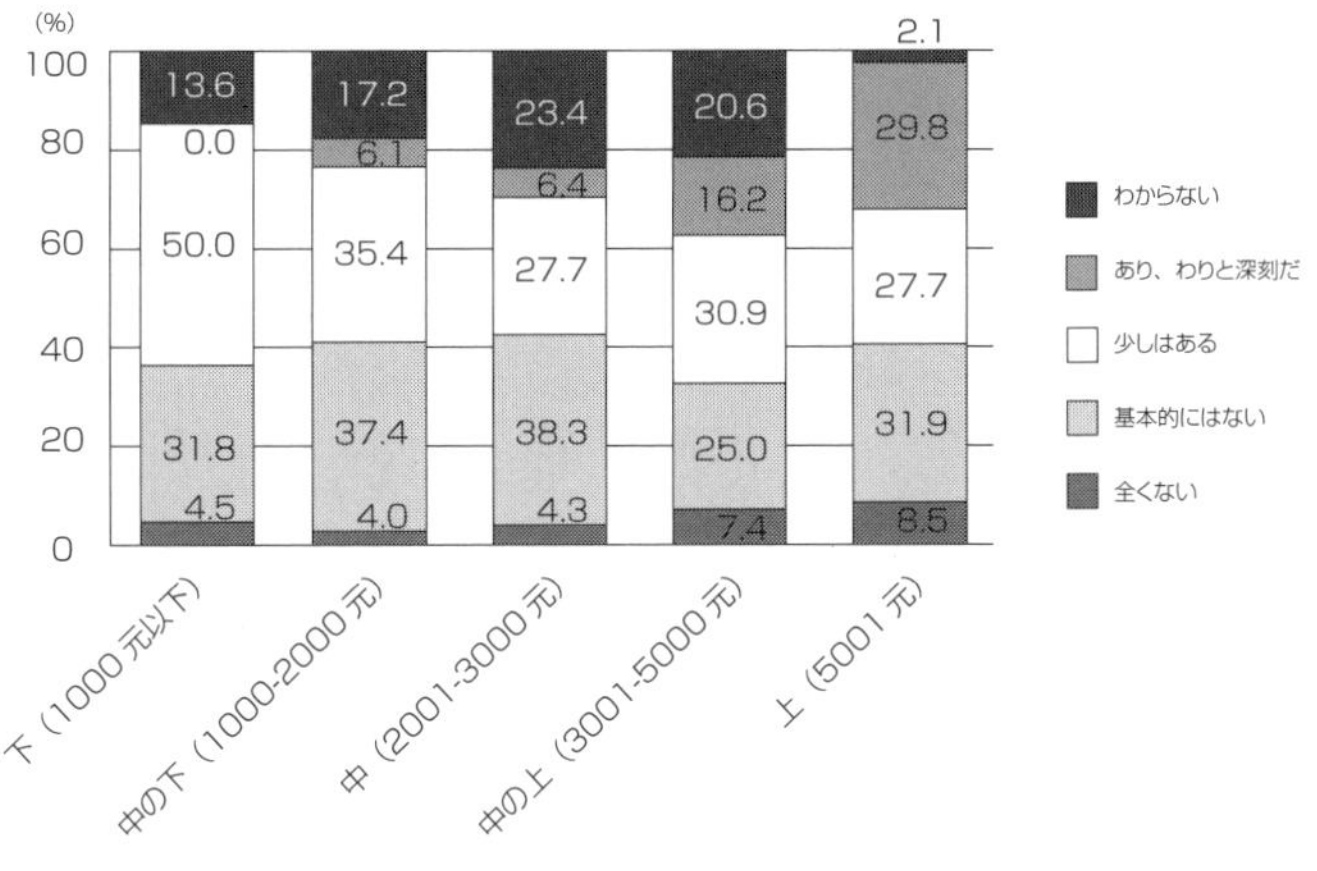

いる。「立ち退き」では「基本的にはない」は二四・三パーセントと低い。

これらの三項目においても、党員・非党員の間で回答に有意な差はなく、年齢と階層による有意差が見られた。

年齢層別では、三つの設問ともに、全体と党員で同様の分化の傾向が見られ、「三十歳以下」、「三十一〜四十五歳」において、不公平を感じている割合がより高く、特に「あり、わりと深刻だ」が多くなっている

（図11-6）。

収入階層では、三つの設問すべてで、全体、党員とも「中の上」、「上」において「あり、わりと深刻だ」の多さが目立つ（図11-7）。「消費者の権利保護」での全体を除き、「下」において、「少しはある」の回答が多くなっており、それは特に党員において顕著である(11)。また、非党員においては階層差が有意でないことから、党員の方が非党員よりも、公平性の問題に対する認識について階層間での違いが大きいことがわかる。

（3）居民委員会、社区自治の現実への評価

①居民委員会について

表11-1および2で見たように、中央から所属単位まで、その仕事ぶりと重要性について、〇～五点で評価を求めたが、居民委員会については党員、非党員で有意な差は見られなかった。階層、年齢層の点では以下のような特徴が示された。

まず、その仕事ぶりでは、全体、党員ともに、年齢層、階層において、得点分布の差は有意であった(12)。年齢層では、党員内の分化の傾向は全体と同様で、「六十一歳以上」で評価が高い（全体の平均三・八五に対し「六十一歳以上」は四・二二、党員では平均三・九一に対して四・三五）。三十歳以下を除き、年齢が上がるにつれて、評価は上がっている。

階層別でも、全体と党員は同様の傾向で分化しており、「中の下」から「上」までは収入階層が上がるにつれて評価が下がっている。なお「下」では評価は低く、党員では「上」と同じ数値であった（三・五七）。

居民委員会の重要性についても、年齢層、階層による差が見られた。年齢層では、全体と党員は同様の分化の傾向を示し、評価の最も低いのが「三十歳以下」で（全体では平均四・〇八に対し「三十歳以下」は三・九八。党員は平均四・一七に対して三・九三）、評価が最も高いのが「六十一歳以上」（全体では四・三七、党員では四・五〇）となっている。ただし、全体では、年齢層が上がるにつれて評価が高くなる傾向があるが、党員では、「四十六〜六十歳」でいったん評価が下がっている。

一方、階層では、上述の仕事ぶりへの評価のような傾向性は見出せなかった。しかし、全体、党員ともに、「下」の人々は重要性の評価が最も低く、他の階層との差も比較的顕著であった。

②社区自治の現状についての評価

前述のように、社区自治の理念の側面では、党員の方がより多くの理解と肯定的な評価をしていた。だが、その現実に対する見方は、党員と非党員の間で大きな違いは見られず、ここでも年齢層または階層により違いが生じている。

⑴選挙について

選挙への満足度を尋ねたところ、全体で「とても満足」が二六・五パーセント、「満足」が四六・〇パーセントあり、七割以上が肯定的評価をしている。

年齢層別では、全体、党員ともに、「四十六〜六十歳」、「六十一歳以上」において満足（「とても満足」と「満足」）とする回答が目立つ。逆に四十五歳以下の若い層では「普通。良くも悪くもない」が多くなり、「三十歳以下」では

図11-8　選挙への満足度（党員・年齢層別）

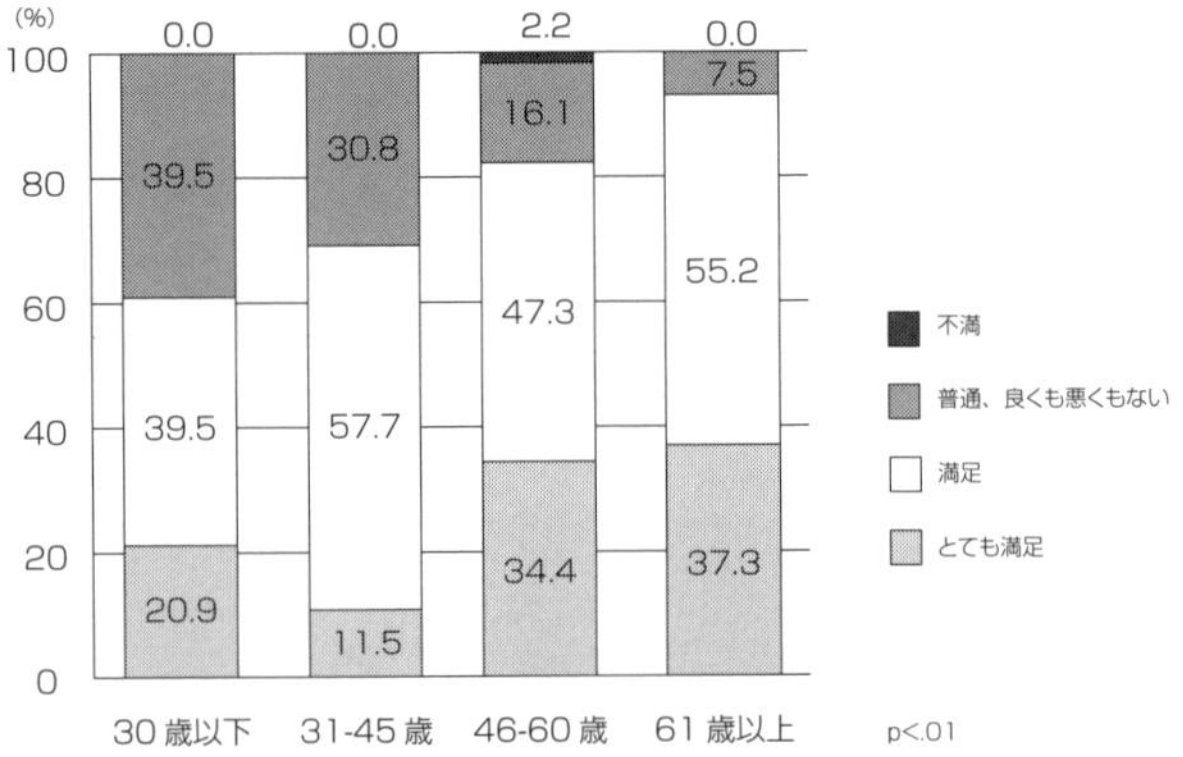

図11-9　選挙への満足度（党員・階層別）

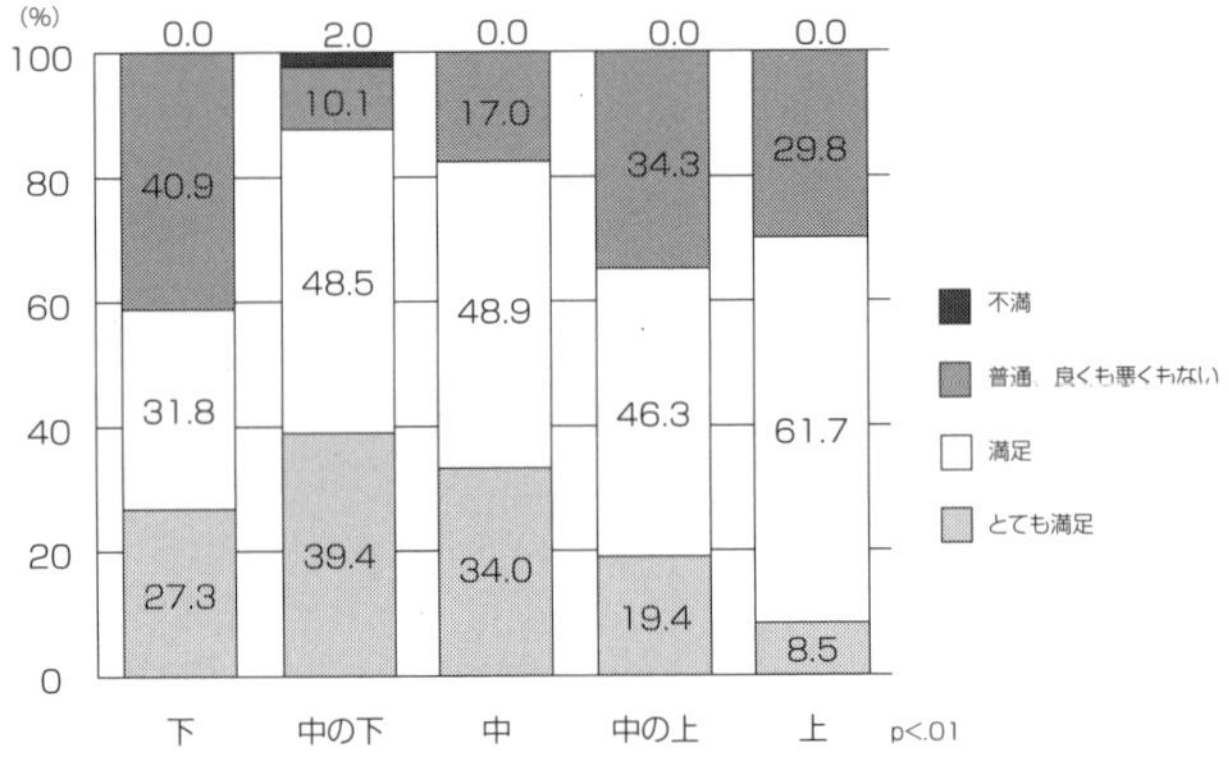

全体でも党員のみでも約四割がこの回答を選択している（図11-8）。

収入階層では、「中の上」、「上」では、「とても満足」は少なく、「普通。良くも悪くもない」が多くなっている。ただし、党員では「下」でも「普通。良くも悪くもない」が多く、その比率は「中の上」、「上」を上回っている（図11-9）。

次に、「居民委員会は重要だが選挙は形式的」については、全体で、「同意」二九・八パーセント、「同意しない」五六・九パーセントであった（選択肢は、「同意する」、「同意しない」、「わからない」の三つ）。この設問はややダブルバーレルの問題を抱えるともいえるが、「同意」の人は、選挙が形式性であることは認めているとはいえるだろう。つまり、少なくとも約三割が、選挙は形式的であると考えていることになる。

この問いについても、全体では年齢層と階層、党員では階層で回答に有意差が見られた。全体と党員で、階層による回答の分化傾向は一致しており、「同意する」が「下」で、「同意しない」が「中の下」で突出している。

(2)居民委員会への信頼

以下の三つの問いは居民委員会への信頼にかかわるものであり、「はい」、「いいえ」、「わからない」の三つの選択肢があった。

まず、「自分たちのために仕事をするから居民委員会を信じる」については、全体で七割以上が肯定の回答をしている。全体、党員ともに、年齢層で回答に有意差が見られた。「三十一～四十五歳」の層では「はい」の割合が他の年齢層と比べ低く（全体、党員とも平均より一〇パーセント低い）、「わからない」が多くなっている。「六十一歳以上」では、党員、全体ともに約九割が「はい」を選択している。

そして、「自分たちが選んだので居民委員会を信頼する」では、これは選挙が形式的かどうかともかかわるが、全体で七割以上が「はい」という肯定の回答をしていた。

この設問では、全体、党員ともに年齢層に加え階層でも有意差が見られた。年齢層では全体と党員の傾向は同様である。「はい」の回答は、「三十歳以下」、「三十一～四十五歳」で平均より一〇パーセント前後下回る。また、「三十一～四十五歳」では、この設問でも「はい」が最も少ないが（全体五八・九パーセント、党員六三・五パーセント）、

図 11-10　自分たちが選んだので居民委員会を信頼する（党員・年齢層別）

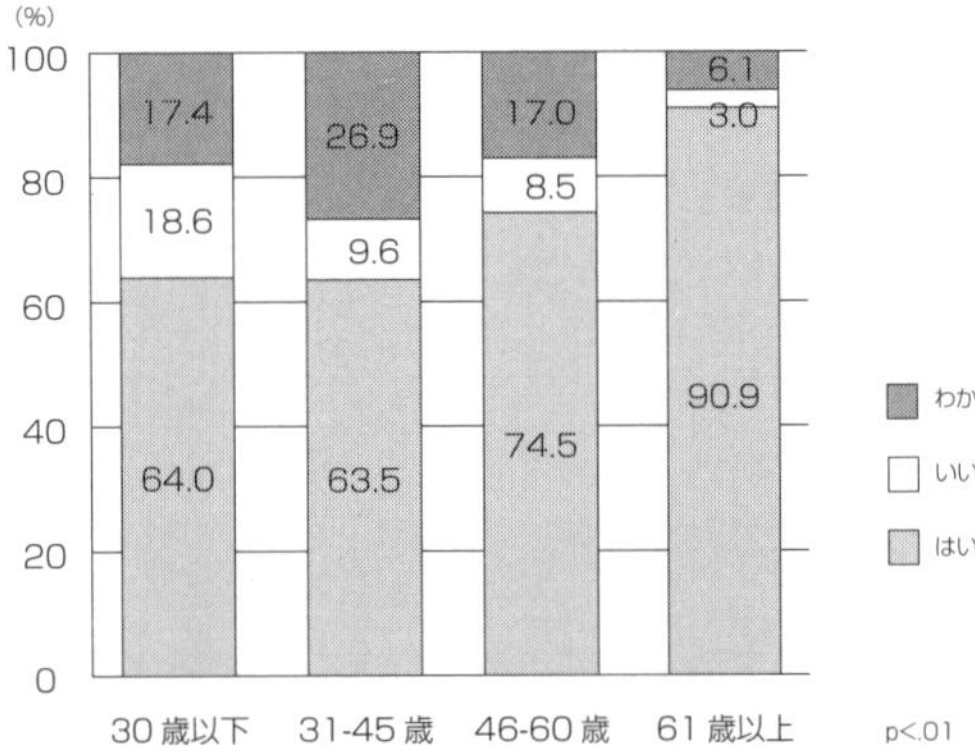

図 11-11　自分たちが選んだので居民委員会を信頼する（党員・階層別）

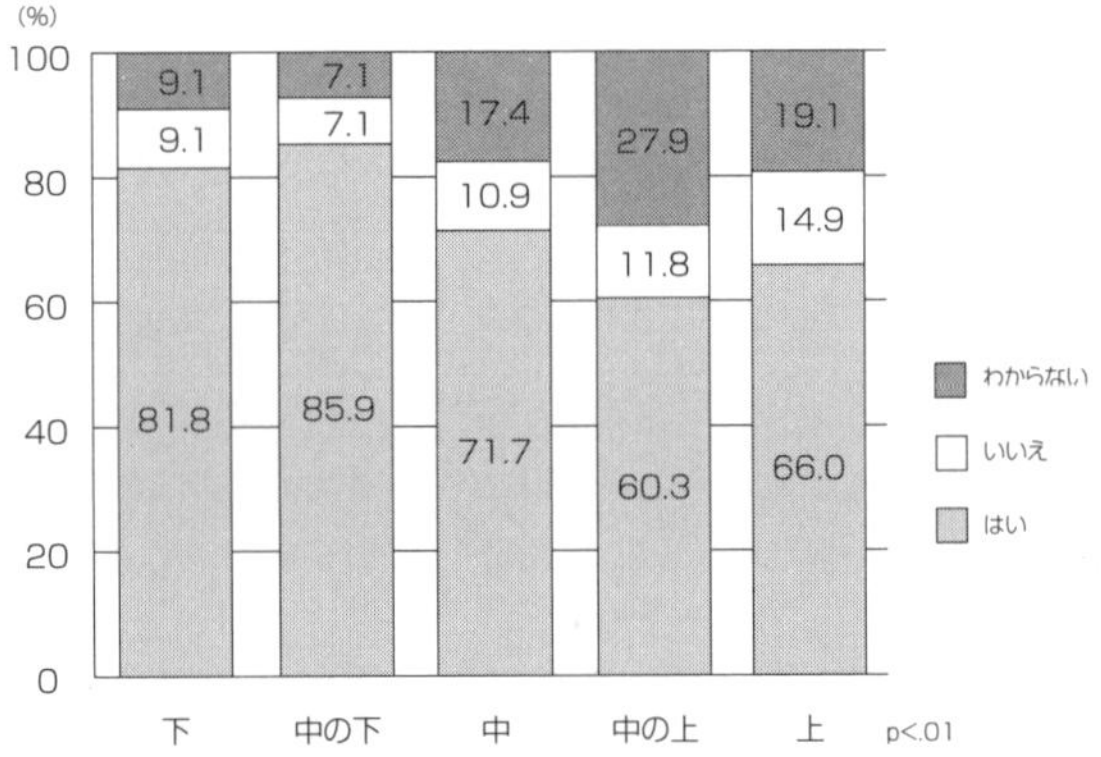

その一方で「わからない」が最多である。他方、「六十一歳以上」では「はい」が約九割に達している（図11‐10）。

階層では、全体では階層が上位になるにつれて「はい」が減少する傾向にあるが、党員ではそうした規則性は見られない（図11‐11）。なお、「いいえ」が最多なのは、全体では「中の上」であるが党員では「上」である。「上」は、全体サンプルでは三割が「わからない」を選択しているが、党員ではそれは約二割であり、党員は賛成反対の見解を比較的明確に持っていることがわかる。

さらに、「何をしているか知らず信頼といえず」という否定的な問い方を直接した設問に対しては、「はい」という回答はそれほど多くはなく、全体で一七・〇パーセント、党員一五・九パーセントであった。ただこれも全体、党員ともに年齢層で有意差が出ている。「はい」が比較的多いのは、党員では「四十六～六十歳」（二三・四パーセント）、全体では四十五歳以下の二つの年齢グループである（どちらも二〇パーセント強）。なお、上記二問で「はい」の回答者が最も少なかった「三十一～四十五歳」は、この設問では「はい」が最も多くなると予想されたが、「わからない」が多く、特に党員では三〇・八パーセントに達している。

以上（1）～（3）からは、多くの側面において、党員と非党員の境界が曖昧で、党籍よりもむしろ年齢層や階層で分化していることが明らかになった。しかも、被調査者全体に表れた年齢層、階層による分化の多くは、党員内部でも同様の傾向にあり、このことは、共産党の組織自体も、多くの面でいわば一般社会の縮図のように年齢層や階層による多様性を抱え持つことを示している。

（4）党員の多様性

ここでは党組織の今後を考察するためにも、党員の多様性についてまとめておこう。

まず、第一に、年齢層による分化である。明確であったのは、「六十一歳以上」において、保守性とでもいうべく体制への同調性がより高いことである。そして、「三十歳以下」、「三十一～四十五歳」に共通する特徴として、公平性（司法や収入格差）の問題に敏感であること、居民委員会や社区自治への評価が相対的に厳しいことが指摘できる。

ただし、これら二つの年齢層に違いも見られる。「三十歳以下」では、居民委員会の活動への参加が消極的な点が特徴的であり、関心の薄さは際立っている。また、居民委員会の重要性についての評価も四つの年齢層の中で最も低い。一方、「三十一～四十五歳」は、居民委員会の信頼にかかわる設問で、肯定的な回答の割合は最も少ない。しかし、「わからない」も多いため、否定的な回答を選択する割合が四つの年齢層で最多にはなっていない（最多は「三十歳以下」）。明確な態度を決めかねている人が多い世代といえるようである。そして、この要因の一つには、地域との接触の少なさも考えられる。例えば、居民委員会の活動への参加も、「三十歳以下」ほどではないがあまり活発なものではなく、「関心はあっても機会がない」という人の割合も多い。また、居民委員会の委員との接触もこの年齢層が最も少ない（「居民委員会のメンバーを知っている」、「居民委員会のメンバーを見かける」、「居民委員会のメンバーが家に来たことがある」の各設問において、「はい」の回答割合が、この年齢層で突出して低い）。実は、この年齢層は、「三十歳以下」とは異なり、居民委員会の方が単位よりも重要性が高くなっている。だが、現実には、働き盛りの世代として、地域よりも職場とのかかわりが強いことが推察され、このためこうした結果がもたらされるものと考えられる。

第二に、階層による分化であるが、「上」は、司法の不公平、居民委員会の仕事ぶり、選挙への満足などの点で、現状に対してやや厳しい評価をしている。そして「下」も、「上」以外の階層の中では公平性の問題に比較的敏感で、また居民委員会の仕事ぶりと重要性、選挙への満足度についても厳しい評価をしている。ただし、「上」や「下」が、居民委員会の活動への参加において、特に消極的という状況ではない。

五、非党員からのまなざし――社会の中の党員、党組織

中国では共産党の指導が政治制度として確立しているのであるが、そうした党の指導の妥当性は、民衆からの評価、威信により支えられる必要があることは言うまでもない。本節ではこの点について検討を行うこととする。

本調査では周囲の党員について、「職場での仕事ぶり」、「社区の日常生活での問題解決」、「上級組織からの指示について」（以上、党員としての働きぶりに関する三項目をA群とする）、「知識と技術水準」、「収入」、「商売、経済政策についての情報」（以上、個人の資質に関する三項目をB群とする）の六項目における評価を尋ねた（表11-5、6）。

非党員からの党員への評価を見ると（表11-5、6における非党員の行を参照）、A群については、「模範的な役割を果たしている」+「時には非常に顕著な役割を果たす」がいずれも五〇パーセントを超え、党員に対する評価は肯定的であるといえる。一方、B群では、非党員にとって、党員との差がやや縮まっているようである。これは、市場経済化の進展により、党以外のルートでも経済情報にアクセスできることや、先行研究でも明らかにされているように、体制外のルートで社会的地位を上昇させることが可能なため、知識や技術レベルの高い人材が、非党員にも多く存在するためであろう。

そして、「職場での仕事ぶり」、「上級組織の指示」、「社区の日常生活での問題解決」、「知識と技術レベル」、「収入」

表 11-5　周囲の党員への評価（A 群）

単位：%

		模範的な役割を果たしている	時には非常に顕著な役割を果たす	非党員と何も変わりはない	時には大衆より劣る	わからない
職場において	共産党員	46.6	38.9	7.7	2.3	4.4
	非党員	34.8	26.5	20.0	6.2	12.5
社区日常での問題解決	共産党員	25.8	50.3	13.1	2.3	8.4
	非党員	21.5	33.9	24.0	5.6	15.0
上級組織の指示について	共産党員	41.3	40.9	8.7	1.3	7.7
	非党員	24.5	29.7	18.7	3.4	23.7

上記項目 3 項目すべて $p<.01$

表 11-6　周囲の党員への評価（B 群）

単位：%

		大衆よりかなり高い	大衆より少し高い	非党員と何も変わりはない	時には大衆より劣る	わからない
知識と技術レベル	共産党員	14.1	49.2	19.9	3.0	13.8
	非党員	17.6	31.5	29.0	5.2	16.7
収入	共産党員	5.7	23.6	38.7	4.7	27.3
	非党員	10.6	28.9	25.5	1.5	33.5
商売や経済政策の情報量	共産党員	10.4	25.9	25.9	3.7	34.0
	非党員	10.6	27.9	21.4	3.9	36.1

知識と技術レベル、収入 $p<.01$

については、党員と非党員の回答には有意差があり、「収入」を除き党員の方がより肯定的に自己評価している。「収入」については、党員が控えめな評価をしているが、実際には本調査では党員の方が平均収入は高い。

特にA群では、「模範的」＋「時には非常に顕著」の合計の差が、党員と非党員で二〇パーセント～三〇パーセント開いている。これは、党員としての自負の高さをうかがうことができる一方で、社会の中での自らの位置を見誤りかねない可能性もあることが示唆されるであろう。

本調査と関連するものとして、青年知識人を対象とした調査が上海市で行われている。これは約十年前に、上海のある重点高等教育機関の知識人（四十五歳以下で大卒以上の専門技術者）を対象としたものである[13]。その中に、共産党員の働きについての設問があった。選択肢が本調査と異なるのであるが、注目されるのは、共産党員が

表11-7　職場における周囲への党員の評価

単位：%

	模範的な役割を果たしている	時には非常に顕著な役割を果たす	非党員と何も変わりはない	時には大衆より劣る	わからない
非大卒	43.3	29.6	12.9	4.6	9.7
大卒以上	28.4	36.1	22.2	5.2	8.2

$p<.01$

表11-8　職場における周囲の党員への評価（非党員）

単位：%

	模範的な役割を果たしている	時には非常に顕著な役割を果たす	非党員と何も変わりはない	時には大衆より劣る	わからない
同居者に党員がいる	42.5	26.5	16.0	3.9	11.0
いない	30.0	26.5	22.6	7.4	13.4

$p<.05$

表11-9　社区の日常生活の中での問題解決における党員への評価×居民委員会活動への参加（非党員）

単位：%

	模範的な役割を果たしている	時には非常に顕著な役割を果たす	非党員と何も変わりはない	時には大衆より劣る	わからない
よく参加	33.3	34.0	19.0	3.9	9.8
時々参加	21.5	41.3	25.6	2.5	9.1
少しだけ参加	17.1	31.7	25.6	7.3	18.3
参加したいが機会がない	8.9	26.8	28.6	10.7	25.0
興味なく参加経験なし	7.4	27.8	27.8	9.3	27.8

$p<.01$

「普通であり、一般と同様である」とする回答が約四割に達することである[14]。党員への評価が本調査よりもかなり厳しいことがわかる。ただし本調査の対象にはさまざまな学歴の回答者が含まれている。そこで、本調査においても大卒以上を抽出し集計してみると、この青年知識人調査ほどではないが、大卒以上では、非大卒よりも「非党員と何も変わりはない」の割合が増加し、「模範的な役割を果たしている」の割合が低くなっていた（表11-7）。ただしそれでもA群の各項目で最も多く選択されているのは、「時には非常に顕著な役割を果たす」であり、党員の働きぶりへの評価は、おおむね肯定的である。他方、B群の「収入」、「売買や経済政策の情報量」では、「非党員と何も変わりはない」が最も多く選択されている。「知識と技術レベル」では、「非党員と何も変わりはない」は二番目の多さであったが、最多の「一般大衆より少し高い」との差はわずか〇・五パーセントであった(15)。

次に、非党員において、身近なレベルで党員と社会的関係を有していることが、党員への評価に影響するのかどうかを見てみよう。非党員において、同居者に党員がいる場合、「上級組織の指示」と「職場での仕事ぶり」は、より肯定的な党員評価となっていた（表11-8）。

居民委員会の活動への参加も党員や党組織との接触の機会であると考え、参加の度合いと党員評価の関連を見た。すると、「収入」を除くすべての項目で、居民委員会活動への参加が積極的な人ほど、党員への評価が肯定的であった（表11-9）。

六、おわりに

今回の上海市民調査を通じて以下の点が明らかになった。

まずは、党の求心力についてである。これは、党が日常的な場面において、ボランティア組織のような性格を見せて民衆の支持を獲得するよう党員を活動させることができるどうか、という本稿の冒頭で提起した問題と大きくかかわる。今回の調査でも、党員の「同調性と多様性」を指摘することができた。つまり、居民委員会、社区自治の現実への評価、個別政策への評価、司法の公平性の問題といった現実の具体的問題については、共産党員固有の価値意識を見出すことは難しく、党員内での多様性が見られた。だが一方、党・政府の路線、能力に対する肯定的評価や信頼は、党員内でまとまっていたのである。調査対象全体としても党・政府に対する信頼、肯定的評価は見られたが、共産党員においてそれはより顕著であった。こうした現体制への高い同調性が、多様性の中にも根本において党組織に一定の求心力を保持させているものと考えられる。

また、実際の行動面でも、居民委員会の活動には、党員の方がより積極的に参加していた。ただし、本音では非党員よりも消極的な姿勢であることも判明した。このことはむしろ、党組織が党員に対して、それなりの動員力を今日も示すことの表れと理解できるであろう。

そして、入党動機や自己イメージから、共産党の求心力の源の一端を見ることができた。入党動機には、先行研究にも示されていたのと同様に、イデオロギーや共産党組織に対する信奉と個人の実利目的が交錯していた。また、自己イメージは、非常に肯定的であり、党員としてのエリート意識をうかがうことができた。これは、この集団に属すことがひとつのステイタスとなり、メンバーシップがいわばブランド的価値を持つと理解できるのではないだろうか。こうしたことも人々を共産党の一員となるよう引き付ける一因となっているといえるだろう。

次に、党組織や党員と民衆との接点、民衆からの支持の問題については、次のようにまとめることができるだろう。上述のように、現実の具体的問題については、共産党員固有の価値意識を見出すことが難しく、党員と非党員の境界の曖昧さを指摘することができた。むしろ党籍よりも年齢や階層によって回答の傾向に有意差が見られたのである。党員が、現体制の大きな枠組みへの高い同調性という固有性を保持しながら、他の側面では非党員との境界が曖味であるということは、党が社会からかい離することを防いでいると見ることができるだろう。このことは、党の組織としての強みともいえるだろう。

そして、非党員の党員への評価はおおむね肯定的であり、特に党員としての働きぶりについては肯定的である。これは共産党への民衆からの支持につながると考えられる。

だが注意も必要である。なぜならば、働きぶりや資質が非党員よりも圧倒的に優れているとまでは考えられていないからである。また、党員自身の高い肯定的な自己認識とはギャップが見られ、そして、多くの人が、党員はイデオロギーよりはむしろ実利で入党しているととらえているからである。そうなると、党の指導や党員のリーダーシップを主張しても、それに対する威信や信頼は盤石なものとは言い難くなる。なお、上海は、先行研究に照らすと、市場経済化にともない、党とは別のルートにより出現した社会的経済的エリートが多い地域と考えられ、党員の相対化は進んでいると推察される。このため、こうした上海の傾向は、今後の全国的な趨勢の先取りとして考えることもできるのではないだろうか。

なお、今回の調査では、居民委員会活動への参加の度合いと党員への肯定的評価に相関関係が見られ、接触の多い方がよりプラスの評価となっていた。これは、党員と非党員の社会関係、日常的場面での対面的つながりの重要性を示唆するものである。個人的なつながりのあることや接触が多いことは、より実態を理解していると考えられるが、この時、多くを知っていることが失望にはつながっていない。ただし、これは因果関係ではないため、そもそも党員への評価の高いことが活動への参加を促す場合も考えられる。今後は、まず因果関係を解明することが必要である。そしてその結果、もし党員への評価の高さが要因であった場合には、そもそもそうした評価がいかに形成されるのかを検討しなければならない。

以上のように本調査からは、共産党の今日の執政能力が、基層でどのように支えられているのか、その一端を明らかにすることができた。だが限界も明らかになった。例えば、四十代半ばより下の年齢層においては、地域生活の場である社区よりも職場が社会的活動、党員活動の主たる場であると考えられ、そこでの活動や非党員との関係もあわせて検討する必要がある。職場においても、本調査結果と同様に低調なかかわり、参加ならば、これは今後、党の体質変化をもたらすことになるだろう。

また、階層分化という点からは、党員内では上層と下層がそれぞれ居民委員会や自治の現状について、相対的に批判的な見方をしていた。党員の凝集力を維持するためには、批判的な層の離反を防ぐ必要があるが、下層と上層のそれぞれの意識の背後にある利害や要求は同一とはいえないだろう。本調査では下層の人数は少なかった。これが上海市の特性かどうかを検討する必要もあるが、党員のリクルート方針から見ても、今後、上層が増加することはあっても下層が厚くなることは考え難い。そして、党内で少数派である下層が党内でパワーを持ち得るかは疑問であり、むしろ上層が離反しないような路線がとられる可能性がある。そうなると、それは全体社会との関係で見ると、むしろ上層に傾斜する党が、下層を多く含む大衆からかい離する可能性を高めることになるやもしれない。本調査では、階層間では個別の政策の評価についての有意差が出ないなど、年齢層におけるほどの差異は見られなかった、だが、中国社会の現状に照らすならば、党員内の階層分化の問題は、より多面的な角度から今後も検討すべきであろう。

〈注〉

（1）このほかにも、景躍進（中国人民大学）は、挑戦―応答モデルを提起し、基層党組織はその実践において、その時々の状況に柔軟に対応し、自らも変化をしながらそれでも党の一元的なコントロールを維持していることを主張している（二〇〇九年十一月十日アジア政経学会大会国際セッション「中国共産党の再評価：深まる闇、それとも新たな曙光？」における報告および提出ペーパーより）。

（2）ここで用いられている「ボランタリスティック」という語であるが、これはこの文脈においてはvoluntaristicという英語の意味とは異なるようである。引用箇所と同ページに、「党は民衆の自発性を重視し、かつ自分自身もボランティア組織としての側面を基層レベルで保持するという原則を持たねばならない」とある。このことから、「ボランタリスティック」は「ボランティア組織として、ボランティア組織のように」という意味に理解できる。

（3）構造変化の指標は、共産党の党員リクルート方針である若年化、高学歴化、専門化としている。

（4）上海調査は二〇〇九年六月中旬から七月中旬に約一カ月かけて行われた。調査地は主に徐匯区であった（サンプル数の約九二パーセント）。区の居民委員会選挙当日に、投票を終えた住民に対してアンケート調査を行った他、訪問調査も一部実施した。また党員のサンプル数を一定数得るために、一つの居民委員会では党員を集中的に調査対象とした。有効回答は七六七票。回答者のうち男性は三二一名、女性は四四六名、政治的立場は、共産党員二四六名、共青団員五三名、民主党派党員一一名、無党派四五六名であった。

（5）この点については、李［2007］、Takahara & Benewick［2006］を参照されたい。

（6）以下では、サンプル数の関係により、共産党員と共青団員を党員とし、民主党派党員と無党派を非党員に再カテゴリー化した。

（7）「選挙はないよりはよい」の設問に対する肯定的回答の割合の違いより判断した。

（8）上海社会科学院社会学研究所〝上海社会変迁研究〟課題組［2008：79–83］。調査は二〇〇五～二〇〇六年に実施。ランダムサンプリングで市内一四区の二六一六人を対象に調査（有効回答数は二三六四）。なお、この論考の著者も認めているように、回帰モデル自体の説明力は低いという留保がつく。

（9）年齢は、退職年齢、文革経験の影響、改革開放後出生といった要素をもとに、三十歳以下、三十一～四十五歳、四十六～六十歳、六十一歳以上の四つのグループに分けた。

(10) 階層は、月収一〇〇〇元未満を下、一〇〇〇元～二〇〇〇元を中の下、二〇〇一～三〇〇〇元を中、三〇〇一元～五〇〇〇元を中の上、五〇〇一元以上を上とした。二〇〇九年の上海市の低所得者向け住宅の賃貸の条件が、月収九六〇元であることから、一〇〇〇元以下を下とした。なお、二〇〇九年の上海市都市住民一人当たり平均の可処分所得は二万八八三八元であった（上海市統計局「二〇〇九年上海市国民経済和社会発展統計公報」より）。

(11) 党員の階層別においては、カイ二乗検定の結果は、$p<0.05$ であるが、「下」のサンプル数が少ないため、期待度数の不足によりこの結果には留保がつく。以下、本節で提示する党員の階層別のクロス集計については同様である。

(12) Kruskal-Wallis の順位和検定による（$p<.05$）。以下で言及される有意差についても同様。

(13) 尹［2002：335－358］。報告書には調査年が明記されておらず、著書の出版年から、二〇〇〇年または二〇〇一年に実施されたものと思われる。八二一サンプルで、うち男性五三・六パーセント、女性四六・四パーセント、共産党員四六・七パーセント、民主党派八・〇パーセント、無党派三七・五パーセント、共青団七・八パーセント。

(14) そのほかの選択肢とその割合は、「多数の共産党員は学習、仕事、生活面ですべて前衛的模範的働きをしている」（二三・四パーセント）、「多数の共産党員はただある面においてわりと突出している」（二七・〇パーセント）、「多数の共産党員はある面では一般大衆にも及ばない」（七・九パーセント）、「その他」（二・八パーセント）である。

(15) 非大卒者と大卒者の間で、有意差が確認されたのは、「上級組織の指示」と「売買や経済政策の情報量」以外の項目であった。

〈参考文献〉

・黒田由彦［2009］「都市の住民組織と自治」黒田由彦、南裕子編著『中国における住民組織の再編と自治への模索』明石書店。
・園田茂人［2002］「非階級政党化が進む中国共産党のジレンマ」『中央公論』十一月号。

・園田茂人［2008］『不平等国家中国』中央公論新社。
・菱田雅晴［2010］「忍び寄る危機 党の組織的課題」菱田雅晴編著『中国――基層からのガバナンス』法政大学出版局。
・菱田雅晴、園田茂人［2005］『経済発展と社会変動』名古屋大学出版会。
・李妍焱［2007］「都市――基層管理体制の変動とコミュニティ形成」飯田哲也、坪井健編『現代中国の生活変動』時潮社。

・Dickson, Bruce J. & Rublee, Maria Rost［2000］'Membership has its Previleges: The Socioeconomic Characteristics of Communist Party Members in Urban China,' *Comparative Political Studies* 33（1）: 87-112.
・Panebianco, Angelo［1982］Modelli Di Partito : *Organizzazione E Potere Nei Partiti Politici.*（＝［2005］村上信一郎訳『政党――組織と権力』ミネルヴァ書房）
・Sato, Hiroshi & Eto, Keiya［2006］'The Changing Structure of Communist Party Membership in Urban China, 1988-2002,' *Journal of Contemporary China*17（57）, 653-672.
・Takahara, Akio & Benewick, Robert［2006］'Party Work in the Urban Communioties,' in Brodsgaard, Kjeld Erik & Zheng,Yongnian（eds）, *The Chinese Communist Party in Reform*.Abingdon : Routledge.
・上海社会科学院社会学研究所〝上海社会变迁研究〟课题组［2008］『上海市民意愿调研报告』上海社会科学院出版社。
・尹继佐主编［2002］『二〇〇二年　上海社会报告书』上海社会科学出版社。

第十二章　基層社会と党

——上海市民意識調査から

中岡　まり

一、はじめに

中国共産党の権力を支えるものの一つとして、その強力な組織力が挙げられよう。行政機関・企業・学校・農村・社区に張り巡らされた党組織は、共産党が社会を掌握するツールとして有効に機能してきた。しかし、その中で社区における党の組織力・浸透力は他に比べて十分とは言い難い状況が生じている。都市部における基層社会の構造変化に対応し組織として再浸透できるか否かは、共産党の都市部における権力の強化にかかわる重要な課題であり、その失敗は党の都市部における基盤の脆弱化を意味する。

従来、住居は単位により配分されるため、都市部では居住区＝単独あるいは複数の単位で構成されており、党・政府は単位（条）を通じて宣伝や動員、調査を行う形式で都市住民を管理・統制していた。しかし、都市部の基層社会が「単位社会」から「社区社会」へ移行するにともない、住宅所有の形態は多様化し、従来の住民＝単位の関係者という構成は変化しつつある。こうした住民構成の複雑化は、党にとって都市住民の掌握を以前よりも困難なものにしており、同時に、党・政府の統治方法も従来の単位を通じた一方的なものから変化を迫られている。

本論文では、単位社会から社区社会への移行期における基層社会の構造の変化により、党の基層への支配に生じている困難とその対処方法の有効性について考察する。基層党組織はこの移行に適応できているのか。党の基層社会における統治能力は向上しているのか、あるいは低下しているのか。これらの点について、上海市徐匯区の住民七〇〇人を対象として二〇〇九年に行った「上海市民意識調査」を基に、社区党建の課題と住民構成の異なる社区での党建の課題という二つの側面から分析を行う。

まず、単位社会から社区社会への移行過程を概観し、先行研究を簡単に紹介する。

一九八〇年代末に中国が社会主義計画経済から社会主義市場経済へと舵をきる中で、中国の都市部の基層社会は、その性質を単位社会から社区社会へと大きく変えてきた。この過程について、陳立行は八〇年代以降の市場経済への移行にともない、企業が福利厚生施設などの生産以外の部門をアウトソーシングしたこと、住宅改革政策の推進にともない住民構成が変化したこと、さらに「下崗」従業員が生まれたことにより「単位」社会が崩壊したと説明している。そして新たな地域社会の安定維持の方策を探るために構築を求められたのが「社区」社会であるとしている（陳［2000：138-143］）。その結果、一九八〇年代後半から政府の政策の中で「社区」が使われるようになった（李研焱［2007：87］）。黒田は単位社会から社区社会への移行について、市場経済化による「単位」社会の崩壊により社区の経済活動の活性化が起こったとする「社区受け皿論」を提起し、さらにその後、市場経済化が進展したことによりソーシャルサービスの市場化が起こったため、社区は大々的なサービス提供からは撤退を余儀なくされ、代わりに社区の行政化が求められるようになった、とする社区＝近隣政府論を展開している（黒田［2009：44-48］）。

では、単位社会の崩壊と社区社会への移行は社区に何をもたらしたのか。多くの研究は、崩壊した単位社会の受け皿として社区建設を取り上げ、これを社区のサービスや自治機能の強化、および住民自治の側から論じている（1）。先に触れた陳［2000］、黒田［2009］の研究はともに社区社会における住民自治展開の方策について論じたものである。李［2007］は都市部のコミュニティを「社区」と「小区」に分け、行政のみに頼らない住民中心のコミュニティ形成の重要性とそこから生じる住民自治の可能性について論じている。そこでは、居民委員会が重要なアクターと看做され、社区建設が住民自治に資するものか否か、住民自治の可能性の有無が主要な問題とされている。

しかし、菱田が指摘するように国家―社会関係が「共棲・両棲関係」にあるとすれば（菱田［2000：12-15］）、社区・居民委員会は社会の側から住民自治の組織としてその機能を期待されると同時に、国家の側からも行政の一端を担う組織として取り込みを図られており、国家―社会関係の中で常に流動的な立場にあると考えられる。にもかかわらず、既存の研究では党とその統治の側から社区について論じたものは多くはない(2)。そこで、本論文は、党・国家による統治の視角から社区を取り上げ、党と国家が社区に浸透し統治しようとする際に抱える課題とその対応、そしてその試みの成否について検討し、基層社会における党の統治能力について考察する。

まず、党自身は基層社会における党の課題をどのように認識しているのだろうか。

中国共産党上海市党校城市社会研究所のメンバーが執筆した『城市社区党建』は、上海市の社区党建の課題として、党員が「在職党員」と「社区党員」(3)に分かれたまま、社区社会に存在しており、「在職党員」の帰属意識が単位にあり社区にないことを挙げている。その結果、社区における党組織活動は「社区党員」に依存することになり、脆弱にならざるを得ない。社区における党組織強化のため、党としては、「在職党員」の帰属意識を変革し、彼らの居住地である社区にも積極的に関与させる必要がある（馬［2005：218-221］）。

次節では、このような党の問題意識が現場ではどう認識されているのか、「在職党員」と「社区党員」はこの危機の中でどのように存在し、社区の中で活動しているのかを分析し、基層社会への党員の浸透の仕方および党の基盤について考察する。

もう一つはこれまで取り上げられなかった課題だが、住民構成の複雑化に起因する問題について第三節で論じたい。単位社会の崩壊は単位に依らない住宅所得を可能にし、住民構成の複雑化を招いた。その結果、社区ごとに住民の構成が異なり、画一的な政策指導や行政措置の実行を求めることは困難になっていると思われる。それぞれの街道・社区の状況に対応した党の政策が求められるが、現況では街道・社区ごとに自主的に判断し柔軟な対応がなされているとは言い難い。このことは住民と街道・社区居民委員会双方の不満を萌発させ、党の統治能力に影響する可能性がある。第三節では、性質の異なる社区居民委員会に居住する人々に対して政府・居民委員会が要望を吸収し対応できているかどうか、訪問調査によって得た現地の状況と併せて考察する。最後に二つの課題についての結論を整理し、さらに党が克服すべき課題を指摘する。

二、単位党員と社区党員

(1) 上海市党委の課題——単位党員の「社区党員化」

上海市は全市の人口に占める都市人口の割合が八八・六パーセントと全国で最も高く、中国で最も都市化した地域である（中華人民共和国国家統計局［2009］）。また、住民の所得水準も全国最高で、都市住民の一人当たり可処分所得、農村住民の一人当たり可処分所得ともに全国一位と高い（張東生［2009：62-65］）。しかし、この高収入は偏在しており、二〇〇四〜二〇〇六年に行われた上海市社会科学院社会学研究所の調査によれば、調査対象者の七割が平均以下の所得であった（王栄華［2008：6］）。つまり、住民間の所得に偏りがある非常に都市化が進展した社会であり、都市基層社会への浸透は党と政府にとって困難かつ喫緊の課題である。

そのなかで上海市党委員会が社区での党建設における問題点の一つとしているのは、基層党組織の影響力拡大に際しての力量不足である（馬［2005：214-229］）。党による社区の掌握は、社区においていかに党員が模範的役割を果たし党の威信を高めるかにかかっている。しかし、現在、その担い手は離退職党員に限られており、圧倒的に人材・力量不足である。そこで、単位に所属する在職党員を社区での活動に動員することが求められるが、在職党員の帰属意識は当然単位にあり、彼らの関心を社区に向け、「単位党員」から「社区党員化」（4）させることは非常に困難である。

そこで党は以下の三つの解決策を提示している。一つ目は在職党員の社区に対する帰属意識を高め、社区の党組織活動を支持し参加するように仕向けること、二つ目は党員の教育と管理を通じて党員の社区執政意識を強化すること、三つ目は党規約や制度により在職党員が社区での党建設に参加する権利と義務があることを明確にすること、である。しかし、在職党員は単位への帰属意識に加えて個人的な利益志向が強く、他方で政治意識は低下している。また、党規約は、党員は一つの支部においてのみ組織生活に参加すると規定しているため、在職党員が社区党組織の活動に参加することに関して制約がある。さらに上海市党委員会の行った調査の結果、現実問題として在職党員自身は生活に時間的余裕がない上、社区党組織からは過大な要求をつきつけられ重責に耐えきれないと感じていることが明らかになっている（馬［2005：220］）。こうした結果、党の社区への浸透は停滞傾向にある。

本節以降では、実際に二〇〇九年六月から七月にかけて上海で行った「上海市民意識調査」（5）を基に、在職党員・社区党員と社区との関係を、属性・思考・行動の三つの側面から検討する。このため、回答の得られた七六七人を、

図12-1　社区住民の４つの分類

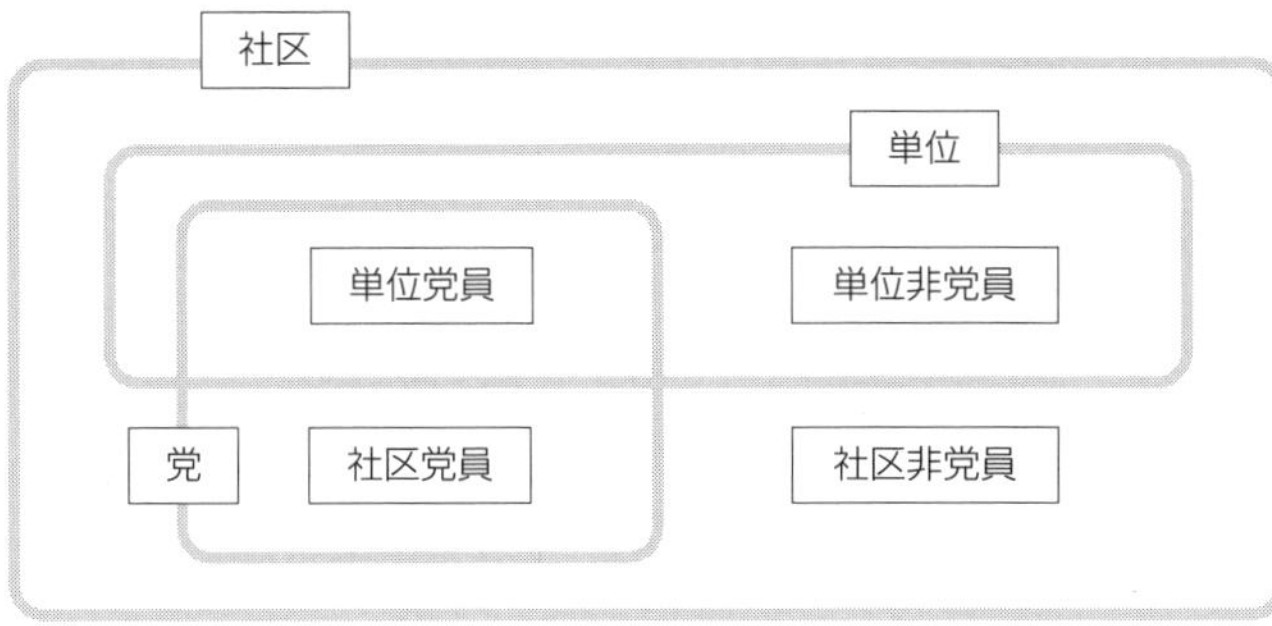

在職し単位に所属する単位党員と所属単位のない社区党員、在職し単位に所属する単位非党員、所属単位がなく党員でもない社区非党員の四つに分類し(6)、単位党員と社区党員それぞれの属性、意識、行動の三つの側面から「単位党員」の「社区党員化」の様相を探る。図12-1が示すように、単位党員は単位と党の二つの組織に保護され、社区党員は党、単位非党員は単位という一つの保護される組織を持つが、社区非党員は頼りになる組織がない状態で社区に存在している。なお、サンプル内のそれぞれの割合は、単位党員三二・七パーセント（二五一人）、社区党員六・三パーセント（四八人）、単位非党員四〇・〇パーセント（三〇七人）、社区非党員二〇・九パーセント（一六一人）である。

(2) 属性

比較の結果明らかになるのは、職務・月収・学歴の面で単位党員と社区非党員がそれぞれ隔たって存在していることである。単位党員・社区党員・単位非党員と比較して社区非党員は組織的サポートを受けにくい立場にあるが、彼らは経歴の面からも経済的にも他の三グループより低い立場にあることが示される。他方で単位党員は職務・月収・学歴に関して、サンプル内でも社区党員との比較においても上位に位置する。

まず年齢についてみてみよう。平均年齢は、単位党員四五・八八歳、単位非党員四八・一六歳、社区党員五〇・〇六歳、社区非党員五二・五三歳で、有意な差があった。これは、単位党員として共産主義青年団団員である在校学生が含まれるため、平均を下げたと考えられる。社区非党員は職業で「その他」が過半数を占め、その平均が六一・六歳と高かったため、特に自らをカテゴリーづけることのない中高齢者の存在がうかがえる。こうした孤立しがちなグループに対していかに浸透するかが党の課題だが、単位党員の社会的・経済的立場は彼らと大きく隔たっており、社会の中で交流する機会に恵まれないと考えられる。この状態では単位党員が社区党員化するのには障壁があるといえよう。

次に、社会的および経済的立場の相違をさらに分析するため、まず学歴を取り上げる。一般的に教育格差が雇用格差と賃金格差を生むことはすでによく知られている（藤田［2008：178-181］）。調査において、単位党員は大学本科以上が四二・四パーセント、大専が二八パーセントと高学歴である一方で、社区党員は初級中学と高卒が六二・五パーセント、社区非党員は七八・八パーセントと低学歴の傾向を示した。この教育格差が雇用格差にも反映されている。社会的地位を示す職位についてみてみよう(7)。党員の中では単位党員が中間管理職三五・五パーセント、基層管理職が三二・九パーセントと高く、他方、社区党員はそれぞれ七・一パーセントと二六・二パーセントと低く有意な差があった。非党員を含めると、一般職の割合が単位非党員五五パーセント、社区党員六六・七パーセント、社区非党員七九・三パーセントに対して単位党員は二六・七パーセントと低く、単位党員の社会的地位の高さと社区非党員のそれの低さは顕著である。前述したように雇用格差は賃金格差にもつながっていて、同様の傾向が認められる。収入の高さは単位党員、単位非党員、社区党員、社区非党員の順で、図12-2が示すように社区党員と社区非党員に

図12-2　各グループの月収

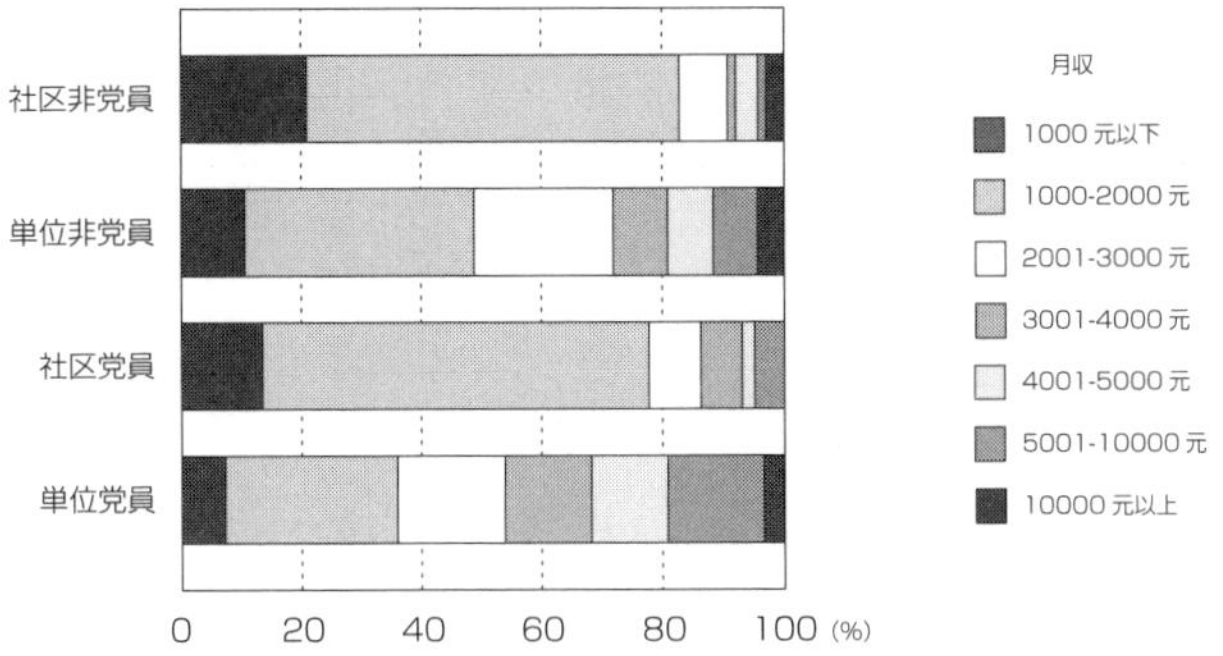

低所得者層が多く、単位党員は高所得者層が多い。経済状況に関しても単位党員と社区所属者との間には格差が生じているのである（8）。また、「収入に関する党員の評価」を問う項目から収入についての見方を比較すると、党員の収入について、単位党員は普通と考える一方で、その他のグループは高めであると推測している。単位党員が「非党員と何も変わらない」を最も多く選択しているのに対して、他のグループは「一般大衆よりかなり高い」「一般大衆より少し高い」を多く選択している。実際に格差が生じており、またその格差について単位党員が無自覚であることがわかる。

党に繋がる人脈にも差が生じている。単位党員は同居者に党員がいる割合が六三・七パーセントであるのに対して、社区党員は四七・九パーセント、単位非党員は四二・三パーセントと低く、社区非党員は三二・五パーセントとさらに低い。単位党員内では党員との繋がりがあり、社区非党員は党から比較的遠ざかった存在であるといえる。

プロフィールから見えてくるのは、単位党員が社会的・経済的に恵まれた地位にあるが、同時に社区の助けを必要とする社区非党員からは社会的・経済的に距離を置いた存在であるということ、この格差に単位党員自身は無自覚であり、また人脈的にも両者は繋がりにくいところに位置することである。二〇〇五年の上海市党委員会による調査が示した危惧は解消されず、単位党員は党員・非党員を問わず社区居民からは距離を置いた存在となってしまっているのである。

（３）社会認識と共産党員であることの意義

①社会認識

所属単位の重要性を1～5の程度で尋ねた問いでは、所属単位に対する回答者の帰属意識の濃淡が露わになり、現在やかつて単位に所属していた人に対する「条」の存在が現れている。重要性が最も高い5を選択した割合が、単位党員は五一・六パーセント、社区党員が五〇・〇パーセントと半分を占めたのに対して、単位非党員は四〇・九パーセント、社区非党員は三二・八パーセントであった。なお、ここでは離退職者も退職前の単位を対象として選択している。

職場での出世において重視されるべき資質について、単位党員は党員として模範的姿勢を示せることを重視し、他のグループと異なる価値観を持っているが、現実の社会については他のグループと同様にコネ社会であると認識しており、理想を持ちつつ周囲と共通の認識は持っている。「単位で早く出世すべき人は？」との設問に対して単位党員は「労苦に耐えられる」が他のグループよりも多く、自身が低学歴の傾向にある社区非党員は「高学歴」を多く選択した。現実の単位内での出世について問うと、有意な差ではないが、社区党員以外は「社会的コネがある」を第一に選択し、社区党員のみが「血筋が良い」と「労苦に耐えられる」を第一に選択している。

大衆の政治参加に対する意識も各グループで異なる。「今、政府の選挙を行えば中国は乱れる」との項目に対する

図12-3　今、政府の選挙を行えば中国は乱れる

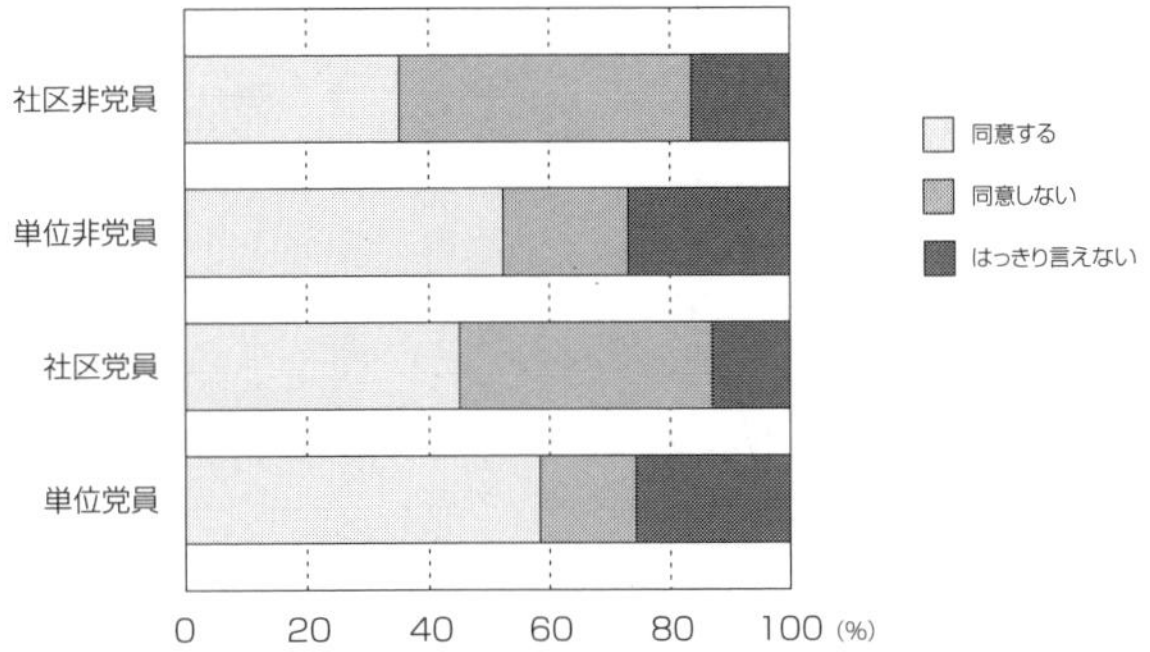

回答は図12-3の示すとおりである。ここでは大衆の政治参加による混乱を警戒する単位所属者と大衆の政治参加が混乱を惹起するとは考えない社区所属者の対照的な意識が浮き彫りになる。社区の工作対象となる大衆観が、党員の中でも単位党員と社区党員とでは大きく異なり、単位党員が大衆の政治参加に消極的な考えを持っていることも読み取れる。

党と政府に対する信頼感は、単位党員と社区党員は同様に高いが、党内と党外では大きく異なる。「党と政府は現在の収入分配が不平等である問題を解決できるか」との問いに対し、「党と政府の能力に対しては十分信頼している」を選択した割合は、単位党員五七・八パーセント、社区党員六〇・四パーセントに対して、単位非党員四二・〇パーセント、社区非党員四二・二パーセントと低下する。この他の、住居改革・環境保護政策・教育改革・食品と薬品の安全、労働者の権益保障に関する政策については、社区党員からの評価が他のグループよりも比較的高い。また、社会治安に関する政策については、成果があったとする割合が社区党員のみ抜きん出て高い。これは社区党員の多くが社区内の治安・警邏活動に参加しており、自らの活動の意義を確認しているためと考えられる。

②党員であることの意義

現在、党は若年の高学歴で専門知識・技術を持つものを中心にリクルートを行い、党員のエリート化を図っている。すでに学生にとっては入党は「将来の人生を保証する最低限のステップ」（国分［2009：198］）ともいわれ、社会における実利的側面が強調される。調査結果は、党員自身は入党の理由に「共産主義の信念」を選択したものが七割を占め、建前としてはイデオロギー的動機からの入党が大多数を占めることを示している。しかし、他者の入党理由をどう見るかという設問を通じてそれぞれのグループの本音が現れると、実利的動機の存在が浮上する。ここでは、イデオロギー的動機が大きい社区党員とイデオロギー的動機と実利的動機が交錯する単位党員、実利的動機も大きいとみる単位非党員という姿が看取できる。

本音と建前において一致しているのが社区党員である。彼らは六八・二パーセントが「共産主義の信念」を自分の入党理由として選択し、他人の入党理由としても六六・〇パーセントが同じ選択をしている。一方で、単位党員は、自分の入党理由としては社区党員とほぼ同様の六八・八パーセントが「共産主義の信念」を選択しているが、他人の入党理由としては五二・四パーセントと下がっており、その分「個人の昇進に必要」を選択したものが一二パーセント増加している。他人の入党理由として「共産主義の信念」の減少分がほぼ等しく「個人の昇進」の増加分に転じた形である。同じ党員であっても単位党員と社区党員では、党員であることの意義が異なり、社区党員が一時代前の純粋な共産主義を信奉する共産党員であるのに対して、単位党員は社会主義市場経済時代の実利を追求する党員であるように見える。党員である意味に関して、両者は分断されているといえる。また単位非党員は「共産主義の信念」と「個人の昇進に必要」が三三・三パーセントと二九・〇パーセントを占め、党外からの目線では実利的動機とする割合が党員グループの二倍に達している。

表12-1　周囲の党員に対する評価

各グループの単位は%

		模範的な役割を果たしている	時には非常に顕著な役割を果たす	非党員と何も変わりはない	時には大衆より劣る	はっきりしない
周囲の党員の職場での評価	単位党員	44.8	41.6	7.6	2.0	4.0
	社区党員	56.3	25.0	8.3	4.2	6.3
	単位非党員	33.3	25.5	22.2	7.2	11.8
	社区非党員	37.5	28.1	16.3	4.4	13.8
社区の日常生活での問題解決	単位党員	23.2	52.8	13.2	1.6	9.2
	社区党員	39.6	37.5	12.5	6.3	4.2
	単位非党員	19.2	34.2	25.7	6.2	14.7
	社区非党員	25.6	33.1	21.3	4.4	15.6
上級組織の指示	単位党員	39.2	43.6	8.4	1.2	7.6
	社区党員	52.1	27.1	10.4	2.1	8.3
	単位非党員	24.8	30.3	19.2	2.9	22.8
	社区非党員	23.9	28.3	18.2	4.4	25.2

党員への評価は基層における党の威信が確立されているかを測るバロメータになる。大衆への信頼性について格差がある一方で、党員に対する評価も各グループにより異なり、党員と非党員の比較では党員の自己評価が高く、中でも社区党員の自己評価が高めに現れた。有意な差が見られたのは、「周囲の党員の職場での評価」「社区の日常生活の中での問題解決」「上級組織の指示」「知識と技術レベル」「収入」の項目である。収入については先に述べたので、ここではその他の項目について分析する。

周囲の党員の評価については、党員の自己評価が比較的高く、非党員は低めである。中でも「模範的な役割を果たしている」と高い評価を選択したグループは社区党員が最も多く、次いで単位党員が多い。他方で、非党員の中でも単位非党員からの評価は他に比べて低い。「社区の日常生活の中での問題解決」に関しては、その主体となっている社区党員の自己評価が高いのが顕著であり、同じ党員の中でも単位党員の評価は異なっている。ちなみに、社区党員の中では居民委員会への参加状況が頻繁な者ほど社区の「日常生活の中での問題解決」の項の評価

表12-2　周囲の党員の知識と技術レベルに対する評価

各グループの単位は%

		一般大衆よりかなり高い	一般大衆より少し高い	非党員と何も変わりはない	時には一般大衆より劣る	はっきりしない
知識と技術レベル	単位党員	12.9	49.4	20.5	2.8	14.5
	社区党員	20.8	47.9	16.7	4.2	10.4
	単位非党員	15.3	30.6	31.9	5.5	16.6
	社区非党員	21.9	33.1	23.8	4.4	16.9

は高い。非党員の中では単位非党員からの評価が明らかに低く、社区に対する関心が薄い単位非党員への浸透の困難さがうかがえる。「上級組織の指示」についても、社区党員の自己評価が単位党員よりも高い。これは「一つの針穴に千本の糸」(9)と居民委員会の委員たちが揶揄するほどに上級からの指示や要求が居民委員会に集中する中、これに応えているとの自負があると考えられる。他方で、社区非党員による評価は他のグループよりも低く、社区党員たちの苦労が社区内で十分に理解されていないことを示唆している。

周囲の党員の「技術と知識」については、表12-2が示すように、党員・非党員を問わず、社区所属者からの評価が高い一方で、単位非党員からの評価が低めである。単位党員は四九・四パーセントが「一般大衆より少し高い」を選択しているが、同時に「非党員と何も変わらない」が二〇・五パーセントを占めており、単位に所属する中での党員の実力に対する評価は厳しいものとなっていると考えられる。

(4) 居民委員会に対する認識と行動

属性と意識において、単位党員・社区党員と社区非党員の間にギャップがあり、社区に浸透する党建の困難さが認められた。では、実際の行動にはどのような差が生じているのだろうか。

単位とは無関係の社会的組織へのかかわり方も、単位所属者と社区所属者では異なる。周囲の民間組織の有無に関する認識は単位党員も社区党員も同じく四割程度があると答えているが、民間組織の活動への参加経験については、社区党員の六二・五パーセントが参加経験があるのに対して、単位党員は二五・九パーセントと目立って消極的である。単位非党員、社区非党員の参加率はそれぞれ三二・三パーセント、四五・七パーセントであり、民間組織の活動に社区党員が積極的に参加し、在職者の参加が少ないことがわかる。

次に居民委員会の活動との関連を見てみよう。ここでは単位党員の動員が円滑に行われていないこと、社区サービス提供へのかかわりが薄く、サービスを受けている認識も低いことが明らかになる。一方で、社区党員は不本意ながらの可能性も含むがうまく動員され、社区サービス提供に従事し、居民委員会への信頼性も高い。ここから単位党員の「社区党員」への転換が順調に進行しているとは言い難いことがうかがえる。

民間組織の活動への参加同様、居民委員会の活動にも「よく参加」する割合は社区党員が五八・三パーセントに対して、単位党員は三四・七パーセントにとどまる。参加への意欲も同様の傾向を示し、「居民委員会の仕事に報酬が無ければ居民委員会の仕事や社区のサービスを進んでやるか」との問いに対して、社区非党員の四五・三パーセントが「やりたい」と積極的姿勢を示すのに対して、単位党員は二〇・九パーセントと消極的で、逆に「したいがあまり多くはできない」が四八・六パーセントを示している。しかし、社区党員も表面に現れる行動としては多く参加しているが、「したくない」を選択したものが他よりも多く、本意なく動員されている可能性が推測される。

参加の内容についての回答では、有意な差ではないが、単位党員が単位での学習と文化・娯楽・体育などのサービスの受け手として参加している一方で、社区党員は環境衛生・治安・警邏といったサービスを提供する側としてかかわっていることが明らかになる。社区非党員も同様のサービスを提供する側に多く参加しており、社区サービスの担い手が単位に所属しないグループであること、単位党員の社区サービス提供へのかかわりが比較的薄いことがわかる。それぞれのグループは自身の参加した分野の活動に対して満足度が高く、単位党員は治安・警邏サービスを享受しているにもかかわらず、これに対する認識は低いことを示している。

居民委員会に対する信頼性についての質問からは、全体として選出手続きの正当性よりも実績により居民委員会を評価していることが示される。中でも目立つのは居民委員会に対する社区党員の評価が高いことである。社区党員は、「我々のために仕事をしてくれるので居民委員会を信任している」とする割合が他のグループよりも高めであり、自身が積極的かかわりを持つ居民委員会の活動を評価している。「社区の問題の原因」への回答には、すべてのグループが第一に「政府の支持が足りない」を選択しているが、第二の原因には相違がある。社区党員以外のグループは二つ目として多くが「居民委員会の力不足」を挙げているが、社区党員はその割合が低く、逆に「個人主義の影響」を挙げている。社区管理の困難さの原因を社区党員は地域住民の資質に求め、他のグループは管理する側に求めているのである。ここからは居民委員会との心理的距離の近い社区党員と、心理的に距離を置き、いささか冷めた目で見ている他のグループという構図が浮かび上がる。

居民委員会の選挙過程に関する回答では、選挙工作の担い手である社区党員は「よく理解している」が六六・七パーセントを占め、理解度の高さが際立っている。他方、単位党員は五一・八パーセントと社区党員には及ばない。居民委員会の候補者決定過程についても社区党員は七九・二パーセントがよく理解し民主的であるとして積極的に評価しているが、単位党員は六〇・二パーセントと低めであり、「よく知らない。すべて誰かがやっていること」との回答も一五・九パーセントを占め、社区党員ほどの積極的評価と関心はない。やはり単位党員にとって居民委員会はどこか他人事であるようだ。これは「居民委員会は実際は政府のためのもので、われわれはあまり関係ない」に対して、単位党員の八〇・四パーセントが「同意」を選択したことからもわかる。一方、単位非党員、社区党員、社区非党員はそれぞれ「同意」を選択したものが七一・二パーセント、五〇パーセント、四二・五パーセントで、単位や党という所属するものが少なくなるほど居民委員会への一体感が高まることを示している。

しかし興味深いのは、居民委員会の存在の重要性に対する認識は単位党員の方が高いことである。「居民委員会は重要ではなく誰が当選しても同じ。人手と金の無駄である」との意見に対して有意な差ではないが、「同意しない」を選択した割合が単位党員は八六・八パーセントと高く、社区非党員は七六・三パーセントといささか低下する。この選択の理由として、日常的に居民委員会と接触のある社区非党員が、自分の地域の居民委員会についての評価を述べているのに対し、地域の居民委員会に縁の薄い単位党員は、概念としての居民委員会についての評価をしているという相違点が考えられる。社区非党員が日頃、居民委員会を身近に感じ活動に参加しているため欠点にも気付きやすいのに対して、単位党員は実態を知らないままに教条主義的にその存在を過大評価しているとも解釈できよう。もう一つは、「政府のためのもの」であるからこそ重要ととらえている可能性も考えられる。

また、単位非党員は選挙過程について「理解していないし興味もない」が一五パーセントを占め、候補者決定過程についても「よく知らない」「候補者はすべて上が指定したもの」が二三・一パーセントを占めており、彼らの居民委員会に関する政治的関心が低く評価も低いことを示している。同じ非党員でも、社区非党員は居民委員会に対して積極的かつ高い評価を寄せているため、基層党組織からのアプローチも可能だが、単位非党員への基層党組織の浸透には高い障壁があるといえる。

単位党員は属性において他のグループよりもエリート的な存在であり、意識・行動の両面において社区に対する同一性は薄く、「社区党員化」は円滑に進んでいるとは言い難い。

三、住民構成の異なる社区における党建工作

前節では、「単位党員」の「社区党員化」は円滑には進展していない、との結論を得た。ではその結果、それぞれの社区では何が起こっているのだろうか。単位社会から社区社会への移行において、社区の住民構成は単位を基本とするものから複雑なものへと変化している。また都市の中心部と郊外、分譲と賃貸などの所有形態の相違により、住民の年齢構成・収入・学歴も異なっている（王栄華［2008：70-75］）。つまり、多様性に富む社区が存在し、その中に多様でしかも組織化されていない住民たちが暮らしているのである。党と政府にとっての問題は、この複雑多岐にわたる社区の住民構成が障害となり、従来の上からの一元的な指導方法では、上級政府からの政策や指示がスムーズに実行されないことである。党と国家が基層社会に浸透するには既存の党員を社区に浸透させるだけで十分なのか。基層社会に浸透するには新たに出現した多彩な住民構成の社区に対して、従来の強制や命令とは異なる指導方法を編み出す必要があるのではないか。本節では、サンプルの中から、単位党員が半分を占めたA街道と社区非党員が半分を占めたB街道を取り上げ、異なる住民構成の街道における党の政策実行のあり方の成否について考察する。

（1）住民構成と政策実行の困難さ

①二つの地区のプロフィール

筆者たちは二〇〇九年六～七月に「上海市民意識調査」を行い、同年九月に調査対象地への訪問調査を行った。調査対象地は徐匯区の一二の街道を中心とし、その中のA街道J居民委員会とB街道C居民委員会を訪問した。筆者たちが訪問した時には、全国的な人口と住宅所有形態調査「実有人口、実有房屋」が実施されていた。A街道J居民委員会では調査が難航する一方で、B街道C居民委員会は順調に作業を進め、すでに完了していた。

A街道は徐匯区の中部に位置し、二八の居民員会を管轄する。地下鉄や高架道路も通る便利な土地柄である。調査対象とした四つの居民委員会は、この中でも二〇〇三～二〇〇五年に居民委員会が成立した新しい高級マンション小区から構成されている。筆者たちが訪問したJ居民委員会の小区も中高層マンションで、門には警備員がおり、外部の者は入りにくい構造となっていた。敷地内には公園や噴水、水路なども設置されていて、美しい景観がデザインされているが、これらの設備は当然のことながらメンテナンスが必要で、公園の清掃や水路の澱みなどの管理が至らないところは住民の不満の種となりやすいという。

J居民委員会の居住戸は九二一戸で人口は三〇〇〇人余りおり、ここには外来人口は含まれていない。J居民委員会には各地方から来た人が住んでおり、彼らは働いているため訪問しても不在であることが多く、把握するのが困難であるという。党員は、定年退職したものと若い私営企業家が中心である。居民委員会はフルタイム委員が三人とパートタイム委員が二人の計五人で、主任の他に文化体育・老人活動・計画生育・民政補助担当の委員がいる。メンバーは大半が五〇～六〇代の女性で、委員として大学生を雇う例もあるが、ほとんどが人生経験が少ないためうまく勤まらず半年で辞めてしまう。

この居民委員会は、上級からの多くの工作、住民との接触、社会的地位の高い住民からの水準の高い要求、物業管理会社との関係、という四つの面で困難を抱えていた。

日頃から、上級機関や弁護士・裁判所・文化局・公安局など、各方面から調査や配布物の依頼があり、このすべてに適確に応じることが困難であるという。外来人口や在職者も多いため、住民への接触は難しく、党組織の活動は夜七～八時からに設定する、週末に行うなど工夫している。居民委員会の行事を行う時には、一定の動員ノルマがあり人を集めねばならないため、早めの告知を心がけている。最大の問題は、退職前の地位の高い住民が多く、こうした住民のニーズに合ったサービスを提供するのが難しいことである。居民委員会では衛生や医療に関連する講座や旅行を主催するが、現役時代にさまざまな経験を積み、知識も豊富で要求の高い住民を満足させる企画を立てるためには大変苦労する。物業管理会社との関係もうまくいっていない。物業管理会社は経験の浅い若者が担当しており、違法建築や駐車場スペースといった本来は物業管理会社の処理すべき問題が居民委員会に持ち込まれ、居民委員会の仕事を増やしている。J居民委員会は多様な住民の多様な価値観に、組織的な協力が不十分なままに立ち向かおうとしていた。

B街道は徐匯区の南部に位置し、鉄道や多くの幹線道路が通る地域で、四つの大学や名門中学・小学校、八つの研究機関を抱える文教地区でもある。二三の居民委員会を管轄し、調査対象としたのはそのうち九つの居民委員会である。その多くは八〇年代末から九〇年代初めにかけて作られた小区で、四～五階建てのアパートから成っている。ここで育った子ども世代は結婚後に家を出て、現在は残された親世代である離退職者が住んでいることが多い。元々はトイレも共有するなど近隣関係は非常に良かったそうだが、近年は賃貸に出される物件が増加し、住民間の摩擦も増えている。

C居民委員会は一六〇二戸で、このうち賃貸が四〇〇戸ほどあり、常住人口二〇〇〇人程度に加えて戸籍がこの小区にない人が一〇〇〇人余りおり、合計三〇〇〇〇人余りが住んでいる。居民委員会は、党支部書記と居民委員会主任を同一人物が担当する「一肩挑」になっている。ここでは、社区サービスとして老人への食事の提供や病院への付き添い、サークル活動の主催などが行われていた。C居民委員会ではJ居民委員会と同様に把握しづらい外来人口などを抱えているにもかかわらず、「実有人口、実有房屋」調査も問題なく進行し、われわれが訪問した時はすでに調査を完成していた。C居民委員会での工作の成功の秘訣は「楼組長」という仕組みに負うところが大きい(10)。中国の都市部の古いタイプのアパートは日本の公団住宅同様、一つの建物にいくつかの階段があり、一本の階段のワンフロアに二～六戸が付いている。六階建の場合、一つの階段に一二～三六戸がセットとなっている。この階段ごとに選ばれた楼組長が、同じ階段を利用する住民について、外来人口やその移動、計画生育などについて管轄するのである。C居民委員会ではこの楼組長制度が非常に有効に機能しており、賃貸人の交代なども素早く公安に連絡し、「実有人口、実有房屋」調査も迅速に完成できたという。居民委員会と住民の間に楼組長が入り、連携することで、居民委員会の住民掌握が非常に順調に進められているのである。

(2)　社区の性質と党の浸透

A、B両街道での回答者とその中での各グループの割合は表12-3のとおりである。

A街道は単位党員が半数を占める上、単位所属者が八九・九パーセントを占めている。他方、B街道は社区非党員が半数を占めており、党員は四分の一を占めるのみである。

A街道の住民は単位に対する帰属意識が高く、社区住民としてのアイデンティティは希薄である。にもかかわら

表12-3　回答者の内訳

各グループの単位は%

	回答者数	単位党員	社区党員	単位非党員	社区非党員
A街道	168人	47.6	6.0	42.3	4.2
B街道	193人	14.5	11.4	24.9	49.2

ず、B街道やA・B街道以外のグループに比べて社区や居民委員会の活動への参加の機会は多い。これは、A街道の住民が所属単位という「条」の系統の指導によりバラバラに社区の活動へと動員された結果と考えられる。その証拠に、参加しているものの九割近くが「参加したくない」「時間がないので参加したくない」を選択しているのである。また、彼らは居民委員会を政府のためのものと認識し、その意味において重要なものと考え、かかわり、評価している。他方で、B街道の住民は、居民委員会への依存度が高く、居民委員会を自分たちの組織と認識している。先に結論を述べれば、街道によって社区・居民委員会に対する認識もニーズも異なっており、その中で住民間の関係が希薄な社区においては、単位所属者を「条」に依らずに動員するシステムがまだ構築されていないという問題点を、党は抱えているのである。

居住歴やプロフィールから、A街道がエリートからなる新しいコミュニティであり、住民の多くが大企業に勤務する在職者で外来人口の割合も比較的高く、掌握しにくい構成であることがわかる。

現在の居住地に住みはじめた時期は図12-4が示すように、B街道では居住歴十～二十年になるものが多数派を占めるのに対して、A街道では居住歴が十年程度のものが多数派を占めており、比較的新しいコミュニティであるといえる。そして、Aは自分の所属単位に重要性を認める割合が高く、所属単位の党組織の活動もBに比べて活発である。このため、Aの住民と所属単位との紐帯は強固なものといえよう。またAは外来人口の割合がBよりも高

図12-4　現居住地に住みはじめた時期

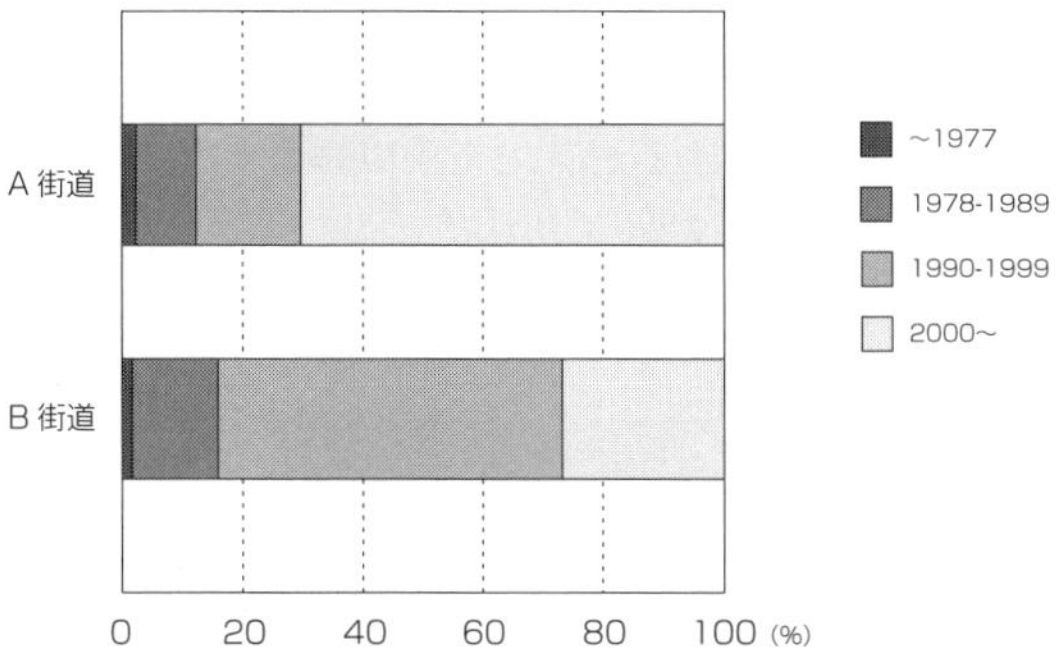

く、非上海戸籍のものはAが一四・三パーセント、Bが六・二パーセントである。これらのことから、A街道での社区の側からの住民掌握は困難であると考えられる。

平均年齢はA四十七・八歳、B五十二・〇歳とAの方が低い。年齢層は六十歳以上の割合は両街道とも三割程度で同じだが、三十四歳以下がA二九・八パーセント、B一二・四パーセント、三十五~五十九歳がA三八・九パーセント、B五七パーセントとなっており、AはBよりも若年層が多く、BはAよりも中年層が多い。

学歴・収入ともにA街道の方が高く、また職業と職位からはA街道の住民に規模の大きな工作単位に所属するものが多く、エリート層が多いことがわかる。Aは事業単位工作者が二二・〇パーセント、国有企業工作者二八・〇パーセント、私営企業一三・七パーセントが主な勤務先であるのに対し、Bはその他が四二・五パーセントを占める。職位についてはAは中間管理職が三二・一パーセント、基層管理職が二五・三パーセントを占め、一般職は三八・三パーセントにとどまるのに対して、Bでは一般職が六五・二パーセントを占めており、A街道住民の社会的経済的地位の高さが示される。

街道の組織とのかかわりで目立つのは、AがA・B以外の他のグループ

図12-5　居民委員会の活動への参加

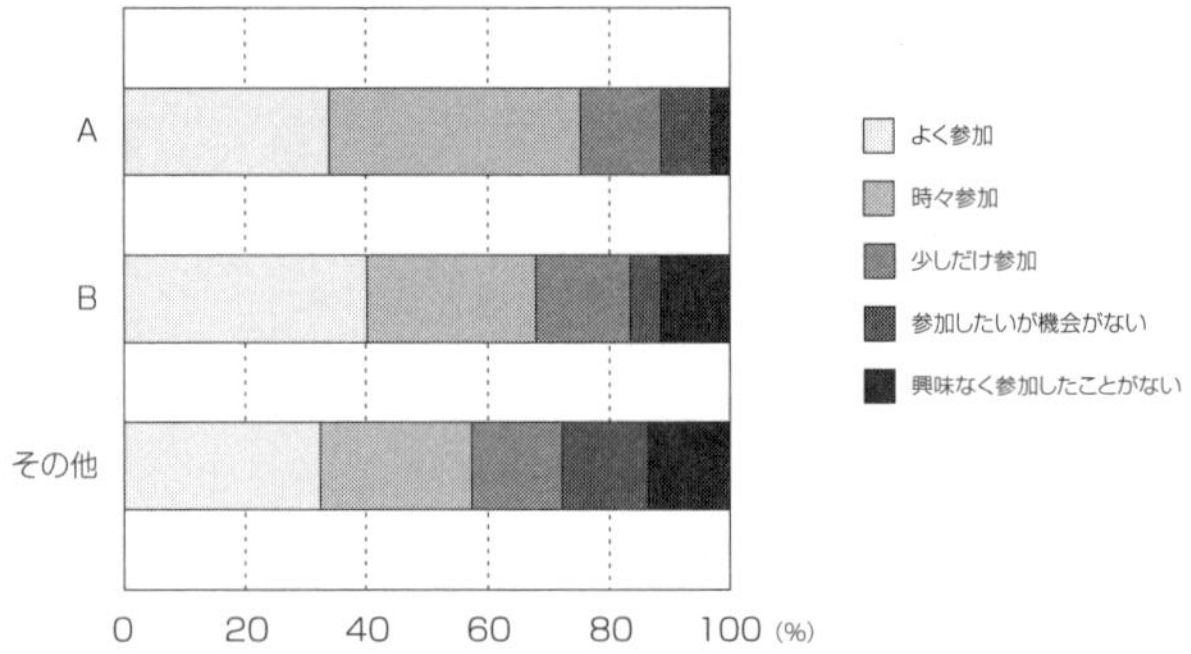

と比較して社区の外部の専門組織を信頼する傾向にあるのに対して、Bが街道や居民委員会などの政府部門を頼りにしていることである。「就職の紹介に最も役立つと思うものは」との質問に対して、いずれのグループも最も多かったのは「街道など関係ある政府部門」であった。そして、次に多かったのは他のグループは「家族・親戚」であったのに対して、Aでは「家族・親戚」と「専門のサービスを提供する会社や組織」であった。また、「治安の問題解決に最も役立つと思うものは」との質問に対しても、他のグループの「物業」を選択している割合が平均二三・六パーセントであるのに対してAは三一・四パーセントと多かったが、Bは一四・四パーセントと低かった。その分「街道など関係ある政府部門」を選択した割合がBは七二・四パーセントとAに比べて二〇パーセント、その他のグループと比較しても一八パーセント高かった。「関係する政策についての情報を得るのに最も役立つと思うもの」との質問に対して、Bは「政府部門」を挙げた割合が六八パーセントで、その他のグループとAの五四パーセントに比べて高い。

　次に居民委員会とのかかわりを見てみよう。図12-5が示すように、Aは他のグループに比べて多く参加している。全サンプルの示した結果では、単位党員と単位非党員は社区党員に比べて参加する割合が低かったの

図12-6　無報酬での社区・居民委員会での仕事

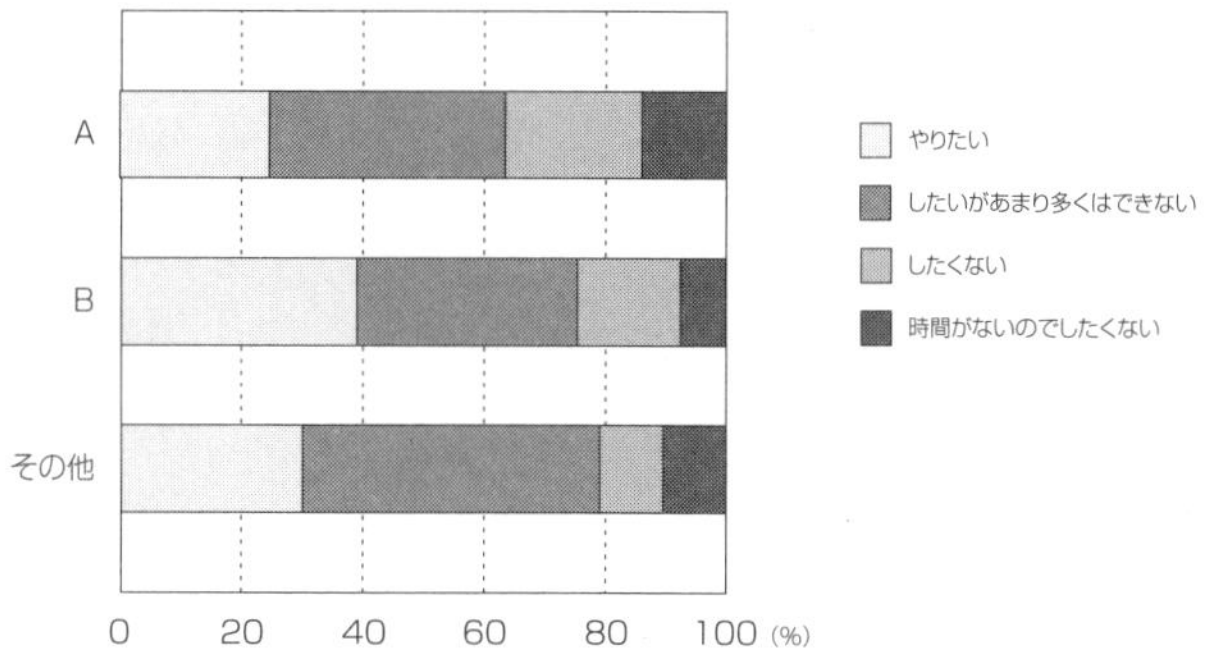

に、Aではなぜ参加率が高いのか。それは、「報酬が無ければ居民委員会や社区サービスを進んでやるか」との質問への回答が説明してくれる。彼らは動員されて参加しているのである。図12-6が示すとおり、無報酬でもやるかどうかとの問いに対して、やりたい割合はBの方が高い。Aは「よく参加している」が「忙しいのであまり参加したくない」「参加したくない」割合が多く、忙しい中を動員されて参加していることがわかる。実際の参加状況と無報酬の場合の意欲をクロス分析すると、Bの「よく参加」している中で、無報酬の社区での仕事について「やりたい」を選択したものは五六・四パーセントであった。これに対し、Aの「よく参加」している中で、無報酬の社区での仕事について「やりたい」を選択したものは二六・三パーセントと低く、「したいがあまり多くはできない」が四三・九パーセント、「時間がないのでしたくない」が一五・八パーセント、「したくない」が一四・〇パーセントであった。「時々参加」を選択したグループでは「したくない」は三八・六パーセントにも達した。このことは換言すれば、単位を中心とする党組織の動員力が強いということになろう。しかし、共産党上海市委員会組織部課題組による調査報告書でも、党組織の活動に対して一部の党員が受け身であることが問題視されている（中共中央組織部党建研究所課題組［2008：119-121］）。「党員の主体性」

表12-4　居民委員会の存在意義について

各グループの単位は%

	街道	同意する	同意しない	はっきり言えない
居民委員会は重要ではなく誰が当選しても同じもの	A	7.6	87.5	5.4
	B	12.6	75.9	11.5
居民委員会は実際は政府のためのもの	A	85.1	7.7	7.1
	B	11.0	78.5	10.5

が求められる今日において、このような強制力による党員の動員には積極的意義は認められないかもしれない。

居民委員会の存在意義に関する質問からは、A・Bそれぞれの住民にとって居民委員会の位置付けが全く異なることが明らかになった（表12-4参照）。A・B街道ともに居民委員会の重要性を認めているが、B街道は自分たちのものとして居民委員会を重要視している。

一方、Aでは「居民委員会は重要ではなく誰が当選しても同じ」に同意しなかった者（居民委員会の重要性を認めた者）のうち、八八・八パーセントが「居民委員会は実際は政府のためのもの」に同意していた。つまりAは、政府のためのものであるからこそ居民委員会を重視しているのである。この認識は、居民委員会の活動へのかかわり方にも表れている。Aでは単位からの影響により政治学習に動員され、Bでは自分たちのために「治安・警邏」に参加するものが多かった。居民委員会の活動の中でA・Bともに第一に挙げられたのが「文化・娯楽・体育活動」である。しかし、次に挙げられたものは、A・Bともにその他の地域と大きく異なっていた。Aでは「国家や地方の政策・方針の宣伝」が、Bでは「治安・警邏」が、それぞれ平均よりも一〇パーセント近く多かったのである。Aにおいては居民委員会は政府側のものであり、その活動はサービスとして提供されるものである。他方、Bにおいては居民委員会は自分たちの組織であり、住民はサービスの受け手であると同時に自らもサービスを提供する側として参加す

図12-7　居民委員会の実績・態度の評価（5が最も高評価）

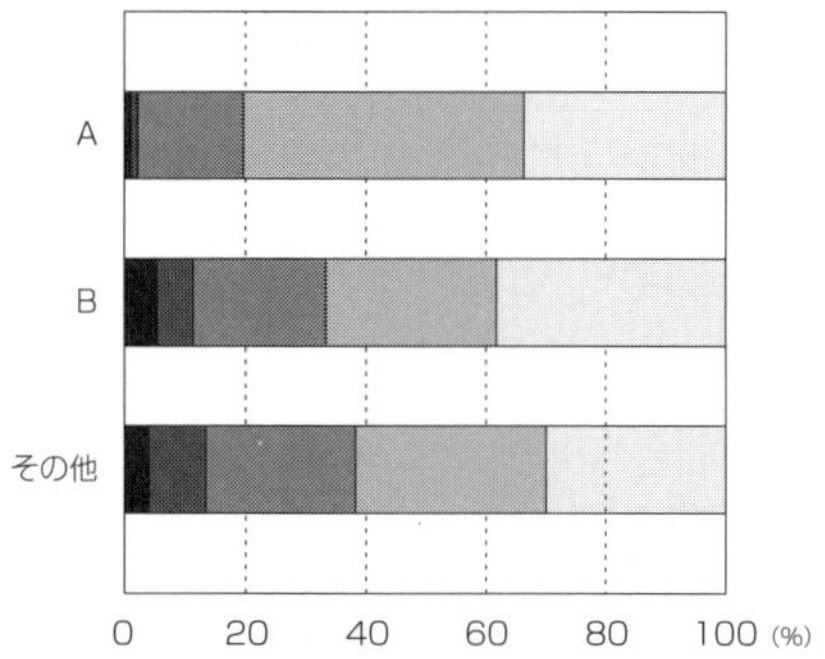

るものなのである。

居民委員会の選挙に関しては、Aからの肯定的評価と積極的参加が顕著で、ここでも単位を通じた動員の影響が現れている。居民委員会選挙に対して「とても満足」「満足」と答えた割合は、Aが八七・五パーセントであるのに対して、Bは六八・九パーセント、その他の地域は六七・九パーセントであり、Aでの評価が高い。選挙の宣伝工作についても、Aは肯定的評価が七三・二パーセントと高い。居民委員会候補の決定過程についてもAは肯定的評価が高く、「知っている。とても民主的」が七〇・二パーセントである。他方でBは五八・五パーセント、その他の地域も五七・一パーセントにとどまり、Aでの評価の高さが注意をひく。評価だけではなく実際の行動もAは積極的であった。選挙民登録についてAは九四パーセントが主体的に登録を行っている。他方でBは六六・二パーセントである。Aは権利意識が強く、こと選挙に関しては積極的に取り組まねばならないとの意識を持っていると思われる。あるいは、ここでも所属単位からの動員が有効に機能している可能性も否定できない。

最後に居民委員会への評価を見ると、A、Bともに肯定的評価がその他の地域に比べて多く、中でもAは肯定的評価が多い。Aは政府側の組織として居民委員会が十分にサービス提供などその職務を果たしていると考えているのである。

A街道は、そのプロフィールや構成から社区による掌握が困難に見えたが、実際には住民が所属する単位からの「条」（縦の系列）を利用したコントロールにより、社区での活動に動員されていた。しかし、このような単位に頼ったコントロールの下にある社区では、住民の間に治安や住民同士の交流の少なさを不安材料として挙げる声が起こりやすく、また、「実有人口、実有房屋」調査のように単位を横断した工作に関しては対応が遅れる状況も生じる。B街道では、党員が少数派であるにもかかわらず住民たちが社区以外に頼れる組織を持たないため、社区・居民委員会からのサポートを期待すると同時に自らがその担い手となっていた。特に「実有人口、実有房屋」調査においては、彼らの日頃の連携から派生したネットワークが有効に機能していたといえる。しかし同時に、彼らの多くが不安を持つ衛生・環境などある程度の資本投資をともなう問題については、住民の自助努力だけでは解決が困難であり、上級や党からの支援・介入が必要である。

四、おわりに

本論文で最初に掲げた全体の課題は、①基層党組織は社区社会への移行に対応できているのかどうか、②党の基層社会における統治能力は向上しているのか、あるいは低下しているのか、であった。それぞれの課題には概ね以下のように答えられる。第一の課題については、基層党組織は社区社会への移行に対応する必要を認識し、対応している。しかし、その方法は、従来の単位を通じた「条」（縦の系統）の指示によるものであり、十分とはいえない。第二の課題については、現在のところ基層社会における統治能力は低下してはいないが、「社区党員」の強化と「単位党員」の「社区党員化」を進め、基盤を拡大しなければ、低下する可能性もある。

第二節では、「単位党員」と「社区党員」はどのように社会の中に存在し、活動しているか、「単位党員」の「社区党員化」という課題は克服されているか、という課題を提示した。そして、「上海市民意識調査」の分析から、以下の結論が得られた。単位党員は学歴・収入・職業・職位などのプロフィールにおいて、他のグループよりもエリート的な存在であり、かつアイデンティティは所属単位にあるため、社区居民からは隔たった存在である。居民委員会の活動に際して、単位党員は円滑に動員されているとはいえず、しかも受け手の立場として参加している。社区党員は不本意なまま動員されている可能性も考えられるが、彼らはサービスの提供者として積極的にかかわり、これに対する自己評価も高い。居民委員会の選挙過程に関しても、社区党員の理解度が高く、単位党員はこれに及ばない。居民委員会など社区の工作の主たる担い手は「社区党員」であり、「単位党員」の「社区党員化」は順調に進展しているとは言い難く、課題は克服されていない。

第三節では、異なる住民構成の社区に対して党と国家が基層に浸透するためにとっている方法は正しいのか、という課題を提示した。この結論は最初の第二の課題と重なるが、従来の単位党員に対する単位を通じたコントロールを強化するだけでは、基層社会への浸透は不十分であり、基層社会における党の基盤は確固不動たるものとは言い難い。「単位党員」の「社区党員化」に加えて、B街道の例が示すように、党外の勢力を組織化して利用するなど、柔軟な取り組みが必要であろう。

ただし、「単位党員」を「社区党員化」するにはいくつかの障害がある。第一に、住宅所有形態の変化により、一つの社区に数多くの単位に所属する党員が居住しているため、指導系統が錯綜しており、統一的な指示を出すことが難しいこと。第二に、党員の所属を巡る党規約の存在により、単位党員に対する二重の指導ができないことである。加えて第三に、社区党員化することに対して何らかのインセンティブが無ければ、単位党員にとって社区党員化は単なる負担増でしかなく、これを受け入れる理由が希薄であることも挙げておかねばなるまい。今回の調査からも明らかになったように、単位党員においては社区党員と異なり、党員である動機には実利的動機も混在している。単に、共産党員としての義務という理由だけで彼らを動員するのはすでに困難になりつつある。

本論文と調査では基層社会に対する党組織の浸透・支配における問題点の一部を明らかにした。しかし、調査で明らかにできなかった点もある。「単位党員」に対する所属単位からの縦の系統を通じての指導に関して、データから析出を試みたものの、具体的事例を得ることはできなかった。こうした具体的事例と結びつけたデータの分析が今後の課題である。

〈注〉

（1）この他に、劉晴暄［2006］は上海の例を取り上げ、居民委員会が完全自治組織となる可能性を示唆している。赤坂［2002］は一九九〇年代末の居民委員会の機能について紹介している。李暁東［2008］と唐燕霞［2008］はともにP.Huangと溝口雄三の理論に依拠し国家と社会両方の性格を持つ「第三領域」の存在を指摘し、「国家—社会」関係に加えて「国家・第三領域・社会」関係が自治のあり方を考察するのに示唆的であるとしている。李と唐は第三領域のアクターとして居民委員会を挙げ、住民の支持如何によっては真の自治が芽吹くことも可能であると結論づけている。陳彩玉［2006］は社区居民委員会のサービス機能に注目・評価し、その財政的基盤の保障を提言している。賈強［2002］は、社区党建の具体例を紹介しているが、論文の中では「社区建設」と「社区党建」の混同が見られる。

（2）江口［2010］は山東省青島市の事例を基に、中央政府が主導して社区建設を推進し、党のリーダーシップの下、末端社会にまで浸透していると結論づけている。ここでは、「民意」の反映が中国の政治文化においては国家のリーダーシップにより推進される例として社区建設が取り上げられている。

（3）「社区党員」とは、中国共産党組織部の文献内で使用される用語で、単位に所属しない党員、職業や住所を頻繁に変更し、移動の多い党員、離退職した党員のことを指す。

（4）「社区党員化」とは、単位に所属しながらも、社区に関心を寄せ、社区のために活動する党員となることと、ここでは定義しておきたい。馬西恒はこれを単位における「八時間党員」から「二十四時間党員」への転換と表現している（馬［2005：219］）。

（5）この調査は本書第十一章の南裕子「一般党員の意識・行動から見る中国共産党の執政能力」で用いられているものと同一である。上海市徐匯区を中心に行い、七六七票の回答を得た。

（6）分類方法は職業の設問に対する回答に依った。単位所属者は国家機関・事業単位・国有企業・集団企業・私営企業・中外合資企業・外国独資企業に勤務するものと在校学生、単位に所属しないものは社区組織工作人員・出稼ぎ労働者・農民・自由業者・失業者・退職者を分類した。サンプル内では単位所属者が七割を占める。

（7）退職者には在職時の地位を回答してもらった。

（8）ただし、退職後の年金受給者はこれを収入に入れていない場合が考えられるので、さほど苦しい生活をしているわけではないとの見方もある。二〇〇九年九月の現地ヒアリングより。

（9）二〇〇九年九月に行った調査対象地でのインタビューによる。

（10）「楼」を一つの単位とする党組織作りは他の地域でも有効な方策として推進されている（中共商丘市睢陽区委組織部［2010］）。

〈参考文献〉

・赤坂真人［2002］「中国都市末端行政組織の構造と機能」『吉備国際大学社会学部研究紀要』第一二号。
・江口伸吾［2010］「現代中国における基層社会の再編と党の役割――都市の社区建設と政治・社会統合の試み」『総合政策論叢』第一八号、島根県立大学総合政策学会。
・賈強［2002］「変革中の中国都市コミュニティと住民組織――「社区党建」と「居民委員会」」『文教大学国際学部紀要』第一三巻第一号。
・黒田由彦［2009］「都市の住民組織と自治」、黒田由彦・南裕子編『中国における住民組織の再編と自治への模索――地域自治の存立基盤』明石書店。
・国分良成、西村成雄［2009］『党と国家――政治体制の軌跡』岩波書店。
・陳彩玉［2006］「中国の「社区」の新しい展開――「単位人」から「社会人」へ」『生活経済学研究』二四号、生活経済学会。
・陳立行［2000］「中国都市における地域社会の実像――「単位」社会から「社区」社会への転換」菱田雅晴編『社会――国家との共棲関係』〈現代中国の構造変動〉第五巻、東京大学出版会。
・菱田雅晴編［2000］『社会――国家との共棲関係』〈現代中国の構造変動〉第五巻、東京大学出版会。
・藤田英典［2008］「格差社会の構造の再生産メカニズム――「社会階層・社会移動・教育」研究の課題と視座」直井優・藤田英典編『講座社会学13　階層』東京大学出版会。
・劉晴暄［2006］「中国「居民委員会」の認識に関する一考察――上海の社区の実地調査から」『社会環境研究』第一一号。
・李暁東［2008］「「居民」から「市民」へ――「居民委員会」に見る社区自治の可能性」『北東アジア研究』第一六号、島根県立大学北東アジア地域研究センター。
・李研焱［2007］「都市――基層管理体制の変動とコミュニティ形成」飯田哲也・坪井健編『現代中国の生活変動』時潮

社。
・唐燕霞［2008］「都市基層社会の住民自治についての一考察——山東省の社区居民委員会の事例を中心」『北東アジア研究』第一六号、島根県立大学北東アジア地域研究センター。
・马西恒ら［2005］『城市社区党建』学林出版社。
・王荣华总主编、上海社会科学院社会学研究所「上海社会变迁研究」课题组［2008］『上海市民意愿调研报告』上海社会科学院出版社。
・张东生主编［2009］『中国居民收入分配年度报告（二〇〇九）』经济科学出版社。
・中共商丘市睢阳区委组织部［2010］「改进城市社区党建工作」、党建研究网、二〇一〇年十月二十六日。http://www.zgdjyi.com/Default.aspx?tabid=99&articleId=3604
・中共中央组织部党建研究所课题组［2008］『新时期党建工作热点难点问题调查报告　第八卷——关与党员主体地位问题研究』党建读物出版社。
・中华人民共和国国家统计局编［2009］『中国统计年鉴二〇〇九』。
・http://www.stats.gov.cn/tjsj/ndsj/2009/indexch.htm

第十三章　中国のＮＧＯ職員の政治意識は革新的か

――二〇〇九年アンケート調査から――

阿古　智子

一、はじめに

中国は大胆に経済の自由化を進める一方で、政治改革においては慎重な姿勢を崩さず、党＝国家体制を堅持している。しかし、執政党である中国共産党の基盤は、組織としても、イデオロギー面においても、弛緩しつつあるとの見方がある。毛沢東時代、党支部はあらゆる組織に存在していたが、現在、外資企業や私営企業に国営セクターと同じように党支部が設けられているとは言い難い。また、共産党をめぐる外部環境が変化するなかで、党の正統性に対する疑義も生まれている（菱田・園田［2005］、菱田［2009］）(1)。

本論は、中国のNGOスタッフが国の政治体制や共産党をどのように見ているのかをアンケート調査によって明らかにする。一般に、公益活動に積極的に取り組むNGO職員は批判精神に富むと見られているが、果たして調査結果はそうした見方を立証するものになっているのか。調査対象者には党員・非党員がおり、所属するNGOも人員・運営経費の規模や登記の形態が異なる。そうした条件の違いは回答にも差異として表れているのだろうか。もし表れているとするなら、それは何を意味しているのか。

以下、第二節では、中国における「NGO」（Non-Governmental Organization）の定義を明確にした上で、本論のアンケート調査が対象とするNGOの位置付けを示す。第三節では、アンケート調査の実施方法を説明し、回答者および回答者の所属するNGOのフェイスシートを明らかにする。第四節では調査結果を具体的に分析・解釈していくが、全体の結果を見た上で、⑴回答者の所得、⑵政治身分（党員、共青団員、無党派、民主党派）、⑶回答者の所属するＮＧＯの運営経費規模、⑷ＮＧＯの登録形態に着目したクロス分析を行うこととする。

二、中国のＮＧＯ

中国では改革開放以降、さまざまなタイプのＮＧＯ（中国語では大抵「民間組織」と表現される）が出現し、社会的に重要な役割を果たしている。しかし、中国のＮＧＯは複雑な歴史的経緯を経て発展してきたため、ＮＧＯの一般的な特徴であるとされる「非政府・非営利」の条件をすべてのＮＧＯが満たしているとはいえない状況である。

中国では、ＮＧＯに関する専門的な法律はまだ制定されていないが、関連する条例として、「社会団体登記管理条例」（一九九八年施行）、「基金会管理弁法」（一九八八年施行）、「民弁非企業単位登記管理暫定条例」（一九九八年施行）がある。この三つの条例によると、「民間組織」は「登記管理機関」（国務院および県レベル以上の地方政府の民政部門）と「業務主管単位」（国務院および県レベル以上の地方政府が権限を授与した組織）によって二重に管理されることになっている(2)。

つまり、登記管理機関である民政部門に登録するためには、業務主管単位の許可を得なければならないが、ＮＧＯの活動に理解を示す業務主管単位を探すのは容易ではない。そのため、民政部門に登録しているＮＧＯは少なく、その多くが政府や党機関と関係の近い、いわゆる「官製ＮＧＯ」（ＧＯＮＧＯ：Governmental Non-Governmental Organization）である。なお、「民弁非企業単位」には「民弁」（民営）の学校、病院、老人ホーム、職業訓練所、研究所などが含まれる。「基金会」は「基金会管理弁法」によると「国内外の社会団体や個人が自主的に寄付した資金によって管理される非営利性組織（社会団体法人）」であるが、二〇〇四年三月に公布された「基金会管理条例」は「非営利性法人」と規定している(3)。

では、民政部門に登録していないにもかかわらず「民間組織」と呼ばれる他の多くの組織は、どのような団体として登録しているのだろうか。組織として登録していない場合もあるが(4)、やはり何の身分も持たなければ、活動上さまざまな不都合が出てくる。そのため、多くは企業法人として工商部門に登録している。

中国において官製ＮＧＯが発展した背景には、計画経済から市場経済への移行期において、多くの国営の組織が整理・統合を迫られ、非営利の公益事業を行うことで活路を見出すようになったという事情がある。さらに、いわゆる「草の根ＮＧＯ」と呼ばれる組織の多くが工商部門に登録しているのは、「社会団体登記管理条例」が民政部門と業務主管部門による「二重管理制」に加えて、「一行政区一領域一団体」（一行政区内に活動内容が同じ、あるいは類似する団体を複数設立してはならない）(5)という規定を設けており、ＮＧＯが発展する空間が非常に限られているからである(6)。

以上、説明してきた中国の民間組織の形態を整理すると次のようになる。

民間組織

（１）法定民間組織――社会団体、基金会、民弁非企業単位

（2）草の根民間組織——工商登記（企業）、法人格を持たない団体（他の組織の下部団体、コミュニティの公益事業を行う組織、農村の非営利組織など）

三、調査の実施方法

前節では中国のNGOの特徴について説明した。では、本論で紹介するアンケート調査の対象となったNGOにはどのようなタイプの組織が含まれているのであろうか。

まず、組織登録の形態であるが、登録しているのは約六〇パーセントで、そのうち約半数が民政部門に、約四〇パーセントが工商部門に登録している。民政部門・工商部門のいずれに登録するにしても、各レベルの政府に登録しなければならないが、国レベルが約五パーセント、省レベルが約一〇パーセント、市レベルが約七〇パーセント、県レベルが約八パーセントとなっている（表13−1）。

NGOの規模であるが、職員数は表13−2のとおり、八〇パーセント以上が「二〇人以下」、「二一～四〇人」が約九パーセントとほとんどのNGOが小規模である。年間の運営経費（表13−3）に関しても、「五万元未満」が約六〇パーセントであり、大半が少人数で細々と活動を行っていることがわかる。「一〇一人以上」（三パーセント）「一〇〇～五〇〇万元」（二・二パーセント）という大規模な組織もあるが、これは官製NGOあるいは国際NGOの支部

表 13-1　組織登録の形態

組織登録の有無

あり：503（56%）、なし：359（40%）、不明：39（4%）

登録部門

民政部門：249（登録している団体のうち 45.7%）、工商部門：212（38.9%）、その他 (7)：45（8.2%）、不明：39（7.2%）

登録先の行政レベル

国：27（5.1%）、省：52（9.8%）、市：352（66.7%）、県：44（8.3%）
その他：15（2.8%）、不明：38（7.2%）

表 13-2　職員数

	回答数	比率
20 人以下	740	82.1
21 ～ 40 人	85	9.4
41 ～ 60 人	34	3.8
61 ～ 80 人	12	1.3
81 ～ 100 人	3	0.3
101 人以上	27	3.0
合計	901	100.0

表 13-3　運営経費の規模

	回答数	比率
5 万元未満	536	59.5
5 ～ 10 万元未満	51	5.7
10 ～ 50 万元未満	260	28.9
50 ～ 100 万元未満	34	3.8
100 ～ 500 万元未満	20	2.2
合計	901	100.0

表 13-4　香港・マカオ・台湾の資金の割合

	回答数	比率
20%以下	767	85.4
21 ～ 50%	96	10.7
50%以上	35	3.9
合計	898	100.0

表 13-5　海外資金の割合

	回答数	比率
20%以下	683	75.8
21 ～ 50%	110	12.2
50%以上	108	12.0
合計	901	100.0

表13-6　活動領域

	回答数	比率
環境保護	196	14.5
農民工権利	87	6.4
エイズ	226	16.7
法律援助	103	7.6
宗教	3	0.2
農村貧困問題	119	8.8
都市貧困問題	44	3.3
同性愛	133	9.8
少数民族権利	20	1.5
その他	415	30.7
不明	7	0.5
合計	1353	100.0

*複数回答

表13-7　本部所在地

	回答数	比率
北京	350	40.4
上海	129	14.9
昆明	98	11.3
広州	97	11.2
天津	91	10.5
深圳	44	5.1
麗江	14	1.6
香港	11	1.3
成都	9	1.0
米国	7	0.8
西安	4	0.5
大理	3	0.3
河北	2	0.2
その他	7	0.9
合計	866	100.0

*その他には雲南、パリ、広西、広東、日本、国連、攀枝花が含まれる

であると考えられる。運営経費に関しては「一〇～五〇万元」の回答も約三〇パーセントある。

香港・マカオ・台湾、あるいはその他の海外から活動資金を得ているNGOの比率は、「二〇パーセント以下」という回答がそれぞれ約八五パーセントと七五パーセントと過半数を占めるが、海外資金が半分以上という団体も約一割存在する（表13‐5・6）。

活動領域は環境保護、農民工（農村からの出稼ぎ労働者）の権利擁護、エイズ、法律援助、貧困問題、同性愛などさまざまである（表13‐6：複数回答）。NGOの本部事務所は、北京が約四〇パーセント、上海が約一五パーセント、昆明、広州、天津が約一〇パーセントを占めている（表13‐7）。

アンケート調査の対象となるNGOは、本調査の実施を担当したNGO[8]が保管しているNGOリストを基に各NGOに連絡し、電話や直接訪

問によって協力を依頼した。連絡した二七八団体のうち、アンケート調査を受け入れたのは一五〇団体である。協力を拒否し、その理由を述べた団体のうち、最も多い三三団体が挙げた理由は「敏感な問いが多い」「政治に関連する調査には参加しない」などで、他は「時間がない」「意義のないアンケートはやりたくない」「関連のない活動」といった内容であった。具体的には述べなかったが「不都合がある」という回答も複数見られた。また、「独立したＮＧＯではない」「政府の下部組織である」「ＮＧＯではなく企業」という回答もあった。ＮＧＯの定義付けを厳密に行うことが難しいという中国の実態がうかがえる。こうした団体のなかには、対応する相手や状況によっては、自らＮＧＯと名乗ることもあると考えられる。

次に、回答者のフェイスシートを見てみよう。これまでに述べたとおり、アンケート調査はＮＧＯで働く職員を対象に行ったものであるが、性別は男性が四四四人（四九・三パーセント）、女性が四五六人（五〇・七パーセント）、不明が一人であった。年齢は二十代が半数、三十代が三〇パーセントと二十～三十代の青年層が中心となっている（表13-8）。学歴は九割が大学専門課程以上であり、回答者の大半が高等教育を受けているエリートであることがわかる（表13-9）。

民族は漢族が約九〇パーセントである。宗教は「無宗教」という回答が九〇パーセント以上を占めている（表13-10・11）。年収は「一万元未満」が約二五パーセント、「一～三万元」が約四〇パーセント、「三～五万元」が約二〇パーセント、「五～八万元」が約一〇パーセント、「八万元以上」が約七パーセントとかなり分散している（表13-12）。中国の中・大都市の平均的な給与水準を考えると、一万元未満で生活していくのはほとんど不可能であり、インターンやボランティアなどの身分でＮＧＯの活動に参加していることが考えられる。実際に、私の知り合いのＮＧＯスタッフの多くは、大学を卒業したばかりで、経験を蓄積するためにインターンとして働いており、彼らの給与は

表13-8　回答者の年齢

	回答数	比率
19歳以下	25	2.8
20～29歳	440	48.8
30～39歳	277	30.7
40～49歳	96	10.7
50～59歳	53	5.9
60歳以上	10	1.1
合計	901	100.0

表13-9　回答者の学歴

	回答数	比率
小学校	8	0.9
初級中学	16	1.8
高級中学*	82	9.2
大専	191	21.4
大学本科	539	60.3
大学院	58	6.5
合計	894	100.0

*中等専門学校と職業高級中学も含む

表13-10　回答者の民族

	回答数	比率
漢族	777	86.6
回族	45	5.0
モンゴル族	15	1.7
チベット族	11	1.2
ウイグル族	10	1.1
朝鮮族	2	0.2
満州族	21	2.3
その他	16	1.8
合計	897	100.0

表13-11　回答者の宗教

	回答数	比率
イスラム教	21	2.4
道教	2	0.2
仏教	65	7.3
カトリック	4	0.5
キリスト教	18	2.0
その他	21	2.4
無宗教	755	85.2
合計	886	100.0

表13-12　回答者の年収

	回答数	比率
1万元未満	220	24.4
1～3万元未満	342	38.0
3～5万元未満	169	18.8
5～8万元未満	104	11.5
8万元以上	66	7.3
合計	901	100.0

表13-13　回答者の政治身分

	回答数	比率
共産党員	81	9.2
共青団員	172	19.5
民主諸党派	16	1.8
無党派	611	69.4
合計	880	100.0

表13-14　回答者家族内の党員の有無

	回答数	比率
あり	512	58.0
なし	370	42.0
合計	882	100.0

低く抑えられている。知人からの聞き取り調査では北京市の中小企業の大学新卒者の初任給が手取りで二〇〇〇元ほどであった。その基準と照らし合わせると、「一～三万元」もそう高い水準ではないといえる。

回答者の政治身分は共産党員が約九パーセント、共産党青年団員が約二〇パーセントで、約七〇パーセントがいかなる政治組織にも属していない無党派であった（表13–13）。家庭内に共産党員がいると答えた回答者は約六〇パーセント（表13–14）である。

四、アンケート調査の結果

(1) 政治への関わり方・関心を置く政策課題

第三節では回答者が所属するNGOおよび回答者のフェイスシートを一通り見てきたが、本節では、全体をとおしてのアンケートに対する回答の分析を行ってみよう。なお、アンケートの内容は、回答者が政治にどのように関わろうとしているのか、政府や党の掲げる政策や抱えている重要課題、社会主義や共産党をどうとらえているのかを明らかにすることを目的に設定している。

まず回答者の政治への関わり方を見てみよう。表13–15は国や地方政府に対する政策提言の有無であるが、「ある」

表13-15　国・地方政府への政策提言

	回答数	比率
ある	462	51.9
ない	429	48.1
合計	891	100.0

表13-16　人大代表選挙制度への見解

	回答数	比率
とても良い	45	5.1
良いが完全ではない	292	32.9
形式主義	461	52.0
知らない	89	10.0
合計	887	100.0

「ない」ともに約半数ずつとなっている。政策提言の具体的な方法については問わなかったが、「ある」と回答した人の大半は、NGOをとおして政策提言を行っていると考えられる。

中国における公的な政治参加の手段といえば、人民代表大会（人大）の代表になるか、選挙で支持する代表に投票することが考えられるが、人民代表大会の選挙制度に対しては、「形式主義」という回答が約半数、「良いが完全ではない」という回答が約三〇パーセントを占め、「とても良い」と考える人は五パーセントしかいなかった（表13-16）。

では、人民代表大会の代表になることを希望する者がどれぐらいいるかというと、約二〇パーセントであり、「希望しない」という回答が約六〇パーセントであった（表13-17）。人大の制度が形式主義的である限り、体制内に入って政治を変えようと考える者は少ないということであろうか。さらに、投票に対しても「勤務先で要求されれば参加する」「時間があれば参加する」という消極的な回答が半数に上り、「参加をさぼっている」という回答も一三パーセントあった（表13-18）。

「現在の政府の最重要課題」について聞いてみると、「経済発展」（三〇・九パーセント）や「社会の安定」（二七・六パーセント）という回答が「民主の拡大」（一四・四パーセント）よりも多かった（表13-19）。現実的な回答であるといえるだろう。「最も関心のある政治体制改革」については、六〇パーセント以上が「腐敗問題」と回答し、

表 13-17　人大の代表に選ばれたいか

	回答数	比率
希望する	192	21.6
希望しない	517	58.1
わからない	181	20.3
合計	890	100.0

表 13-18　人大代表選挙の投票活動への関わり方

	回答数	比率
勤務先で要求されれば参加する	335	37.5
時間があれば参加する	149	16.7
積極的に参加	123	13.8
参加をさぼっている	116	13.0
わからない	170	19.0
合計	893	100.0

表 13-19　現在の政府の最重要課題

	回答数	比率
経済発展	277	30.9
社会の安定	248	27.6
民主の拡大	129	14.4
社会の治安	82	9.1
教育の発展	79	8.8
環境保護	56	6.2
人口抑制	7	0.8
国防の強化	1	0.1
その他	18	2.0
合計	897	100.0

表 13-20　最も関心のある政治体制改革

	回答数	比率
腐敗防止に関する制度	573	63.9
幹部の選抜制度	86	9.6
公務員試験	84	9.4
人大選挙制度	80	8.9
党の指導に関する制度	49	5.5
地方行政の首長直接選挙制度	25	2.8
合計	897	100.0

表 13-21　党内の最大の問題

	回答数	比率
腐敗現象	526	59.2
一般大衆からの乖離	190	21.4
理想や信念のゆらぎ	70	7.9
組織力の低下	32	3.6
民主の不足	29	3.3
その他	41	4.6
合計	888	100.0

表 13-22　国の政治活動に注目する主な理由

	回答数	比率
政治に興味があるから	190	21.2
政治と国家の発展とは関係があるから	190	21.2
政治と自分の将来とは関係があるから	150	16.7
他にすることがないから	106	11.8
仕事柄	26	2.9
試験で問われるから	18	2.0
わからない	71	7.9
その他	24	2.7
関心はない	122	13.6
合計	897	100.0

表13-23　自分の入党理由（第1位）

	回答数	比率
共産主義の信念から	24	36.4
共産党は先進的な組織だから	13	19.7
自己実現	11	16.7
昇進したい	8	12.1
職場の推薦	2	3.0
党の現状を改善し、影響力をさらに発揮する	2	3.0
社会的地位を得る	3	4.5
政治資本を蓄積したい	3	4.5
合計	66	100.0

表13-24　他の人が入党する理由（第1位）

	回答数	比率
昇進したい	346	39.1
政治資本を蓄積したい	126	14.2
社会的地位を得る	122	13.8
共産主義の信念から	76	8.6
政治的な保障を得る	71	8.0
共産党は先進的な組織だから	62	7.0
自己実現	33	3.7
職場の推薦	26	2.9
家族が共産党員だから	10	1.1
周囲が皆入党している	7	0.8
党の現状を改善し、影響力をさらに発揮する	6	0.7
合計	885	100.0

圧倒的多数を占めた（表13-20）。次に続く、「幹部の選抜制度」「公務員試験」「人大選挙制度」はいずれも一〇パーセント以下と遠く及ばない。政治制度を変えることよりも、現行の体制における問題を重視している様子がうかがえる。

「党内の最大の問題」についても、約六〇パーセントが「腐敗現象」と答えている。次に多いのが「一般大衆からの乖離」（二一・四パーセント）である（表13-21）。現在の共産党を中心とする統治体制に問題があると考えている人が少なくないことがうかがえる。では、どのような理由から政治活動に注目しているのだろうか。上位に占めるのは「政治に興味があるから」（二一・二パーセント）、「政治と国家の発展とは関係があるから」（二一・二パーセント）であるが、次に多いのが「政治と自分の将来とは関係があるから」（一六・七パーセント）という回答であり、政治そのものよりも、自分の生活とのかかわりで政治を見るというスタンスを示す人もいる。「他にすることがないから」（一一・八パーセント）

という回答もあった（表13-22）。

全回答者のうち共産党員は八一人いるが、彼らはどのような考えによって入党したのだろうか。三つの理由を述べてもらったが、そのうち一番目に挙げた理由が表13-23にまとめてある。この問いに回答した六六人のうち、「共産主義の信念から」と答えたのは三六・四パーセントと最も多く、次に「共産党は先進的な組織だから」（一九・七パーセント）が続く。しかし、その次になると「自己実現」（一六・七パーセント）、「昇進したい」（一二・一パーセント）という個人的かつ現実的な理由になる。一方で、他の人の入党理由（党員自身も回答）については、「昇進したい」（三九・一パーセント）が最も多く、「共産主義の信念から」（八・六パーセント）や「共産党は先進的な組織だから」（七パーセント）を挙げる者は一〇パーセントに満たない（表13-24）。「政治資本を蓄積したい」（一四・二パーセント）や「社会的地位を得る」（一三・八パーセント）という回答も多く、冷めた見方が主流を占めていることがわかる。党員自らと他者の入党理由について、このように見方が大きく異なることは大変興味深い。

（2）社会主義・共産党に対する見方

次に、社会主義や共産党に対する質問についての回答を見てみよう。

まず、「共産党が偉大であると思う理由」については、「歴史的な功績」という回答が半数を占め、二位の「執政力」（二五・八パーセント）を大きく引き離している（表13-25）。中国政府が歴史教育に力を入れている成果が表れているのだろうか。しかし、実質的な能力（組織・外交・経済建設）はそれほど認められていないという状況も浮かび上がる。

表 13-25　党が偉大であると思う理由

	回答数	比率
歴史的な功績	448	50.0
執政力	231	25.8
経済建設力	90	10.0
組織力	73	8.1
外交力	21	2.3
その他	33	3.7
合計	896	100.0

表 13-26　社会主義は和諧社会の前提条件

	回答数	比率
とても同意する	158	17.6
同意する	259	28.9
あまり同意できない	253	28.2
とても同意できない	138	15.4
わからない	88	9.8
合計	896	100.0

表 13-27　社会主義は私有制や搾取を消滅させる

	回答数	比率
とても同意する	107	11.9
同意する	198	22.1
あまり同意できない	321	35.8
とても同意できない	166	18.5
わからない	105	11.7
合計	897	100.0

表 13-28　社会主義は美しい理想で非現実的

	回答数	比率
とても同意する	224	25.0
同意する	301	33.6
あまり同意できない	164	18.3
とても同意できない	97	10.8
わからない	111	12.4
合計	897	100.0

表 13-29　社会主義は生活水準を向上させる

	回答数	比率
とても同意する	260	29.0
同意する	300	33.4
あまり同意できない	114	12.7
とても同意できない	112	12.5
わからない	112	12.5
合計	898	100.0

表 13-30　過去の社会主義は理想主義で新しい理解や認識があるべきだ

	回答数	比率
とても同意する	266	29.7
同意する	423	47.2
あまり同意できない	83	9.3
とても同意できない	23	2.6
わからない	101	11.3
合計	896	100.0

社会主義に関する質問は多数行ったが、「とても同意する」「同意する」を「肯定的な見方」ととらえ、「あまり同意できない」「とても同意できない」を「否定的な見方」ととらえて分析してみよう。

「社会主義は和諧社会の前提条件」は肯定（四六・五パーセント）・否定（四三・六パーセント）がほぼ同じであった（表13-26）。「社会主義は私有制や搾取を消滅させる」は肯定（三四パーセント）より否定（五四・三パーセント）が多く（表13-27）、「社会主義は美しい理想で非現実的」は肯定（五八・六パーセント）が否定（二九・一パーセント）より多い（表13-28）。社会主義が和諧（調和）を維持するために重要だと考える半面、私有制を消滅させるというような考えは非現実的だという見方が半数以上を占めていることがわかる。

「社会主義は生活水準を向上させる」という問いについては、肯定（六二・四パーセント）が否定（二五・二パーセント）より多く（表13-29）、「過去の社会主義は理想主義で新しい理解や認識があるべきだ」も肯定（七六・九パーセント）が否定（一一・九パーセント）より圧倒的に多い結果となった（表13-30）。「現代化建設は社会主義でもなく資本主義でもない第三の道だ」は、肯定（五八・八パーセント）が否定（一九・六パーセント）より多く（表13-31）、「わからない」という回答も二〇パーセントを占めている（表13-31）。「社会主義は平等社会を構築する」は肯定（四〇・三パーセント）が否定（四七・六パーセント）よりやや少ない（表13-32）。

先に見たように、市場経済の推進によって格差問題が顕著になる今日、社会主義が和諧（調和）や生活水準の向上に一定程度、重要であるという見方があるのだろう。一方で、このアンケート調査の結果から、「社会主義は理想主義であり平等社会の構築にも貢献していない」「現代化のためには社会主義でもなく資本主義でもなく、第三の道が必要だ」という声が際立っている。

「現在社会主義は低潮だが資本主義より勝る」は肯定（四五・二パーセント）が否定（二四・八パーセント）より

表13-31　現代化建設は社会主義でもなく資本主義でもない第三の道だ

	回答数	比率
とても同意する	198	22.1
同意する	329	36.7
あまり同意できない	121	13.5
とても同意できない	55	6.1
わからない	193	21.5
合計	896	100.0

表13-32　社会主義は平等社会を構築する

	回答数	比率
とても同意する	119	13.3
同意する	242	27.0
あまり同意できない	271	30.2
とても同意できない	156	17.4
わからない	109	12.2
合計	897	100.0

表13-33　現在社会主義は低潮だが資本主義より勝る

	回答数	比率
とても同意する	180	20.1
同意する	225	25.1
あまり同意できない	149	16.6
とても同意できない	74	8.2
わからない	269	30.0
合計	897	100.0

表13-34　社会主義を放棄すれば現代化実現も意味がない

	回答数	比率
とても同意する	188	21.0
同意する	212	23.7
あまり同意できない	162	18.1
とても同意できない	80	8.9
わからない	252	28.2
合計	894	100.0

表13-35　主義思想ではなく現実から出発し一般大衆のために有利なことを多くする

	回答数	比率
とても同意する	445	49.6
同意する	224	25.0
あまり同意できない	99	11.0
とても同意できない	30	3.3
わからない	99	11.0
合計	897	100.0

表13-36　科学的発展観の提起は党のマルクス主義理論の発展を反映

	回答数	比率
とても同意する	182	20.3
同意する	275	30.7
あまり同意できない	119	13.3
とても同意できない	53	5.9
わからない	268	29.9
合計	897	100.0

多いが、「わからない」という回答も三〇パーセントに上る（表13-33）。「社会主義を放棄すれば現代化実現も意味がない」という問いに対しては、肯定（四四・七パーセント）が否定（二七パーセント）より多いが、これも「わからない」という回答が約三〇パーセントある（表13-34）。「主義思想ではなく現実から出発し一般大衆のために有利なことを多くする」については、肯定（七四・六パーセント）が否定（一四・三パーセント）より圧倒的に多い（表13-35）。「科学的発展観の提起は党のマルクス主義理論の発展を反映」は肯定（五一パーセント）が否定（一九・二パーセント）より多く、「わからない」の回答が約三〇パーセントあった（表13-36）。

肯定的な見方が否定的な見方の二倍近くに上ってはいながらも、「わからない」という回答も多いという結果から、社会主義（社会主義と資本主義・現代化・科学的発展観との関係）に対する見方に迷いがあることがわかる。主義や思想よりも現実を見据えることには肯定的であるのだと考えられる。

共産党に対する見方について、さらに具体的に見ていこう。「中国の先進的な生産力の発展と要求は党の先進的本質である」という問いについては、肯定（四四・四パーセント）が否定（二一・三パーセント）の二倍だが、「わからない」も三四パーセントある（表13-37）。「愛国とは中国共産党の指導の下の社会主義を愛することだ」は肯定（三五・一パーセント）と否定（三二・二パーセント）が拮抗し、「わからない」が約三〇パーセントである（表13-38）。「党の指導下でのみ近代化は達成される」は肯定（三六・五パーセント）が否定（三〇・四パーセント）より少し多く、「わからない」が三三パーセント（表13-39）、「共産党以外に先頭に立つ組織はない」も同じく肯定（三六パーセント）が否定（三〇・一パーセント）より少し多く、「わからない」が三三パーセント（表13-40）である。「社会主義近代化建設のすべての時期において共産党の指導は堅持しなければならない」は肯定（四二・三パーセント）が否定（二四・四パーセント）より多く、「わからない」が三三パーセント（表13-41）、「中国共産党は良好に

表 13-37　中国の先進的な生産力の発展と要求は党の先進的本質である

	回答数	比率
とても同意する	137	15.3
同意する	261	29.1
あまり同意できない	134	14.9
とても同意できない	57	6.4
わからない	308	34.3
合計	897	100.0

表 13-38　愛国とは中国共産党の指導の下の社会主義を愛することだ

	回答数	比率
とても同意する	100	11.2
同意する	214	23.9
あまり同意できない	201	22.5
とても同意できない	96	10.7
わからない	284	31.7
合計	895	100.0

表 13-39　党の指導下でのみ近代化は達成される

	回答数	比率
とても同意する	82	9.1
同意する	246	27.4
あまり同意できない	184	20.5
とても同意できない	89	9.9
わからない	296	33.0
合計	897	100.0

表 13-40　共産党以外に先頭に立つ組織はない

	回答数	比率
とても同意する	98	10.9
同意する	225	25.1
あまり同意できない	177	19.7
とても同意できない	93	10.4
わからない	304	33.9
合計	897	100.0

表 13-41　社会主義近代化建設のすべての時期において共産党の指導は堅持しなければならない

	回答数	比率
とても同意する	117	13.1
同意する	262	29.2
あまり同意できない	144	16.1
とても同意できない	74	8.3
わからない	299	33.4
合計	896	100.0

表 13-42　中国共産党は良好に自己建設できる

	回答数	比率
とても同意する	112	12.5
同意する	261	29.1
あまり同意できない	151	16.8
とても同意できない	73	8.1
わからない	300	33.4
合計	897	100.0

自己建設できる」は肯定（四一・六パーセント）が否定（二四・九パーセント）より多いが、「わからない」が三三パーセント（表13-42）となっている。

このように、共産党の先進性や共産党による指導の支持に関する六つの質問についても、やはり「わからない」という回答が約三割に上った。全体的に、肯定的な回答が否定的な回答を上回っているが、かなり敏感な内容であり、回答者のなかには政治思想をテストされていると感じ、安全な回答を選んだ者がいるかもしれない。唯一、愛国が共産党指導下のものであるかについて（表13-38）は肯定と否定の回答が拮抗していた。国を愛することが共産党を愛することと同等ではないと考える者が少なくないということを表している。

次の四つの質問に対する回答はどうだろうか。「政治民主は重要でなく重要なのは経済発展と生活水準の向上だ」は肯定（三九・五パーセント）が否定（四五・九パーセント）よりやや少ない（表13-43）。「党は人民の根本利益を代表している」も肯定（三九・四パーセント）が否定（四八・二パーセント）よりやや少ない（表13-44）。「党の基礎は依然として農民と労働者の同盟によるものだ」は否定（五二・一パーセント）が肯定（三二・七パーセント）（表13-45）より二〇パーセント近く多く、「党は依然中国人民と中華民族の先鋒隊だ」は否定（四八・四パーセント）が肯定（三六・七パーセント）より一〇パーセント以上多い（表13-46）。

NGO職員には民主を重視する者が多いという見方があるが、表13-43の回答は約半数が民主の重要性を肯定しており、それを一定程度証明しているといえるだろう。一方で、民主よりも経済発展や生活水準が大事だという回答が約四割を占めていることも特筆すべきである。表13-44〜46は、共産党が人民の根本利益を代表し、農民や労働者を基礎に置くとは考えていない者が約半数にも上ることを示している。

最後に以下の四つの質問に対する回答を見ていこう。共産党は時代を経て変化しているが、私営企業家の入党許可

表 13-43　政治民主は重要でなく重要なのは経済発展と生活水準の向上だ

	回答数	比率
とても同意する	215	24.0
同意する	139	15.5
あまり同意できない	191	21.3
とても同意できない	221	24.6
わからない	131	14.6
合計	897	100.0

表 13-44　党は人民の根本利益を代表している

	回答数	比率
とても同意する	146	16.3
同意する	207	23.1
あまり同意できない	195	21.7
とても同意できない	238	26.5
わからない	111	12.4
合計	897	100.0

表 13-45　党の基礎は依然として農民と労働者の同盟によるものだ

	回答数	比率
とても同意する	91	10.1
同意する	203	22.6
あまり同意できない	221	24.6
とても同意できない	247	27.5
わからない	135	15.1
合計	897	100.0

表 13-46　党は依然中国人民と中華民族の先鋒隊だ

	回答数	比率
とても同意する	96	10.7
同意する	233	26.0
あまり同意できない	189	21.1
とても同意できない	245	27.3
わからない	133	14.8
合計	896	100.0

表 13-47　私営企業家の入党は共産党の性質を変えない

	回答数	比率
とても同意する	83	9.3
同意する	226	25.2
あまり同意できない	174	19.4
とても同意できない	238	26.5
わからない	176	19.6
合計	897	100.0

表 13-48　社長党員の存在は党の性質を強化する

	回答数	比率
とても同意する	58	6.5
同意する	167	18.6
あまり同意できない	215	24.0
とても同意できない	248	27.6
わからない	209	23.3
合計	897	100.0

表 13-49　党員は社会的弱者の代表である

	回答数	比率
とても同意する	39	4.3
同意する	81	9.0
あまり同意できない	290	32.3
とても同意できない	341	38.0
わからない	147	16.4
合計	898	100.0

表 13-50　党員の中には比較的高い知識をもち技術レベルの高い人が多い

	回答数	比率
とても同意する	84	9.4
同意する	182	20.3
あまり同意できない	211	23.5
とても同意できない	266	29.6
わからない	155	17.3
合計	898	100.0

などについて、どのように考えているかを問う問題である。

まず、「私営企業家の入党は共産党の性質を変えない」という質問については、否定（四五・九パーセント）が肯定（三四・五パーセント）より一〇パーセント以上多いが、「わからない」という回答が二〇パーセント近くある（表13-47）。「社長党員の存在は党の性質を強化する」に対しては、否定（五一・六パーセント）が肯定（二五・一パーセント）の二倍に上り、「わからない」の回答も二〇パーセント以上あった（表13-48）。「党員は社会的弱者の代表である」については、否定（七〇・三パーセント）が肯定（一三・三パーセント）を圧倒的に上回っている（表13-49）。「党員の中には比較的高い知識をもち技術レベルの高い人が多い」については、否定（五三・一パーセント）が肯定（二九・七パーセント）を二五パーセント近く上回っている（表13-50）。

私営企業家の入党に関する質問はやはり敏感な要素を含んでおり、そのため「わからない」という回答が約二割に上ったのではないかと考えられるが、それでも否定的な見方（私営企業家の入党により共産党の性質が変わったという見方）が強いことがわかる。さらに、「社会的弱者の代表であるべき党員がそうではない」という観点が明瞭に示されているのは興味深い。「党員が必ずしも知識や技術において非党員よりも上回っているわけではない」という意見が多いこともわかった。

(3) 回答者の所得、政治身分、NGOの規模、登録形態別の分析

最後に、(1)回答者の年収、(2)回答者の政治身分（党員、共青団員、無党派、民主党派）、(3)回答者の所属するNGOの規模（運営経費）、(4)回答者の所属するNGOの登録形態（工商部門、民政部門）別にクロス分析してみよう。①「共産党は人民の根本利益を代表している」②「私営企業家の入党は共産党の性質を変えない」③「共産党以外に先頭に立つ組織はない」の三つの質問を選んだが、その理由は、①は人民の根本的な利益を代表すべき共産党に対する見方、②は昨今の共産党のメンバーシップに対する変化のとらえ方、③は政治に関して現実的な見方があるかどうか（共産党の統治内容に賛同できなくてもそれ以外に中国を率いる組織がないという考えがあるかどうか）を把握するのが目的である。

まず、①について、回答者の年収別に回答を見てみると、一〜三万元の層に「とても同意できない」という回答が多いのがわかる。先に述べたように、年収一万元未満の層は本格的にNGOの活動に関わっているわけではないインターンやボランティアが多いと考えられるが、一〜三万元となると主要な所得がNGOからの給与である可能性が高くなる。生活が苦しければ、ネガティブな見方をするのは当然ということであろうか（図13–1）。政治身分による差異は予想通り、共産党員や共産党青年団員にポジティブな見方が多く、無党派と民主党派にネガティブな見方が多い（図13–2）。NGOの運営経費の規模で見ると、規模の小さいNGOの方が否定的な見方を示しているが、一方で最も規模の大きい一〇〇〜一五〇万元の層も否定的である。これについては、先にも指摘したが、海外NGOの支部として機能しているNGOなどが含まれている可能性を考える必要があるだろう（図13–3）。海外NGOのスタッフには革新的な考え方を持つ者も多いのではないだろうか。登録形態に関して見ると、やはり工商部門に登録しているN

図13-1　共産党は人民の根本利益を代表している

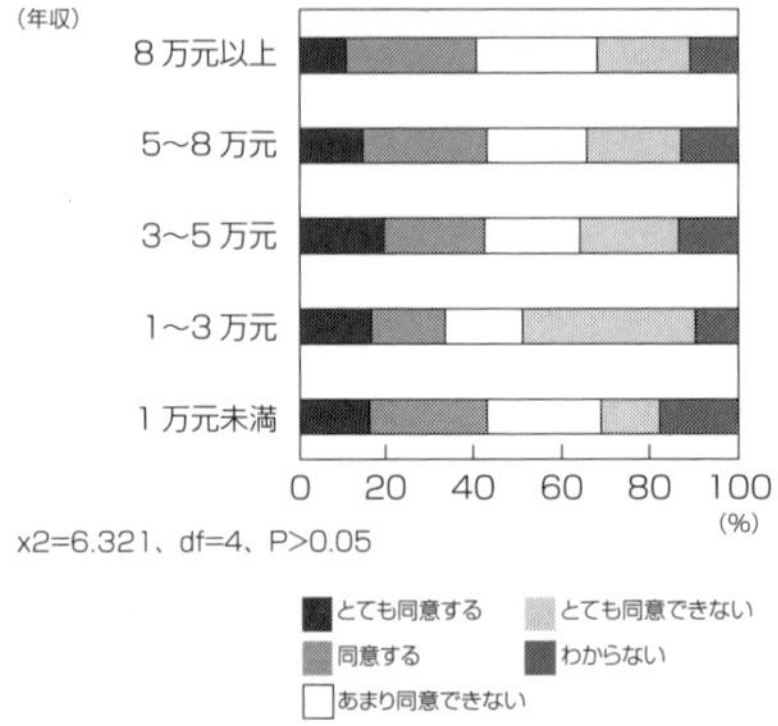

図13-2　共産党は人民の根本利益を代表している

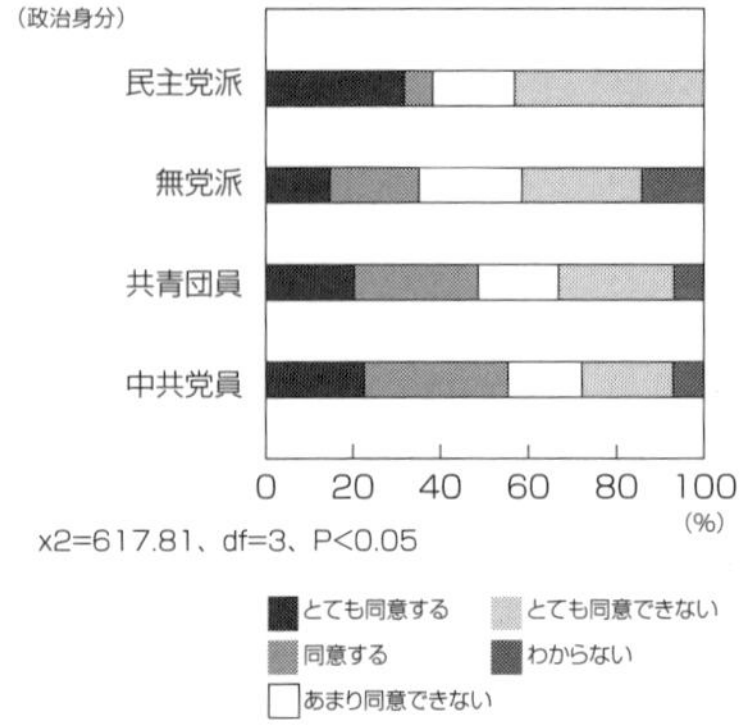

図13-3　共産党は人民の根本利益を代表している

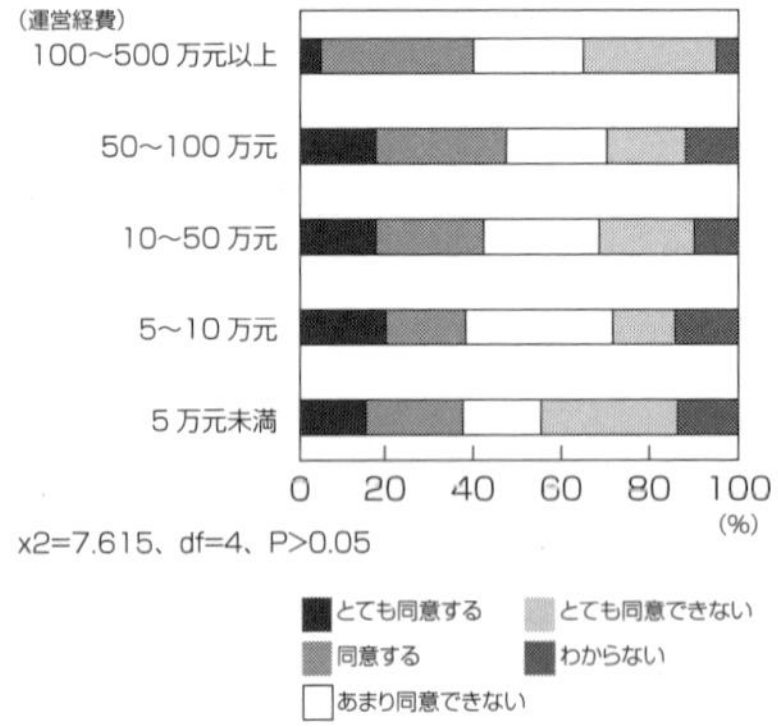

図13-4　共産党は人民の根本利益を代表している

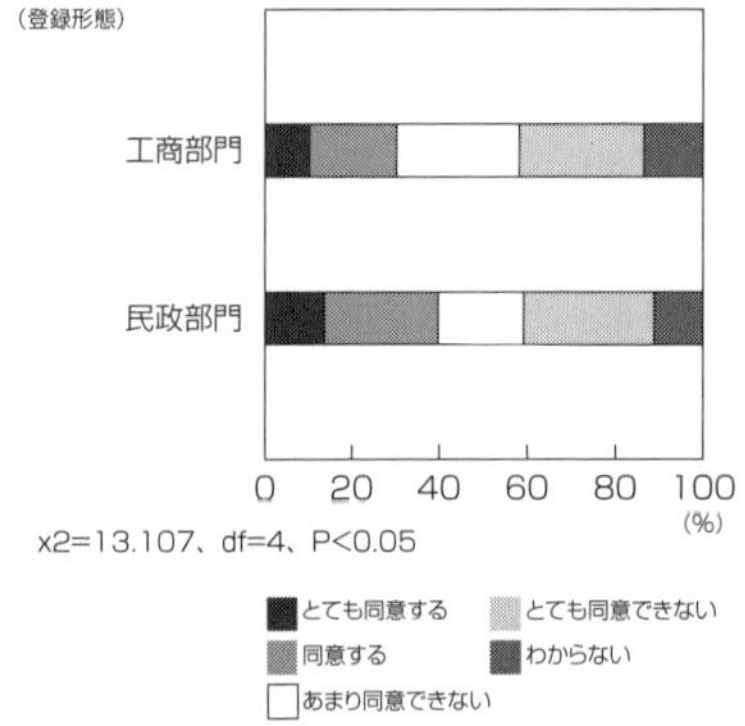

GOの方が民政部門に登録しているNGOより若干批判的な見方をしていることがわかる（図13－4）。

②についてもやはり一～三万元の層に「あまり同意しない」「とてもできない」という回答が多く、彼らが最も批判的な見方を示している（図13－5）。さらに、党員の半数以上、共青団員の四割以上が私営企業家の入党に肯定的であるのに対し、無党派では肯定的な見方は三割にも届いていないのは興味深い。民主党派は四割以上が肯定的であるが、回答者のなかには企業家や企業家と関わりの深い

図13-5　私営企業家の入党は共産党の性質を変えない

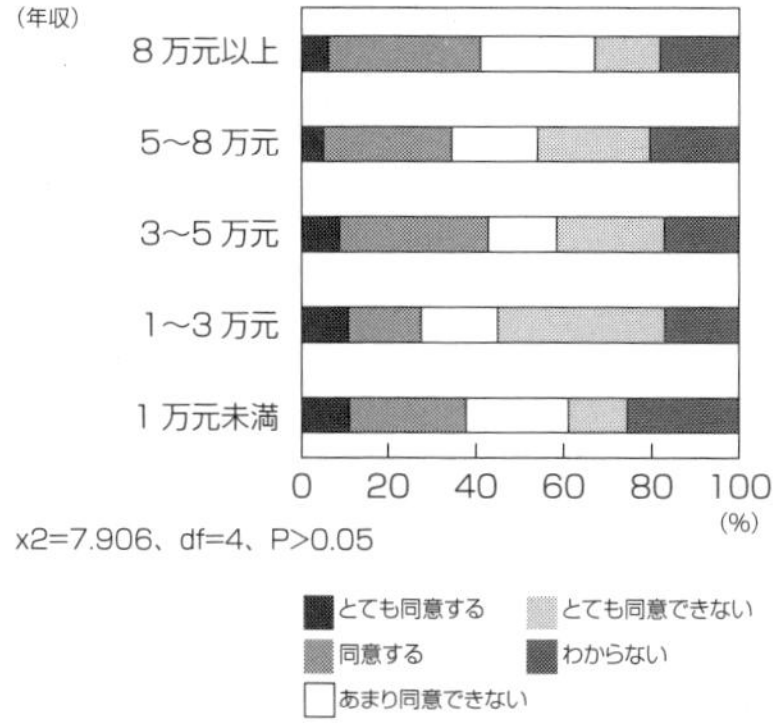

図13-6　私営企業家の入党は共産党の性質を変えない

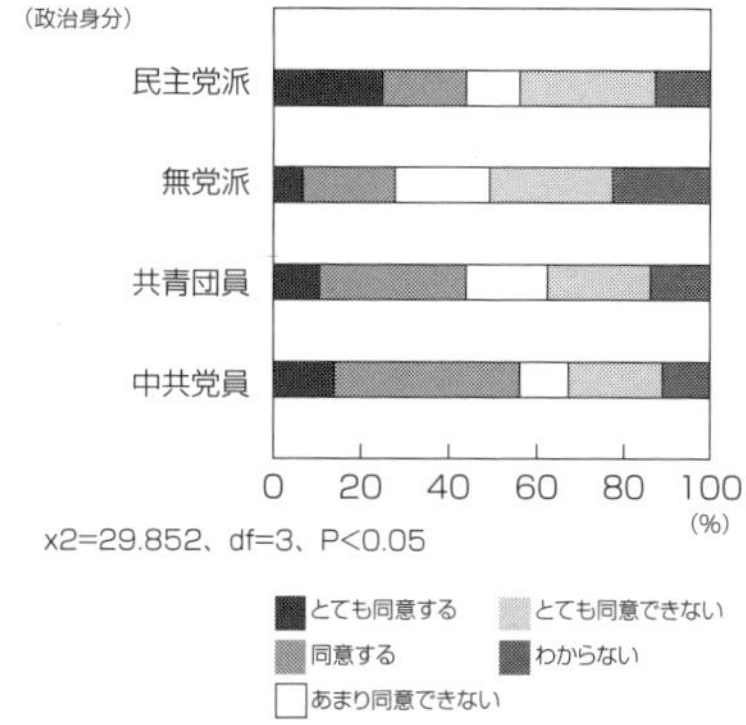

図13-7　私営企業家の入党は共産党の性質を変えない

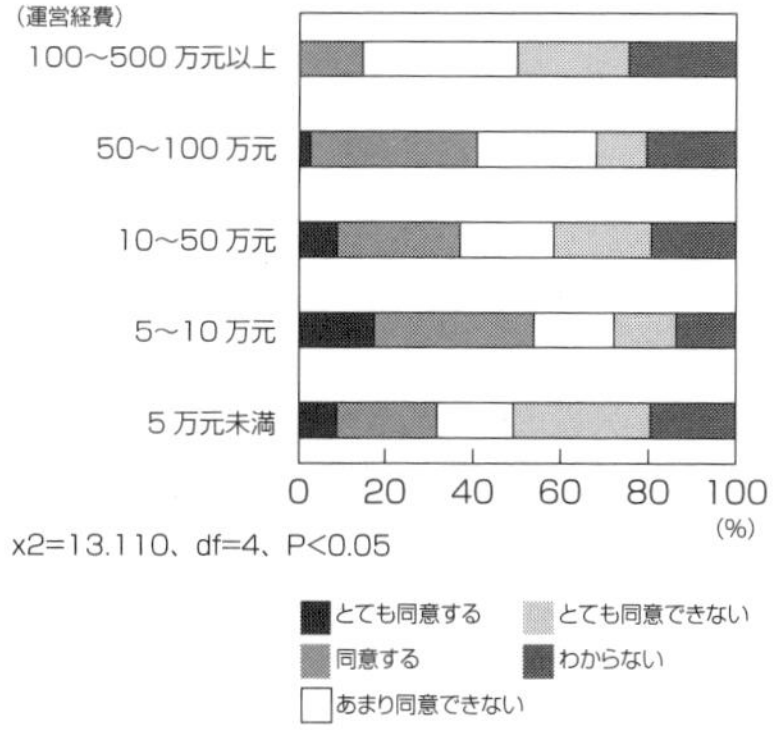

図13-8　私営企業家の入党は共産党の性質を変えない

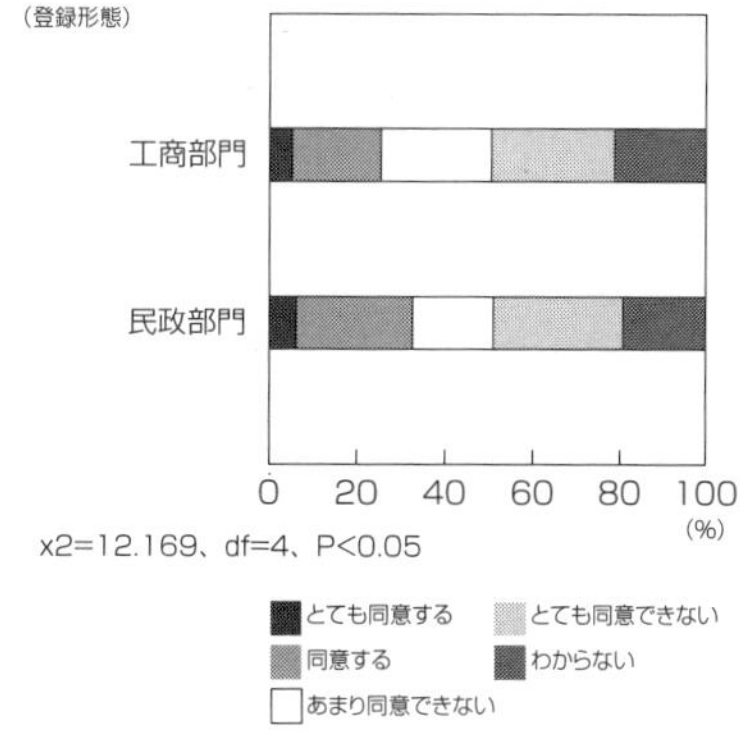

人もいるのではないだろうか（図13-6）。運営経費の規模別データからは、一定のパターンは見えてこない（図13-7）。登録部門別のデータは①の結果と同様、工商部門に登録しているＮＧＯの方が否定的な見方を示している（図13-8）。

③について興味深いのは、ほとんどの層において「わからない」という回答が三割以上に上っている点である。①②では二割程度であった。その上でさらにデータを分析してみると、年収別の場合、低い層の方が否定的であり（図13-9）、政治身分別の場合、

図13-9　共産党以外に先頭に立つ組織はない

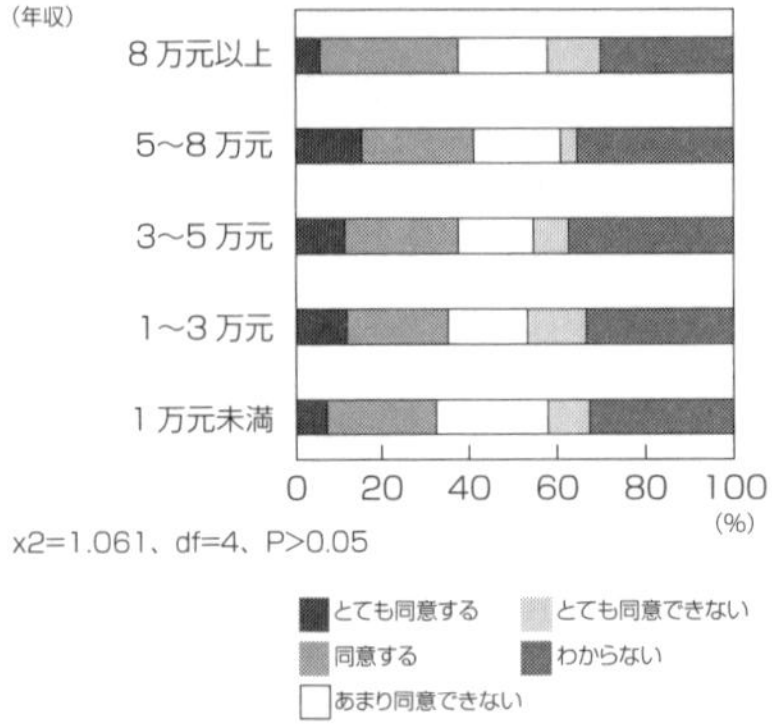

図13-10　共産党以外に先頭に立つ組織はない

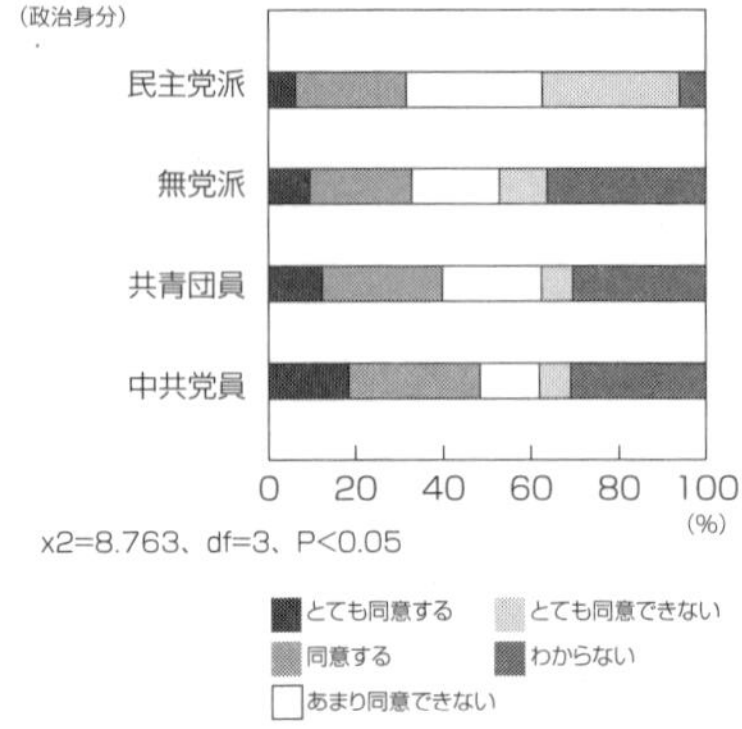

図13-11　共産党以外に先頭に立つ組織はない

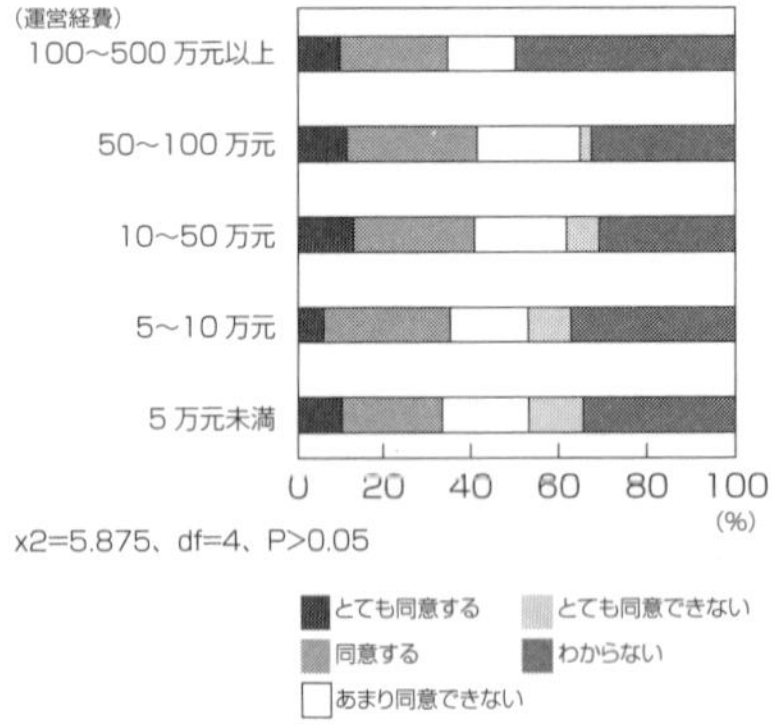

図13-12　共産党以外に先頭に立つ組織はない

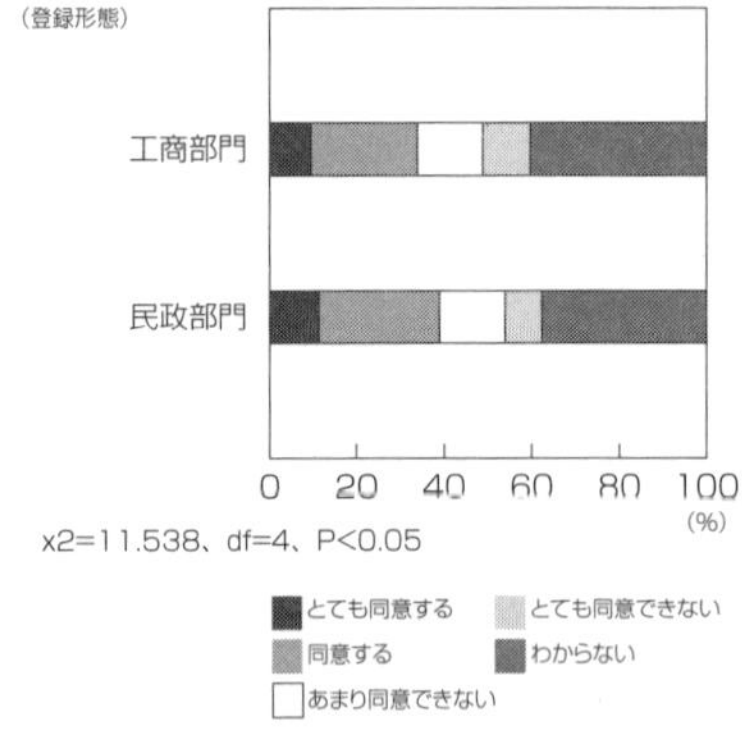

党員・共青団員に肯定的な見方が、民主党派に否定的な見方が多い（図13-10）。NGOの規模別では、規模の大きいNGOの方が肯定的であり（一〇〇～五〇〇万元層を除いて）（図13-11）、登録部門別では①②のデータと同様、民政部門に登録するNGOは肯定的な見方が、工商部門に登録するNGOは否定的な見方が多い（図13-12）。しかし、繰り返しになるが、「わからない」という回答がどの層においても最も多く、「明確には回答できない」というのが本音であろう。

五、おわりに

以上、数多くのアンケート調査の結果を見てきたが、筆者は主に以下の点に注目する。

①現行の政治制度（人民代表大会制度など）を形式的だと考える者が五割以上に上った。

②関心を持つ政治改革に「腐敗問題」という回答が約六割にも上った。

③二割以上が、「党が一般大衆から乖離している」と回答した。

④「政治に興味を持つ」「政治と国家の発展とは関係がある」と回答したのは約二割だった。

⑤自らの入党理由と、他者が入党する理由とにはギャップが存在していた。自らについては、「共産主義の信念から」が三六・四パーセント、「共産党は先進的な組織だから」が一九・七パーセント、他者に対しては「昇進したい」が三九・一パーセントで、「共産主義の信念から」は八・六パーセントにすぎなかった。

⑥社会主義や党に対する見方については、「社会主義は生活水準の向上に一定程度重要である」（肯定六二・四パーセント、否定二五・二パーセント）という見方がある一方で、「社会主義は理想主義で平等社会の構築にも貢献していない」（五八・八パーセント、一九・六パーセント）、「現代化建設は社会・資本主義でもない第三の道」（五八・八パーセント、一九・六パーセント）という回答もあり、迷いが見られる。「社会主義が和諧（調和）の前提」（四

六・五パーセント、四三・六パーセント）については肯定・否定が拮抗していた。

⑦社会主義と資本主義・現代化・科学的発展観との関係、共産党の先進性や共産党による指導を支持するかについて「わからない」という回答が約三割に上ることから、迷いがうかがえる。

⑧「政治民主は重要でなく重要なのは経済発展と生活水準の向上」に対する回答は否定（四五・九パーセント）が肯定（三九・五パーセント）を上回った。

⑨私営企業家の入党や社長党員の存在が党を強化しているかを問う問題については、敏感な質問であることもあり「わからない」が約二割あった。しかし、全体としては否定的な見方が多かった。特に「社長党員の存在が党の性質を強化する」については否定（五一・六パーセント）が肯定（二五・一パーセント）の約二倍に上った。

予想した通り、ＮＧＯ職員特有の批判精神が①②③に表れている。⑥については、本研究とほぼ同じ質問項目を立てて調査を行ったエリート層（大学・大学院生・大学社会人コースに通う幹部）を対象とした調査(9)と比較すると、その特徴が一層明らかになる。「社会主義が和諧の前提条件」という項目について、エリート層・中共党員（サンプル数一一四九）の八一・八パーセントが肯定の、一三・三パーセントが否定の見方を示したのに対し、ＮＧＯ職員のデータは肯定・否定がともに四〇パーセント台で拮抗していた(10)。ＮＧＯ職員の政治体制に対する冷ややかな視点は、⑨からも浮かび上がっている。

しかし、⑦⑨の「わからない」という回答の多さからは迷いが、④からは政治に対する消極性が見え隠れする。⑤の自分と他者の入党理由にギャップが生じているのは、一般党員に対して行った調査と同じ傾向であった(11)。

年収・政治身分・ＮＧＯの規模・登録形態別の分析結果からは以下の点が指摘できる。

⑩年収一～三万元の層に批判的な見方をする者が比較的多かった。一～三万元はかなり低い給与水準であり、生活が苦しいこともあり、現状に不満を持っているのではないだろうか。年収一万元未満はボランティアかインターンの可能性が高い。
⑪NGOで働いていてもやはり党員・共青団員が無党派層と民主党派よりも保守的である。
⑫経費規模の小さいNGOの方が現行の政治体制に対してより批判的であったが、一〇〇～一五〇万元層も海外NGOの支部が含まれているためか、批判的な回答が多かった。
⑬工商部門登録のNGOの方が民政部門登録のNGOより批判的であった。

冒頭で説明したように、中国における法定民間組織の多くは官製NGOであり、草の根NGOは企業法人として工商部門に登録するしかない。中国政府はNGOの活動を通して社会参加が拡大することを容認してはいても、統治を維持するためのコントロールを強化しており、NGOが生存・発展する環境は良好であるとは言い難い。しかし、本調査を通して明らかになったように、NGO職員は社会主義や共産党に対して、エリート層よりも批判的な見方をしており、現実により率直に向き合おうとする姿勢を示している。

劉培峰［2009］は中国社会において、民主・参加が人々の生活様式となっているにもかかわらず、国家権力によるコントロールが強化されている状況を「上層構造と下層構造の不一致」と表現し、「庇護と忠誠が参加の基本的なルールであり、暗黙の不文律で競争的な参加はまだ生まれていない。権力をほしいままにするエリートの同盟関係が一貫して強化されている」と指摘する。だが、昨今中国では、インターネットや携帯電話など、新たな情報伝達ツールを駆使した権利擁護運動が活発に行われている（阿古［2010］）。こうした動きから、政府の規制にも関わらず、変革を求める声が大きくなっていることがわかる。

ＮＧＯ職員は今後中国社会にどのような影響を与えるのか。社会変動の重要なアクターとして引き続き注目していきたい。

〈注〉

（１）菱田［2009］は、これまでに行われた党費の支払い状況や活動への参加、教育のあり方などに関する調査結果を基に、共産党が組織として弛緩し、活動を停滞させていると分析している。また、党員に対する社会的評価が低下しており、入党の動機として「就職のため」（大学生）、「ビジネスの発展のため」（私営企業家）といった現実的な理由を挙げる者が増えていることに注目している。

（２）王・劉他［2004］、王・李・岡室［2002］が中国のＮＧＯの分類について詳しく説明している。

（３）王・劉他［2004：14］

（４）親組織の付属組織として存在し、自らは組織登録を行わないという場合もあるが、このような組織は運営上、さまざまな問題を抱えている。

（５）この原則があるため、民間組織の名称は行政区域、活動領域、団体の性質を反映したものでなければならないとされている。例えば、「中華環境保護基金会」であれば、「全国レベルで環境保護を行う基金会」ということになる。「中華」「中国」「全国」といった名称は全国レベルで活動する組織でなければ使用できない。

（６）「二重管理」及び「一行政区一領域一団体」の規定が中国のＮＧＯの発展を阻害しているとの見方は根強い（例えば、White, Howell, and Shang［1996］を参照）。一方で、一部の地方政府が無責任に認可を与え、さまざまな団体が乱立して、企業の利潤や会費を寄付として取り立てるなどの問題も起こっているため、無秩序な団体設立を制限しなければならないとの指摘もある（王・李・岡室［2002］）。

（7）「その他」には中国語でいう「編制管理」されている組織も含まれる。このような組織の運営費は、何らかの政府予算内に組み込まれている。

（8）北京にある工商部門に登録する中堅NGOでスタッフの数は約十人。運営資金のほとんどは海外からの援助で、エイズに関する法律援助やアジアにおけるNGOネットワーク構築に力を入れている。

（9）小嶋華津子［2010］「エリート層における党の存在――中国エリート層意識調査（二〇〇八～九）に基づいて」を参照。

（10）同じく小嶋［2010］によるエリート層調査において、「共産党は人民の根本利益を代表している」という問いに対し、エリート層の中共党員は肯定が七五・八パーセント、否定が一九・六パーセントであったが、NGO職員は三九・四パーセントと四八・二パーセントと真逆の結果となった。

（11）南裕子［2010］「一般党員の意識・行動から見る中国共産党の執政能力――上海市民調査から」を参照。

〈参考文献〉

・阿古智子［2010］「現代中国における維権（権利擁護）運動――その実態と影響」『国際問題』四月号。

・王名、李妍焱、岡室美恵子［2002］『中国のNPO――いま、社会改革の扉が開く』第一書林。

・小嶋華津子［2012］「エリート層における党の存在――中国エリート層意識調査（二〇〇八～九）に基づいて」本書、第十章。

・趙秀梅［2010］「都市部基層政府とNGOの連携――〝社区〟における出稼ぎ労働者NGO活動調査から」『中国――基層からのガバナンス』法政大学出版局。

・菱田雅晴［2010］「忍び寄る危機：党の組織的課題」『中国――基層からのガバナンス』法政大学出版局。

・菱田雅晴、園田茂人〔2005〕『経済発展と社会変動』名古屋大学出版会。
・南裕子〔2012〕「一般党員の意識・行動から見る中国共産党の執政能力——上海市民調査から」本書、第十一章。
・劉培峰〔2009〕「構築されつつある市民社会——中国における権利保護団体と提言型団体を事例として」田島英一・山本純一編著『協働体主義：中間組織が開くオルタナティブ』慶應義塾大学出版会。
・White, Gordon; Howell, Jude and Shang, Xiaoyuan〔1996〕*In Search of Civil Society: Market Reform and Social Change in Contemporary China*, Oxford: Clarendon Press.
・王名、刘培峰他〔2004〕『民间组织通论』时事出版社。

あとがき

中国ウォッチングを行う際の対象領域には、中国の現実・政策・理論の三位相がある。「現実」とは、われわれが対象として選び取ったところの中国の現実社会にあって実際に生起しているさまざまな事象そのものである。その現実態に対し、中国自身がそれを否定する際には、さまざまな禁止、抑制措置が採用され、逆に、賞揚対象として選択された場合にはその「現実」を後追いし、その現実態が指し示す方向をいわば追認の上、これを奨励する「政策」として結晶化される。この関連で、「政策」とは、文字通り「政策」の名を冠したものから、「方針」、「通達」、「決議」、「文件」あるいは「精神」と銘打つもの、そして各種の具体的な法規定、条例あるいは制度そのものに至るまで、中国において〝紅頭文件〟として示されてきたものと総括してもよい。そして、その決定され、執行に移された「政策」の正当性、精確性を担保するものとして、中国の〝理論界〟とされる学者・研究者グループから提供されるのが「理論」である。

例えば、一九七八年安徽省鳳陽県の十八戸の農家が血判状により決死の覚悟で始めた「包産到戸」という事態は、改革開放「政策」の嚆矢ともなったことはよく知られている。だが、その「包産到戸」そのものは、一九五六年、浙江省温州地区の永嘉県で李桂茂・県委書記が初級合作化後の混乱情況打開のため敢行した「農業生産量責任制」というかつての「現実」に由来する。つまり、この農業生産場面における「現実」が中央の手によって否定され、一九五六年以降禁止「政策」が続く中、一九七八年段階で死をも賭した農民自身による再挑戦という「現実」が、新たな「政策」として改革開放期の農業・農村・農民「政策」の展開をもたらしたのであった。

また、一九八三年時点での人民公社の解体にともない、旧来の郷鎮政府が復活する中で、広西その他の地域で〝農民自治組織〟が自然発生的に生まれたという「現実」が、「村民委員会組織法」という「政策」制定へとシフトし、これを受けてその後農業経済学界、政治学界、社会学界その他からこれを裏打ち、推奨する「理論」が百出した。

さらには、私営企業という社会主義中国における資本主義セクターの存在とて同様である。私営セクターが中国経済の枢要部分を占めるに至るという「現実」を前に、これを追認すべく、中国は「私営経済＝公有制経済の補充」（八八年憲法修正案）、計画単列化（八九年）、「非公有制経済＝社会主義市場経済の重要組成部分」（九七年十五大）、「国有・集体経済と相同地位・待遇」（九九年憲法修正）、「私有財産の保護」（二〇〇三年憲法改正）と次々に「政策」変更を進め、私営企業家の入党認可という新たな大「政策」の採用にまで至る。この背景には、陸学藝（中国社会科学院社会学研究所）の『当代中国社会階層研究報告』による社会階層としての認知という「理論」が「政策」変更に先行し、且つこれを嚮導したという事例もある。

顧みれば、かつては、この「政策」と「理論」を追跡することが中国研究の使命であった。中国の「現実」は〝竹のカーテン〟によって覆われ、その向こうに存在するのみだったからである。

『人民日報』、『紅旗』を眼光紙背に徹すべく読み込むべし……これぞと思う記事はインデックス式カードにまとめ、記事本体はクリップし、台紙に貼付け、バーチカル・ファイルに分類保存する……対〇年比〇パーセント増といった数値データなぞあろうものなら、それこそ欣喜雀躍し、あるいは形容フレーズの表現に微妙な変化でもあれば、その背景にはるかな「現実」への想像をめぐらせる。

まさに〝情報沙漠〟の中国フィールドにあって、こうした小さな発見こそが中国分析作業の大きな喜びだった。

不適切との譏りをも充分覚悟の上であえて立言すれば、往事の中国研究とは、まさしく〝ピーピング・トム〟の出歯亀（!?）、隠そうとする相手から無理矢理何らかの「現実」を引き出そうとするいわばパパラッチ精神そのものだったのかも知れない。

だが、そうしたささやかな喜びに彩られたハッピーデーももはや遠い過去……過度にそれを強調することは単なる懐旧シュミとの別な譏りも免れ難い。

今や、中国の「現実」を伝える中国関連情報は其処彼処に溢れている。公開発行の中国誌紙はそれこそ枚挙の暇もなく、ネット上にはフッ〜の（といっても、マシンを入手し、ネットにアクセスできる程度の〝フッ〜〟さの）〝老百姓（ラオバイシン）〟の個人微博（ウェイボー）に至るまで中国発の情報量はとてつもないレベルに達している。接触が限られていたかつてとは比較にならない対中交流の拡大により、直接の見聞によるナマの中国の「現実」もほぼリアルタイムでフィードバックされる。

かつての情報沙漠における〝渇望感〟は、今や情報洪水の渦に巻き込まれ、溺死寸前の〝酸欠症〟へと症状自体が替わっている。むしろ、かつての覗き見パパラッチは、「これをどうぞ、とくと御覧あれ！」とばかりに執拗に「現実」を押し付けるセールストークに辟易する顧客サイドへと立ち位置そのものが替わったというべきなのかも知れない。

こうした情報逆ユートピアにあって問われるものこそ、われわれ自身のインフォメーション・リテラシーである。「見たいものしか見ない」作業の結果としてとり結ばれた中国像にはいかほどの説得力と価値があろうか。

そもそも、何を見たいのか、何のために、どのようなものを見つめるべきなのか？　逆に、見えていないものは何なのか？……それらを決定するものこそ、あらゆる出発点となるわれわれ自身のパースペクティブである。中国に対する《構え》といってもよいが、厄介なことにはその《構え》自体が各人各様にしてそれぞれ相異なっており、多元化の度を深める今日、その相違はヨリ明らかとなりつつある。

こうした情報洪水と錯綜化を深める《構え》を前にしてのわれわれの選択は、集団知の形成による結果の検証しかあり得ない。今や中国発の情報量は個人の処理能力レベルをはるかに超出しており、討究すべきテーマが大きければ大きいほど、その両者の懸隔は大きくならざるを得ないからである。各自のそれぞれのサブテーマによる担当フィールドを設定し、その領域内で作業を行い、集団作業により個別知を総合化することで、個別作業レベル段階の《構え》の歪みと揺らぎの調整を繰り返すことで集団知の昇華をめざす……まさしく中国研究分野における集団研究の緊要性はここにある。

本書がめざしたのは、中国共産党というとてつもなく大きな存在に対する集団的チャレンジである。序章でも触れた通り、今や二十一世紀世界の関心の焦点となっている中国にあって、中国共産党こそその核であり、その存在の広袤の大いさは個人の限られた視野内に収まるものではないからである。中国発の情報洪水の流れを各担当領域毎の小さな〝水路〟に流し込む中からそれぞれの「現実」をすくい取り、それらを中国発の「政策」との照合によって確認するとともに実フィールドとしての中国の現場からアンケート調査その他の手法によりわれわれ自身の「現実」を切り取る……中国「理論」との対話を経て、これらの結果を集合知として統合する。

果たして、その試みが所期の目指したところにどこまで肉迫できたか、それは読書諸賢の判断に委ねることとしたい。共感にせよ、反撥にせよ、あるいは同調にせよ、批判にせよ、本書が読者各位の中国関心を新たに惹起することができれば、本書に直接論考を寄せたメンバーのみならず、中南海研究会全体の望外の喜びである。

なお、掉尾ながら、本書の完成に至るまでは、三和書籍の高橋考社長、そして編集作業の実務にあたっていただいた小川敬司さんには一方ならぬお世話になったことを特記し、著者一同の深甚の感謝の徴表としたい。

編著者　菱田雅晴

編著者略歴

菱田　雅晴（ひしだ・まさはる）
法政大学法学部教授、中国基層政治研究所長。
主要著書『中国――基層からのガバナンス』法政大学出版局、二〇一〇年（編著）。『経済発展と社会変動』〈シリーズ現代中国経済〉第八巻、名古屋大学出版会、二〇〇五年（園田茂人との共著）。『深層の中国社会――農村と地方の構造的変動』勁草書房、二〇〇〇年（天児慧との共編著）。『社会――国家との共棲関係』〈現代中国の構造変動〉第五巻、東京大学出版会、二〇〇〇年（編著）、ほか。

著者略歴（掲載順）

毛里　和子（もうり・かずこ）
早稲田大学政治経済学術院名誉教授。
主要著書『日中関係――戦後から新時代へ』岩波書店［岩波新書］、二〇〇六年。『新版　現代中国政治』名古屋大学出版会、二〇〇四年。『大国中国への視座』〈現代中国の構造変動〉第一巻、東京大学出版会、二〇〇〇年（編著）。『周縁からの中国――民族問題と国家』東京大学出版会、一九九八年、ほか。

朱　建榮（Zhu Jianrong）
東洋学園大学人文学部教授。
主要著書『チャイナシンドローム』駿河台出版社、二〇〇六年（上村幸治との共著）。『胡錦濤　対日戦略の本音』

角川学芸出版、二〇〇五年。『中国　第三の革命』中央公論新社［中公新書］、二〇〇二年、ほか。

高原　明生（たかはら・あきお）
東京大学大学院法学政治学研究科教授。
主要著書『越境』〈現代アジア研究〉一巻、慶應義塾大学出版会、二〇〇八年（田村慶子・佐藤幸人と共編著）。『東アジア安全保障の新展開』明石書店、二〇〇五年（五十嵐暁郎・佐々木寛と共編著）。『毛沢東、鄧小平そして江沢民』東洋経済新報社、一九九九年（渡辺利夫・小島朋之・杜進と共著）、ほか。

景　躍進（Jing Yuejin）
清華大学人文社会科学学院政治学系教授。
主要著書『政治学原理』中国人民大学出版社、二〇〇六年。『当代中国農村〝両委関係〟的微観解析与宏観透視』中央文献出版社、二〇〇四年。『政治空間的転換——制度変遷与技術操作』中国社会科学出版社、二〇〇四年。『比較政治学導論』中国人民大学出版社、二〇〇一年、ほか。

加藤　弘之（かとう・ひろゆき）
神戸大学大学院経済学研究科教授。
主要著書『現代中国経済論』ミネルヴァ書房、二〇一一年（上原一慶と共編著）。『進化する中国の資本主義』岩波書店、二〇〇九年（久保亨と共著）。『地域の発展』〈シリーズ現代中国経済〉第六巻、名古屋大学出版会、二〇〇三年、ほか。

大島　一二（おおしま・かずつぐ）
桃山学院大学経済学部教授。
主要著書「三農問題の深化と農村の新たな担い手の形成」『中国「調和社会」構築の現段階』〈現代中国分析シリーズ5〉アジア経済研究所、二〇一一年（共著）。「食と農の交流にみる東アジアの相互関係」『越境』〈現代アジア研究〉一巻、慶應義塾大学出版会、二〇〇八年（共著）、ほか。

諏訪　一幸（すわ・かずゆき）
静岡県立大学国際関係学部教授。
主要論文「インドシナ三国と中国――改革開放三十年目の中国プレゼンス」「中国共産党の党内選挙制度――限定的自由化と上級党組織の権限強化」「胡錦濤時代の幹部管理制度――「人材」概念の導入から見た共産党指導体制の変容可能性（天安門事件後の中国）」、ほか。

中居　良文（なかい・よしふみ）
学習院大学法学部教授。
主要著書、論文『台頭中国の対外関係』御茶の水書房、二〇〇九年（編著）。「中国政治の時間：Path Dependent Processとしての党大会」「江沢民の米国――WTO加盟の政治的含意」「中国の経済統治システム」、ほか。

呉　茂松（WU Maosong）
慶応義塾大学法学部非常勤講師。
主要論文「中国における消費者運動の台頭とマスメディア――『王海現象』を事例として」「中国における『維権』運動の台頭――深圳、北京、上海の所有権者たちの事例を手がかりに」「SARS危機と国家・社会関係の政治力学」「党国体制と労働問題――社会主義市場経済期を中心に」、ほか。

小嶋　華津子（こじま・かずこ）
筑波大学人文社会系准教授。
主要論文「中国都市部居住区のガバナンスをめぐる政治力学」「中国工会の課題――人民団体から利益団体への模索」「市場経済化と中国都市部の『市民社会』」、ほか。

南　裕子（みなみ・ゆうこ）
一橋大学大学院経済学研究科准教授。
主要著書、論文『中国における住民組織の再編と自治への模索』明石書店、二〇〇九年（黒田由彦と共編）。「村落合併から考える中国農村の「公」」「中国の都市と農村における「社区建設」」、ほか。

中岡　まり（なかおか・まり）
常磐大学国際学部専任講師。
主要論文「中国地方人民代表大会選挙における「民主化」と限界——自薦候補と共産党のコントロール」「構造変動期の党政エリートと地域社会——四川省ＳＨ県におけるアンケート調査から」（南裕子との共筆）「日本の戦後賠償・補償問題」、ほか。

阿古　智子（あこ・ともこ）
早稲田大学国際教養学術院准教授。
主要著書『中国の安全保障とアメリカ』晃陽書房、二〇一〇年（共著）。『中国——基層からのガバナンス』法政大学出版局、二〇一〇年（共著）。『貧者を喰らう国』新潮社、二〇〇九年。『現代中国の社会変容と国際関係』汲古書院、二〇〇八年（共著）、ほか。

第11章

［上海市民意識調査（2009年6-7月）］

図表一覧

図表一覧

序章

第 1 章

第 2 章

第 3 章

第 4 章

第 5 章

わ行

中国人名（ピンイン読みアルファベット順）

た行

さ行

索　引

中国共産党のサバイバル戦略

2012年2月20日　第1版第1刷発行

編著者　菱　田　雅　晴
©2012 Masaharu Hishida

発行者　高　橋　　考
発　行　三　和　書　籍

〒112-0013　東京都文京区音羽2-2-2
電話 03-5395-4630　FAX 03-5395-4632
sanwa@sanwa-co.com
http://www.sanwa-co.com/

印刷／製本　モリモト印刷株式会社

ISBN978-4-86251-125-6 C3031

三和書籍の好評図書

Sanwa co.,Ltd.

〈国際日本学とは何か？〉

中国人の日本観

――相互理解のための思索と実践――

王敏　編著　A5 判／上製／ 433 頁／定価 3,800 円＋税

●国際化が加速するにつれ、「日本文化」は全世界から注目されるようになった。このシリーズでは、「日本文化」をあえて異文化視することで、グローバル化された現代において「日本」と「世界」との関係を多角的に捉え、時代に即した「日本」像を再発信していく。

　本書は、中国の研究者による実証的な日本研究成果を纏めた論集。他者の視点による「異文化」という観点から日本文化研究の新局面を切り拓く。

〈国際日本学とは何か？〉

内と外からのまなざし

星野勉　編著　A5 判／上製／ 318 頁／定価 3,500 円＋税

●本書では、2005 年、フランス・パリ日本文化会館にて開催された国際シンポジウム「日本学とは何か――ヨーロッパから見た日本研究、日本から見た日本研究――」の発表を元に、主に欧米で「日本文化」がどう見られているかが分かる。

〈国際日本学とは何か？〉

日中文化の交差点

王敏　編著　A5 判／上製／ 337 頁／定価 3,500 円＋税

●近年、さまざまな方面で日中両国間の交流が盛んに行われている。本書では、「日本文化」研究の立場から日中の文化的相似や相違を分析・解説し、両国の相互理解と文化的交流の発展を促進する一冊である。